西安交通大学 本科"十三五"规划教材

新闻采访

主编 刘 斌

西安交通大学出版社
XI'AN JIAOTONG UNIVERSITY PRESS

国家一级出版社
全国百佳图书出版单位

图书在版编目(CIP)数据

新闻采访/刘斌主编.—西安:西安交通大学出版社,2017.1(2020.9重印)
ISBN 978-7-5605-9314-2

Ⅰ.①新… Ⅱ.①刘… Ⅲ.①新闻采访-高等学校-教材 Ⅳ.①G212.1

中国版本图书馆CIP数据核字(2016)第321826号

书　名	新闻采访
主　编	刘　斌
责任编辑	柳　晨

出版发行　西安交通大学出版社
　　　　　(西安市兴庆南路1号　邮政编码710048)
网　　址　http://www.xjtupress.com
电　　话　(029)82668357　82667874(发行中心)
　　　　　(029)82668315(总编办)
传　　真　(029)82668280
印　　刷　西安日报社印务中心
开　　本　787 mm×1092 mm　1/16　印张 15.5　字数 370千字
版次印次　2017年2月第1版　2020年9月第3次印刷
书　　号　ISBN 978-7-5605-9314-2
定　　价　36.00元

读者购书、书店添货,如发现印装质量问题,请与本社发行中心联系、调换。
订购热线:(029)82665248　(029)82665249
投稿热线:(029)82668133
读者信箱:xj_rwjg@126.com

版权所有　侵权必究

说　明

　　本书为西安交通大学本科生"十三五"规划教材。这既是交大新闻与新媒体学院新闻专业学生"新闻采访"课程指定教材,也是文秘专业、广告专业及其他专业学生的基础科目选修课新闻采访的教材,同时适用于所有高校新闻专业学生及社会自学人士。

　　本书共分八章,详细介绍了最基本的新闻采访知识,通过理论分析加上精彩案例说明,来讲解采访的基础功底和各种采访的具体内容及主要特点、注意事项。

　　本书的目的是让学生不仅熟练了解并掌握有关采访的理论知识,而且熟练掌握最基本的采访操作技能,为将来在新闻前线工作打下良好的基础。

　　本书试图摸索出适应新闻工作实践要求的教学方式,因而将重心向实践倾斜,理论色彩不浓,但精彩案例、事例新鲜而丰富,重点培养本专业的学生作为未来记者的投入意识,培养新闻学专业及其他相关专业学生的新闻采访动手能力。

前　言

现在是信息庞杂的网络时代,新媒体风起云涌,呼唤着能适应其发展的新闻记者。这是机遇也是挑战。

无论是成为传统媒体记者还是成为新媒体记者,本教材提出的最重要的一个观点是先做人,后做记者;先做记者,后做时政、财经等各种类别的专业记者。窃以为这应该是大学本科新闻专业学生最先树立的一个理念。因此,本教材把新闻采访及新闻记者的内容安排到第一章的位置,并把"记者做人和职业热爱"作为其中一节的题目。

本教材认为做人是第一位的,做记者是第二位的,做人是最重要的,采访技巧是次要的。什么样的人产生,什么样的记者就产生。作为人的存在,虽然个体的经历、性情、学识、信仰、追求、爱好不一而同,但是人性的优点、弱点,人类情感深处的东西所产生的人文关怀的情结等等,却是有相通之处的。所谓世界上的水是相通的,音乐是相通的,人心也是相通的。这些人性的、道德的、品质的、国家的、民族的、文化的等等每个人所共通的内涵作为人的底子,成为人这棵大树的躯干,纲举目张。新闻记者就成为人这棵大树上繁盛的枝叶,点缀着作为新闻记者这一类人特有的色彩,它的光,它的高度和方圆。

另外,不一样的人,经历的生活和情感路程不同,知识的储备不同,兴趣点和爱好点不同,采访同样的新闻时,就会有不同的视角,与采访对象的交流就会有不同的切口,采写新闻就会有不同的内容选择,报道的效果就不可能一样。人做到哪一地步,新闻记者就到哪一地步。古人早就说过了,文如其人。

当然,如果没有了新闻采访的基本概念、采访知识的准备和技能培养,想成为一名合格的新闻记者也非常困难。条理清晰、支起框架、有血有肉地举例说明新闻采访的基本知识和技能,这是这本教材所要传递给学生的第二个主要方面。

新闻采访涉及的范围广大,包罗万象,千变万化,在教材及课堂上确实无法一一讲述,也无法一一归纳。但是,一些从实践中来,经过新闻实践考验的常识性的东西必须掌握。本书就是讲述这些常识类的东西,从增强学生的动手能力入手,为成为真正的新闻记者搭桥铺路。

作为从事过新闻实践的记者,也作为新闻专业的老师,本书作者找到一个自我开通的路子,就是让学生只记最关键的常识,在课堂上学到的知识点,好比是新闻大树的躯干,上面清晰而深刻地刻上一行字、一个理,比如"真实性原则",比如"新闻基本要素",比如"用事实说话",等等。然后,本书列举了一些精彩的案例,对所学的知识点进行分析说明,同时,让学生了解到来自新闻一线记者采访的过程及经验教训。

常常听到新闻有学无学的争论。本书作者认为新闻是"有术有学"的,自立规模,而这门学问更要时时不断地回归实践,不断验证,增加鲜品和充实血液。特别是新闻采访课,更是体现"术"与"学"的运用,它来之于实践,用之于实践。因而,本书的第三个特点是大量吸取了当代新闻采访实践中的佳作。既有传统典型案例,又较多地运用了这两年来新闻媒体上最新的案例;既有案例内容,又有新闻记者的采写体会。所谓借他山之石,攻此地之玉吧。希望本书能对从未展开过新闻实践的莘莘学子有所启示。

本书作者认为新闻采访教材及课程首先应是一种时机,一种引导和能激发起学生从事这种职业热情的时机,同时,也是一种让学生牢固掌握不多,但却是非常关键的几个新闻基本概念的时机。除此之外,应是大量鲜活的案例,来增强学生对新闻基本概念的理解和充分认识。这就够了。

作者始终认为,采访课其实无课可上,最好的课堂就是新闻实践,采访心得就是那些自己真正从事记者这项工作之后,随着时间和经历的积累,恍然大悟的东西。这也许是个偏颇偏执的看法,但这是实话。

杰克·海敦在为美国高校新闻专业写的教材《怎样当好新闻记者》中(新华出版1981版),开篇就说"这本书并不能使你成为新闻记者。这件事哪一本书都做不到。"本书亦如此。为什么?

任何一本教材,都只是传递给学生关于某一专业入门的一把钥匙,钥匙如何使用因人而异,打开这一专业大门的机会,走入更深入的领域程度,也因人而异。

法不孤生自古同,

痴人乃欲镂虚空。

君诗妙处我能说，

正在山程水驿中。

这是陆游写的一首诗，把它用于新闻采访也非常适用。

检验新闻采访教材及教学成败的永远是鲜活的新闻实践，即陆游所说的、所走过的"山程水驿"。如果学生能较好地完成一次、两次和更多次的采访任务，较好地报道出新闻，就是积累了一次、两次和更多次采访的经验。一次次积累，一次次成长，自然而然就会明了采访中的人、事关系，采访中的心态、心理，这种"功夫在诗外"的实践经历，正是磨炼出真正好记者的关键。

有很多学新闻的学生毕业后，认为大学开设采写课程专门学习采写，一个学期，远不如在实践中真刀真枪练习一次。这是有道理的。的确，我们目前存在着一个学院与实践的差距，需要二者的有机结合。

在没有系统学习这门课程之前，不妨请你先坐下来，边看书中列举的这些记者们的报道，边静静地听老师讲解采访的基本知识点；在听的同时，读的同时，让脑子转起来，时刻联系自己，时刻联系到记者这个职业，换位思考，假如我成为一名记者该怎么办？在这个念头的指示下，学会把有用的东西吸纳进来，把有启发的东西铭刻下来，把有疑问的东西记录下来。然后，就是尽早、尽可能多地抓取机会，进入一次又一次的新闻采访。

采访是个机灵活计，哪能用文字穷尽之？

亲爱的你，期盼你在学习了这些知识之后，每个人能给自己一个郑重的选择——让自己真正成为一名记者，在自己的新闻采访实践中让知识点活跃起来、鲜艳起来、丰满起来。那个时候，相信这些最基本的常识，会日渐清晰，成为你记者血脉之血脉。逐渐地，在你经历过各种风云采访的实践之后，你最终将成为你这样的人，你这样的记者，有着你这样的采访风格。这就大好特好了。

无限感恩所有编入教材里的各位记者精彩的采访，无与伦比的新闻报道和意味深长的心得体会。向这些优秀的记者们致敬！

高山仰止，虽不能至，心向往之。

2017 年新春

目　录

第一章　新闻和新闻记者 ……………………………………………………… (1)
　　第一节　新闻采访的定义 ……………………………………………………… (1)
　　第二节　记者做人与职业热爱 ………………………………………………… (9)
　　第三节　新闻记者的职业道德 ………………………………………………… (17)
　　第四节　新闻记者的基本素质 ………………………………………………… (26)
　　思考题 …………………………………………………………………………… (36)

第二章　采访的基本常识 ………………………………………………………… (37)
　　第一节　真实是采访的第一要求 ……………………………………………… (37)
　　第二节　采访失实及核实 ……………………………………………………… (40)
　　第三节　采访的基本原则 ……………………………………………………… (52)
　　第四节　三角立体采访法 ……………………………………………………… (63)
　　思考题 …………………………………………………………………………… (75)

第三章　新闻敏感 ………………………………………………………………… (76)
　　第一节　什么是新闻敏感 ……………………………………………………… (76)
　　第二节　新闻敏感的表现方面 ………………………………………………… (82)
　　思考题 …………………………………………………………………………… (91)

第四章　新闻线索 ………………………………………………………………… (92)
　　第一节　什么是新闻线索 ……………………………………………………… (92)
　　第二节　获取新闻线索的渠道(上) …………………………………………… (98)
　　第三节　获取新闻线索的渠道(下) …………………………………………… (106)
　　思考题 …………………………………………………………………………… (118)

第五章　采访准备 ………………………………………………………………… (119)
　　第一节　临时准备 ……………………………………………………………… (119)
　　第二节　平时准备和思维方式准备 …………………………………………… (133)

第三节　全天候采访准备 …………………………………………………… (140)
　　思考题 ………………………………………………………………………… (146)

第六章　采访场所 ………………………………………………………………… (147)
　　第一节　采访场所的选择 …………………………………………………… (147)
　　第二节　做好现场采访和现场报道 ………………………………………… (157)
　　思考题 ………………………………………………………………………… (168)

第七章　采访提问 ………………………………………………………………… (169)
　　第一节　提问种类、要领和技巧 …………………………………………… (169)
　　第二节　提问注意事项 ……………………………………………………… (180)
　　思考题 ………………………………………………………………………… (190)

第八章　采访类型 ………………………………………………………………… (191)
　　第一节　采访类型概述 ……………………………………………………… (191)
　　第二节　隐性采访和体验采访 ……………………………………………… (204)
　　第三节　突发事件的采访 …………………………………………………… (214)
　　第四节　"多媒体融合"的采访 ……………………………………………… (228)
　　思考题 ………………………………………………………………………… (236)

主要参考书目 ……………………………………………………………………… (237)

第一章

新闻和新闻记者

第一节 新闻采访的定义

新闻采访由"新闻"和"采访"组成,因此,我们需要把这两个词拆开来,分别加以定义。

一、什么是新闻?

顾名思义,新闻是新鲜的、大家还不知道的又非常想知道的事、人、人做的事、事中的人,等等。按照现在时尚的说法,新闻就是新的、大家未知而想知的信息。追根溯源,我们先从新闻这个词语的产生说起。

(一)"新闻"一词的出现

在我国,第一次出现"新闻"两字是在唐代。大约公元705年到706年,唐代有个文人名叫孙处玄,他写过这样一句话:"恨天下无书以广新闻。"这是在词语意义上第一次出现"新闻"两字,但真正把"新闻"这个词与新闻报道联系起来的,则是在南宋人赵升的《朝野类要》中。在他的文章里,"新闻"成为了人们极欲获知的信息:"其有所谓内探、省探、衙探之类,皆私衷小报,率有漏泄之禁,故隐而号之曰新闻。"[1]可以说,那时的新闻更多的是小道消息。另外,在南宋《京本通俗小说》中,已把新闻解释为"最新消息"。

在西方,第一次使用新闻"news"这个词,则是在1423年。苏格兰的詹姆士一世写道:"我把可喜的新闻带给你。"[2]

其实,从新闻的英文单词news这个词源上,我们可以看到它首先就是指"新的"。新闻就是指新近发生的新鲜事。

当然,还有一种说法,指的是英文"新闻"的单词拼写中,是由北(north)、东(east)、西(west)、南(south)四个词的首字母组成,含义是新闻就是把四面八方发生的事情汇聚在一块,

---

[1] 丁淦林.中国新闻事业史[M].武汉:武汉大学出版社,2001:8.
[2] 周胜林,尹德刚,梅懿.当代新闻写作[M].上海:复旦大学出版社,2004:4.

传播出去。

一个新名词的出现,一个新专业的产生,一门由此定义形成的学问和研究,必然是会引起不同人的不同看法和意见的。

对于新闻的定义究竟是什么,世界上存在近两百种说法,可谓是公说公有理,婆说婆有理。

(二)我国新闻界的一些重要定义

革命先驱李大钊本人就是一个出色的报人,从1913年受聘担任天津北洋政法专门学校北洋政法学会会刊《言治》的编辑部长到1927年牺牲,他主编或指导编辑出版的报刊近20种。1916年7月,他从日本留学归国,受当时众议院院长汤化龙之邀,担任《晨钟》日报编辑主任。李大钊对于新闻的定义是中国有代表性的新闻定义之一,他认为:"新闻是现在新的活的社会状况的写真。"对于新闻报道信息的功能,他有这样的观点:"尽力把日日发生的事实,迅捷地而且精确地报告出来,俾读报纸的人们,得些娱乐、教益与知识。"李大钊还提出:"报是现在的史,史是过去的报。"这些观点表明,李大钊在新闻理念上确立了报刊传播信息的功能,还认识到了新闻报道的娱乐与教育功能,并在具象层面对新闻的真实性、时效性作了论述。[1]

范长江是我国杰出的新闻工作者,也是新中国新闻事业的创始人之一。范长江从事新闻工作达19年之久,他创造了一系列的新闻奇迹并为后来者留下了宝贵的新闻思想。这些新闻思想,对于今天的新闻工作和新闻事业仍具有极强的指导意义。新中国成立以后,他从事党的新闻宣传工作,历任新华社总编辑、解放日报社社长、新闻总署副署长、人民日报社社长等职。

"范长江曾经创造了中国现代新闻史上的三个第一:他在1935年至1936年间深入西北采访,是在国内报纸上公开如实报道工农红军二万五千里长征的第一人;他是突破新闻封锁,向国统区报道'西安事变'真相的第一人;他是国内以记者身份进入延安采访毛泽东、朱德等领导人,并如实报道陕北革命根据地情况的第一人。"[2]

他尊重事实,力求写出真实、客观的报道。范长江给新闻下的定义是:"新闻,就是广大群众欲知、应知而未知的重要事实。"他认为,新闻必须是事实,谣言不是新闻,假话、大话、空话更不是新闻。

在我国新闻学术界最权威的新闻定义首推1943年陆定一在《我们对于新闻学的基本观点》一书中下的定义:

新闻是对新近发生的事实的报道。

这一定义从提出到现在,基本上没有被推翻,广为流传。但是陆定一关于新闻的这个定义也存在着一个致命缺点,那就是只注重了事实和报道者之间的联系,却忽略了事实的接受者——受众的反应和感受,也就是说,新闻工作者把新闻采集、制作、发表出来就行了,却未顾及读者、听众、观众对这个新闻的看法和意见反馈。

从大众传播学的角度出发,一次传播的形成和完成是由三个不可分割的部分组成的,即传播者,信息,受众。传播者即新闻的报道者,信息即事实,受众即大众传媒的读者、听众和观众。而且,随着时代的进步和媒体发展,对新闻报道的时效性也有了更高的要求,不再局限于对新近发生的事实这一点上,而是对正在发生的事实甚至一些即将发生的事实进行预测性报道。

---

[1] 邓辉林.李大钊的新闻思想.百度文库.
[2] 李涛.浅析范长江的新闻思想[J].文学教育,2010(2).

因此，从传播学和信息学的角度来增加陆定一的新闻定义内容，已十分必要。

早在20世纪80年代，复旦大学新闻学教授王中就引入了传播学概念，把新闻定义为"新近变动的事实的传布上。"而且他提出了"为读者服务"的观点，受到新闻界的普遍认同。

中国人民大学新闻学院博士生导师甘惜分教授则强调，新闻是一种反映手段，更注重新闻定义的舆论影响。他的定义是："新闻是报道或评述最新的重要事实以影响舆论的特殊手段。"

第一个把信息和知识放进新闻报道活动中的人是陈独秀。陈独秀独立开展新闻实践是从创办《安徽俗话报》开始的。他明确表明了两个办报宗旨："第一，是把各处的事体，说给我们安徽人听听，免及大家躲在鼓里，外边事一件不知道，况且现在东三省的事，一天紧似一天，如有什么好歹的信息，就可以登在报上，告诉大家也有个防备。我们做报的人，就算大家打听消息的人，这话不好吗？第二，是要把各项浅近的学问，用通行的俗话演出来，也可以长点知识，好叫我们安徽无钱多读书的，看了这俗话报，也可以长点知识。为这两种想法，想大家多是喜欢的，大家只管放心来买看看。"

无独有偶，多年后，另一位复旦大学新闻学教授宁树藩，则把新闻归属于信息，将新闻定义为："经报道或传播的新近事实的信息"。

1986年，全国26所高校联编教材《当代新闻学》，把新闻的定义概括为："及时公开传播的新近事实的信息"。

以上只是约略将我们国家新闻界关于新闻的一些重要的定义列出来供大家参考，开拓大家对新闻的认识。

(三)西方新闻界的定义

19世纪，美国大众报刊的创办者在实践中形成了对新闻的一种发现："如果以轻松活泼的方式将新闻发表出来，那么新闻就是很有价值的商品。"[1]

1835年创办《纽约先驱报》并被称为"美国黄色新闻之父"的詹姆士·贝内特提出，新闻是为"商人和学者以及工人和劳动者"[2]提供的。

19世纪末，西方新闻教育产生，新闻学也随之产生。美国的新闻学教师约斯特在1924年编撰的《新闻学原理》中提出："新闻是已经发生或正在发生的事情的报道。"[3]而这个时期在西方新闻界影响持久的新闻定义是《纽约先驱论坛报》城市版主编斯坦利·沃尔克提出的。他说，新闻有赖于3个"W"："woman(女人)，wampum(钱财)，wrong-doing(坏事)。"[4]

西方新闻界关于新闻的定义五花八门，较偏重于新闻的"新奇"上。下面再介绍两个流传较为广泛的定义。在大众报纸的鼎盛时期，美国《纽约太阳报》的一位主编约翰·博加特，别出心裁地提出了至今在各国新闻界无人不知的新闻定义：

狗咬人不是新闻，人咬狗则是新闻。

所谓人咬狗是新闻，其实指的是新闻的反常性，正因为与日常生活人们习以为常的事情相背，才产生了受众的阅读兴趣。就像下文的这名男子咬伤警察的手和警犬的耳朵，是反常于人

---

[1] 埃德温，迈克尔·埃默里.美国新闻史[M].1982:146.
[2] 徐耀魁.西方新闻理论评析[M].北京：新华出版社，1984.
[3] 卡斯柏·约斯特.新闻学原理[M]//自王益民.系统新闻学理论.北京：华中理工大学出版社，1996:44.
[4] 张威.比较新闻学：方法与考证[M].南方日报出版社，2003:173.

们的正常行为的,所以这是一件新闻。

2004年11月15日,《北京青年报》A15版就刊登了一则这样的新闻,新闻的引题是:狗咬人不算什么,人咬狗才是新闻。主题是:美国一男子拒捕咬警犬。

这则新闻的导语是这样写的:"美国堪萨斯市警方声称,一名男子目无王法,拒捕不成恼羞成怒,不但咬伤警察的手,而且还差点咬掉警犬的耳朵。鉴于行为极度的恶劣,这名男子被冠以'袭警、拒捕以及偷窃'三项罪名。"

与此相媲美的另一个新闻的定义,是美国堪萨斯州《阿契生市环球报》主笔爱德华说的另一句话:

能让妇女们看到报道后,大叫一声"啊呀"的东西,就是新闻。

这个定义也强调了新闻的新奇性。能让妇女们看过之后大叫起来的东西,说明新闻内容的离奇和吸引人,也说明,新闻的选择是为了满足人们的好奇心。

美国学者约翰·布雷迪(Brady,J)在《采访技巧》中曾经这样来描述新闻采访:"采访就是云游四方,会晤三教九流,满足人们的好奇心。采访就是面对一位高深莫测的名媛,她安然而坐,说,'好,开始吧。请随便问。'采访就是碰上一位你从未听到过的人物(但你的编辑说'找到他'),通过秘书的一个冷冰冰的电话告诉你,'某某先生今天太忙不能接见您,而且明天他就要去菲律宾。'总之,采访难以预料。"①

总而言之,对新闻的定义是仁者乐山,智者乐水。

(四)本书的定义

本书作者认为,以上列举的这些定义都有其特点,都可供大家参考借鉴。

现在是信息时代,新闻自然是信息的一种,从属于信息这个大概念,同时强调信息的即时性和受众的选择性。万变不离其宗,作为大众传播媒介上的新闻,是经过新闻工作者采集事实,选择事实公布出来的,新闻不仅是客观事实,也是新闻工作者对此事实的报道或传播。

这就涉及新闻的本源问题,即新闻是事实,如果事实是大概念,新闻是其中的一个子概念。那么,如果信息是个大概念,事实又是其中的一个子概念。推而广之,新闻是存在于信息这个最大圈子里的、事实这个大圈子里的一个小圈子。在这三者之中,新闻仍然遵守于事实第一性,新闻第二性这个规律,先有已发生或正在发生的事实或者事实的趋势走向,后有对此事实报道的新闻。

因此,本书对新闻的定义分两个层次,第一个是新闻与事实的联系。第二个是事实与信息的联系。

在第一个层次里:

新闻是指大众传播媒体的新闻工作者,对已经发生、正在发生和即将发生的,受众感兴趣的重要或特别事实的报道。

在第二个层次里:

新闻是指大众传播媒体的新闻工作者,通过大众传媒,及时公开地传播受众欲知而未知的,最新客观事实状态及其发展趋向的信息。

---

① 〔美〕约翰·布雷迪.采访技巧[M].北京:新华出版社,1986.

二、采访的定义和特点

(一)新闻采访的定义

新闻采访是新闻活动的起点,它是记者进行大众传播必须做的基本工作。新闻学中有关采访的定义多如繁星,在我国,关于采访的定义有很多种说法,如以下所列:

(1)新闻采访是新闻记者和通讯员为大众媒体进行新闻报道所做出的调查研究活动。

(2)新闻采访就是记者为采集新闻而进行的调查或访问的活动。

(3)新闻采访就是新闻工作者研究实际问题,认识客观事物,寻找新闻材料的活动。

(4)新闻采访是新闻工作者用调查研究等方式,迅速搜集新闻材料的一种活动。

这些定义我们大可不必深究,不管何种定法,从中可以看出一个关键的问题就是新闻采访是一个活动。它要动起来。它要记者去行动,去收集有关的资料和事实。不管此次采访成功与否,新闻采访的直接目标就是写出稿件报道出去。新闻采访这个行动,是记者的家常便饭,它是记者的童子功。这是毋庸置疑的。

在这里,要强调一下新闻采访和调查研究的区别。

两者是不同的,后者范围远远大于新闻采访。可以说调查研究是大概念,其中包含着新闻采访这一类的调查研究活动。不是所有的调查研究都可以作为新闻采访并以新闻稿件报道方式公开报道出去。但是,调查研究却是新闻记者进行采访活动时比较常用的一种方式。新闻采访方式多种多样,除了调查研究之外,还包括参加政府的记者招待会、记者的亲身体验等其他方式。

刘少奇说的"记者和编辑是调查研究的专业工作者"和毛泽东提倡的"没有调查就没有发言权"的意义,是告诫新闻工作者,从事实出发,实事求是,这也是新闻采访的基本要求,尊重事实,不造假,不歪曲,不搞浮皮潦草的报道。

这里,不妨谈谈西方传媒对新闻采访的认识。

由于西方各国媒体产业化、商业化比较发达,从始至终一直坚持读者是上帝的观点,因此"为读者服务"的精神贯穿新闻工作的各个环节,采访也不例外。

美国新闻学家梅斯勒教授认为,所谓采访,就是记者代表无法出面的读者同一个或几个人交谈,从而获得新闻。这就说明记者的采访活动虽然常常是个体单独进行的,但本质上不是为了个人目的,而是代表广大的读者来获取他们想要知道的信息,采访时记者也要时时想着读者的要求和欲求,带着他们的想法和疑问去提问,从他们的角度去采访。

其实,无论哪种定义,都认可新闻采访是一种调查研究,是采集报道资料的一种动态活动。这种活动是为大众传播媒体所承认和接受的,是能将其行动结果公布于众的,或是转换其他的传播途径,如内参等等。

本书对新闻采访的定义,作出如下两种解释:

第一种解释相对正规、传统。新闻采访,是新闻工作者根据新闻线索对正在发生或已经发生的新闻事件,对新闻事件所涉及的事实,通过调查研究、参加会谈等种种方法,来采集有关资料,获取相关信息的一种实践活动。

第二种解释相对生活化、实践性强。新闻采访,一句话就是人、事、学。展开来说,新闻采访是新闻记者工作中接触各种人、事、学的综合。

在第二种关于采访的解释中,突出新闻采访中记者与被采访者的互动,包含记者与新闻人物、记者与新闻事实、记者与新闻采访中的人和事背后相处沟通交流的学问和学习三个部分。

(二)新闻采访的特点

1. 新闻采访是由大众传播媒体记者进行的面向大众传播的活动

在新闻事业产生之前,采访活动是早就存在的,而且现在也一直存在。如为著书立说而进行的文学、历史、政治、文化、科学等方面的采访,它们也是为了采集相关的资料,也是为了形成一种认识公布出去为他人所知。

像我国古代就有的采风官;像司马迁为写《史记》而在全国各地的游历访问;像为考察政府官员的政绩而由上级如皇帝特派的钦差大臣的调查秘访等等。这些采访活动自古及今,存在于各个领域,一般来说,这些采访是以满足某种需求为目的,或是出书立说,或是形成一种报告,或是进行考察等等。采访的结果是小范围内或者是不公开的,即使是公开出版,也不一定是由大众传媒推出。

新闻采访的对象是客观发生的新闻事实,事实本身具有新闻性,受众不得而知或知之甚少,有极强的获取信息、了解真相的心理需求。新闻记者代替广大受众出面,深入事件进行调查研究、观察分析,对这一新闻事实进行一个较全面的了解,同时将收集到的事实写成稿件公布于大众传媒(报纸、广播电台、电视台、杂志、网络等)之上,为广大受众所知晓。

这和其他方面的采访是有区别的。比如目前网络时代,各大网站QQ聊天、微信朋友圈里的稿件,虽是面对社会大众,但大多由所谓"小编"摘出来的,"小编"的身份中有多少是真正的大众传媒的新闻记者?换句话说,传统的新闻记者就是获得中国新闻记者协会颁发的正规新闻记者证的人。可想而知,社交媒体里的绝大多数稿件并不是新闻记者的稿件。

当然,原来传统的大众传媒如人民日报、新华社也开始研发新媒体,在专门的客户端里发布新闻稿件。一些新媒体中如"澎湃新闻",其口号是"专注时政与思想的互联网平台"。"澎湃新闻"是上海报业集团改革后公布的第一个成果。"澎湃新闻"主打时政新闻与思想分析,生产并聚合中文互联网世界中优质的时政思想类内容。同时,"澎湃新闻"结合了互联网技术创新与新闻价值传承,致力于新闻追问功能与新闻跟踪功能的实践。"澎湃新闻"有网页、WAP、APP客户端等一系列新媒体平台。另外还有些已经做出的比较有影响力的微信公共账号,如一号专案、舆论场、知道分子等,其工作人员大多都是东方早报等传统媒体记者或编辑。

2. 新闻采访的成果要迅速公开报道出来

新闻采访是整理事实、核查事实,获取更细、更深、更多、更广事实的一个动态过程,时间观念非常强。尽管采访存在着长期跟踪、仔细调查的现象,但无论采访的过程多么漫长或短暂,完成采访之后的第一反应就是快速向大众报道。

这首先体现在新闻的时效性上。新闻采访首先为的就是在第一时间内抓出新闻,新闻报道求的也是在第一时间迅速呈现出来,这在新闻界被叫做抓"活鱼"、抓"鲜菜",新鲜是新闻生命力之源。也有人说,新闻姓的就是"新",不姓旧啊。这是新闻从娘胎时带来的特征,因而新闻采访的特点也由此而发。

新闻的时效性要求新闻记者力争在最早的时间内把新闻事实报道出去,除非特殊情况,新闻不能成为旧闻、不闻。而其他类型的采访,在时效性方面,就不是如此严格,如调查报告等等。

近年来很多大众传媒开始进军并耕耘互联网,以微博形式发新闻非常红火。新闻记者在微博中的新闻稿件大多在140个字左右,强调的还是快速报道新闻。

微博,即微博客(MicroBlog)的简称,是一个基于用户关系的信息分享、传播以及获取平台,用户可以通过WEB、WAP以及各种客户端组建个人社区,以140字左右的文字更新信息,并实现即时分享。

微博这一网络产品源于WEB 2.0时代美国的一个网站。它源于美国广播公司ODEO为其雇员使用手机短信通过WEB中继发布信息来与小组进行交流沟通的内部服务。最早也是最著名的微博是美国的TWITTER(推特)。2007年,TWITTER(推特)从原来的公司独立出来并成立了独立运营的公司,并一炮而红,成为微博的代表性网站。2009年7月29日,TWITTER(推特)把首页那句"你在做什么?"改为"分享和发现世界各处正在发生的事。"

2009年8月,中国最大的门户网站新浪网推出"新浪微博"内测版,成为门户网站中第一家提供微博服务的网站,微博正式进入中文上网主流人群视野。

北京师范大学艺术与传媒学院副院长肖永亮所写的《微博改变生活》一文中提到,"微博里面用得很多是@,@是你就可以指向性传递给谁,所以在国内就很形象把它叫做'围脖',很多人都是在'织围脖',实际上说的就是微博。"

微博这样一个形式也被新闻记者们纷纷运用来报新闻。一些传统媒体看到了微博的力量,纷纷将微博作为自身推广和沟通的平台,在微博上提供内容链接,发布新闻摘要。

"《羊城晚报》《国际先驱导报》《南方周末》《新周刊》《中国新闻周刊》乃至新浪财经、CCTV体育频道等,都相继开辟官方微博,在新浪微博上开通微博客的大众传媒涵盖了报纸、杂志、电视台、网站等各类媒介形式。其中《羊城晚报》在新浪上的微博以新闻为主,不仅有当日晚报的内容导读,还有很多知名记者、编辑发布的及时消息。读者可通过微博与编辑、记者互动,甚至可以通过微博爆料。这些传统的媒体主要是通过三种方式与广大受众见面的。一是在其官方微博上有的以"标题+链接"的形式,发布本媒体新出炉的新闻产品;二是发布其原有新闻信息的精炼加工版;三是利用微博及时跟进、报道活动的进展情况,营造现场感"。[①]

新闻记者们运用微博,通过网页、WAP页面、手机短信或彩信发布消息或上传图片,将他们在采访现场看到的、听到的、想到的事情写成一句话或发一张图片,强调的是正在进行时,时效性非常强。由于受字数限制(不能超过140字),实际上对记者而言发出的就是一句话新闻,或者是发出一张新闻图片,配上图片说明。

新浪微博副总编孟波曾说过,在某种意义上,微博是永不闭幕的新闻发布会。

社会大众借助微博这种载体,某种程度上变成人人都是记者,只要人在新闻现场,就能真实、及时地传递新闻。关注微博获取新闻线索及运用微博报道新闻,已成为很多大众传媒新闻记者的拿手戏。

昆明暴力恐怖事件发生在2014年3月1日21时许。当晚22时30分,《人民日报》法人微博综合地方媒体@云南网和网友@8099999消息发出微博【一伙男子持械冲昆明火车站广场见人就砍】,迅速得到关注转发,累计转发2万余次,成为中央级媒体中第一时间发布事件消息的微博。

---

① 摘自《新闻信息传播的新平台——微博》,百度文库。

随后,《人民日报》微博运营室迅速联系云南分社,密切监测微博平台权威消息,跟踪事件进展。在接下来的数小时内,源源不断地对事件进程进行播报:伤亡人员统计、救治情况、现场情况。每次播报都得到超过万次的网友转发,显示出巨大的传播力和影响力。

有一美国学者曾言,"博客和微博让每个人都成了随时报道周围事物、散布信息的记者。不过,这些记者可不会因为写了不实报道而有任何损失。"这句话说得不无道理。

可以说人人能当记者的时代到了,可并非人人都能当合格的记者。当然,真正的记者会充分利用微博、微信等新媒体,做真实、客观、准确的新闻报道。因为真正的记者守土有责。

2016年元宵节前,习近平总书记到人民日报社、新华社、中央电视台等央媒调研,其中微博、微信、APP客户端等新媒体运营情况很受总书记关注,习近平总书记通过人民日报客户端向全国人民致以元宵节祝福。他坐在电脑前,对着麦克风亲切地说:"大家好,在中华民族的传统节日元宵节即将到来之际,我向大家致以节日问候,祝大家身体健康、工作顺利、阖家幸福。"随后,总书记亲手点击键盘,在人民日报"两微一端"发布了问候语音。很快,屏幕上显示,网民点击量迅速攀升。网友们纷纷留言"总书记来电话了""简直不相信自己的耳朵",调研现场的一位编辑拿出手机,习近平仔细倾听这段音频,现场响起热烈掌声。

在新华社调研时,习近平非常关注新华社客户端首创的"现场新闻"报道形式,(这是新华社实现传统报道与新媒体整合的一个着力点,即报道受到读者欢迎,网民在手机上可给记者点赞。)总书记听了介绍,接过编辑递上的手机,在"为全国新闻工作者点赞"页面上点击,现场大屏幕上立即闪现"点赞+1"。他指出,随着形势发展,新闻工作者必须创新理念、内容、体裁、形式、方法、手段、业态、体制、机制,增强针对性和实效性。

一位记者在自己微信朋友圈感慨地说:"总书记今天到央媒调研,报道速度真是太快了,瞬间刷屏!"这瞬间就是新媒体时效性的体现。

3. 新闻采访范围漫无边际

记者的新闻采访活动五花八门,涉及方方面面、各行各业,涵盖政治、经济、文化、体育、休闲、娱乐等等,凡是有人的地方就会有新闻出现。有句俗话是这样说的,林子大了,什么样的鸟儿都有。既然是什么样的鸟都有,就必然存在着什么样都有的鸟叫儿,各式各样的新闻也会随时随地地发生。

没有一位新闻记者能确切地告诉我们,新闻采访的边际到底有多大,范围到底有多广,他会遇到什么样的新闻事件,他会和什么类型的新闻人物进行沟通交流,一切都是未知,一切皆有可能。

新闻工作者进行新闻采访,所接触的领域是各式各样的,接触的人物也是千变万化的,新闻采访的内容更是日新月异、丰富多彩。这些决定了新闻采访的范围广大无边,甚至是未知的领域,永在开拓进展中。这是其他专业化、专门的调查研究活动所进行的采访活动无法比拟的。

4. 新闻采访活动没有终点

没有新闻采访,就没有新闻事业。此话并不言重。"问渠哪得清如许,为有源头活水来。"新闻事业的"活水"就是新闻采访。新闻采访是一个永不停息的动态过程。

新闻采访的永无休止性主要体现在以下三个方面:

第一,就整个新闻采访活动来说,它永在进行之中,没有停止。就单个的新闻事件的采访活动而言,一次采访活动结束了,存在着两种不同的状态,一种情况即完了就完了,目前不会再发生新闻,但不能保证日后不再发生新闻;另一种情况是又发生另外的新闻,又一个新闻事件在原来的基础上发生,新闻采访的行动又在继续。

第二,就整个世界来说,事物是永远变化运动的,恒久静止的事物是不存在的,新闻是对正发生或已经发生、将要发生的客观事物的报道。这意味着新闻工作者的新闻采访活动是无法停歇的。

第三,受众获取新闻的欲望、兴趣、爱好,关注点等等也是多方面的,这也要求新闻工作者不间断地去采集新闻事实,使传播的内容更加宽泛。

这样我们就在新闻媒体发表的新闻中看到当下正在发生的各类新闻事件,记者采访报道的新闻涉及大众关注的焦点、热点、冰点等种种方面。对于一些重大、特殊的事件性新闻的报道,比如1976年唐山大地震,更是随着事件的发生、进展、结束、延续、一周年、五周年、十周年、甚至二十、三十年更长的时间,记者继续着采访,角度新颖,内容不同,时光流逝,采访永无止境。

5. 新闻采访机动灵活

新闻采访与其他调查研究所做的采访不同的地方是,它的形式是富于变化的。有时深挖一点,做深度报道;有时站在全局高度做概括报道,原先的新闻线索在新闻采访中可以引申下去,也可以抛弃不用,找到新的另外的新闻事实,采访活动充满变化,采访的对象也充满变化。

一切事物都在变化中。把事实作为新闻报道的出发点和基础,新闻采访的灵活变化是必然。湖南长沙马王堆考古发掘的报道就是一例典型。

1972年,时任新华社总社记者周长年,去湖南省进行一项调查研究,回到长沙时,听到了一条马路新闻,即长沙市郊出土了一具埋了几千年的女尸。当时他另有报道任务,但获知此事后,他觉得这件考古发现非常有新闻价值,决定先放弃原来的报道任务,立即抓住这条新闻线索,几经周折寻找到放置女尸的秘密地点进行了采访。

当时他发表的题为《一座2100多年以前的汉墓在长沙市郊出土》的报道,把马王堆女尸的情况放在最前面,经周恩来总理的批示,开始在全国、全世界范围内传播开来。美国和日本反应尤其强烈,日本专家把它称为"本世纪的发现,与四十万年前的北京人骨骼的发现相媲美"。

周长年的这次采访实是意外收获,偶然得之。但极为难能可贵的是,在当时的历史环境下,他另有报道任务,又是总社记者,按惯例发生在地方的重大新闻,应由当地新闻单位和新华社湖南分社报道。当时又值文革期间,文物考古一般不做公开报道。但这些限制和约束没有阻止住他。周长年抓住这个重大新闻线索不放,锲而不舍,终于取得了报道资格和报道的胜利,演绎了采访的多变性与记者应对的灵活机智。

第二节 记者做人与职业热爱

所谓记者,就是指在大众传媒里,从事信息采集和新闻报道工作的专业人士,英文称Journalist 或 Reporter。

记者最主要的工作就是代替广大的受众前往新闻事件发生的现场,或是与接触新闻事件的当事人沟通交流,将事情的真相通过新闻稿件呈现于大众媒体之上。

记者这一称谓是从国外引进来的。最早可见于梁启超主办的《清议报》第七、八期所刊登的一篇名叫《时事十大新闻汇记》的文章中,文章中将报馆的"探员"延用国外名称"记者"代替。

1905年,上海《申报》实行业务改革,将以前命名的"探员""访事""友人""访友""访事""报事人""访员""采访""访事人""文士"等等,这十多个形容采集新闻的人员的名称,统一为一个,即"记者"。

到民国初年,"记者"这一特定的新闻采访者的称谓,已成为新闻界普遍采纳的名字,一直延续至今。

本书所说的新闻记者主要在报社、电视台、广播电台、杂志社、通讯社等机构工作。网络出现之后,也有部分记者替网络媒体(网络报)或专业网站工作,他们均有中国新闻记者协会颁发的正式记者证。当然,现在的大众传媒中招聘了很多工作人员也从事采编工作,也被称为记者,只是没有在编制内,没有正规的记者证件。还有一些不在固定大众传播媒体工作的记者,一般称为"自由撰稿人"或"自由记者",这些人也没有正规的记者证。本书一概不论。

一、做人是做记者的关键

2003年,新华社出版了前社长南振中的一本书,名字叫《与年轻记者谈成才》。这本书请当时已在病中的穆青题写了序言。

其中,穆青语重心长地说了这样的话:"我认为,年轻记者成才的先决条件是做一个堂堂正正的人。做人是第一位的,成才是第二位的。如果连人都做不好,还谈什么成才?即使成了'才',也是'歪才'。我这一生中碰到过各种各样的人物,有些人的确是'才华横溢',可惜最终未能成才,究其原因,主要是在做人的问题上没有过关。"[①]

先为人,后为记者。人到哪一步,记者的思想、境界即到哪一步,文章自然也到哪一步。做人是做记者的关键所在。

《中国青年报》副总编辑陈小川曾在21世纪新闻学教育国际研讨会上发言时这样认为,"中国新闻教育遇到的最大挑战就是全球化。过去四年的大学本科,是用很多的精力在教新闻技能,但是没有教给学生,作为新闻从业人员,他的人文追求应该是什么。"

其实,无论穆青还是陈小川,新闻界的老前辈和老总们,对即将从事新闻记者这个职业的年轻人,都提出了一个最关键的问题,即如何做人。做堂堂正正的人,有良心的、诚实的、正直的人,做具有充盈的人文关怀的人,这是日后成为新闻记者的基础。

早在100多年前,我国著名报人王韬,曾在其著名的政论文章《论日报渐行于中土》中,提到了记者的人品问题和职业道德。且看以下文字——

"顾秉笔之人,不可不慎加遴选。其间或非通材,未免失小而遗大,然犹其细焉者也;至于挟私讦人,自快其忿,则品斯下矣,士君子当摈之而不齿。至于采访失实,记载多夸,此亦近时日报之通弊,或并有多,均不得免,惟所冀者,始终持之以慎而已。"

可见,王韬所说的"顾秉笔之人,不可不慎加遴选"之关键是那些挟私之心攻击他人,以图自利自快的人,是不能做记者的。他们首先在做人上就是"品斯下矣,士君子当摈之而不齿。"如果让这样的人做了记者,可想而知其行径如何了。

自私贪婪的人,心术不善的人,追名逐利的人,先做为人,就属于"则品斯下矣",做记者时

---

① 南振中.与年轻记者谈成才[M].北京:新华出版社,2003:34.

他的根底是不会更改的,其利用记者这个职位进行的行为,也会为人所不齿。因此,王韬呼吁"惟所冀者,始终持之以慎而已。"

选拔记者之人,要慎之又慎啊!要看他做人的人品啊!现在的80后、90后总爱说的一句话,RP要高啊。RP就是"人品"拼音首字母的简称。

(一)为什么要先提做人,然后再做记者

著名记者范长江在《怎样学做新闻记者》中写道:"我想世界上很少有人像新闻记者这样有更多诱惑与压迫的。一个稍稍有能力的记者,在他的旁边一方面摆着:优越的现实政治地位,社会的虚荣,金钱与物质的享受,温柔美丽的女人,这些力量诱惑他出卖贞操,放弃认识,歪曲真理。另一方面强迫他颠倒是非,出卖灵魂。新闻记者要能坚持着真理的火炬,在夹攻中奋斗,特别是在时局艰难的时候,新闻记者要能坚持真理,本着富贵不能淫,贫贱不能移,威武不能屈的精神,实在非常重要。"[①]

为什么要先提做人,然后再做记者?

(1)很简单,任何就职之前的人,他的经历和学识,他的世界观、人生观的形成和个性的发展,都会在日后的职业生涯中显示出来,并对该职业产生影响。

(2)做记者要和各式各样的人物打交道,要和各式各样的人物进行交流沟通,也会面临着各式各样的诱惑和挑战。作为人性的底子是善良还是狡诈,是与人为善还是仗势欺人等,记者这个岗位就如同一块试金石,一试即发现上下高低之分。记者要与形形色色的人打交道,其中一个很关键的品质就是记者本人做人要正,要有良心,不以此职业为谋得自利的工具。

(3)在记者队伍中总有两个对照:其中一类记者是为民请命,为社会和现实生活中的阴暗面和不平之事鼓与呼,甚至从不考虑个人利益的得失,在他们的字典里首先不是自我的满足,而是为他人着想,做好自己的本职工作;另外也总有一类记者,则是借记者工作之便,海吃山喝,拿东拿西,处处想着牟取私利,收红包,出卖版面,搞变相的贿赂,甚至参与到被采访人或团体、单位的不法活动中。

1999年,《武汉晨报》花100万元,为该报摄影记者王浩峰买了一份人身意外伤害保险。这在当时新闻界算是一个新闻。为什么要为一名记者保高额险呢?

原来,王浩峰在《武汉晨报》头版,有一个以他的名字命名的栏目叫"王浩峰的眼睛",专门发表他以自己独特方式亲历的新闻照片,如不法分子拦路抢劫,肉贩杀牛注水等,是他冒着生命危险,装扮成不同角色接近对方拍下来的。为此他装过疯,卖过傻,当过乞丐。他为什么这样做?他有利可图吗?王浩峰说,"只要有不法现象存在,我就要继续拍下去。我要用摄影这种方式把老百姓不经常看到的、一直危害着百姓和国家利益的事情曝光出来,让它大白于天下,为执法部门提供第一手资料,把不法分子绳之以法,为老百姓多做点好事。"

王浩峰图的是为老百姓多做点好事,为此他不惜冒生命的危险,乐在其中。若是换成另一位有贪心和胆小的记者,可能他根本不会去做,或者根本不会去想王浩峰这样的事情。

(4)有很多学新闻的学生认为,当记者可以挣到大钱,追求做记者的人生待遇和享受,这样的人最好放弃作为记者的职业选择。这样的人即使做了记者也绝对成不了真正的名记者。

1931年4月1日,燕京大学新闻班举行新闻讨论周时,《大公报》主笔张季鸾曾写了一篇

---

① 范长江.怎样学做新闻记者[M].北京:新华出版社,1982:45.

论文,题目叫《新闻记者根本的根本》,投给燕京大学新闻系。张季鸾向新闻系的学生提出了这样一个问题:你们为什么想做新闻记者?为什么入新闻系?

张季鸾认为,在成为新闻记者之前,有个问题必须"觉悟",那就是:"第一,或者有人想,做记者可以得到物质上优厚的享受,这是错误的。中国经济发达以后,经营报业的人可以获利,但是单纯做一个记者,靠薪水吃饭,我想在二三十年内,恐怕很难得到优厚酬报……所以从平凡而正当的途径上讲,做记者大概要一世穷。"

"第二,或者以为记者这种职业好玩,有兴趣,这话不假……不过诸君要知道,有兴趣的另一面,是格外劳苦。任何职业,办事时间都有一定,记者生活,独没有一定。而且夜间工作多,满天下的人类,都在梦乡的时候,新闻记者还拿着秃笔,写稿子,听电话……所以新闻记者生活的,只能是在紧张兴奋忽歌忽泣之中找到,绝不是舒适享乐的生涯。"①

据说,美国密苏里大学新闻学院的一个学生,曾经问院长威廉博士,毕业后做记者可得多少薪金。博士回答道:"我劝你还是做瓦匠去,他们每星期可得70美金。"在威廉博士看来,凡是追求工资待遇的人,均不可当新闻记者。

曾经有一位英国记者兼学者名叫坎德林的,是这样排斥掉无法胜任记者工作的人选的。他们是那些——性格孤僻、唯我独尊、墨守成规、卖弄学问、举止粗俗、固执己见、教条主义、心地狭隘、盲目信仰、自命不凡、势利小人。所有这类人,在新闻学的家园里找不到自己的位置。

著名传播学家施拉姆曾经说过,新闻事业是一种双重性格的事业。站在为公众提供普及教育的立场来说,大众传播是一个学校,但是,站在为投资者赚钱的目的而言,大众传播是一个企业。任何传播媒介的负责人,受这种双重性格的影响,一方面要尽校长之职,另一方面要尽经理之职,这两种职务有很多时候是互相矛盾的。

一语中的!

它也正击中了我国新闻媒体的要害,一方面要做党和政府、人民的喉舌,一方面要赢得市场利润,也正是在这个问题上的模棱两可,导致了某些记者职业精神的缺失,而其根本是记者的做人不到位。

(二)做人的原则

对于学习新闻专业,以后准备做新闻记者的年轻人来说,在做人的问题上,必须把握住至少以下这四条原则:

(1)行为端正。不去想也不去做歪门邪道的事情,不指望自己名利双收。

(2)要有坚定的信仰,不能像空中柳絮,随风飘荡,认为可以糊弄过日,采访写稿,如同当一天和尚撞一天钟。既然选择了做记者,就当好记者,做好新闻工作。

(3)要有坚强的毅力和刻苦的精神,严格要求自己。

(4)对新闻事业要有责任感和使命感,对人民群众要有浓厚和真挚的感情。

做人有了这样的一种人生境界,成才就有了思想基础。好记者是从好人中产生的。让我们大家都做一个诚实、有社会责任感、有人文关怀、有文化精神、有艺术品位、独立思考和有信心、有勇气、不虚伪的人吧。这样的人做记者底气足啊!

---

① 张季鸾.新闻记者根本的根本[M]//中国新闻史资料汇编.北京:人民出版社,1980.

二、新闻记者的职业热爱

职业热爱是做记者的前提。新闻记者要奉献自己于新闻事业中,成为名副其实的好记者,其前提是,对新闻事业的热爱和对新闻工作的执著追求。

原《人民日报》总编辑范敬宜,2002年4月21日在清华大学新闻与传播学院,同新闻学专业的同学进行了一次谈话。他在提到记者这个职业时,认为五种人做不得记者,首当其冲的就是对新闻工作不热爱的人。

他说:"每个人都不会是一帆风顺的,但要把困难当做磨炼,我认为有五种人不可以做记者:不热爱新闻工作的不可以;怕吃苦的不可以;畏风险的不可以;慕浮华的不可以;无悟性的不可以。只有热爱新闻工作,你才能心甘情愿地去吃苦。新闻事业充满风险,但值得去为之奋斗终生。"在范敬宜认为的不可以做记者的五种人中,首推对新闻事业没有热爱的人,大家都知道这句名言,"热爱是最好的老师"。

不会采访技巧不要紧,采访失败不要紧,稿子被枪毙不要紧,抓不到新闻线索不要紧,只要充满对新闻事业的热爱,坚持不懈地努力,这股强烈的热爱感会使你充满着对记者职业的责任感,会自然而然地把自己的身心投入进去,也会自然而然地探索、琢磨出采访的要害,采访的技巧,报道的角度,专业水平自然而然地在实践之中得到提高。这是新闻界人士的共识。

我国著名新闻工作者邹韬奋始终认为,"天下最可鄙的是自私自利,天下最可敬的是为群为公。"①

他自接手《生活》周刊之日起,就和几个患难朋友傻子似的,抱着不求个人发财成名,只求新闻事业发展壮大的心愿,拼命工作。他对广大读者由衷地热爱,专门开辟"读者信箱"专栏,亲自回信处理有关问题。在他一生中,最鄙夷那些把新闻工作当做"做官的阶石"的势利之人。他以自己终生的努力为新闻事业做出了贡献。目前我国新闻界的"韬奋新闻奖"就是为了鼓励广大新闻工作者继承和发扬邹韬奋同志真诚为人民服务的崇高品德和思想作风而设立的。

23岁的梁启超,在《时务报》创刊之初的半年里,报馆人手甚少,他负责全部编撰事务,工作异常繁重。他在《创办时务报原委记》中回忆说:"启超自撰及删改者几万字,其余亦经目经心。六月酷暑,洋蜡皆化为流质,独居一小楼上,挥汗执笔,日不遑食,夜不遑息。"

为什么?

出于对新闻事业的热爱,出于为记者的真诚之心,责任之感。因此,邹韬奋几次面对义与利的取舍毫不犹豫,堪称报界风标;梁启超耐得寂寞,费得辛苦以畅新思、新想、新知、新学,无怪乎当时,"上自通都大邑,下至僻壤穷陬,无不知有新会梁氏者。"

在邹韬奋、梁启超以及同样的没有提到名字的真正的记者面前,那些吃、喝、玩、乐、拿、泡,摆谱显威的"无冕之王",真的是蝇营狗苟,不足一说。

三、敬业精神

对新闻工作的热爱,自然而然就产生一种敬业精神。它包含着新闻记者对自己毕生从事

---

① 邹嘉丽.韬奋的新闻道路[M].北京:新华出版社,1988:252.

的新闻工作的艰苦程度和困难程度的透彻理解。

(一)要有准备吃苦的思想

想要做新闻记者的年轻人,不准备吃苦是不行的,天上掉不下大馅饼。只有认识到新闻工作的艰苦性和持续性,做好心理和生理的准备,才具备了为之奋斗的基本条件。

前些年曾流传着这样一则短信,是在记者节这天发出来的,它这么说:

小时候把 English 错念成因果联系的人,后来成为了哲学家;错念成应改历史的人,后来成为了领袖人物;而我不小心错念成了应该累死,结果便成了一名记者。

尽管这条短信荒唐可笑,但也有一定的道理,它蕴含着作为一名新闻记者的基本认识:采访工作是辛苦的,做记者要吃苦耐劳、不怕累。

曾获"范长江新闻奖"的范春歌,是《武汉晚报》高级记者,2000年7月11日,她从江苏太仓刘家港出发,沿着当年郑和下西洋的路线开始重走郑和路,"用脚步写出新闻"。

她有一句广为传播的名言,"只要世界上有路,就有上路的;有天职,就有听从召唤的;有死神,就有敢于赴约的。"

怀着对理想的追求,对新闻事业的执著热爱,她历尽千辛万苦,对十多个国家和地区进行追踪采访报道。她说的好,"困难是客观的,但一个人的主观能动性很重要"。她曾说,"我为我的职业感到庆幸,它使我在采访中,接触到各种人,而那些看似平常的人也给我灵魂上的照射,在我迷惘之时,在我面对诱惑甚至挺不住的时刻,他们的高尚给我闪烁圣洁的灯火。"

这是范春歌自己对新闻工作的认识,也是其敬业精神的必然显现。

(二)要有肯吃苦的劲头

大家都知道,过去新闻老前辈常说的一句话是"新闻是跑出来的",它的意思很明确,脚板底下跑新闻,新闻采访不去采、不去访,空调房屋里想一想、坐一坐,那是应付差事,不是进行新闻报道。任何东西都不会主动上门找你,就相当于天下没有免费的午餐一样。

"登高山才能采灵芝,入深海才能缚蛟龙。"汗水永远是采访写作的墨汁。现在,采访和写作手段日益现代化,网络和各媒体信息传播广泛迅速,秀才不出门,便知天下事了。但是以此认为,记者不出门便能报好天下事,就大错特错了。

网络时代的各种现代手段可以为记者采访提供方便,使报道更加快捷,但绝对代替不了记者的亲自采访,记者在新闻现场的感觉和观察,记者面对面与被访者的沟通交流,种种,是在办公室编不出来的。扎实的采访作风是深入事件,深入现场,深入基层。

(三)深入采访是记者的职业热爱和敬业精神的体现

只有深入采访,记者才能有真知,只有深入采访,记者才能握有丰富的一手资料,才可精挑细选采访素材,完成出色的报道。

《中国青年报》女记者蔡平接受了《五叔五婶》的采访任务后,一头扎入深山老林,爬过一道道崇山峻岭,走过一处处沟地村路,用了半个多月时间才写出了轰动一时的《冰点》佳作《五叔五婶》。

《人民日报》十多年前,曾出现了一个以资深记者张玉来命名的"张玉来现象"。时任社长张研农曾专门批示:"愿张玉来现象成为普遍现象。"①这到底是怎么回事?

原来是因为记者张玉来的稿子有分量、有质量、有深度、有特色,虽不算多,但命中率高。报社内部业务研讨时,分析了张玉来现象,其中原因之一即是他肯深入采访,不负辛劳的敬业精神。

当时,年近六十的老记者张玉来在写《山村女教师》时,深入延边珲春山区一个星期,到山村小学体验生活,跟随女教师马宪华走了33里山路。为写好《三甲医院就诊者何以锐减》,在防治非典期间,他三次深入长春市几所三甲医院实地观察。深入基层和现场采访,是每个合格记者必经之路。

精彩案例:

以下内容出自全国新闻战线"好记者讲好故事"巡讲活动中,《中国海洋报》社记者高悦的演讲,本书加以编辑、整理以供读者参考。

2011年,高悦进入《中国海洋报》社工作,成为了一名海洋新闻工作者。面朝大海,他抱定信念:"既然当记者,我就要当一名好记者"。高悦这样说也是这样做的,四年来,国内几乎每一次重大海洋新闻现场,都有高悦拼抢新闻的身影。他曾坚守极寒之地,随中国南极考察队执行昆仑站的科考任务,经历了身陷南极冰缝的危急时刻;他深入我国海洋维权第一线,见证了中国海警船编队首次巡航钓鱼岛的全过程;他远赴非洲采访,记录了大洋科考队员在大洋深处与巨浪搏击的感人故事。

2011年6月,蓬莱19-3油田发生溢油事故,对附近海域造成了大面积污染,造成劣四类海水面积840平方公里,这是近年来中国第一起大规模海洋石油平台发生溢油事件,社会各界高度关注。

2011年8月31日,作业方康菲石油中国有限公司声称溢油源已被永久封堵,已经彻底排查溢油风险点,彻底封堵了溢油源,所有活动的渗油点已得到控制。

因为溢油事故发生海域位于渤海深处,公众很难直观了解现场实际情况。为了了解溢油事故的真实情况,直观了解溢油是否得到彻底控制,高悦多次赴钻井平台海域,深入现场采访报道,在颠簸的海监船上,跌跌撞撞无法站稳,不停地呕吐,但仍坚持采访,终于抓拍到了海面上仍有大片油带的画面,为各方向康菲索赔提供了有力的证据。在几十个小时采访里,他仅吃了半碗粥,其余的时间都在进行现场的拍摄、采访、整理材料。

他说:"在第一线采访极为珍贵,我不能放过任何一个有价值的画面和线索"。回来时,他的脸部被晒得脱了皮,采写的稿件《大限之后海面仍现油膜……》披露了蓬莱19-3油田发生溢油事故的现场情况,稿件刊发后,中国政府网、新华网、人民网、凤凰网、新浪等纷纷转载,在社会上引起了强烈反响。

2012年11月,高悦通过层层选拔,作为《中国海洋报》社特派记者,随中国南极科考队赴中国南极昆仑站进行新闻报道。

昆仑站位于南极冰盖最高点冰穹A地区,海拔将近5000米,年平均温度为零下50多摄氏度,最低气温达到零下81.5摄氏度,空气稀薄,含氧量非常低,既是南极内陆的冰盖之巅,又是地球最干燥、最寒冷之地,被人们称为"生命禁区"。在这种环境下进行采访,对于记者来说是一个非常艰难的挑战。

---

① 人民日报记者部编.感情与探索——新闻采编笔谈[M].北京:人民日报出版社,2004.

刚到南极冰盖上没几天,高悦的脸上除了戴墨镜的位置,其余都被强烈的紫外线晒成了紫黑色,像个小浣熊,嘴唇也是干裂难忍,血迹斑斑,碰一下钻心的疼。在采访过程中,高悦贴了一身暖宝宝,又穿上连体防寒服,可没过多会儿,就会觉得手脚冷凉、疼痛难忍,喉咙像被扼住一般,呼吸困难。他拿着相机拍照,仅仅几秒钟,相机就被冻出了故障,明明充满的电池,却显示没电了。在钻探槽里,高悦冻得不敢说话,因为一出气儿,哈气即刻凝成细小的颗粒弥散于狭小的空间,影响视线。

在南极,高悦和队员们最常吃的,是易储存的土豆和冻肉,由于营养长期不均,口腔溃疡也就成为常有的事。此外,在南极冰盖考察,用水也成了一大难题。队员们所有的生活用水都是用冰雪烧成。高悦在科考队除了新闻报道,还负责挖雪烧水。因此,两个多月,洗个脸便成了奢侈,洗澡就根本不敢想,高悦在到南极前就早早剃了光头,因为剃了光头,就可以少洗头,从而节省水。

2012年12月11日,南极科考队的卡特雪地车向内陆运送油料,在返回途中突然陷入了冰缝中无法自拔。情况危急!雪地车掉入冰缝在中国南极科考历史上还是第一次。得知险情后,高悦与救援人员急速搭乘直升机赶往出事地点。机舱门刚一打开,只见一位老队员向高悦猛打手势,大声呼喊:"注意!这附近都是大冰缝!"

突然,厄运降临了。高悦脚下一空,双腿一下子掉入了冰缝,整个身体瞬间陷进了齐腰深的冰雪中。情况万分危急!下坠的瞬间,他下意识地双臂张开撑住冰面,一动不敢动。见此情景,几名队员立即拼命地拖拽安全绳才将高悦从冰缝中一点儿一点儿地拉了出来。惊魂未定的高悦顾不上休息,又投入了紧张惊险的救援行动中。此时的南极冰盖,大雪纷飞,狂风不止,雪地车被吹得吱嘎作响。高悦的脸早已经被冻得铁青,眉毛、胡子挂满了白霜,衣服上全是冰碴。危急关头,大家只有一个念头,那就是一定要拖出雪地车。经过两天的奋力拼搏,雪地车终于被安全拖出大冰缝。成功脱险的那一刻,高悦和队员们相互拥抱,眼泪也夺眶而出,嘴里大声欢呼着:"我们胜利了!我们终于胜利了!"

回到宿营地后,当科考队员们还沉浸在喜悦中,而高悦顾不上庆祝,连夜将救援行动编写成《惊险,雪地车突陷冰缝;救援,考察队大战冰原》稿件发回国内。稿件刊发后,在社会上引起了强烈反响,广大读者纷纷为南极科考勇士无私奉献的精神点赞。事后,队友问他:你当时在冰缝中想到了什么?高悦面色苍白,半天才说一句话:"当时脑袋一片空白,感觉自己算是交代了,还以为这次采访是我的绝笔,现在回想起来还会心跳加速,仿佛我已经死过一次!"

暴风极寒的考验、远离家人的辛酸……只有亲历之人能够切身体会,156天的南极坚守,凝聚在高悦12万字的文稿、4万张图片和大量视频报道中。"我是一名记者,可以见证科考勇士们一幕幕惊心动魄的壮举,亲身经历与队员们同生共死的瞬间,值了,这将是我人生最大的财富!"高悦的话语中透露着坚定。

在海上采访,狂风巨浪是必须面对的挑战,晕船也就成为必过的一道坎。那年的海浪格外凶猛,10级狂风、7米高巨浪、船身摇摆幅度最大近20度……高悦身在船舱相当于坐在"过山车"上,剧烈的起伏使人头重脚轻,只能躺在床上随着海浪左右摇晃,上下颠簸,饭吃不下,水喝不进,晕得死去活来。有一次,高悦在房间里赶着写稿,对着电脑就感到头晕恶心,每敲几个字,就得起身走动一会儿,一阵晕眩袭来,然后就是呕吐,先是吐酸水,接着把胃里的食物吐得一干二净,坐也不是,站也不是,走也不是,想躺下歇会儿,轰隆隆的发动机声,让他根本无法入眠。躺下不到一会儿,又被一阵颠簸所摇醒,一阵头晕、恶心袭来。即便如此,他还惦记着没有发出去的新闻稿,怕颠坏了电脑,搂着电脑晕了一天。那一天,高悦因为晕船吐了三次,直到吐无可吐,只剩干呕。队友笑话他,他也笑着说:"反正人又晕不坏,电脑摔坏了稿子发不出去可咋办?"有朋友劝高悦别再出海采访了,当面问他图个啥?他的回答朴实中透着认真:这是我的职业和责任。"实现中国梦,追寻海洋梦,我们新闻工作者不仅是积极的参与者,更是历史的见证者、记录者、传播者。作为一名记者,能够用一篇篇鲜活的现场报道,一个个感人肺腑的故事,激励更多的人为建设海洋强国而不懈奋斗,我虽苦犹荣!"

四年多的坚守和付出、数千篇海洋新闻作品、数十万张图片、大量视频资料……记录并见证了我国海洋事业的发展,也记录并见证了一个年轻记者的成长。他用自己的工作成绩证明了一个道理:海洋新闻是用脚写出来的。在这个通讯方式如此发达的时代,不少新闻工作者变成了"网上记者""电话记者"。或许在某些人看来,他坚持用脚丈量海岸线,坚持用在海上、在现场的采访方式是犯傻劲,但是正是这种傻劲让他的报道有情感、有故事、有血有肉,与众不同。

前不久,在全国新闻战线"好记者讲好故事"巡讲活动中,高悦作为海洋媒体唯一一名入选的记者,赴北京、上海、浙江、江西进行巡讲,倾情讲述了他在登顶南极冰盖、维权巡航、大洋科考中采访历程,他用亲历、亲闻、亲为的海洋故事感染了广大新闻院校师生和众多媒体记者,在收获掌声的同时,更赢得了新闻界对海洋的关注。

高尔基说过,热爱是最好的老师。有了对新闻工作的真诚热爱,加上不怕吃苦勇于拼搏的劲头,练就一副走哪都不怕,走哪都有劲的"铁脚板",随着新闻实践的增多,实际操作的增加,新闻采访就会越来越得心应手。愿更多的范长江、范春歌、张玉来、高悦们出现在记者的队伍中!

第三节 新闻记者的职业道德

美国著名报人普利策,曾对记者职业做出这样的定位——

倘若一个国家是一条航行在大海上的船,新闻记者就是社会航船船头的瞭望者。

这涉及新闻记者的职业道德问题。如果让那些在名利、诱惑、是非面前手忙脚乱的人担任瞭望者的角色,就会让我们新闻事业的发展大打折扣。

新闻记者要坚守职业操守的底线。大众媒体是社会公器,新闻记者是社会航船的瞭望者,对社会丑恶现象的揭露和监督是其职责和使命所在,但在这种监督权力下,如果没有职业操守,丧失职业道德,失去的不仅是职业尊严,还有整个社会对新闻行业的信任。

一、国外有关规定

17世纪到18世纪,随着西方产业革命的发展,新闻传播活动范围不断扩大,出现了根据道听途说编造信息、肆意诽谤、抄袭新闻,以及在报业之间为吸引读者扩大销量而相互干扰等不良现象。为了调整新闻传播活动中的关系,一些新闻机构和新闻团体分别出台了作为报业和新闻工作者自约自律的行为准则。世界上最早的新闻自律组织是1874年出现在瑞典的舆论俱乐部,它订有职业守则。

世界上公认的新闻职业道德有:

要承担社会责任;

要客观报道；

公正；

正直；

等等。

1954年，联合国经济及社会理事会制订了《国际新闻道德公约》，由联合国大会颁布，各会员国新闻工作者协会参照执行。

为了加强新闻工作者的职业道德修养，许多国家都制定了行业公约、职业准则等。

以美国为例，自1908年起，就先后制定过《记者守则》《报业信条》《记者道德条例》等专门的新闻职业道德条例，对新闻工作者的社会责任和道德规范进行了具体的规定。

1923年，美国报纸编辑人协会通过的《报业信条》就提出了七条要求：

责任；

新闻自由；

独立；

诚信；

公正；

正直；

庄重。

其中，在第七条，明确谴责了"报纸假借道德之理由，对于社会伤风败俗如奸淫、掳掠之犯罪事实着意描写，迎合低级趣味，煽动低级感情"的行为，并"严正宣布：凡诲淫诲盗之报纸，必因读者的反对和同行的谴责，而日趋于失败。"

在西方的媒体中，的确存在着拿钱买新闻，买突发事件的知情人等情况，但大多限于小报和一些电视娱乐节目。严肃的大报是不搞有偿新闻的如美国《纽约时报》《华盛顿邮报》等，它们既没有卖版面赚钱，也没有花钱买新闻。这不仅是因为美国报社层层审核选新闻制度的严格，更重要的是报社对记者作出了严格的规定。如《纽约时报》社规定，不允许记者收报道对象一分钱，比如，它的体育记者必须同观众一样买票入场，它的每个周末有一版介绍纽约最好的餐馆菜肴，负责报道餐馆的记者必须经常到纽约各个地方品尝，但报社规定，不准接受餐馆的免费送餐，这种吃饭自己要付费，然后凭借收据到报社报销。这是他们的传统。

二、我国职业道德的规定

我国的现代报刊事业是19世纪末、20世纪初发展起来的，有关新闻记者的职业道德规定，可以说是一脉相承。

（一）清政府及民国政府的法规

清政府出台了一系列的法规，如1906年《大清印刷物专律》、1908年《大清报律》，1914年，民国政府相继发布了《报纸条例》和《出版法》、1943年的《新闻记者法》等。这些法规，都包含了新闻记者禁止"诬诈"、禁止"利用职务欺诈或恐吓之行为"、禁止"攻击他人隐私"和"败坏风俗"等涉及新闻职业道德的条款。

(二)徐宝璜最早提出记者自律

中国最早的新闻学者之一、北京大学新闻学研究会主任徐宝璜,在1919年出版的《新闻学》中,最早提出了记者自律问题。

他指出,当时的我国报纸"不但不提倡道德,反暗示阅者以不道德之事";"其新闻常不确实","其论说常欠公允",他认为刊登"花边新闻""海淫小说""某某之艳史"等,是"此于记者之道德,亦大有关系""与敲诈同为不德也"。

徐宝璜在《新闻学》书中,提出了"访员应守之金科玉律"十六条,其中包括:

"切勿视谣言为事实";

"不可因求速而粗心或不正确";

"不可受贿,为他人隐藏";

"广告性质之新闻,不可登于新闻栏内";

等等。

(三)国民党管辖区新闻界规定

1941年,我国新闻界在重庆成立了中国新闻学会。1942年,我国制定了《中国新闻记者信条》十二条,被国民党管辖区新闻界用作记者自律的准绳。

(四)新中国第一个《记者守则》

1981年,中共中央宣传部制定了一个新中国成立以来的,第一个新闻工作者职业道德条例,即《记者守则》(试行草案)。

(五)《中国新闻工作者职业道德准则》

1987年,新闻界对有偿新闻的批评已相当激烈,到1991年1月,在中国记协第四届理事会第一次全体会议上,通过并公布了新闻职业道德规定——《中国新闻工作者职业道德准则》,并于1994年4月和1997年1月作了两次修改,成为现在我国新闻工作者的新闻职业道德规范条例。

这个准则指出,树立正确的世界观、人生观和价值观,自觉遵守新闻职业道德,是每一个有理想、有抱负、有操守和富于敬业精神的新闻工作者的基本要求。

在这个准则中,要求我国每一位新闻工作者都做到以下六点:

(1)全心全意为人民服务;

(2)坚持正确的舆论导向;

(3)遵守宪法、法律和纪律;

(4)维护新闻的真实性;

(5)保持清正廉洁的作风;

(6)发扬团结协作精神。

这六条准则,包括了对新闻工作者政治、思想、业务等各个方面的要求,体现着作为一位新闻工作者的职业道德修养,是要以负责任的态度和作风忠于人民,忠于真理,忠于法律。据当时的中宣部新闻局局长说,当时尽管在一些问题上存在分歧,但有两项原则却是非常明确的,一是不得以新闻或者版面做交易;二是新闻活动和经营活动要严格分开。

(六)《关于禁止有偿新闻的若干规定》

1997年,中共中央宣传部、广播电影电视部、新闻出版总署、中华新闻工作者协会,联合发出了《关于禁止有偿新闻的若干规定》,成为新闻界关于有偿新闻的法宝式文件。该规定如下:

(1)新闻单位采集、编辑、发表新闻,不得以任何形式收取费用。新闻工作者不得以任何名义向报道对象索要财物、不得接受采访报道对象以任何名义提供的钱物、有价证券、信用卡等。

(2)新闻工作者不得以任何名义向采访报道对象借用、试用车辆、住房、家用电器、通信工具等物品。

(3)新闻工作者参加新闻发布会和企业开业、产品上市及其庆典活动,不得索取和接受各种形式的礼金。

(4)新闻单位在职记者、编辑不得在其他企事业兼职以及获得报酬。未经本单位领导批准,不得接受其他新闻单位的兼职记者、特约记者或特约撰稿人。

(5)新闻工作者个人不得擅自组团进行采访和报道活动。

(6)新闻工作者在采访活动中,不得提出工作以外个人生活方面的特殊要求,严禁讲排场、比阔气、挥霍公款。

(7)新闻工作者不得利用职务之便,要求他人为自己办私事,严禁采取"公开曝光""编入内参"等方式,要挟他人达到个人目的。

(8)新闻报道与广告必须加以严格区别,新闻报道不得收取任何费用,不得以新闻形式为企业或产品做广告。凡收费用的专版、专刊、专稿、专栏等均属广告,必须有广告标识,与其他非广告信息相区别。

(9)新闻报道与赞助必须严格区分,不得利用采访和发表新闻报道拉赞助。新闻单位必须把各种形式的赞助费用,或因举办征文、竞赛、专题活动而得到的协办经费,纳入本单位财务统一管理,合理使用,定期审计。得到赞助或协办的栏目、节目,只可刊登赞助单位的名称,不得以文字图像等形式,宣传赞助或协办单位的形象和产品。

(10)新闻报道与经营活动必须严格分开,新闻单位应由专职人员从事广告等经营业务,不得向采编部门下达经营创收任务。记者、编辑不得从事广告和其他经营活动。

此规定对违反者也制定了相应的处罚办法,如批评教育,党纪政纪处分,开除记者身份等。

1999年,中华全国报纸行业经营管理协会,也制定了内容相当的《中国报业自律公约》。

三、制定和遵守新闻职业道德的现实意义

(一)新闻的职业影响力大,要求新闻工作者规范自己的行为

我们都知道,每个行业都有本行业的道德要求,新闻行业也不例外。对职业道德的要求甚至超过了新闻本身,道理很明显,新闻业生产的产品是它的各种新闻报道,比如以思想见长者肯定是它的思想,以知识为主者是它的知识,但这种所谓的产品又不同于我们常见的其他消费品。对其他消费品而言,主要是满足我们特定的物质需要,它的实用价值有限,影响力也有限,但对新闻来说,它属于一种形而上的范围,直接作用于我们的精神层面,又加之新闻传播的乘

数效应,它的影响要远远超过其应有的内容本身。

另外,新闻业是经济效益与社会效益的复合体,而经济效益的取得要依赖于社会效益,也就是说,新闻的社会效益是其经济效益存在的充分条件,衡量其社会效益的主要标准无非是是否真实、是否具有新闻价值,而这些要求最终都要通过其操作者,记者、编辑等体现出来,这些最终又落实到他们的道德素质方面,正如美国一位传媒道德研究者所说:"新闻业是建立在尊重基础上的"。

(二)新闻职业道德的缺失严重,要求新闻工作者要约束自己的行为

虽然职业道德重要性是整个新闻界都认可的,但我们又惊讶地发现,在我国新闻道德的缺失并不只是一个记者的个人问题。

2003年,在山西矿难记者受贿案中,曾有两位记者表达出类似的看法:这种事太平常了,他们的运气太差,如果不是碰巧有人隐瞒了大矿难,拿点钱物根本不算什么。

2003年山西矿难新华社等单位11名记者受贿案,尽管已经过去了很长时间,但它留给我们的思考还远没有结束。很多人认为这些记者受贿,是因为当时他们基本上相信,这是一起普通事故,如果知道那么大的事故,他们绝对不敢收钱。

作为该事件主角之一的《山西经济时报》记者苏勇和《山西法制日报》驻山西忻州记者站站长刘玉柱,以及另外两个记者白建芳、阎珍寿,在这次矿难中分别收了8000元、8000元、7000元、7000元。

刘玉柱事后对采访他的记者说:"苏勇就是繁峙人,当时觉得他们是老乡,有交情,就收下了,到了7月份才知道,原来有重大隐情,我们就主动退掉。"但由于这件事越闹越大,苏勇等无法把钱退掉,刘玉柱等三人把钱上交忻州市纪检委。

再看新华社对此有偿新闻的处理反映不谓不迅速。

2003年9月15日及9月26日,新华社两次发布消息公布11名涉案记者名单,并公布举报电话、电子信箱和通信地址,欢迎社会监督。

与此同时,另外7名受贿记者所在的媒体,也迅速对记者做出重新处理,并对社会公布。2003年10月8日,中央电视台对外公布举报电话,恳请社会监督。一位新华社老记者称:此次新华社自曝家丑,是70多年来罕见举措。

为什么?敲警钟啊!告诫其他记者职业道德是常识啊!

2010年3月23日,《中国青年报》发表一篇批评报道,题目是《多家省级电视台长期播出涉嫌欺诈猜谜节目已叫停》,我们不妨从这篇报道中了解个中端倪。

请看下面这篇报道——

3月15日,河南省郑州市民王女士打开电视后非常高兴——因为电视上令她郁闷了很久的"有奖猜谜"节目,在多家卫视台一下子都消失得无影无踪了。

"这个节目太骗人了!"王女士气愤地说,"我就被他们骗了!可是,多家省级电视台竟然长期播出,不知道欺骗了多少观众!"

电视显示无人打电话,观众电话却打不进去

"猜一个字:一点一横长,口字在中央。大口张着嘴,小口往里藏。"这是出现在宁夏卫视荧屏上一个节目中的谜语谜面。在谜语的下方,显示有中国电信、联通、移动的参与方式。同时,在屏幕显要位置提示:奖金是5000元和一部3G手机。

据王女士介绍，半个月前，她看到宁夏卫视播出的这个"有奖猜谜"节目时，心里还在暗暗纳闷："这个谜语的答案不就是'亩'字吗？太简单了！"而节目显示，有几个观众断断续续打进电话，但都没有答对。

王女士立刻用手机拨打了参与电话，很快，自动语音提示已经接通，每分钟3元，但王女士听到的只是"线路忙，请等待"。此时，电视台"有奖猜谜"节目却在不断提示："线路空闲，请赶快拨打。"

此后，该节目播出了20分钟，但王女士的电话却始终没被接到直播间。事后，王女士发现，自己的手机被扣除了十几元费用。

同样的事情，也发生在山西卫视。王女士再次参加了所谓的有奖猜谜活动。结果，她的遭遇与在宁夏卫视完全一样：电视画面中主持人一直说"线路空闲"，但是，她的电话拨通后却长时间无法被接进直播室，而直播室偶尔接听的几个电话，答案都是错的。

"我后来才觉得自己是被骗了！"王女士说，"因为这些谜语太简单了！我在网上一搜索，答案就出来了，而整个节目过程中，全国这么多观众却没有一个答对的。"

感到被忽悠的王女士向记者投诉，记者随即联系了山西卫视广告部的工作人员杨女士，并以消费者的身份和杨女士进行了一次对话：

记者："请问这个(有奖猜谜)节目是直播还是录播？"

杨女士："应该是……"

记者："这个节目时段是不是承包给了广告商？"

杨女士："你问这干吗？"

记者："这个(有奖猜谜)节目说线路空闲，请赶快拨打，却一直没打通。节目到底是不是直播？"

杨女士："不清楚。因为不是我们做的节目。"

杨女士随后还向记者表示，曾将一些广告时段承包给广告商，其中就包括播放"有奖猜谜"节目的时间段。

"有奖竞猜"节目早已被有关部门叫停。

记者打开国家广播电影电视总局网站，在"政策法规(规范性文件)"栏目中检索到《广电总局关于进一步加强电话和手机短信参与的有奖竞猜类广播电视节目管理的通知》(以下简称《通知》)。

在国家广电总局于2005年4月26日向各省、自治区、直辖市广播影视局(厅)等单位发出的这个《通知》中，第12条明确规定：广播电视播出机构开设电话和手机短信参与的有奖竞猜类节目，不得以高额奖品和奖金迎合或诱发听众、观众的投机、博彩心理。

《通知》第18条规定：开设电话和手机短信参与有奖竞猜类节目要按程序报批，开设这类节目的广播电视播出机构，负有电话和手机短信的选择、编辑、审查和播出责任。

就在记者3月10日开始对该类事件展开调查之后，从3月15日起，这类节目突然从多家省级卫视的屏幕上消失了。

3月16日上午，中国青年报记者电话采访了山西省广播电影电视局。该局传媒机构管理处的王处长介绍说，山西卫视的"有奖猜谜"节目未经省广播电影电视局宣传处审批。3月5日，该节目被省广播电影电视局叫停，而来自山西卫视广告部的说法是：由于观众对"有奖猜谜"节目投诉较多，该台从3月5日起停止播出这类节目。

同样的事情发生在其他多家省级卫视台。

所谓"直播"其实是"录播",行为已经涉嫌诈骗罪。

记者随后的调查更令人吃惊:早在2008年,山东省消费者协会就发布了《2008年第3号消费警示》(以下简称《消费警示》),揭开了电视、广播竞猜游戏以重奖为名,诱骗消费者参与活动,套取话费的黑幕。

根据济南市长清区工商局调查,此类竞猜节目多数都是提前录制好的,实际上消费者看到的类似直播节目,且主持人又打电话又接电话的电视画面,是提前录制好的,给人造成是在直播的假象。

《消费警示》明确指出,"此类竞猜游戏以'丰厚的礼品'为诱饵,暗箱操作,猫腻很多,实为套取消费者的话费。"

然而,令人吃惊的是,就在国家广电总局明确要求和消费者保护机构的揭露提醒之下,直到今年3月15日之前,多家省级卫视仍在违规播出此类节目。

对此,河南省消费者协会监督部的一位工作人员告诉记者,拿录播的"有奖猜谜"节目诱骗观众拨打电话,骗取观众的电话费,属于明显的消费欺诈行为。

郑州一位律师认为,像这样明显的欺诈行为,已经涉嫌刑法中的诈骗罪。对这些公然利用公众传媒进行诈骗的公司,也不能仅仅是停播节目那么简单,而应当依法启动司法调查程序,根据其诈骗数额给予相应的刑事处罚。"否则,说不定过不了多久,这样的节目会再次堂而皇之地出现在公众媒体上,继续骗取老百姓的钱财。"

由上可知,2010年《中国青年报》的这则批评报道,所反映的播出涉嫌欺诈猜谜节目背后是骗取观众的电话费,这是典型的违反新闻职业道德的行为,多家省级电视台长期播出这类节目挑战职业道德,不得不令人深省!

(三)新闻记者要时刻反省自己的行为,遵循职业道德规范

目前,有些记者开会拿红包,免费看戏,看体育比赛和旅游,接受赠品等,这些都已是业内的公开秘密,而且久而久之,大家似乎已达成了一种共识,在某种程度上已经成为业内的潜规则。

这种现象让人惊恐!

形形色色的有悖于新闻职业道德和新闻传播规律的现象,实在给新闻事业蒙羞!

2004年5月,中国人民大学新闻传播学院的老师郑保卫、陈绚,公布了一篇对新闻从业人员进行的有关有偿新闻态度的调查报告,即《传媒人对"有偿新闻"的看法——中国新闻工作者职业道德调查报告》。在此报告中,回答"看情况"的比率都较高,尤其是记者接受被采访对象的招待用餐和免费旅游一项,有62.8%受访者态度不明朗,而有21.5%的受访者则同意这种做法。

时间过去十多年了,现在新闻界仍然存在有偿新闻现象。

我们发现有偿新闻的存在,并不是一件简单的事,它的复杂性既有人情因素,又有当地的党政机关参与,以及记者自身的素质差等原因。有偿新闻的存在,并不是一个记者的个人问题,而是整个行业的问题,对一件事物只有在充足理解的基础上,才能有好的解决方案,也正如马克思所说:"要解决矛盾,必须承认、发现矛盾。"

有偿新闻泛滥,要求新闻记者反省自己的行为,遵循职业道德规范。尤其是初学新闻专业的学生和初做新闻记者的年轻人,一定要在脑中刻下遵守新闻职业道德的烙印,决不允许自己

越雷池半步。

四、我国报纸上有偿新闻的主要表现

(1)从内容上看,有企业、单位和地方,甚至个人,如明星大腕儿等,出钱为自己宣传;

(2)从形式上看,共同特点是决不标明这是广告;

(3)从报纸版面上看,常常是整版或多个版,来介绍企业、单位、地方等,一般表明为"企业形象""企业风采""企业之窗""某地专版""特约新闻"等;

(4)从文章上看,大多标明"本报讯""专访""调查报告""报告文学""记者观察"等,有的则以"读者来信"的形式刊出,还有的一些短小的有偿新闻,则以分类集纳形式刊登在"某某信息"专栏之名下;

(5)从媒体与客户关系上看,客户有时是赤裸裸地送红包、昂贵的礼品,也有的是以"车马费""误餐费""劳务费"等名目支付。有些企业、地方、部门和个人则是邀请记者"三包采访",包差旅费、包食宿、包游玩。

有的企业、部门、地方还邀请记者出国或在国内旅游,甚至向新闻工作者赠送股份或向其配偶子女提供各种好处。

还有一些企业和部门、地方则把新闻单位的工作人员,聘为他们的兼职公关人员,负责宣传他们的成绩。在财经新闻的报道中,这类敏感的新闻更多。比如,现行我国股市股权结构割裂,许多国有股、法人股不上市流通,而这些国有股、法人股的持有者,却恰恰是一些地方财政部门,国有资产管理部门等,他们掌握着上市公司的绝对控制权,极易操纵股市。在市场经济的竞争之下,他们有偿邀请记者为其宣传优势和成绩,或者在对其不利的报道之后出偿收买、弥补相关内容,使其不报或隐报,或使记者将报道由坏事向好事的角度转变。这些参与的记者,稍稍掉以轻心,就会陷进去,成为唯利是图的人。

报纸上的有偿新闻如上所述,其他大众传媒中有偿新闻的表现差不多一样。

五、如何防止有偿新闻的发生

(1)在选题上进行把关,比如一位记者要介绍某饭店推出的新菜,前提条件是这道菜先前没有被介绍过,而且要提供详细的计划,这样做主要是防止记者与饭店之间的交易。

(2)用实用经济手段来预防,比如记者要报道某地的自助游,那么媒体会全程出钱让记者去做,而不是与某旅行社合作等等。换句话说,由新闻媒体内部消化因采访产生的各种费用问题。

(3)本书认为,防止有偿新闻的发生,根本还是在记者的修养上。

"人之所以为人者,在于其有羞恶之心,辞让之心,是非之心,恻隐之心。"作为一个记者,最首要的是学会做人,具备一些做人应有的品德。人的基本品德,对于他所从事的职业道德会形成一定的基础。对于如何提高记者的道德素质,如果先从做人说起的话,首先不要贪婪,不要有非分之心,贪心就是老虎,最后会把自己也吃掉。其次,应该保持自己的良知及正义感,多做一些形而上问题的思考,这样可以避免我们把视角只局限在物质层面。

各式各样或隐或显的不守职业道德的行为,使我们又一次想到了邹韬奋。他是我国新闻工作者的一面旗帜。他一生创办过六刊一报,在对待利益诱惑等问题上,请看他对一件事的处理。

1931年8月初,读者来信要求揭发国民党交通部部长王伯群,贪污交通建筑费造房纳妾的问题。他以记者身份调查核实,还给王伯群的新造花园洋房拍了照。王伯群知道后,派人携款找到他,企图以资助名义换取免登,遭到邹韬奋的严词拒绝。

1931年8月15日,《生活》周刊发表了这篇读者来信、记者调查以及相关的照片,并斥责王伯群为"做贼心虚而自己丧尽人格者"。报道得到了广大读者的欢迎。

邹韬奋的态度是:"头可杀而我的良心主张,我的言论自由,我的编辑主权,是断然不向任何方面、任何人所屈服的。[1]"

邹韬奋认为,报纸"对于所登载的广告,也和言论新闻一样,是要向读者负责的[2]"。

如果每一位新闻工作者都像邹韬奋一样坚持"反映当时社会大众的公意,始终不投降于黑暗的势力,始终坚持不肯出卖大众给它的信用[3]"。那么,有偿新闻怎么会还有生根发展的土壤呢?

新闻工作者要讲究职业道德,就要增强自己职业自律意识。认真处理好自己与受访者、与受众、与通讯员、与编辑部、与同行等之间的各种关系。要克服个人主义、利己主义倾向,防止以权谋私,以稿谋私,搞有色新闻和有偿新闻等。在市场经济条件下,要防止金钱对报道产生干扰。

让我们看一看,美国最大的广播公司CBS的《新闻准则》中的一部分,关于防止记者受贿的规定。这个守则将接受被采访对象提供给记者的免费的交通、住宿、伙食、赠品等,一并归入"接受贿赂"一栏。其具体内容如下:

(1)并非不能接受一杯咖啡,但是,不论明暗,不许接受任何使职员放弃报道任务或被认为放弃报道任务的恩惠。

(2)在进行采写,或与采写有关的业务时,职员不许无偿接受对方提供的交通工具、住宿设备、劳务以及赠品,业务上的餐饮应控制在最低限度,只限于:为了重要消息的有关人物保持接触,或以听取新闻情报、背景说明为目的的长时间接触;本社职员坚持付费明显失礼。

(3)个人应邀出席会议,主持者以职务或业务形式出面招待,在此种情况下,如判断与会者均需支付费用时,本社职员不许让对方支付费用,包括食、宿、交通和其他费用。

(4)不准接受厂家以所谓"报道部门用""促进贩卖用"等名义实行的汽车降价或与此相仿的厂家、商店的降价拍卖品,一般大众均可购买时,又当别论。

一个有职业道德的记者,一定要大公无私,不徇私情,保证报道的公正性和客观性,因此要坚持原则,不发关系稿和人情稿,不利用手中掌握的舆论工具的方便来泄私愤,不利用发布新闻来谋取私利,这是维护新闻真实性的要求,也是保证稿件质量的必要,这也是我国新闻界职业道德规范,对每个新闻工作者的要求。

2013年10月,中国新闻界出现了一件业内重大新闻。广州《新快报》记者陈永洲在10月22日被长沙警方以涉嫌损害商业信誉刑事拘留,当天记者陈永洲没有直接发表言论。

---

[1] 邹嘉丽.韬奋的新闻道路[M].北京:新华出版社,1988:134.
[2] 邹嘉丽.韬奋的新闻道路[M].北京:新华出版社,1988:252.
[3] 邹韬奋1935年11月23日在《大众生活》第一卷第二期的"信箱"中的话。

一石激起千层浪，记者正常报道活动居然受到被捕，不明真相的新闻界开始行动。10月23日，《新快报》在其头版发文，呼吁警方放人，并表示将采取法律手段，全力维护记者的正当采访权益。

《新快报》记者陈永洲被拘消息出现的当天，资深新闻人罗昌平正在香港大学访问，新闻前辈钱钢老师问他："这个事情你会声援吗？如果记者真收了钱怎么办？"①

不幸被钱钢老师言中！

陈永洲多次收了钱，数目数十万元不等，同时他也进行了大量失实报道。10月27日，《新快报》就陈永洲收钱发表失实报道致歉，承认报社对稿件审核把关不严，严重损害媒体公信力。案发后，陈永洲感到深刻悔罪，向中联重科、广大股民和自己的家人道歉，告诫同行"要以我为戒"——"如果我还有机会重新从事新闻工作的话，一定会遵守新闻工作的基本操守，公正、真实、客观、全面去报道新闻，不受利益的诱惑。"

在哥伦比亚新闻学院，矗立着普利策的铜像。

普利策这样说道："只有最高尚的理想，最严谨追求真理的热望，最正确的丰富的知识，以及最忠诚的道德责任感，才能将新闻事业从商业利益的臣属，自私自利的追求，以及社会利益的敌对上拯救出来。"

这句话，每一位新闻专业学生和新闻记者都应时时读诵，永记心中。

第四节 新闻记者的基本素质

所谓新闻记者的素质，是指要成为一名合格的新闻记者所必须具备的品质，是他们在政治、思想、专业方面经过长期锻炼和培养所形成的素质和能力。新闻记者素质的高低，决定着广播、电视、报纸、杂志、通讯社等大众传媒新闻质量的高低。加强新闻从业人员的素质建设，是提高大众媒体传播质量的关键和前提。

一、业内名家及领导人的论述

关于新闻工作者的基本素质，中外的资深记者及专家都有论述，他们的观点对于当今的新闻从业人员而言，有一定的借鉴作用。

美国新闻学教授詹姆斯·阿伦森提出，要成为一名优秀的新闻记者，必须具备以下四项基本条件：

(1) 知识广。通晓新闻业务，并对自己所采访的领域具有一定的知识储备。

(2) 坚韧性。决心不断地追根索源，直到掌握新闻的全部事实。

(3) 使命感。相信新闻记者的工作是为了大众的利益。

(4) 不轻信。在你亲自进行调查之前，不要相信任何人告诉你的任何事情。

民国时期著名记者邵飘萍，曾在《实际应用新闻学》中指出，记者"必须具有一二专门之学问"，"尤须富于观察各种事物之常识，且必谙熟几国之语言，否则其观察活动力必将减少，或致

---

① 罗昌平，《陈永洲事件——食物链……》，于2013年10月27日，网站《韶关家园》中所发贴子。

听信不合理与无常识之风闻,即作为消息材料以欺阅者。"

新华社前社长南振中,曾说过这样形象的话,告诫年轻记者们——

为了获得成功,年轻记者不能"急功近利",也不要试图寻找"捷径"。要像中国农民大搞农田基本建设那样,下大力气搞好自己的"基本建设",扎扎实实地打好"五个根底",这五个根底主要包括理论路线根底、政策法律法规根底、群众观点根底、知识根底和新闻业务根底。[①]

南振中社长形象地把年轻记者的从业基础概括为农田基本建设的五大根底。其实,前三项可以一并归纳为新闻记者的理论修养,后两项同义于新闻记者的知识积累和新闻记者的专业技能准备。

新华社新闻研究所所长陆小华在其著作《整合传媒——传媒竞争趋势与对策》中,对未来新闻人才标准曾做了三个界定,他认为"不懂现代中国与世界经济、不懂现代科技的记者,不能说是人才,甚至应当说是不称职;不具备判断力与亲和力的人,不能说是人才;不具备研究力与洞察力的人,不能成为重要人才。"

这些对于每一位要当记者的年轻人都是金玉良言。

我国几代领导人对新闻工作者的基本素质,也有过很多精辟的阐述。

毛泽东曾在《记者头脑要冷静》一文中提出:记者的头脑要冷静,要独立思考,不要人云亦云。

1959年6月,毛泽东又明确提出,要政治家办报,并提出政治家办报的标志是要"多谋善断","要反对没有要点,言不及义,要一下子看到问题的所在"。擅断和多谋,在很大程度上即是指政治敏感性和洞察力,而这一点对新闻记者而言,同样十分重要。

邓小平同志曾指出:"思想战线的战士,都应当是人类灵魂的工程师。"这句话,对于新闻工作者也同样适用。

总揽这些论述,无论是新闻界的老前辈的精辟总结,还是老一辈领导人的期望和教导,都给我们以有益的借鉴和根本性的指导。

二、新闻记者的基本素质

新闻记者不仅要具备完成日常报道工作所需的能力和水平,还要有重点、有针对性地加强自己的新闻专业知识。同时,也不能忽视对其他领域的了解和认识。本书在这里主要将从四个方面论述,作为一名新闻记者所应具备的基本素质。它们分别是:理论素养、知识修养、业务能力、职业道德。

(一)理论素养

以新闻记者来说,理论素养主要包括两大部分:政治理论素养和经济理论素养。

政治理论素养主要包括两个方面的内容:

1. 关于社会发展规律的理论

具体来说,就是要求掌握马列主义、毛泽东思想、邓小平理论、"三个代表"、科学发展观、伟大的中国梦等重要思想。较高的马列主义理论水平和较强的政策修养不是一朝一夕所能具备的,需要长期坚持不懈地学习和实践,日积月累,才能功到自然成。

[①] 南振中.与年轻记者谈成才[M].北京:新华出版社,2003:16.

实践证明,一个记者的眼光是否长远、嗅觉是否敏锐、作风深不深入,考虑问题全不全面,文章写的是深还是浅,都涉及理论水平的高低,不具备一定的理论素质和条件是写不出精品的新闻报道的。

对新闻记者来说,这些重要思想不应是枯燥的东西,它们应当成为新闻记者认识世界、报道世界的科学指南。作为新闻记者,只有掌握并运用辩证唯物主义和历史唯物主义的世界观和方法论,才能获得由表及里、去伪存真的认识能力,才能正确客观地报道世界。

新闻记者应认真学习这些理论知识,并将其自觉地运用于日常的工作之中,深刻地领会其中的精神实质,正确地把握改革开放与四项基本原则,物质文明和精神文明建设,改革、发展和稳定这一系列辩证关系,还要正确理解社会主义市场经济与宏观调控、重点突破与一般推进、对外开放与对内搞活等辩证关系,打好自身的政治功底,才能使经济报道体现大局意识,发挥正确的舆论导向作用,避免在舆论导向上出重大偏差,为社会主义经济建设的健康发展做出贡献。

2. 熟悉党的路线、方针、政策

党的路线、方针、政策,是以上所说的马列主义、毛泽东思想、邓小平理论等重要思想的集中体现。新闻报道所关注的大多是政策性十分强的敏感话题,这就要求新闻记者必须对党和国家的各项方针、政策有全面、准确的理论认识,保持清醒的头脑。

关于党的路线、方针、政策,新闻记者不仅要了解其大致的历史脉络,还要对现阶段的主要路线、方针、政策进行细致入微的研究,了然于胸,以此来指导自己的报道工作。对于现行的政策方针等,新闻记者不仅要及时的学习,深刻领会其要义,还要盯准政策趋向,及时关注某些政策的调整。

讲究政策性是新闻报道的一个重要特征,新闻媒体有责任及时、准确、深入地宣传党的经济政策及相关的价值观念。对国家的方针政策的宣传是否到位,也是衡量一个新闻记者水平高低的重要指标之一。

3. 经济理论修养

经济理论修养主要是了解一些相关的经济学原理和我国对于经济方面的方针政策规定。经济是基础,无论是不是从事财经新闻报道,新闻记者都要深入了解中央制定的宏观经济政策,还要研究中央在各个经济领域制定的微观经济政策。在我国各个行业都有自己的产业政策,特别是在调整经济结构、产业结构时,当前发展哪些企业,不发展哪些企业,都有清楚的规定。新闻记者对于这些都必须了解,才能在报道时不与现行的政策抵触。

(二)知识修养

这是一个沧海瞬间变桑田的时代,这是一个信息知识爆炸的世界。在知识经济兴起并迅速发展的现实条件下,具有鲜明信息产业特征、处于知识经济最前沿的新闻传媒,更是面临前所未有的机遇与挑战。拥有一支善于学习新知识、掌握新知识、运用新知识、创造新知识,具有合理知识结构的新闻记者队伍,较以往任何时候都更显迫切。

新闻记者的知识水平、知识结构,以及知识的更新速度将成为取得成功的重要因素。这就对新闻记者在文化修养方面的水平提出了更高的要求。

作为一名合格的新闻记者,在具体的知识内容上,其知识修养主要包括三个方面:新闻专业知识,各领域专业知识,以及基础知识。

1. 新闻专业知识

新闻学的知识是必须掌握的,包括新闻理论,中外新闻史,新闻采访、编辑、评论、摄影、媒介管理等等。特别是就采访、写作、编辑等专业业务而言,要了解采访、写作、编辑等的基本环节,掌握采访、写作、编辑的基本方法和技巧,以敏感的新闻嗅觉发现新闻线索。熟练掌握消息、通讯、述评等各种新闻文体的报道。

无论在采编分离还是采编合一的条件下,作为记者,要了解和掌握编辑的基本业务和知识,会筛选和修改稿件,能进行版面设计等。在评论上要掌握其基本写法。在媒介管理上,要把握媒介的一些基本特性,掌握管理学的一些基本理论等等。

现在网络媒体发达,记者也应了解并掌握一定的互联网相关知识,与时俱进。

记者要学会在网络上找新闻线索,发布新闻,学会用微博、微信公共号、新闻客户端,这些也可算是新闻的专业知识,是新闻记者知识体系中的基础常识。

2. 各领域专业知识

新闻的特点体现在它报道面广,几乎无所不包,记者对自己采访的各领域的专业知识,应该有所了解,最好熟练掌握。记者不仅要了解甚至熟悉政治、文化、教育、医学、金融学、会计学、财政学、统计学、营销学等领域的基础知识,而且要掌握一门或两门具体行业或部门的细化专业知识。

比如说,在金融记者中有专攻股票的,有专攻银行的,作为采访金融界的记者对此两种具体的专业知识应该了然于胸。只有这样,记者才能对各个行业部门,做出具有权威性的深刻报道。

第24届中国新闻奖获得者、《人民日报》上海分社记者谢卫群在这方面做出了表率。她一直奔跑在新闻采写的第一线,产量较高,作品有特色。她笔下的新闻和故事,吸引人,较耐看,常常会让编辑们"心动"。

请看她的心得体会——

"上海分社成立后,我报道任务的重点是财经新闻。这一转变,给了我巨大挑战,因为我并不具备财经新闻的基础,考大学时也最害怕数学。一开始,我面对一个个财经大腕,很胆怯,因为提不出问题。不过,我并没有气馁。我每天用大量时间阅读其他媒体的财经报道,寻找新的感觉。同时,2008年,我还考入中欧国际工商管理学院,自费完成了工商管理课程,并如期毕业。为此,我还特别请家教复习了数学课程。

"因为有了学习的积累,我不再惧怕面对财经大腕。有一次,一个著名投资人接受记者群访,面对记者他很自大:你们记者的问题我一般不动脑子,你们随便问吧。轮到我提问,他怔住了:没想到人民日报记者这么专业!回答这个问题,他动了好一番脑筋。

"上海自贸区的试点,是上海改革开放的又一重大事件。2013年9月29日下午,国务院新闻办在上海举行新闻发布会,国家各相关委办以及自贸区有关领导都一一在台上就座。前来发布会的记者创下历史纪录,发布大厅从座位到地上坐得水泄不通。一番提问后,主持人给了我一个提问机会,我问了两个问题,其中之一是:'自贸区最大的亮点是负面清单,可是,上午自贸区都揭牌了,我们都没有看到负面清单,这份清单能出炉吗?'问题问完,全场都打起了精神。时任自贸区常务副主任戴海波当场激动地表态:无论如何今天要拿出负面清单。果然,第一份负面清单在30日凌晨推出了。发布会之后,有与会记者在微信中这样说:'今天问题问得最好的是人民日报,是体制内媒体,而不是体制外的财经媒体,我们得反思了。'她的感叹有些歧视,为什么体制内的媒体就可以不专业?

"四年半以前,中国资本市场推出了中国金融期货,第一个股指期货产品'沪深300'推出。因为是股票市场的熊市期,时不时有人拿股指期货说事,把股票下跌归咎于股指期货,让管理层压力巨大,不敢推进新品种,一个市场四年半了才一个产品。为此,我先后写过两篇报道:《股指期货不是股市下跌元凶》《股指期货,不是'坏孩子'》,通过有理有力的数据,为金融期货正名:股市的大涨大跌与基本面有关,而与股指期货无关。事实是,股指期货还在,而股票又大涨了。

"有关股指期货的报道,我写得不多,但是,每篇对市场都产生了很大的反响。为了这几篇有力的报道,除了平时不断学习,我还在上海交大高级金融管理学院学习了半年的金融期货课程。

"学习永无止境,我还在路上。①"

是啊,为什么记者不专业起来呢?没下真功夫,专业素质怎么能提升?解决的办法就是要像谢卫群记者那样学习,认真学习,唯有学习!学习永无止境,记者始终在路上!

3. 基础知识

具体来说,基础知识主要包括社会科学知识、自然科学知识、日常生活常识三个部分。在前些年哈尔滨水污染事件的报道中,个别记者在报道吉林双苯化工厂爆炸事件时,称爆炸产生的污染物经过充分燃烧后能够全部变成二氧化碳和水,甚至说污染物可能消融于水,所以不会造成松花江水体的污染。结果,因为基础知识不清,误导了许多读者,也给报社带来名誉上的损害。

其实新闻记者的社会科学知识主要包括以下四大类:

第一,历史学、地理学、文化学、社会学、心理学、逻辑学等方面的基础知识。

第二,语言方面的知识。包括中国古代传统汉语、现代汉语和至少一门的外语。

第三,文学方面的知识。熟悉各种文学文体的写作方法,特别是我国文学中关于白描、比喻、比兴手法的运用等。

第四,法律知识。包括宪法、国际法,以及我国现有的各种法律法规等。

第一大类的知识是完善新闻记者知识体系的重要方面,历史学、文化学、社会学等学科中的一些基本概念、基本原理,有助于新闻记者在采访报道中,更好的理解被访者的观点和看法,也更好地表达自己的观点和思想。

第二大类是语言方面的知识,新闻记者毕竟是文字工作者,其文学功底的深浅,直接关系到其能否以准确生动的语言将所要表述的观点、思想表达出来,并且具有一定的可读性,为受众所接受。

汉语是一门博大精深的语言,如果新闻记者语言贫乏,文字功底不深厚,就无法准确反映现实状况,遑论以丰富多彩的文字去反映千变万化的生活了。

目前,很多专业报道常有专业难懂、内容枯燥、写法呆板等问题,让许多记者头疼。一位美国教授,在评论一条艰深的科技新闻时说过,"要读懂这条消息需要一个本行业的博士,加上一

---

① 谢卫群,《写出新闻的"底气灵感"——浅谈如何写出好看的新闻(三)》,2014年12月23日,《人民日报》社业务研讨。

位语言学家和一位诺贝尔奖金获得者的帮助才能办到。"① 这句评论,也同样适用于我国新闻媒介发表的财经金融新闻、科技新闻等专业新闻。

但是,值得注意的是矫枉过正,对于语言的过分重视,也会使一些记者沉醉于玩弄文字技巧,从而丧失了新闻工作的真实性与严谨性,这亦是不可取的。

高尔基在《新闻工作者的伟大历史使命》一文中强调,新闻语言"当然是越朴实越好"。

"真正的智慧,通常总是用很朴实的方式反映出来的"。"语言越朴实,越生动,就越容易理解"。②

西方新闻界有很多这样的说法。比如:记者不要醉心于那种华而不实、铺张的描写,要挤掉水分,因为这些除了证明记者善于使用陈腐的语言和手法外,不会有任何效果。质朴的新闻语言,主要是指那些略去形容、不加雕琢的语言,它的主要来源是群众语言,其表现手法主要是白描和对群众语言的借鉴。

这类语言读起来平实无华,似乎缺乏美感,但在语言的背后,往往潜伏着惊人的表现力。尤其在财经金融、科技等专业报道上,文字的平白如话、明白易懂是第一位的。

第三大类知识体现在文学方面,更多的是强调文学手法在新闻报道中的借鉴作用。当然,用文学手法表现事实,并不是让记者不顾客观事实,一味追求所谓的妙笔生花,唯美是求。但反过来说,在不伤害新闻真实性的基础上,适当使用文学的表现形式,如悬念的设置,人物的刻画,细节的描写,往往可以使新闻作品锦上添花。如在新闻作品中,主题的提炼,材料的选择,标题的制作,叙述的方式,语气的把握,行文的节奏,甚至遣词造句等方面,如果在不违背真实性原则的基础上,适当借鉴古典文学的合理成分,就能更好地实现新闻的传播功能。

诚如著名报人徐铸成所说:"我强调报纸的吸引力,常常用唱戏、做菜来比喻。办报要像做菜那样,不仅原料好、处理清洁,还要注重烹调,做到色香味均佳,摆在面前,顾客一看就垂涎欲滴,富有吸引力,每样菜都想尝都想吃,而且是食欲大振,非吃不可。"③

第四大类知识体现在法律方面。

在一个规范的市场中,一切经济行为都必须按法律规范运行,而负责报道经济行为的财经新闻记者,更应该了解相关的法律法规,以使自己在工作中不犯错误,不惹不必要的麻烦。

随着我国法律制度的完善,我国的法制建设将出现一个高峰。对新闻记者而言,掌握一定的法律知识,不仅可以避免很多错误,而且可以有效地配合自己的工作。更系统一点讲,首先,应知道法、法制、执法、司法、守法等基本内容;其次,对一些法律条文,要有较为详实准确的理解和认识。

在自然科学知识方面,如今是高科技的信息时代,以信息科学、网络技术、新能源等支柱产业群体代表的高新技术部门,日益成为整个时代不断前进的动力,因此新闻记者要了解物理、化学、生物、计算机的基本课程,加大现代科学技术知识在自身知识结构中的比重,只有这样才能使自己不断跟上时代发展的步伐,才能保持与时俱进的思想。在21世纪,面对知识化、信息化、自动化和智能化的科技浪潮,记者没有足够的科技知识将可能被时代淘汰。

关于日常生活知识,则需要工作者深入实际生活中,细心关注生活的方方面面,留心收集,

---

① 周立方.金玉良言新闻写作弊病剖析[M].北京:新华出版社,2001:17.
② 高尔基.高尔基论新闻和科学[M].王庚虎,译.北京:新华出版社,1981:7.
③ 张默.新闻采访写作[M].武汉:武汉大学出版社,2000:372.

不断积累。所谓读万卷书,行万里路,新闻记者的经历越丰富,对自己的工作越有帮助,生活阅历,人情世故是无法从书本中获得的,唯有向社会学习,向他人学习,才能得到。

其实无论是上面所说的哪种知识,对于新闻记者来说,都需要以一颗求知、求实的心,去学习、学习、再学习,重视学习,善于学习才能使自己不断得到充实。

现在,网络的空前发达,知识的不断更新,为广大的新闻记者完善自己的知识结构,增加新知识创造了极其有利的条件,新闻记者作为信息传播的集大成者,有义务、有责任去不断更新观念,更新知识拓展视野,以期能以更真实、更准确、更生动、更深刻的新闻作品反映现实经济生活的发展变化。

(三)业务能力

这是指新闻记者采写编评等能力。特别是新闻采访与写作,是记者最重要的基本功,具有较高的业务素质,是记者做好新闻报道工作的基础和关键。另外,新闻记者的业务能力,还表现在具有广泛的社会活动能力,敏锐观察事物的能力,分析问题的能力和驾驭文字的能力上面,具体地说,有以下内容:

1. 扎实的新闻学功底

新闻学是研究新闻工作规律的科学,记者只有懂得了这种科学规律,才能知道什么是合乎新闻规律的,什么是违背新闻规律的,这样能更好地指导我们的新闻实践活动。比如什么是新闻真实性原则,什么是用事实说话等。

2. 熟练的新闻采访能力

从新闻采访看,有必要重提一下我国民国名记者黄远生所强调的"四能"。即:"一、脑筋能想;二、腿脚能奔走;三、耳能听;四、手能写。调查研究有种种素养,是谓能想;交游肆应,能深知各方面势力之所存,以时访接,是谓能奔走;闻一知十,闻此知彼,由显达隐,由旁得通,是谓能听;刻画叙述,不溢不漏,尊重彼此之人格,力守绅士之态度,是谓能写。"[1]

黄远生提出的这"四能",到现在仍不失为任何想当一名记者人的警句。这"四能"也从脑力、体力、听力、笔力四个重要方面对记者采访素质提出了专业要求。

著名新闻教育家、复旦大学的王中教授,在讲训练采访技巧时,曾有一个形象的比喻是"训练侦察兵技术"。他说,采访就是获得材料,这十分重要,好比打仗,一个侦察兵漏掉材料,战士冲锋时就会死上十、上百人,所以采访事关重大,一定要准确、详细。

记者由于所属领域的不同可以分为财经记者、体育记者、法制记者等各种不同类型,但以上的这些采访的基本技能都是必须具备的。

总之,由于记者工作的特点之一是独立作战,经常在远离编辑部的情况下独立运作,因此记者一定要有较强的独立能力。深入采访是提高记者业务素质的重要手段。通过采访,记者能深入实际生活,逐步体验和把握新闻的基本规律和原则,同时训练自身的新闻敏感,练就"新闻眼"和"新闻鼻"。

3. 要有图片意识

拍照片应该是新闻记者的家常便饭。在新闻记者的字典里,拍照应该是人人都要会,时时处处要干的活计,虽然新闻记者里有专门的摄影记者。但抓新闻图片应该是每位记者的常识,因为每一次采访未必要与摄影记者同行。当记者单独行动时,抓拍来自采访新闻现场的图片应该是下意识就能做到的事情,因为图片本身就是新闻,现在的时代又称为读图时代。但是很多记者特别是文字记者常常忘记拍照片,留下很多遗憾。

2007年4月18日凌晨,《生活日报》编辑何涛在《生活日报编辑室的博客》中,发表题为《建议记者增强图片意识》的博文,本书略摘三段如下:

"今天管慧晓、郭斐关于省城乞丐调查的稿子总体不错,如果再有假冒失学儿童的跟踪调查就锦上添花了。还有一个不得不指出来的美中不足就是:记者应强化自己的图片意识、版面意识。

"作为一篇调查性的深度报道,细节、人物、故事固然重要,但作为一个版面整体而言,图片同样是不可缺少的。由于两位记者没有为稿子准备图片,编辑在做版时耽误了许多宝贵的时间。互联网上搜?充其量是个装饰片,与稿子难成一体。找摄影记者要?充其量是个资料片,与这篇新闻的个性也不协调。最后只好找到晚报的美编高峰,麻烦他帮着制图代片。

……

"所以敝人在此建议,为了自己多出精品,哪怕是为了自己的工作量,记者也应该增强一下自己的图片意识了。遇到重大题材,自己觉得按快门没把握的,可以喊上个干摄影的帅哥"搭配搭配";遇到突发的新闻,管它呢!自己先狂拍一通,回来再百里挑一也行啊。总而言之,咱们报纸是一个整体,有上白班的,注定就有上夜班的;有必须晚上睡觉的,也肯定有愿意白天睡觉的。先放下这些差异别管,共同的出版时效还是要大家一起努力才能保证的。是吧?就这么个理儿,望记者们斟酌并遵守。"   何涛18日晨有感而发

这是来自新闻实践第一线的报纸编辑发出的呼吁!它不仅对报社记者和所有文字报道为主的记者有警醒力,而且至今仍然适合于所有新闻记者。

2015年8月12日子夜时分,滨海新区一声巨响,让天津这座城市一下子成了世人关注的焦点。8月17日,《人民日报》地方部记者郭舒然和天津分社社长卫庶在去公安消防局采访途中,路经爆炸核心区附近的一条干道,只见马路上有川流不息的运送危化品、集装箱的各类大卡车。社长卫庶判断分析,一方面,这可能是在往外运送处理危化品,另一方面,这也是天津港逐步恢复运营的佐证。

记者郭舒然这样回忆说——

"他当即指示我用手机、相机将这些场景拍下备用备考。在路过一家大型商场时,我们也拍摄了打出悼念事故遇难者文字图片的电子大屏幕。相关的图片最终及时呈现在了本报客户端与微博上。这对我是一个小小的震撼,很受教育。过去觉得,采访途中,在车上打个盹是个不错的选择。事实上,在媒体融合的背景下,去事故现场,必须时刻备好'望远镜''放大镜',随时随地在状态,才能眼光独到,发现新闻。"[①]

由上,我们可以看出社长卫庶新闻敏感意识极强,而且图片意识也非常强。图片就是再现新闻现场。

本书建议,所有学新闻采访的学生和对新闻采访热爱的初学者,都要养成拍图片的习惯,可以做好以下四个方面的准备:

第一,形成采访时随时拍照的习惯。过去要自带照相机,有时还会忘记携带,现在智能手机就在身边,只要有拍照的意识,就可随着采访拍下重要或特别的画面,发出图文并茂的稿件。

第二,采访回来,完成文字稿件后,一定要找出一两张随文一起发的图片,或是独立成章的

---

① 郭舒然,《做一个"准直播"记者》,2015年9月18日,《人民日报》社业务研讨"天津港爆炸事故"业务研讨之五。

图片。

第三,做好图片说明。新闻图片说明就是一句话新闻,交待最基本的新闻要素,一般不超过百字。

第四,拍摄新闻图片时,相机也好,手机也好,一定要持稳,可以不讲究图片的艺术美感、构图,但求清晰。

当然有些时候在新闻现场,正常拍摄的环境不允许,比如围成人墙,里面发生新闻,记者赶到一时无法穿透,就会踮起脚尖或是跳起来抓拍里面的情况,聊胜于无。那样拍到的图片大多数是虚化的。因为拍摄时位置不稳,或是记者手持相机或手机不稳,或者是在运动的状态下,或者是仓促的情况下,按快门抓拍新闻都会有一定的虚影。即使是虚的照片,当它是独家新闻的现场再现时,就非常珍贵了。

图一为中新社记者2014年元旦,在孔庙现场拍摄的图片及所做说明。不知什么原因,这张图片就有些虚了。

图一(图来源:中新网)

2014年1月1日,新年元旦伊始,北京百年学府国子监就聚集了大批的小学生和家长,响应习主席的号召,当日,童星林妙可携百名小学生身着汉服,共同吟诵《弟子规》迎接新年的到来。

4. 熟练掌握运用多种新闻采访有关的工具

如摄像机、照相机、录音机(笔)、电视台编辑机、采访话筒、QQ视频、微信视频、手持视频直播云终端等等。最好也能掌握运用汽车等交通工具,奔赴新闻现场或是进行实地采访;能够熟练掌握并运用电脑、海事卫星通讯工具(见图二)等传发稿件。如果碰巧记者会开飞机,或是会使用在某些特殊采访情况下遇到的各种机械,那是再好不过的了。

2014年12月24日,由中宣部、中国记协组织的新闻战线"好记者讲好故事"巡讲团的十位优秀记者,为上海新闻院校和主要媒体编辑记者举行了一场报告会。

在报告会现场,中央人民广播电台特别报道部的记者吴喆华,为观众展示了一个行军包。他说,特报部每个人的工位旁都有这样一个行军包,里面有海事卫星电话、药包、充电宝……不论吃饭、睡觉、还是约会,接到重大突发新闻15分钟内必须订好机票。为了真相,时刻出发!

作为中央人民广播电台特别报道部记者,吴喆华长期工作在基层一线,在舆论监督报道和深度报道方面表现突出,以犀利和敏锐的风格,采写出很多好新闻。2013年,他的作品《烟台

图二(中央人民广播电台记者吴喆华报道芦山地震时在太平镇使用卫星电话连线)

富士康雇佣大量未满16岁学生军》获第二十三届中国新闻奖三等奖;《神舟九号航天员成功访问天宫一号》获2013年第二十三届中国新闻奖一等奖。

2016年2月19日,国家主席习近平参观新华社"历史与发展"主题展览时,听说新华社建立了180多个海外分社,看到新华社已经用海事卫星、无人机等现代装备武装记者,总书记点头表示赞赏。他接过工作人员递过的手持视频直播云终端,拿在手里试拍,体验新华社记者的工作状态。

5. 磨炼写作技能

能驾驭消息、评论、通讯、特稿、专题等多种新闻体裁的写法,会多媒体编辑功夫,包括出镜口头报道、录音新闻报道,在网上上传自己制作的新闻小视频和相关报道等等。

台上一分钟,台下十年功。记者要不断加强各种新闻写作技能的锻炼,写出优秀的稿件。

加强新闻记者的素质建设,努力造就一支"政治强、业务精、纪律严、作风正"的新闻记者队伍,培养一批能坚持正确的政治方向,能深入实际,深入生活,深受群众喜爱的记者、编辑,对于保证我国新闻事业的持续健康发展,有着重要的现实意义和深远的历史作用。

《人民日报》青海分社记者张志锋2015年3月25日,在《人民日报》社业务研讨中有这样一段话,非常值得我们学习。

他说:"平时常听到有人说,现在有的记者都不像记者。我问那像什么?人家笑而不语。

这值得思考。既然当记者,就要像样子。应立足岗位,一心一意做好本职工作。要务正业——办好一张报,做优新媒体;强主业——多写稿,写好稿;走正道——不忘初心,积极行动。当你全身心地投入一件事情时,就会忘记荣辱得失。就像电影《超体》里的女主人公,她精力越集中时,就可以开发越多的潜能,直到成为一个超人。虽是科幻,道理相通。

因此必须学会清零,永远把自己当新手,用心写好每一篇稿子。笨鸟先飞,只能下点笨功夫。需要特别下工夫,下特别的功夫。每个人都高度负责地对待每一篇稿子,量变到质变,报纸会办得更好看,新媒体也会更受欢迎。这不仅仅是工作方法,更是一种职业态度。

我们每天都在用稿子书写个人自传,稿子是记者的脸,天长日久就是一个人的形象。报社一位前辈说过:你写可有可无的稿子,你就是可有可无的记者。凝心才能聚力,专注才能聚气。简单的事情认真做,再小的事情朝着极致去做,一定可以把事情做好。"[①]

很欣赏《人民日报》社副总编辑卢新宁2012年在北大中文系毕业典礼上的致辞,最后一句话是,"无论中国怎样,请记得:你所站立的地方,就是你的中国;你怎么样,中国便怎么样;你是什么,中国便是什么;你有光明,中国便不再黑暗。"

你是什么样的人,就是什么样的记者,做好人,做好记者。亦如是。

思考题

一、我国新闻记者的名称有哪些?
二、新闻记者的理论修养包括哪些方面?
三、新闻记者为什么要有职业精神?
四、为什么说新闻记者先做人,后做记者?
五、记者采写与社会责任感有什么联系?
六、你认为真正的新闻记者应具备哪些素质?
七、在日常生活中,如何做记者的知识积累?
八、请你谈谈对新闻记者素质的看法。
九、试举例说明你从某位名记者身上受到的启发。

---

① 张志锋,《做事要专心写稿要用心》,2015年3月25日,《人民日报》社业务研讨,"把新闻当作事业来做·讲好故事,写好内参"研讨之四。

第二章

采访的基本常识

第一节 真实是采访的第一要求

诗人歌德有这样一句话,但它很少在出版物上看到——"当任何人有勇气说出真实的时候,真实是多么辉煌的事物。"尽管这是诗人对真实的赞叹,带有抒情的色彩,但对于每个新闻工作者来说,这是最贴切不过的一句座右铭。真实是采访的第一要求。

在具体展开之前,我们先树立一个理念,那就是新闻采访决定写作。真实的前提是建立在采访之上的。

一、真实是新闻的生命

1948年通过的《联合国国际新闻信条》中第一条规定:"报业及其它新闻媒介的工作人员,应尽一切努力,确保公众所接受的消息绝对准确,不能任意歪曲事实,也不可以故意删除任何重要的事实。"因为真实是新闻的生命。

一切新闻都必须真实,这是新闻存在的基本条件,也是受众对大众传媒报道新闻的基本要求。尊重事实,为受众提供真实、准确、客观、全面的新闻报道,是每位新闻工作者的首要职责,也是新闻媒体公信力的基石。通过新闻与事实的关系,我们不难看到,在事实与新闻之间,是先有事实,后有新闻(即对刚刚发生或已经发生,正在发生的事实的报道)。事实是新闻的本源,是新闻的基础,新闻只是对事实的报道,如果新闻客观反映了物质世界中的事实,如实向受众道出了事实的真相,必定会赢得受众的信任与支持,反之,若是失实或造假,不仅记者本人,而且是所在的媒体也会遭到受众的唾弃。

二、关于新闻真实性的论述

马克思在主编《莱茵报》时期就指出:真实和纯洁是报刊的本质。他认为,报刊应当"根据事实来描写事实",而不应当"根据希望来描写事实"。① 这就是新闻界"用事实说话"理念的一个最经典的表述。

恩格斯认为,报告真实情况是工人阶级有力量的表现,他曾自豪地对他人说,从他那里,"任何时候都不会接到哪怕是稍微地歪曲事物本来面貌的消息"。②

列宁关于新闻真实性的观点则是:"我们应当说真话,因为这是我们的力量所在。"他提出,报纸"要向公众全面报道和阐明真相,不浮夸,不武断,不造谣,不作见不得人的私人报道","吹牛撒谎是道义上的灭亡,它势必引向政治上的灭亡"。③

学过中国新闻事业史的人都知道,1948 年刘少奇同志在接见华北记者团时作了重要讲话。他指出新闻工作"第一要真实"。他对记者们说,"你们的报道一定要真实,不要加油加醋,不要戴有色眼镜。群众对我们,是反对就是反对,是欢迎就是欢迎,是误解就是误解,不要害怕真实地反映这些东西。"④

1950 年元旦,周恩来为《新华日报》写的题词里强调,"只有忠实于事实,才能忠实于真理,"他要求新闻工作者要"为报道真实新闻而奋斗。"

三、真实性原则的内容

真实性原则作为新闻工作的一项普遍原则,对记者的要求就是,一切新闻报道都必须完全按照客观事物的本来面貌去反映,一是一,二是二,事实原来如何,报道也就如何,绝不夸大或缩小,也不合理想象,无中生有。一般说来,真实性原则包含两个方面的内容:

第一,新闻报道的具体事实要真实准确。

它包括构成新闻的基本要素如时间、地点、人物等必须丝毫不差,确凿无疑。同时,记者在新闻中所引用的话语、材料、数据、事例及运用的背景资料等都要真实可靠,不能随意编造。

第二,除了对这一事件的具体事实真实反映外,记者在报道中对此一类事件的现象进行概括、解释、评论和总结时,也要注意到概括性事实的真实准确。

现实生活是复杂的,要找几个事例证明某个观点并不难。一叶障目,不见泰山,抓住一点,不及其余,尽管这一叶、一点确实存在,但从总体上来看却背离了真实性。所以我们的新闻工作者要做到真实地反映生活,就要深入调查研究,不仅要做到所报道的单个事情的真实、准确,尤其要注意和善于从总体上、本质上以及发展趋势上去把握事物的真实性。

列宁在其著作《统计学和社会学》中,这样写道:"如果从事实的全部总和、从事实的联系去掌握事实,那么,事实不仅是'胜于雄辩的东西',而且是证据确凿的东西。如果不是从全部总和、不是从联系中去掌握事实,而是片断地和随便挑选出来的,那么事实只能是一种儿戏,或者甚至连儿戏也不如。"

这同样适应于新闻采访。真实就是每个新闻工作者身上流淌着的血液,是在血管里面潜伏而生的,真实性原则可谓新闻采访的第一要求。

---

① 马克思,恩格斯.马克思恩格斯全集:第一卷[M].北京:人民出版社,1956:188,191.
② 马克思,恩格斯.马克思恩格斯全集:第 33 卷[M].北京:人民出版社,1973:254.
③ 列宁.列宁全集:第 9 卷[M].北京:人民出版社,1959:213,284.
④ 刘少奇.刘少奇选集[M].北京:人民出版社,1981:402—403.

我国民国名记者邵飘萍,1918年春写信给当时的北大校长蔡元培,建议在北大成立新闻学研究会;同年10月30日,新闻学研究会成立后,他被聘为讲师,专讲新闻采访学,这是中国新闻教育的开端。当时他的《京报》刚刚创立不久,工作非常繁忙,但一直坚持每周上课两小时。他对学生们提出,记者要"探究事实不欺阅者"。事实上,他在自己的新闻实践中,也是牢牢坚持探究事实,不失真,不欺骗读者的。

在担任《申报》北京特派员的两年期间,为了坚持贯彻新闻报道的真实性,邵飘萍一改新闻界单靠摘引官方文件发消息的陋习,以一个真正的记者面目出现在民众之中,深入实际采访,力求发出真实的新闻消息,甚至不惜冒着生命危险。他为《申报》写的200多篇22万余字的《北平特别通讯》,都是来自第一线的报道。因此,他主编的《申报》的《北平特别通讯》内容丰富,真实可信,新闻性强,受到其他报纸的仿效和重视。

在创办《京报》后,他继续坚持新闻报道的真实性,对北洋军阀的反动统治及卖国行为予以大规模的报道,让受众在当时得知国事的最新动态。正是他真实准确的报道惹怒了军阀头子,后不幸遇害。

真实是新闻的力量所在,凡是真实的报道都经得住历史的考验,经得住受众的考验,也经得住法律的考验。

1972年6月,美国总统选举开始了。共和党人为帮助当时总统尼克松连任,派人潜入纽约民主党总部水门大厦偷拍并安窃听器。《华盛顿邮报》记者卡尔·伯恩斯坦和鲍伯·伍德沃德,从6月17日开始采访调查此事,一直到1974年8月9日,共26个月,有一千多人接受了他们的采访,光在报道中提到姓名的就有440多个,终于导致了尼克松总统的下台。为什么强大的美国总统,没有斗过两个当时其名不扬的"低级记者"?(一美国作家语,当时两名记者不在任何里层关系圈内,也不深谙官方来源,甚至连采访国会的记者也不是,通常只被委派采写一些纯地方性的新闻。)其主要原因就是因为记者的采访真实准确,决无编造失实之处。真实打败了总统,真实证明了新闻的力量。

一位美国奈瓦达大学新闻学的教授,说过这样一段实在的话——大多数编辑部在准确性方面的要求都比任何学校高得多。除非你为一个对其手下记者的表现漠不关心的主编工作,否则,你就非达到这个极高的标准不可。当你向主编交一份完全没有错误的东西时,决不会有人发给你奖金或拍你的肩膀以示夸奖。主编们一般说来都不认为报道准确是与众不同的美德,相反,他们认为这是记者应当做到的事情。

2004年2月25日晚上十点多,《凤凰周刊》的编辑给记者陈智民打电话,说,就要签印了,有一个问题需要证实,你写的关于高耀洁访谈一稿,说国务院副总理吴仪与高耀洁只在2003年12月18日见了一面,而有海外媒体却说她们见了两次,另一次是2004年2月18日,到底是几次?陈智民打电话给高耀洁老人,她已睡了,知道陈智民的意思之后,老人说,她和吴仪只见了一次面,是在2003年12月18日,见了两次的说法是不真实的,不经核实就这样说是不负责任的。

记者得到了真实准确的细节,也让自己的报道真实准确起来。无论编辑部的编辑,还是陈智民本人,对于报道真实性原则的恪守是毫不含糊的,为此,编辑在签印前获知有疑点的消息之后,立即打电话追到记者家中让其核实;为此,记者在深夜,冒着打扰老人休息的不礼貌打通受访者的电话;为此,老人尽管被吵醒,当得知事情真相时也欣然作答,并谴责那些不负责任的媒体的失实报道。

在现实中经常有许多被采访者抱怨记者断章取义,随意地歪曲解读其原来要表达的内容和思想。某电视台记者到地方去采访(该采访内容涉及当地政府利益),大概是有关地方政府所做的一项工程,而当他们就该工程的效用征询当地一位农民意见时,该农民说了三个字:"好个屁",但是在真正播出时,这位农民所说的三个字变成了一个字:"好。"原来,这位记者在后期编辑时把后面的两个字抹掉不用了。

对新闻进行后期制作当然是记者顺理成章的事,但这却同时带来了如何保障新闻真实性的问题,一个记者是否有权利随意变更被采访者的话,进行有倾向性的截取,技术的进步绝不能挑战新闻的真实性原则。

让我们回忆一下毛泽东主席在一次与他人的通信中提醒大家的话吧,让每一位从事新闻采访的记者们从心里从骨子里、从血液里了解到假话一定不可讲,要做"老实人,敢讲真话的人因为这","归根到底,于人民事业有利,于自己也不吃亏。爱讲假话的人一害人民,二害自己,总是吃亏。"

《美国职业新闻工作者协会章程》第一条作出如下规定:"真实是我们的最终目标。"

普利策当年曾对助手反复地讲,"准确对于报纸,就如同贞操对于妇女一样重要",他要求每一位新闻工作者"准确、准确、再准确"。只有准确了,才符合事实的本来面目,才能使记者的报道无人指摘。

《匹诺曹》(又名 *Pinocchio*)为韩国 SBS 电视台 2014 年推出的电视剧。它以追逐真相的青年社会线记者为主人公展开故事,讲述了计程车司机出身的男主人公和患有 Pinocchio 症候群,如果说谎就会一直打嗝直到说出实话后才会停止的无法说谎的记者,24 小时只为了报导而作战的时尚青春戏剧。

在这部电视剧中,男主角有这样一段台词,讲述记者采访的真实性原则的重要性——

"人们都以为,匹诺曹只会讲真话,人们都以为,记者是只会传达事实的。可是无论是记者还是匹诺曹都应该明白,人们会无条件相信他们所说的话,所以,他们应该明白,自己所说的话,比其他人的杀伤力更强,他们应该谨慎再谨慎才对!"

"那些无视自己可能会犯错,反而还叫嚣的人当了记者的话,会有多危险,不知道自己言语的重量,随意说话的人有多可怕。"

这无疑是对记者的棒喝!

请记住,真实是新闻采访的第一要求,失实是新闻记者所犯的最大的罪行啊!

第二节 采访失实及核实

新闻记者在采访活动中要防止虚假新闻、失实报道问题。1999 年 7 月,我国新闻出版署专门发布了《报刊刊载虚假、失实报道处理办法》。这个处理办法是根据《出版管理条例》的相关条款作出的。

它规定——

刊载新闻报道和纪实作品必须真实、准确、公正。报刊不得刊载虚假、失实报道和纪实作品。

报纸、期刊因刊载虚假、失实报道和纪实作品,有关出版单位应当在其出版的报纸、期刊上进行公开更正,消除影响;致使公民、法人或其他组织的合法权益受到侵害的,有关出版单位应当依法承担民事责任。

一、采访失实

新闻记者的采访报道,应是对外界客观事实的真实反映,其报道的事实必须是客观存在的事实,不能是虚假的东西,其内容如果是不真实的,或是虚构的,就是失实报道。

所谓新闻采访失实,是指新闻记者离开了新闻之基础——客观事物的真相,任凭主观意愿去想象,或者增添、或者减少、或者丢失等等,造成新闻报道的事实与客观存在之事实相左。采访失实有故意失实和非故意失实两种表现。

(一)故意失实及其表现

故意失实即记者明知事实与采访的内容不相符,或根本没有进行采访,故意造假新闻来欺骗受众。一般而言,那些沽名钓誉,急欲取得媒体或受众的认可的记者、通讯员或供稿者,容易作此表现。

我们来看一则前些年由新闻专业的研究生写的失实报道,题目是——《女大学生状告爸爸的吻》。

这条新闻是作者用电子邮件发到《羊城晚报》编辑部的,主要内容是报道该校一位女生为爸爸的吻而苦恼之事。作者是湖北大学新闻专业的在读研究生,曾是校报的记者,并多次向湖北的一些报社投稿。

在接到这件新闻稿件之后,编辑先是与同是该校毕业的一位报社记者核实,作者的确是在读的新闻学专业研究生,并与他同在校报工作过,无作假的前科。编辑又通过电话联系到作者,反复了解这样私密的事,女生是否真有其人,如何向他开口,法院受理与否,并多次告诫他,作为新闻专业的研究生,不可造假新闻欺骗受众。在这一系列核实得到作者准确答复后,编辑向作者索要了一张女学生的照片,感觉作者不可能造假了。报社发出此稿,没几天,武汉市的一些媒体发表报道,指出这是一篇假新闻。

这位编辑万万没有想到,作为未来新闻工作者的后备人才,新闻专业的在读研究生公然造假!而且在编辑反复进行核实时仍然用谎言欺骗编辑!在2002年度《新闻记者》列出的2001年度十大假新闻中,这篇报道榜上有名。

2001年《中华新闻报》《家庭》杂志、新华网、《人民日报》海外版、人民网、中新网等各大媒体,均对一则新闻进行了不同程度的报道,即中国少女改写牛津大学800年校史。但令大众传媒尴尬的是,新闻主人公吴杨2001年11月23日在《中国青年报》发表声明——"一,我没有获得博士学位;二,我所学的学科——数学和计算机不是百分制;三,所有关于我的新闻报道,记者均未亲自采访过我本人,成稿后也从未经我核实或同意;四是,敬请各新闻媒体、杂志、网站不要再转载关于我的这类文章。"

正如新闻中的主人公吴杨所说,"所有关于我的新闻报道,记者均未亲自采访过我本人,成稿后也从未经我核实或同意。"指出了这些失实报道的源头,正是记者采访作风的严重轻浮,主观故意制造假新闻。

据说,这个假新闻的最初来源是一次酒桌上的吹牛,吴杨的父亲和几个朋友聚会,一时兴起,便有了牛津大学奖学金、博士学位和破纪录等醉话。后来,饭桌上的一个朋友把这个消息添油加醋地告诉了媒体某位记者。结果该记者据此就写出报道,根本没去采访核实当事人及有关人员,引发了一个新闻界的失实奇闻。

试想一下,如果记者认真核实一下消息源,到吴杨家里或是打电话采访吴杨本人,这条令人震惊的假新闻就不会出笼了。

随着媒体市场化的发展,竞争也越来越激烈,独家新闻的获得也成了难上之难。为了吸引受众,一些记者不惜铤而走险,凭主观想象来编造离奇的新闻故事。有趣的是,每年的年终岁末,我们的媒体也热衷于评出当年的十大假新闻。媒体用媒体自己的权利进行行业内的监督,从而达到净化整个新闻行业的目的。假新闻的危害不言而喻,比如,一条几十字的假财经消息,有可能令股市翻云覆雨,甚至使一国的经济严重动荡。

(二)常见的故意失实表现

1. 虚构

这是最恶劣的失实表现,是故意失实,即所报道的事实根本不存在,是报道者凭空想象构造出来的。

2003年3月29日,《中国日报》网站刊出消息,据美国有线新闻网CNN28日报道,称微软总裁比尔·盖茨,在出席洛杉矶一个慈善活动时被暗杀身亡,很快,新浪、搜狐等国内各大网站相继转发这条消息,并发布了关于"比尔·盖茨遇刺"的手机短信。

结果,这条消息不仅是虚构伪造的,而且还是2002年愚人节就出现过的旧闻了,这样的消息两次出现在受众的视线内,屡屡骗取人们的注意力,当然与新闻的重要性有关——比尔·盖茨这样的重要人物之死,肯定是重大新闻。据调查,这条消息的原始出处是伪造的CNN网页,《中国日报》网站编辑上网时把它当真了。这条新闻还为我国的手机短信业红火了一把——据不完全统计,仅中国国内的发送量就超过了1000万条。

十多年后的2015年,又出现过两位重要人物之死的假新闻,那就是"新加坡前总统李光耀之死"(在前总统李光耀去世前发布)与"中国最后一位开国中将张震将军之死"事件(张震将军并没去世),事后均被查出是假新闻。

如果说以上这三条假新闻找不出具体的作者,只是编辑的过错的话,那么下面这位记者的表现就令人咋舌不已了。

2003年5月22日,《东方家庭报》刊登报道,言此日凌晨,郑州市桐柏北路某家属院发生一起持械群殴案,双方先后纠集了三批共百人打斗,闻讯而来的警察鸣了八枪才使打斗双方停止下来。这条消息刊出后,经河南报业网发布后,先后在人民网、新华网、搜狐网等国内30多家网站,以《郑州百余男女持械群殴 警察鸣枪示警八次才制止》为题进行了转载。结果,此文引起河南省委,郑州市委主要领导的高度关注。郑州市公安局立即成立专案组进行调查,结果查明,5月19日晚10时左右,文化宫路和互助路一带的确发生过一起打架事件,但是地点并不是记者报导中的桐柏路;人物只是七八人参加,也并非记者稿件中的百人;是小规模的打架,而非激烈的械斗;夜巡警察到达现场制止时也并未鸣一枪,就移交林山寨派出所处理了。

这究竟是怎么一回事?

原来记者朱顺忠当晚,在家中用借来的一部电台接通警方专用频率,偷听110报警信息,从中寻找新闻线索,他从电台中听到了110指派夜巡警察处理一起打架信息后,便用电台进行跟踪收听,由于现场人声嘈杂,他便主观臆断现场发生了大规模的聚众械斗,在未去现场采访调查,未听到一声枪响的情况下,写下此报道。由于他的行为触犯了《治安管理处罚条例》,公安机关对他予以了行政拘留15天的处罚。

2. 添加

添加即报道中有真实的事实,也夹杂报道者想当然之处,真中有假,假中有真。

前苏联有一位著名记者在采访一位老劳模时,写下了报道,其中有一个细节是,这个劳模早上起得很早,总是对着镜子梳理好自己的头发再去上班。结果报道发表之后,有一天这位老劳模找到报社,质问记者如何为自己添加出了头发?他当着记者的面脱下帽子,原来,他是个光头。这个事情对记者影响很大,从此他明白了绝不能想当然地进行合理想象,没经过采访核实的东西,绝不得任意添加出来。

2004年1月份的《新闻记者》评出了上年度的十大假新闻,其中真中有假,假中有真,真假掺杂在一起的一条假新闻是《卡梅隆决定执导"911生死婚礼"》。

2003年1月26日《北京青年报》刊登了一篇报道,说的是由现代SNP创作中心策划、现代出版社出版的上海旅加女作家贝拉写的《911生死婚礼——我的情爱自传》,已被20世纪福克斯电影公司花102万美元买断了影视改编权,并确定由曾导演过《泰坦尼克号》的卡梅隆执导。

其真相是,这家创作中心是与一家美国投资公司签订了版权协议,并通过它向十多家公司投递了《911生死婚礼》的英译本草稿。而20世纪福克福公司和卡梅隆只是其中之一。投资方允诺,该片初定为20世纪福克斯公司拍摄,由卡梅隆执导。

事实是有可能是,也有可能不是由20世纪福克斯电影公司买断和卡梅隆执导。这条新闻在似与不似,假与非假之间,绝大多数新闻要素是真实可靠的,但是最惹人眼球的,也是报道中最亮点的一个事实却是添加的,虚幻的,极具有欺骗性。

3. 拼凑

拼凑即所报道的事实确实存在,但不是同一事实组成部分之间的反映,而是报道者移花接木而来的其他事实,如在不同地方,不同人身上发生的不同的事情都是真实的,但把它们拼凑到一个地方或一个人的身上,这些各自真实的事实形成一个整体就不真实了。

前些年,在《宁波日报》报业集团的"宁波杯"征文中,有这样一篇题为《三件"小事"》的文章,作者是当时的南京大学新闻系老师董秦,文中提到了发生在新闻界的所谓的三件"小事"。兹列举其中两件"小事"如下,以供参考。

一是江南某都市报发表一篇散文,是高考前夕发生在作者身上的事情。这家都市报记者是作者的老熟人,电话采访作者谈谈二十年前的高考经历。作者向记者朋友一口气讲了自己与另一个朋友参加高考的趣闻逸事,挂电话前,这位记者就其中那位朋友的一句话问,

"能不能说这些话是南京大学新闻系董秦老师讲的?"

"不行。"

"不提校名就用董老师行不行?"

"也不行。"

沉默一会,该记者接下来的一句话让人始料未及。

"那我就把你俩的事糅在一起,编一个姓发了。"

另一个"小事"董秦老师得自于自己系中寒假到某媒体实习的学生。

快过年了,一则欢度春节的文字稿配发的照片竟是这位同学实习所在部门的部主任的全家福。就在这位同学惊恐不已之际,忽听见带她的记者尖叫道:"这张全家福去年我们已用过一次了。"

如果我们每一个要作记者的学生,去这样的新闻单位去实习、遇到的领导又是这样掉以轻心、不负责任,那么这位学生如此学来的恰恰是采访的大忌!任意拼凑事实,张冠李戴,任意想象,令人毛骨悚然!

4. 回避

在同一事实中,既有好的一面,也有不好的一面,既有消极的一面,也有积极的一面,方方面面中,报道者仅仅报道其中的一个方面,而故意忽略、回避其它的方面,只让受众看到其中的一部分。这也是一种故意失实表现。

(三)非故意失实

非故意失实是指新闻报道者并非从本意出发,而是由于主客观诸因素的影响所采取的报道,造成的后果是与客观事实不相符合。如记者的粗枝大叶,知识水平的偏差,采访中的错听、笔误,调查的不仔细,漏采、漏报,对捕风捉影而来的事实并未经过仔细核对落实等等。这一类的失实报道,记者最易发生。究其原因,记者的采访作风首当其冲。记者理应扎实地进行采访,杜绝这类失实报道的出现。这是发人深省的。造成新闻报道失实,采访、编辑、校对等都有责任,但是,其中最直接原始的环节就发生在采访阶段,即新闻的萌芽阶段,我们当记者的应防微杜渐,耳有警音才是。

二、防止报道失实

要防止报道失实,记者采访时,要注意做到以下三点。

(一)培养强烈的职业责任感

坚决杜绝故意造假、虚构新闻,坚决杜绝想用假新闻来出人头地的名利思想。在这方面,前《华盛顿邮报》女记者库克是我们的前车之鉴。

1980年9月28日,《华盛顿邮报》发表了女记者库克的一篇新闻《吉米的世界》,引起极大反响并获得当年普利策新闻奖。

文章写的是一个8岁的男孩叫吉米,5岁接触毒品,现在每天靠注射毒品维持生命。稿件写得有板有眼,活灵活现的现场描绘看得出记者到过吉米的家。这篇稿件还被报社推荐参加当年度"普利策新闻奖"并榜上有名。

但是当警察局和市政府有关部门成立调查小组,寻找吉米想给他治疗时,按报道所提供的地址却找不到吉米的身影。几百名警察三个星期的查找也无济于事。

原来,库克完全凭想象写了这篇报道。

为什么这样做?

她的回答是:"我不甘心在竞争中败下阵来。"

库克凭借想象按着新闻手法写的稿件能在普利策新闻奖上获奖,说明她有新闻功底,如果她扎扎实实实地采访,写出好稿件指日可待。但是她不老实,她想迅速出人头地,违反新闻行规,主观造假,行为极度恶劣,影响非常不好,累及自己所在的报社和普利策新闻奖的评委会。

一些专家认为假新闻之所以日益猖狂,是当今媒体之间竞争进入白热化,记者之间竞争加剧的一种折射。但是,竞争再激烈,也不能靠造假新闻来拼抢市场,抢读者。这是原则,这是底线,这是记者做新闻的职业道德,是新闻记者编辑的职责所在。

(二)严守新闻真实性原则,慎重使用异常性的新闻线索

每位新闻记者都要把新闻真实性原则铭刻在心,无论社会大环境还是媒体小环境都不能让记者丧失职业道德,遵守真实性原则是每个记者的入门警示,真实是新闻的生命。这个底线是绝不能碰的。

对于一些非常新奇性的、异常性的新闻线索,记者要慎之又慎地运用。对于一些道听途说而来的消息,如街头传言,记者尤其要加以采访核实。

2001年10月2日,刊登于某都市报的报道《家庭连环悲剧猪吃娃》就是依据街头传言而写的,结果是条假新闻。

假新闻《女记者与狼共穴61天》的新闻线索也是异常的,但是记者、编辑没经过严格核实采访,就将此事刊登在《家庭》杂志上。文中的女记者有名有姓,证据确凿。记协的人看过报道后很关心这位女记者的处境,结果由此查下来却是个假新闻。时任《家庭》杂志社副总编王志清引咎辞职。事后,他自己这样分析有关新闻失实的现象——

他说,制假,造假,现在几乎成了一种社会病,假烟、假酒、假名牌、假证件——物质领域的方方面面几乎被假的东西包围了,如今这股虚假之风又向文化市场蔓延,从商品制假到新闻制假。

他认为,在社会从封闭保守的计划经济向开放搞活市场经济转型时期,人的心态自由活跃,向往富裕生活,对金钱物质的追求分外强烈,法治环境一跟不上就难免出现问题。

他说,据了解,社会已出现了一些专靠编造假新闻赚钱的"职业造假者",有人管推荐发稿,有人负责东拼西凑,编造杜撰假新闻,分工明确,流水作业的"造假作坊"也初具规模,有些假新闻编得欺骗性非常大,连作过几十年编辑的人也难分真假。有的制假者还在稿子上盖上假公章,找个假当事人作戏蒙骗媒体,非常恶劣。[①]

假新闻的新闻线索有一些共同特点,比如新奇离谱,耸人听闻,稀奇古怪,玄妙曲折,匪夷所思等等。当我们获得类似这样的新闻线索时,一定要多问问自己,它是不是有点太巧合了,这件事是真的吗?然后有条不紊进行核实,采访,用事实说话报道新闻。但是,往往一些前线的记者编辑居然宁信其有,不信其无,本着先发了再说的观点来抢独家新闻,这种思想坚决要不得,是非常可怕的! 这无疑是近年来假新闻层出不穷的原因之一。

(三)学会自我检查

在非故意失实中,原因无外乎两种,一是采访不扎实,马虎大意;二是记者过分相信自己的脑子和学识,不查阅有关的资料,不查阅工具书。

2004年6月1日晨,我国著名的表演艺术家常香玉因病逝世。2日,各大媒体纷纷报道,但有一个关键的数字却产生了分歧。有的记者报道说这位豫剧大师是81岁,有的记者却报道

---

① 选录于2002年2月5日《北京青年报》,第18版,《法律拿假新闻有招没招》。

她享年82岁。这样,关于常香玉的出生时间,就有两个不同的说法——一个是1922年,一个是1923年。而且更为离谱的是,报道常香玉是1923年出生的两家媒体的记者,给受众提供的却是不同的生日日期,一个是1923年9月15日,一个是1923年10月24日。到底常香玉大师的生日是哪一天,哪一年,记者如果是扎实采访,采访大师的家人,认真核实一下,是不会犯这个低级也是致命的错误的。

美国有位教授说过,"我发现,有的学生不屑于查阅字典或其他的工具书,认为那是生手干的事。这不对。在我工作过的每个编辑部里,都有各种版本的字典和堆满架的工具书、百科全书、地图集和人名录等等。记者都无一例外地要查阅这些书,谁也不会想这会有什么了不起。事实上,这是他们的职业习惯。"

人无完人,金无足赤。任何记者的常识和知识,都会有与正确的地方不符的时候,过分相信自己的知识储备库,有时就会产生失实报道。

2004年,美国前总统里根病逝。

一时间,各大媒体都在报道他的传奇人生,但为数不少的记者在常识方面出现了偏差。集中在一点上,就是"任"与"届"的混淆上。里根是美国历史上第40任总统,他的任期是两届,即第49届和第50届。2004年6月7日的《南方日报》中将里根写成第49任总统;而同日的《信息时报》则误将第40任写成第40届。

其实,这是一个常识问题。在美国,"任"是指实际上担任美国总统的人数,有多少美国总统就是多少任,按历史排队,里根是第40名美国总统;对于"届"指的是政府的届次。按美国宪法规定,每四年一次总统大选,一次就是一届,里根当时获得连任两届,所以又被称为第49届、第50届美国总统。

可见记者的知识储备库出现了错误,如果本着怀疑的态度,多问自己一下,如当年曾热播的《开心辞典》中王小丫的提问"你确定吗?"宁肯相信自己不确定,而去问问他人或是查查资料,就不会事后出丑,产生遗憾了。

20世纪80年代,有位美国记者报道我国芭蕾舞蹈《沂蒙颂》,不肯查阅专业资料,凭自己看到的舞蹈和理解程度,写了这样一段话,"这是一个关于共产党士兵同一位美丽农妇相爱的浪漫故事。她把他藏身在山洞里,给他吃,给他喝,还给他生了一个孩子。"这个报道更是犯了如此轻信自己的差错,怡笑大方了。

就像真实性原则是新闻的基石一样,新闻记者从第一次采访之日起,首先要在脑子里铭刻牢记一句话,那就是:一定要进行核实!

核实是每个记者采访过程中的必备武器!运用好这个武器,记者战而无败,不会出现差错闪失。

美国新闻学家梅兹,对记者说过这样一句话,发人深省:"对于你,一个记者来说,争取报道的准确无误必须成为你的精神状态,成为你的习惯。你必须认真核对每一个事实,保证做到没有另外的人能比你更准确。这需要毅力。但是,只要你坚持这个高标准办事,久而久之,就会自觉地追求报道的准确性。"[①]

---

① 杜荣进.中外新闻采写借鉴集成[M].杭州:浙江教育出版社,1990:64.

三、核实能防止失实

当核实成为了每个记者的"精神状态"和"习惯"动作,成为每个记者的潜意识行为,那么这个记者绝对就能避免作为记者的最大耻辱:失实报道。

2000年,美国的网络通讯社(INTERNET WIRE),曾通过互联网发表了一条没有经过核实的新闻,称一家名为EMULEX的网络设备上市公司,出现了严重的财政问题。结果各大媒体纷纷转载,该上市公司出现了严重的财政问题,其上市股票在一天之间缩水近六成,但事实证明这是条假新闻。那些看了报道因恐慌卖出股票的人吃了大亏,影响恶劣。

2008年北京奥运会成功举办,世界媒体目光聚集在北京。一些外国媒体记者发出了一些未经核实的新闻。北京奥组委宣传部部长王惠在奥运会结束之后,接受《南方周末》记者寿蓓蓓采访时说,在北京奥运会期间遇到了外国记者关于人权的提问,她跟这位记者说:"我不能说你无知,但是从你的提问就可以看出,你对中国的了解确实不够。我特别希望你在奥运期间多接触我国的民众,那就会了解到中国的发展与进步。平时带着你们挑剔的眼光,带着你们的成见,可以把任何好事说成坏事,所以我们告诉你真实的情况,你也不会相信。"

这种情况一直有。比如在一个发布会上,场馆一个工作人员没有听到发布会上说的话,他很想听,就向一个认识的中国记者借录音笔。结果外国记者看到以后,发了一篇稿子说,中国政府在没收所有在场中国记者的录音带。这跟事实完全不一样。①

文中那个外国记者看到一个工作人员向一位中国记者要录音笔,他主观认定这是在没收记者的采访设备,因为这是个工作人员,所以代表政府行为。记者根本没有现场采访,亲自核实情况,就擅自发出中国政府在没收所有在场中国记者的录音笔的消息,这是典型的新闻失实,关键差错是没有采访,没经过核实!

眼见并不为实啊,没收录音笔与借录音笔动作是一样的,但含义迥然,施动作的人的动机迥然,必须要当面采访了解情况才可作为论断,更何况记者的舌头应该是卷着的,不能轻易发表结论、观点,应该用事实说话。

2015年国庆大阅兵举世瞩目。就在9月3日阅兵当天,一条假消息不胫而走,说中国最后一位开国中将张震9月3日中午逝世。

各种媒体大量转载,特别是微博、微信上了头条,影响很大(见图三),但是,这是真的吗?

《环球时报》记者郭媛丹马上进行了核实,到将军单位及军队执法部门进行采访,发出如下稿件:

环球时报报道(记者郭媛丹)环球时报记者从权威部门获悉,"关于最后一位开国中将张震9月3日中午逝世"的消息是假的。

今天中午,在网络上以及某些媒体报道,最后一位开国中将原军委副主席张震(1988年授上将军衔)2015年9月3日中午去世,享年101岁。

张震所在单位的某位人士表示,在2015年3月份就有谣传关于张震逝世的消息。随后,二炮前副政委、中央军委前副主席张震上将的前秘书邓天生中将回应说:"他身体很好!是我们1955授衔时候唯一健在的一位中将,我们希望老人家健康长寿。"邓天生也表示最近见过老

---

① 摘自《南方周末》,2008年9月25日B10版,《我们现在已经很富有了——专访北京奥组委宣传部部长王惠》。

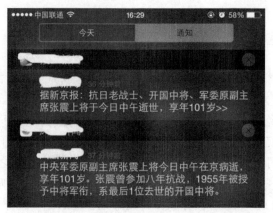

图三

人,"老人现在在医院里,年龄大了,但健康还行。"

此前9月2日报道,军队保卫部门会同地方公安机关,在前期查处19名造谣传谣人员基础上,近日再次严肃查处了15名编造传播涉军谣言人员。

军队执法部门负责人表示,将加大对各类涉军谣言和违法信息打击力度,希望广大网民依法上网,从权威媒体上获取信息,不要相信谣言,不要随意传播未经核实的信息,自觉维护网络秩序。

随后第二天各媒体纷纷辟谣说,老将军仙逝系假新闻。未过一日,假新闻暴露在阳光下,令很多读者、网友吐槽"新闻公信何在,媒体权威何在"。因为就在这一年中,新加坡前总统李光耀真正去世前就被公布为已辞世,后来全世界人都知道那是条假新闻。媒体纷纷澄清。

为什么不去核实呢?采访李光耀身边的家人、医院有关人员及政府有关人员,种种的渠道都能供记者采访核实的,偏偏很多记者栽倒在基本功夫"核实"上。这个问题发人深省。

四、如何进行核实

(一)记者在采访时,一定要听清,记准,最好力争当场核实

"好记性不如烂笔头",记者不要轻信自己的头脑,自己的记忆力,采访时要作笔记,特别是关键的事实和姓名、地名、机构名称、数字、年代、参与的人员等等,一定要写清晰、写准确,并要有意识地在当场核实清楚,有错就立刻改正。

现在科技进步,文字记录的同时,完全可以采用录音设备,作两手准备。如果当场来不及核对,也要在事后送稿审阅,或者发传真,或者打电话,或者用电子邮箱传递,让对方对稿件内容进行准确的核实。

如果对方本人无法核实,也要想办法找到与他关系最密、或是最熟悉的人或单位部门进行核对。

(二)为防止错误和片面,记者也不能过分轻信被采访者提供的事实,而要通过各种不同的渠道加以核实

2001年的"9·11"事件让世界震惊,在此期间的新闻报道中,让中国新闻界和知情人震惊

的不仅仅是这场悲剧,还有一件关于法新社新闻报道失实事件。

法新社发出了一条题目为《美国驱逐对恐怖袭击欢呼的中国记者》的新闻。报道称,美国国务院官员星期六表示,美国已驱逐了一批来访的中国记者,因为他们曾对纽约和华盛顿的恐怖袭击事件鼓掌欢呼。

而实际情况是,由美国驻中国大使馆及领事馆牵头组织的中国记者访问团14名记者,于2001年9月8日抵达纽约,正式的访问活动恰好是周一(9月11日)。周一当日上午11点,他们正在主办方安排的地点——美国国际教育协会的华盛顿办事处会议室与负责人座谈。美国国际教育协会官员、此次访问项目的负责人 Anne Boum 女士突然闯进会议室,宣布上午的活动停止,下午的活动取消。原因是五角大楼遭到袭击,华盛顿正在进行人员疏散,所以一切官方活动停止。

到美国访问的14名中国记者,围在会议室的电视机前关注事态的发展,一些记者上街进行现场采访。他们不仅没有对袭击事件进行欢呼,而且还在第二天、第三天分别在外国新闻中心和美国国务院,两次向美国方面表示了中国记者来访团对"9·11"袭击事件的同情和慰问。

到周三(9月13日)上午,访问活动开始恢复。在周五(9月15日)晚上,他们接到通知,到纽约的活动取消,美国国务院官员将于星期天上午,来中国记者访问团所在的旅馆,商谈计划变更问题。周六(9月16日)上午,访问团被临时安排到华盛顿故居参观。事实明显表明,法新社的报道是失实的。

作为当时14名去美访问的当事人,《文汇报》记者李道胜2002年在《新闻记者》第二期上,发表题名《9·11,中国记者没有鼓掌欢呼——"14名中国记者被逐"风波之真相》的文章,道出个中真相:"因为报道中所说的'鼓掌欢呼',应该是指9月11日上午11点项目负责人宣布五角大楼遭到袭击之后发生的情形,但是作为一个现场见证人,我当时并没有看到有人鼓掌欢呼。在9月15日美国国务院官员中止访问项目后,陪同的翻译 Jay Sailey 表示:'我已经同国务院官员说了,我和14名中国记者一直在一起,没有看见法新社报道的情形,正相反,他们多次向美国方面表达了震惊和同情。'翻译刘欣也表示,她很奇怪,法新社为什么不来向他们翻译证实一下有没有发生这件事?"

9月18日,法新社对此事进行了最新报道,《中国否认记者在美被驱逐》,报道说,中国驻美公使何亚非否认中国记者被美国驱逐,称他们的访问活动只是由于美国出现的非常情况而被中止。美国国务院发言人鲍彻尔也表示,由于美国当前的情况,决定中止中国记者的访问。

为什么会出现法新社的失实报道?

除却一些政治或其它特殊的无法说清的因素外,仅作为新闻记者本身的职业要求,求证不同的新闻源是非常关键的。该社的报道只是引用了美国国务院官员的话,而没有采访现场当事人——中国记者和中美双方的翻译等等,片面相信单一方面的消息源,从而造成报道失实。

(三)记者还要考察新闻来源的可信性

记者在采访过程中,要经常探求不同来源以对消息进行核对,即对事件要进行三个以上的消息源的核实,如果来源不清或不准,宁可求准不求快。记者在连续报道时,每条报道都必须交待来源,不能因为上篇交待了就不再在此篇中交待。

消息来源分直接来源与间接来源两种。凡是记者亲自采访某人得来的就是直接来源,如记者采访某企业经理,文中就提到来源为"某企业经理某某"在接受记者采访时说,等等。而间接来源是指转引其他媒体报道，或转引某个新闻来源，一般要在稿件前加上"据"字。如"据新华社北京8月3日电"或"据某某介绍"等等。

新闻媒体播发的各类稿件如快讯、简讯、消息、新闻分析、综述、特稿、图片等，都要说明它的消息来源，受众可以根据消息源对报道的可信度，进行自己的判断。

在这里，有必要提一下2013年10底发生的《新快报》陈永洲事件。这可谓是记者故意造假，不核实消息来源进行失实报道的典型。陈永洲之所以被长沙警方拘留，是因为他曾发表多篇有关中联重科的报道，而中联重科回应，称记者陈永洲"从未就报道事宜采访过中联重科的任何一个人"，并就此向长沙警方报案。

2013年10月26日，面对电视镜头，身处湖南长沙第一看守所的《新快报》记者陈永洲向办案民警坦承，为显示自己有能耐、获取更多名利，他受人指使，在未经核实的情况下连续发表针对中联重科的大量失实报道，致使中联重科声誉严重受损，导致广大股民损失惨重。陈永洲对自己的涉嫌犯罪事实供认不讳。

据陈永洲供述，他在不到一年时间内先后发表的十余篇中联重科负面报道中，只有"一篇半"是自己在他人安排采访下完成的，其余都是由他人提供现成文稿，自己只在此基础上进行修改加工，有的甚至看都没看，就在《新快报》等媒体上刊发。

"我没有审核这些文章的真实性，只是在文章上做了小的修改，并使用了较多的模糊用语，以规避中联重科对我本人及我们《新快报》的追究。"

相信每位新闻工作者都会对这样的采编细节感到难以置信，记者"看都没看"就署名，完全不顾新闻报道实事求是的基本要求和记者一切从事实出发的道德操守。报社审稿环节也对这种行为毫无觉察，对重大监督报道在一年多的时间内把关不严，记者"看都没看"的稿件，竟然连续登上报纸版面，成为系列的重头稿件，结果赔上报社的社会信誉不说，也极大损害了媒体的整体社会公信力。

(四)还要核实被引用的受访者的话是否完整、准确

记者在报道被采访者接受采访所说的话语时，如果是原文引用，稿件中一定要用冒号"："或者逗号","后面的引文加上双引号标出，以证明是对方说的原话。记者只要核实原文记的是否准确无误即可，一般不会出现大的闪失。

如果记者在稿件中不是原文引用对方的话，记者在报道中需要间接引用被采访者言语时，一般是用逗号表明记者是在转述受访者的某句话的意思。这时记者一定要注意自己转述的意思是否与对方原文表达一致，不要有任何出入！最重要的是，记者绝不能断章取义，要考虑到稿件上下文之间的语境，避免突兀地摘引被采访者的部分含义。

作家刘震云在2004年春天，接受凤凰卫视《名人面对面》节目主持人许戈辉访谈时，曾提到有家媒体在采访他时断章取义，把在一定语境之中说过的一句话，脱离开原来的上下语境，独立成段，意思就拧巴了。

2015年，一条题目为《如何将一个好人整死》的微信文章，在朋友圈内流传。这条微信文章低俗，讽刺，但却一针见血道出了一些记者的不良行为，是典型的断章取义——记者把被采访者在一定语境之中说过的一句话，脱离开原来的上下语境，独立成段，而且故意造假，把真正地意思拧巴了。

这条微信文章是个黑色笑话，但是这篇文章中记者的采访提问设计及引用被采访者话语

进行报道的方法,记者不当的话语引用产生的不良后果,却很能引人深思,值得我们每位学新闻做记者的人进行正面思考,认真对待。特摘录如下,供读者参考,切勿当作谈资。

如何将一个好人整死

唐僧取经回北京,才下飞机,记者问:"你对三陪小姐有何看法?"唐僧很吃惊,"北京也有三陪小姐?"记者第二天登报《唐僧飞抵北京,开口便问有无三陪》。

记者问唐僧:"你对三陪问题有何看法?"唐僧:"不感兴趣!"记者第二天登报《唐僧夜间娱乐要求高,本地三陪小姐遭冷遇》。

记者问唐僧:"你对三陪小姐有没有看法?"唐僧很生气:"什么三陪四陪五陪的,不知道!"记者第二天登报《三陪已难满足唐僧,四陪五陪方能过瘾》。

记者后来再问唐僧,唐僧不发言。记者第二天登报《面对三陪问题,唐僧无言以对》。

唐僧大怒,对记者说:"这么乱写,我去法院告你!"记者第二天登报《唐僧一怒为三陪》。

唐僧气急之下,将记者告到法庭。媒体争相报道《法庭将审理唐僧三陪小姐案》,唐僧年后撞墙而死。

唐僧撞墙而死后,媒体补充报道《为了三陪而殉情,唐僧的这一生》。

(五)慎用匿名消息源,匿名消息源很容易产生失实报道

美国《纽约时报》主编罗森托曾说,"如果一个记者不告诉我他的消息来源,我就不会登他的稿子。"这是一个主编的肺腑之言。它从一个侧面反映出明确消息源的重要性。

匿名消息源是指信息来源的不确定性,记者不交待清楚他采访的人的具体身份,而冠以笼统的称谓如"有关专家判断""消息灵通人士透露""分析家认为""投资商预测""行业人士指出""某知名人士说"等等。这些匿名消息源的使用将直接导致读者对新闻报道的权威性产生质疑。

也许一些稿件运用匿名消息来源有防止新闻官司的可能,或者也有为提供新闻源的人进行保密的可能。但是,记者长期使用这些含糊不清的匿名消息源,就会助长记者采访的懒惰性,不知不觉中,让记者偏离新闻报道要真实可信的基本要求,随意拈来某专家学者的话就来作为资料编新闻。

长期阅读这样的匿名消息源的报道,也会让读者产生疑惑,一头雾水,不禁会产生一连串的问题:这不知名的某专家到底是谁,他说的对不对? 如何查证? 他怎么就成为这行内的专家? 为什么不敢提及姓名职务? 他到底知不知道内情? 等等。

因此,记者在采访时,一定要注意查明消息来源,这样既可防止失实报道,也可以使读者对报道的可信度增加。

第三节 采访的基本原则

采访的基本原则有以下五个方面。

一、实事求是

实事求是,是新闻采访与写作的指导思想,也是重要的采访原则,它要求记者在采访中尊重事实,不主观增加或删减,如实地按客观事物的本来面目去报道。实事求是就是坚持新闻的真实性原则。没有真实就没有新闻。

这是因为,事实的存在决定新闻的存在,不能无中生有。新闻记者要坚持事实第一,新闻是对事实的真实反映的唯物主义采访观。

实事求是,就是要求记者在采访中坚持事实是一,采访不能添加二三,或者是减少为负数,应该一是一,二是二,做到准确无误。

1911年,著名报人普利策死前讲过这样一段话:"如果你去纽约向我手下的任何一个人,索取我给他们下达的指示和写给他们的信件,你会发现我对他们首要的、最紧迫的、最经常的要求是准确、准确、再准确。"

马克思在主编《莱茵报》时期就指出,报刊应当"根据事实来描写事实",而不应当"根据希望来描写事实"。① 这句话是新闻界用事实说话的一个典型的表述。实事求是原则在新闻采写活动中的具体表现就是大家耳熟能详的"用事实说话"。

二、新闻选择

新闻选择指的是,记者在采访过程中不可能穷尽每一个人,每一件事,采访的角度不可能穷尽事物的所有方面,因而在采访报道中,总有这样、那样的事实是被选择用到报道中去的,也有这样、那样的事实是被选择不用的,纯客观的新闻是根本不存在的。

1. 它集中在政治制度及价值观念上,还有思维方式、道德情操、民族性格等深层面上,其中,价值观念是最为关键的

以中西文化为例,两个来自不同文化传统的中西记者,对于同一件新闻事实的报道,肯定不一样。比如,在对一些重大的新闻事件的报道中,意识形态差异、不同文化之间的差异,使不同国家新闻记者的采访报道,偏重各自的价值取向。

在1996年奥运会开幕式上,美国哥伦比亚广播公司的记者科斯塔斯担任现场解说。当中国队入场时,他说:

中华人民共和国的人口为全世界的五分之一,经济增长率每年为10%,包括美国在内的每一个经济强国,都想敲开大门进入这个潜在的庞大市场。但是,中国存在人权问题、版权争端问题和对台湾构成威胁的问题。在奥林匹克运动会上,他们出类拔萃,他们在巴塞罗那奥运

---

① 马克思恩格斯.马克思恩格斯全集:第一卷[M].北京:人民出版社,1956:188,191.

会上获得54块奖牌,名列第四。中华人民共和国直到1984年才参加奥运会。在此之前的30年里,中华人民共和国没有参加奥运会。他们在体育运动方面出类拔萃,但是,有一些怀疑,特别对于他们的田径运动员和他们的游泳女选手,他们可能使用提高成绩的药物。在巴塞罗那奥运会上,一个也没抓到,但是,那以后,已经抓到了几个。

当非洲某国家队出现时,他说:

这儿又来了一个毫无希望赢得奖牌的非洲小国。

当伊拉克队入场时,他又说:

这就是我们在海湾战争中打的那个国家……它被怀疑使用了化学武器。①

科斯塔斯的倾向性很明显,在他看来,美国第一,美国文化是世界上最好的文化,凡是与美国文化不同的国家和民族,理所当然应当受到批评和怀疑。

的确有一批美国人觉得中国不友好。其中的原因有东西文化、意识形态之间的差异,也有美国大众传播媒体对中国的曲解。亨廷顿就炮制了"中国威胁论",个别美国记者更是不惜造谣生事,诋毁中国的形象。

请看以下这则新闻报道:

中国靠廉价商品赚走了大把美元,造成了美国经济的不景气;

中国人爱杀人,枪毙起犯人来不皱眉头;

美国记者在北京总是受到跟踪,电视也被窃听;

美国的每一张光盘每一部电影都要面临被中国人盗版的危险;

中国的导弹正装在伊朗、巴基斯坦的发射架上,指向西方世界;

中国正充实军力,准备在台湾和南海打几仗;

中国的核技术正在世界上扩散;

美国的华侨中有一半是中国派来的间谍;

12亿人口的国家将在下个世纪养不活自己、吃掉别国的粮食。

……②

这些就是美国主流新闻媒体,曾给美国公众勾勒的中国的形象。

2. 另外一点很突出,无论国内还是国外,就是经济利益在媒体里的体现

说白了就是,国外垄断资本对传媒的控制;国内则是在市场经济大潮下,越来越多的大众传媒不再过多地依靠财政拨款,而是自负盈亏,媒体经营面扩大,外来资本的注入也相对增多,同时,广告收入的比例越来越大。这些,无疑在记者采访时有意无意中进行了一种选择过滤。

CNN的创始人、时代华纳公司的高级主管泰德·特纳(TED TURNER)曾公开指出:"在传媒领域,企业集权是一件非常恐怖的事情。迪斯尼、通用电气以及拥有哥伦比亚广播公司(CBS)的美国西屋集团(WEST HOUSE)越来越多地染指新闻界。而在公众持股的四大网络传媒集团里,就有两家在核能与核武领域投入了大笔资金——通用电气和西屋就是很好的例子。那么,在报道有关核问题的时候,它们又会向公众怎样讲述经过编排的故事呢?"

"经过编排的故事"这在西方传媒中是一种新闻报道方式,随处可见。这就是一种选择,也叫新闻的倾向性。

---

① 胡钰.新闻传播导论[M].北京:中国广播电视出版社,1997:145.
② 胡钰.新闻传播导论[M].北京:中国广播电视出版社,1997:172.

我国的新闻也存在新闻的倾向性。凡是新闻,可以说都存在着一定的倾向性,新闻选择无处不在。

3. 除了政治、经济、文化等因素引起的对于新闻事实的选择外,记者编辑个人的因素也起到不可忽视的影响

记者采访的面再宽,采访的时间再长,采访的对象再多,都无法在一次采访报道中把所有的事情说得清道得白。总有这样、那样的问题被掩盖掉了,更何况记者的采访面总是有限,采访的对象总是有限,记者本人的政治观点、业务水平和职业素质高低不平,各个媒体的指导思想各有千秋,这就使记者的采访活动,有意无意地进行着事实的筛选。

另外,编辑的新闻选择也比比皆是。编辑的新闻选择体现在挑选记者稿件、编排稿件时的标题选择、内容多少的选择,侧重点的选择等等。

2015年9月下旬,习近平访美成为中外新闻媒体关注的焦点新闻。习近平主席访美的第一天就在西雅图发表主旨演讲,演讲称虽然在一些领域中美关系紧张,但是中国政府不希望发生冲突。

我们来看一篇参考消息网责任编辑杨宁昱两天后编排的一则稿件,2015年09月24日11:00点发布在网络上,题目是《外媒:习近平西雅图演讲"迷倒"听众》。

参考消息网9月24日报道外媒称,中国国家主席习近平22日呼吁美国和中国更好地理解对方的"战略意图",增加理解、减少猜忌,建立"中美新型大国关系"。

据法新社9月23日报道,习近平访美第一天在西雅图发表主旨演讲称,虽然在一些领域中美关系紧张,但是中国政府不希望发生冲突。他说:"我们愿同美方加深对彼此战略走向、发展道路的了解,多一些理解、少一些隔阂,多一些信任、少一些猜忌。"

他还说:"中美冲突和对抗,对两国和世界肯定是灾难。"

报道称,在本周晚些时候与奥巴马政府官员会晤商讨诸如中国在南海扩张、网络袭击等热点问题之前,习近平先试图安抚人们,中国是全球经济的积极力量,中国正在大力推动以法治和市场为基础的改革。

报道说,习近平还强调中国经济的下滑是暂时的,最近中国的股市动荡与中国政府无关。

习近平说:"当前,各国经济都面临着困难,中国经济也面临着一定下行压力,但这是前进中的问题。"

美国外交界传奇人物基辛格赞扬习近平能把两国关系推向一个新高度。

报道称,习近平的讲话迷倒了在场听众。他引用了马丁·路德·金的名言,回顾了他之前对西雅图的访问,他还熟知美国流行文化,提到了喜剧电影《西雅图不眠夜》。

他还着意提醒美国政府,在应对埃博拉病毒、朝鲜核问题、防止全球变暖以及在2008年经济危机后促进全球经济复苏方面,中国一直是一个负责任的伙伴和队友。

据英国广播公司网站9月23日报道,中国国家主席习近平22日在西雅图出席欢迎晚宴时发表演讲说,中国愿意与美方密切合作应对国际事务。这是习近平这次访美行程中首次政策演说,但从行程安排所见,也是唯一的此类演说。

习近平称:"中美两国合作好了,可以成为世界稳定的压舱石、世界和平的助推器。中美冲突和对抗,对两国和世界肯定是灾难。"

另据台湾"中央社"9月23日报道,习近平22日在美国西雅图发表演讲。习近平表示,在新起点上推进中美新型大国关系,携手合作促进世界和平与发展,要做好几件事。

第一，正确判断彼此战略意图。中国愿同美方加深对彼此战略走向、发展道路的了解。要坚持以事实为依据，防止三人成虎，也不疑邻盗斧，不能戴着有色眼镜观察对方。

第二，坚定不移推进合作共赢。包括推动完善全球治理机制，共同促进世界经济稳定成长，深化在多边机制以及重大国际和地区问题、全球性挑战上的沟通和合作。

第三，妥善有效管控分歧。双方应相互尊重、求同存异，采取建设性方式增进理解、扩大共识，努力把矛盾点转化为合作点。

第四，广泛培植人民友谊。中方支持未来3年中美互派5万名留学生到对方国家学习，中美将在2016年举办"中美旅游年"。

这篇稿件是个综合消息，是责任编辑的作品，很难说有明确的政治倾向性和意识形态的选择，但是作为参考消息网的编辑，选择外国媒体的面非常广，可以多选，可以精选，可以泛选，可以有目的地选，也可以不选。这个过程就是新闻的选择性原则在潜移默化地起作用。

毋庸置疑，作为中国新闻记者和编辑对习主席访美事件非常关注，我们是有自豪感和期待感的。所以标题不自觉地反映出来，体现在迷倒听众之"迷倒"两字上。虽然这是法新社报道中的一种态度的表达，但参考消息网的责任编辑用在标题上其实就暗含了一定的态度。

我们再来看看这篇综合消息。

全文选择的媒体一共有三个，法新社、英国广播公司网站和台湾中央社。这里的选择也耐人寻味。

法新社和英国广播公司是西方著名的新闻媒体，由它们的报道来谈习近平访美演讲涉及的中美关系问题，有一个旁观者的客观态度。如果再延伸下去，看看下面这些背景材料，对编辑选择英法两国媒体报道的用法会有更深层体会吧——

"英国是第一个承认新中国的西方大国，也是率先同中国建立全面战略伙伴关系的欧盟国家；是除香港外最大人民币境外交易中心，也是吸引中国留学生、开办孔子学院最多的欧盟国家。英国还是首个发行人民币国债的西方国家、最早申请加入亚洲基础设施投资银行的西方大国。中英越来越成为你中有我、我中有你的利益共同体。中英关系发展的源泉来自两国人民的相互理解、支持、友谊。我们今天所处的时代，是以和平与发展为主题的时代，也是各国同舟共济、携手共进的时代。在这样伟大的时代，站在全面战略伙伴关系的新起点，中英两国携手，恰逢其时。"这是2015年10月20日，习主席访英在英国议会的讲话的部分内容。

2014年3月21日下午，在国家主席习近平访问法国前夕，驻法国大使翟隽在使馆接受人民日报、新华社、中新社、中国国际广播电台、中国日报、经济日报、凤凰卫视、欧洲时报等中文媒体联合采访，谈到中法战略关系时说："今天，这种战略性依然十分突出。国际上，两国同为安理会常任理事国，担负着许多共同责任。在国内，中法都面临重要的发展和改革任务。中国提出'中国梦'和'两个百年目标'，法国也提出重塑'法国梦'和'2025年规划'。双方有很多契合点。在实现梦想的道路上，中法可以相伴而行。"

"正是由于中法关系的这一重要特点，两国都把对方看作是优先伙伴。中法关系长期在中国与西方关系中发挥着引领作用。上世纪70年代，法国率先同中国开展军事交流；80年代，法国第一个同中国进行核能合作；1997年，中法率先建立全面伙伴关系；2001年两国又最早开展战略对话。中法建交本身就是一个战略决断，对国际格局演变产生了深远影响。"

除此之外，编辑特别选择出台湾"中央社"的报道，暗含在中美新型大国关系中要妥善处理好台湾关系，是在中美联合公报基础上承认一个中国原则的延伸。

另外,在这篇稿件中,编辑选择台湾"中央社"的稿件比较长,主要是呈现习主席讲话里中美新型关系中的四个主要内容。台湾媒体是客观表述出来的。责任编辑用事实说话,不动声色把台湾"中央社"的发稿内容与法新社、英国广播公司网站的发稿内容并排在一起,就会有自然生成的组合效应。

还有一点很耐人寻味。习主席访美是重大新闻,相信美国媒体一定会报道习主席的演讲,报道中美关系的稿件应该很多,各种声音也应该是有的。但是这篇综合消息恰恰是对美国媒体稿件没有选择,其内容不可而知。

但是不选择的背后就是一种态度,要么是不乐观,要么是对立,要么是情况复杂,总而言之,在现代网络时代读者查找新闻极其方便的前提下,回避美国媒体报道,这也是一种态度,一种选择的表达。

法国传播界泰斗贝尔纳·瓦耶纳说过,客观性是有局限的,但是不能降低要求。同科学家的客观性一样,新闻工作者的客观性报道也不能因存在着新闻选择而降低要求。

三、采访的组织原则

依靠各级组织和各级领导进行采访,这是采访的组织原则,也是我国记者搞好采访报道的一个很重要的条件,这在有中国特色的社会主义新闻事业中也是个良好的传统。党和政府的各级组织长期以来形成了严密的系统,工作有条不紊,既掌握全局情况,又很熟悉本地本部门的情况,同本地区本部门的群众有密切的联系。

我国的新闻记者在长期的新闻实践中,形成了依靠地方各级党委或政府进行新闻采访的组织原则。从工作需要来看,记者在采访中也有必要依靠各级党委或政府,经常采访各级领导班子成员,因而取得各级党委或政府和各级领导的帮助支持,是大多数情况下我国新闻记者顺利完成采访活动的一个必备前提。

目前,我国新闻单位及新闻记者常见的,有七种方法来实现依靠各级组织和各级领导对新闻采访的帮助与支持。它们分别是:

(1)经各级党委和政府同意,新闻记者列席党委或政府的有关会议。目的是了解党政领导意图,掌握全局情况,发现新闻线索,搞好报道。

(2)经各级党委同意,阅读有关文件或资料,听到或看到第一手的传达报告。

(3)向当地党委或政府上送重要的报道计划,征求意见,取得帮助与支持。

(4)新闻记者跟着当地党政领导干部一起下基层搞调查研究。这样一方面可以及时掌握第一手基层情况,发现报道线索,锁定报道典型;另一方面可以及时地了解到当地党政领导干部对某项工作的具体意见,生活气息浓重。往往这样采访来的素材是来自工作、生活第一现场的资料,可以具体地观察到当地党政领导干部对党中央的路线、方针、政策所持的态度,以及他们的工作作风、工作方法等等,取得鲜活的事例,搞好特定的报道任务。

(5)记者对一些重要报道和内参稿件,可以直接送党委或政府领导审阅。这样做,有以下三个好处:

第一个好处是,方便新闻单位或新闻记者更好、更快、更权威地来核对新闻事实,使记者报道的事实准确无误;

第二个好处是,方便新闻单位或新闻记者较为准确地掌握新闻报道与宣传的分寸;

第三个好处是,方便新闻单位或新闻记者更好地反映当地的实际,提高新闻报道稿件或内参稿件的质量。

(6)力所能及地承担当地党委或政府交给新闻单位的宣传报道任务。

(7)连接起新闻单位与地方党政之间的桥梁。比如筹备记者会、新闻单位的报道策划活动,可得到各级党委或政府支持与帮助。

等等。

四、不泄密

新闻记者在采访时,要注意内外有别,不得违反国家政策、行业规定,坚持不泄露国家、企业、行业等重要的机密。对于国防、科技、商业等敏感部门的采访,尤其格外注意保密,特别是对外报道时,要熟悉我国《新闻出版保密规定》第十五条规定,个人拟向境外新闻出版机构提供报道、出版涉及国家政治、经济、外交、科技、军事方面内容的,应当事先经过本单位或其上级机关、单位审定。向境外投寄稿件,应当按照国家有关规定办理。

记者遵守不泄密的采访原则,还会学习熟悉《中华人民共和国政府信息公开条例》规定,其主要内容有——

"行政机关政府信息,不得危及国家安全、公共安全、经济安全和社会稳定"。

行政机关应当建立健全政府信息发布保密审查机制,明确审查的程序和责任。行政机关在公开政府信息前,应当依照《中华人民共和国保守国家秘密法》以及其他法律、法规和国家有关规定对拟公开的政府信息进行审查。

行政机关对政府信息不能确定是否可以公开时,应当依照法律、法规和国家有关规定报有关主管部门或者同级保密工作部门确定。

行政机关不得公开涉及国家秘密、商业秘密、个人隐私的政府信息。但是,经权利人同意公开或者行政机关认为不公开可能对公共利益造成重大影响的涉及商业秘密、个人隐私的政府信息,可以予以公开。

作为新闻记者一定要有这样的共识,你的每一篇稿件如果不谨慎,就很有可能泄露了政府、团体、个人的机密。特别是政府信息公开是一种组织行为,任何机关工作人员不能擅自对外公开政府或政府部门的信息。国家保密局同中央和国家机关各部门制定的《国家秘密及其密级具体范围的规定》是对拟公开信息进行保密审查的直接依据。希望每一位记者能了熟于胸,不犯报道泄密的错误。

1981年9月20日,大陆首次用一枚运载火箭发射了三颗人造卫星。新华社简短地进行了报道。这个新闻在国际间的反应是爆炸式的,因为这很可能标志着我国已掌握了多弹头分导重返大气层的高科技。各国驻华武官通过一切渠道,向官方求证详细资料,但都无功而返。

没想到三天之后,北京一家电台播出了一篇题为《太空奥秘夺桂冠》的广播稿。次日,北京一家报纸又刊登了一篇《我国第九颗人造卫星》的报道,并附有三颗卫星的图样和在车间实施组装的照片。这前后两篇新闻报道,都详细地写出了这三颗卫星太空飞行的运行轨道、无线电遥测频率等等一些绝密情报,让国外情报部门如获至宝。

这样通过新闻记者采访报道而泄密的事件并不少见。

记者采访金融、证券、股市等等,如果稍有闪失,就会对国家、企业、百姓造成影响。切记要遵守一定的保密原则，不轻易或无意地在报道中流露出某个新出台的政策含义是什么，细节又如何，具体的措施是什么等等。希望每位做记者的引以为戒。

记者王志安这样说："在我记者的生涯里，有无数次采访对象面对镜头时说得很谨慎，但在饭局间透露一些重要信息。只要对方说，这个可不要公开呀，我们在节目中就会不用。这既是职业道德也是做人的底线。记者接近真相不能以伤害他人为手段。做人比做记者重要，底线比做节目重要。"①

下面这些对外宣传和提供稿件的保密须知，值得每位初学者和记者参考学习。

1. 召开新闻发布会应遵守的保密要求

召开新闻发布会，特别是涉外的新闻发布会，应遵守的保密要求主要分为三个阶段，它们分别是：

第一，材料准备阶段，新闻发布会的相关材料包括情况通报、新闻口径、发布会议程、主持稿等。对外发布信息的内容要经过严格的保密审查，防止公开涉密信息或敏感信息。

第二，现场发布信息阶段，新闻发言人对外发表有关信息、陈述观点、介绍情况、发表意见等，必须严格遵照事先统一的口径。严禁对外披露涉密内容。

第三，现场回答记者提问阶段，新闻发言人对相关热点问题要进行预测，做好事前准备。

2. 对外提供资料应遵守的保密要求

对外提供资料的保密要求主要分为四个部分，它们分别是：

第一，对外提供资料必须经有相应批准权的机关、单位批准，并由机关、单位负责提供，严禁个人向外提供。

第二，机关工作人员承办机关、单位对外提供资料，应当严格执行国家保密局《对外经济合作提供资料保密暂行规定》和国家科委、国家保密局《科学技术保密规定》。

第三，严禁私自向境外新闻出版机构投寄涉及国家秘密和敏感问题的稿件。

第四，机关、单位向国内外新闻出版机构投寄稿件，不得利用涉及国家秘密的内容。

3. 个人发表文章应遵守的保密要求

个人发表文章应遵守的保密要求，主要有两个方面，它们分别是：

第一，个人向新闻出版机构投寄稿件和作品，要严格执行《新闻出版保密规定》。投寄的稿件和作品不得涉及国家秘密内容，也不得涉及机关、单位的工作秘密或商业秘密及他人隐私。稿件和作品凡是涉及本机关、单位以及本行业、本系统业务工作的，在投寄前，要对照《国家秘密及其密级具体范围的规定》进行保密审查，自己无法把握时要请本机关、单位有关部门、主管领导或保密组织进行保密审查。

第二，不得擅自将涉及国家秘密的内容写入个人的著作内。

4. 接受新闻记者采访应遵守的保密要求

任何人接受新闻记者（包括国内记者，特别是面对外国新闻记者）采访，要遵守的保密要求应包括两方面内容，它们分别是：

第一，采访中不得涉及国家秘密。

第二，在接受采访中为了说明情况，无法回避相关涉密事项时，应向新闻记者申明需要保密的内容，要求不得将涉密内容编入新闻稿内，并要求新闻记者履行保密义务。

---

① 王志安，《对采访对象要求保密的保密》，发表于 2015—04—20 17：43，《天赋人生吧》。

五、"三贴近"与"走转改"就是接地气的采访原则

2002年,胡锦涛总书记当选为国家最高领导人之后,视察的第一个单位是《人民日报》社,充分显示出总书记对新闻宣传工作的重视。在视察时,胡锦涛总书记对新闻战线的干部职工提出要求,新闻改革要"贴近生活、贴近群众、贴近实际"。这就是新闻工作的"三贴近"原则。

2011年8月,由中宣部联合中央外宣办、国家广电总局、新闻出版总署、中国记协五部门联合提出"走转改"原则。它是"走基层、转作风、改文风"的简称,目的是为推动新闻工作者切实将群众观点、群众路线体现在新闻宣传实践中,促进新闻单位深入基层、深入群众进一步制度化、常态化。"走转改"实际上回答了当下如何尊重和遵循新闻传播规律,怎样坚持和实践新闻传播规律这一重大的根本性问题。

"三贴近"与"走转改"是目前我国新闻记者非常熟悉的采访原则。它们指的是新闻记者一定要深入基层和现场进行采访,才能报道出有生活气息,群众爱看,作风、文风别具一格的好稿件。这实际上是非常接地气的采访原则的体现,深受新闻界人士和社会群众的欢迎。

2016年2月19日,习近平总书记主持召开党的新闻舆论工作座谈会并来到《人民日报社》、新华社、中央电视台等新闻媒体实地调研。在调研中,总书记语重心长地对采编人员说:"基层干部要接地气,记者调研也要接地气。"他强调,新闻工作者要转作风改文风,俯下身,沉下心,察实情、说实话、动真情,努力推出有思想、有温度、有品质的作品。

这些年来,临近年关,探访基层单位反"四风"的情况,是媒体和读者共同的关注点所在。2014年初,《人民日报》陕西分社记者姜峰走进采取数据化管理方式落实八项规定的西安市户县,就一年来精简会议活动、压缩"三公"开支究竟省下了多少钱、怎么花等实打实的问题,先后采访了当地纪委、村镇街办和基层群众,通过机关廉政灶、公车远程监控管理中心等切入点从一个县域层面算算账。全局的情况已经掌握到位,但是当天采访完毕,记者将初稿传回编辑部,给回的修改意见是:欠缺故事让报道立不起来,不妨在当地公车远程监控管理中心耐心蹲守,一定会有收获。

我们来看看记者姜峰事后写的采访札记——

"等待的过程很难熬,公车远程监控管理中心的四台屏幕上,一个个'小圆点'所代表的数百部车辆状态并无异常。转眼已是夜幕时分,时钟指向晚上19时40分,就在我们有点'打退堂鼓'的时候,屏幕上一个圆点变了颜色,显示当地农业局的一台车辆在下班时间启动,一刻钟后,市容局的一台车辆也出现'异动'。值班人员随即拨通了相关负责人的电话,在我们的追问下,当事人不得不坦承:'开车给领导办事去了。'其后的见报稿中,我们对违规单位及车辆直接'点名','等来'的鲜活案例,让走基层报道多少更切合了'走转改'的题中之义。

"新闻报道是走出来的,克服惰性、多走两步,往往觉得更多收获,沉下心来、多等两步,未尝不有意外之喜。走基层的动静之间、动静之妙,我们还会一步步地不断体味。"①

《经济日报》资深记者庹震常说,火热的现实生活,是优秀新闻作品诞生的源泉,记者新闻事业的成功,离不开社会生活这个源泉。一旦记者"双脚离地",就立刻会失去对新闻的知觉和敏感,所写的新闻报道也就会缺乏鲜活的生活气息。他提出,记者尤其是年轻记者,要向老一

---

① 姜峰,《走基层的"动静之间"》,2014年3月2日,人民日报社业务研讨《走基层的感与悟》之十。

辈记者学习,脚上要有"泥"。①

要做脚不离地、脚上有泥的记者,在采访中就要坚持下基层,调查研究。采访深入基层,深入群众,做好调查研究,是每个记者都应遵守的基本原则。

基层和现场是新闻的诞生地,记者光呆在办公室里,查查网,接接电话,看看简报,开开会,都代替不了去基层搞扎实采访调查的重要性。新闻记者的脚要动起来,两条腿要走进来,真正一步一个脚印地深入山区、矿厂、农村,去田间地头,真正地接触生活的底层世界,对每一个报道选题尽可能地进行实地采访核实,这样一来,记者报道的新闻就充满生活气息,真实可信。

《人民日报》社记者张毅还记得,"改革开放20周年,我随老记者黄彩忠老师,到无锡探访乡镇企业发祥地,要写篇大稿子。正好是全国两会期间。他一会儿问人家20年前的事,一会儿问眼下的产业升级情况,回过头来又让我了解这两天北京两会上的新表述。边采访边定下了主题:乡镇企业已经不是'异军',而是和国有企业一样,是肩负'主攻'的力量。回想起来,《人民日报》当时这么发,还是很有深意和新意的。只不过我当时对此似懂非懂,因为刚参加工作,还处于'上不着天、下不着地'的状态。难忘那次采访,是因为这对一个青年记者求真求实的工作态度和工作方法的养成,都有立竿见影的帮助。今天,我们践行'走转改','传帮带'是一个很有效的办法。"②

2012年,在3月2日下午,一张名为《孝子抱母》的照片(见图四)被网友传上网络后,几天内已经传遍世界,温暖无数人心。2012年3月6日,新华社记者专程赶赴台南,实地采访《孝子抱母》照片的来龙去脉、照片主人公大孝子丁祖伋的感人事迹。

图四

2012年3月7日,新华社发表了记者采访的稿件《台湾61岁孝子抱母求医感动网友》。稿件如下:

一位中年男子的怀里,是用花布兜包裹着的身材瘦弱、白发苍苍的老人。男子双眉紧蹙,一手有力托住老人的身体,一手轻抚着她的胸口。老人的头靠在男子的手肘处,安详得像一个孩子。

这张"孝子抱母"的照片,在3月2日下午被网友传上网络后,短短几天内已经传遍世界,温暖无数人心。

数万网友转载着、评论着这张照片,来自不同地域的人们,用各种语言传递着一样朴素的

---

① 郑文.记者是个"早起"的职业:记第五届范长江新闻奖获得者庹震[J].新闻与写作,2003,11.
② 张毅,《潜心业务成为习惯——从"用心写稿要用心对待"说起》,2014年1月6日,《人民日报》社业务研讨.

感情,"为此流下男儿泪""让我们重新找回人性中光明且美好的一面""亲情不待,特别感伤""马上给妈妈打电话"……

这位"孝行哥"叫丁祖伋,62岁,台南人,目前在家专心伺母。

3月6日,新华社记者专程赶赴台南了解丁祖伋的感人事迹。

丁祖伋曾在电话中婉言谢绝了采访。"我现在需要全神贯注、每分每秒地注意妈妈的状况。像我这样的人有很多,这是本分的事,不值得你们关注。"

在台南,当地人也在谈论着丁祖伋的故事。"这几天很多媒体来过,这件事情值得报道,真善美的人间真情是一种正面的社会力量。"出租车司机刘文隆说。

记者辗转找到了当时拍下这张照片的周雨瞳。对于2日看到的一幕,她说自己永远都不会忘记。

"17点10分左右,台南奇美医院,我正等待取药,忽然注意到对面的一对母子。他把花巾系在脖子上,尽量让母亲以最舒适的方式躺在自己怀里。他为母亲拨拨头发,轻拍胸口,像抱着一个婴儿一样。当时有很多人在看,我愣了三五秒,就想把画面拍下来。"

7分钟后,周雨瞳把这张打动自己的照片上传到"Facebook"上,并写下一行字"什么是爱,什么是不离不弃? 小时候妈妈背你,长大了你会背妈妈吗? 在奇美医院看到这一幕,感人。"

短短几天时间,这张照片被转载数万次。周雨瞳收到了数千封、十几种语言的温情来信。

照片的主角丁祖伋也随之被关注。面对镜头,他看起来并不适应、也不欢迎媒体的聚焦。不过,他最终选择面对媒体,"如果能唤起更多人来关爱父母,对于社会是一种正面积极的力量"。但他也希望这一次说完后,可以给他和母亲一个不被打扰的空间。

"媒体和社会大众对我过誉了,我只是做了为人子的本分的事,也没有比别人做得好,不值得占用这么多公共资源。"他告诉新华社记者。

在丁祖伋看来,这些举动都是他和母亲之间最凡常的交流。85岁的母亲因为曾经中风,行动不便,上个月摔断腿打石膏,考虑坐轮椅会重心不稳,摩擦不适,他便用花布包起母亲,抱在胸前,到离家较近的奇美医院看病。

丁祖伋共有兄妹四人,他是大哥,弟弟和妹妹或在美国,或在台北,母亲的日常起居料理都是他一人为主。不过,只要有时间,家人都会聚在一起。

母亲自小对兄弟四人非常疼爱,丁祖伋也耳濡目染如何尽孝。如今谈起对母亲印象最深刻的一句话,丁祖伋认为应该是"好好教育下一代"。

在彰化县工作的四年期间,丁祖伋每天往返台南、彰化两地,就是为了看顾年老父母。

为了能更方便地照顾母亲,他甚至拒绝了一次在别人看来极好的"升迁"机会,因为到台北上班离母亲太远。

丁祖伋选择了在台南市某机关就职,尽管从副主任变成一名普通职员,但他每天都很高兴。因为可以在清晨早早起床,为母亲做好早餐,换好衣裳,带着母亲呼吸清新空气,并赶在8点前上班;中午12点一下班就可以回家给母亲做饭。

"升官、金钱、财富各方面,是人的正常需求,但和亲情比较起来,却变得不再重要,"他说,"子欲养而亲不待,是多么可悲可痛"。

五年前,为了全天候照顾母亲,丁祖伋提前三年退休。喂食、翻身、梳洗、擦身、换药,无微不至。他每天和母亲同吃同睡,从不甚熟悉到驾轻就熟,如今俨然成为母亲的"妈妈"。

"我和母亲是生命共同体。"他这样形容自己和母亲的关系。

他的母亲一直有个心愿,到大陆探亲。本将实现心愿的时候,母亲却"失智"了,从此,一心一意照顾母亲恢复健康成为第一要务。

记者采访了丁祖伋退休前服务的台南某机关。提起这位已经几年不见的老同事,工作人员赞不绝口。

"他一直都这么爱自己的妈妈,甚至愿意为母亲付出生命。"丁祖伋同事陈仁龙说,2005年,他事亲至孝,毅然放弃升迁机会的举动已令人感慨;为有更多时间照顾家人,他也极少参加各种休闲聚会。

周雨膛有两个女儿,还在咿呀学语,不懂人事。但看到妈妈手机里的照片时,她们也安静了下来。

一位名叫"谢小蓉"的网友留言说:"在医院工作,看过无数生老病死,原以为自己已经麻木……看到这一幕,像回到刚踏进临床时的心境……让全世界的人知道,爱要及时。"网友"陈茂光"说,"想想小时候父母是怎样呵护他们的心肝宝贝的,我们该如何报答?拿起电话跟父母亲讲,爸妈我爱你们。"

……

周雨膛给这幅照片取名为"把爱传出去",如今,这份来自宝岛的爱,已经传遍了世界,传到每个人的心里。

读过这篇稿件,我们可以从字里行间中了解到记者深入采访的过程。

记者如果不是专程赶赴台南,怎么能辗转找到了当时拍下这张照片的周雨膛?

记者如果不是专程赶赴台南,诚心感动了孝子丁祖伋,原来在电话中婉转谢绝记者采访的主人公如何最终决定面对媒体,接受新华社记者的采访?

记者如果不是专程赶赴台南丁祖伋退休前服务的台南某机关,读者怎么会知道他的老同事们对丁祖伋放弃升迁机会孝养老母亲的赞叹?

等等。

正是由于记者不辞辛苦远赴台南深入基层的采访,才有这篇接地气的稿件。

近年来我国新闻界"走转改"成效显著,"三贴近"的新闻层出不穷,受到广大受众的好评。

图五是中央电视台《新闻联播》开播几十年来,男女播音员第一次抬起手给观众拜年。

图五

2014年元旦第一期的《新闻联播》结尾出现这个举动,让观众眼前一亮,新年新气象!不仅如此,这次《新闻联播》的结束语是这样说的:"人们说2013就是爱你一生,2014是爱你一世,新闻联播和你一起,传承一生一世的爱和正能量"。

你没听错,《新闻联播》祝所有小伙伴新年快乐!央视也卖萌!

这种接地气的播音主持风格让观众们忍俊不禁,好评如潮。还有细心的观众观察到,男女两位主持人拱手动作不一样,马上跑去查了权威,在网上公布:"新闻联播真考究啊!!!——标准的作揖是右手成拳,左手包住,因为右手是攻击手,包住以示善意;而女子相反。清代学者段玉裁在《说文解字注》中说,古代女子也行作揖礼,即'左手在内,右手在外,是谓尚右手。女拜如是,女之吉拜如是,丧拜反是。'"

这说明中央电视台的采、编、导、播全体人员把"三贴近"和"走转改"落实到了播出环节和播音员动作的细节,可喜可贺!

第四节 三角立体采访法

一、三角立体采访法

大家都知道,两点连成一条线,三个点连成一个三角形,可以支撑出一个立体形状,是可以比较客观全面地反映事实原貌的。这好比是一个形象比喻,来说明采访中记者的采访意识要顾全,不能偏倚一方。

三角立体采访法简单地说,就是记者要采访至少三个以上的消息来源,来较好地呈现一个事实,让它能形成一个立体的三角形状,让受众自己看得清楚,自己对事实下结论。

当然,事实有时并不仅仅只是三个方面,甚至还有更多的方面。这里一概用三角来代替。如果用三个原始点 A、B、C 来表示,记者采访既可在平面角度形成 ABC 三角形,也可以用三维角度形成立体的三角。这种注意采访到位,不能仅仅听取一方之词,不看一面之现象,不捕捉一向之观点的采访,被称为三角立体采访法。

一句话,三角立体采访法要求记者多方位地采集消息来源,扎实深入了解事实原貌,切忌在一件新闻的采访上只偏重一个方向,一个时间段,一个人或一类人等。这种采访要求记者拓开思路,认识全面,更好地向受众客观、立体地报道清楚新闻。因此,在每一次采访中,记者如果注意提醒自己"三角立体"四个字,采访的内容应该比较具体全面深入。

三角立体采访法具体落实在记者的采访过程中,可以根据实际情况来确定,一般可分为以下四个方面内容:

(1)当事实具有权威性的单一来源时,对记者的第一要求是尽快采访到这单一的、权威性的消息来源以报道新闻。另外,如果时间、条件允许,要求记者最好还要采访到三个不同的消息来源,来呈现对他们对此权威消息来源所呈现事实的看法及社会反映。

在新闻实践中,并不是每一次的采访都一定要求记者做到三角立体采访,尤其是重大新闻刚刚出现的时候,消息来源相对单一的时候,记者们常常发快讯,抢报新闻。

我们来看一则 2015 年 10 月 05 日,新华社记者从瑞典斯德哥尔摩发回的重大消息,题目是《中国药学家屠呦呦等人获诺贝尔生理学或医学奖》——

新华网斯德哥尔摩 10 月 5 日电(记者付一鸣 和苗)瑞典卡罗琳医学院 5 日在斯德哥尔摩宣

布,将2015年诺贝尔生理学或医学奖授予中国女药学家屠呦呦,以及另外两名科学家威廉·坎贝尔和大村智,表彰他们在寄生虫疾病治疗研究方面取得的成就。

这是中国科学家因为在中国本土进行的科学研究而首次获诺贝尔科学奖,是中国医学界迄今为止获得的最高奖项,也是中医药成果获得的最高奖项。今年诺贝尔生理学或医学奖奖金共800万瑞典克朗(约合92万美元),屠呦呦将获得奖金的一半,另外两名科学家将共享奖金的另一半。

按惯例,揭晓今年诺贝尔生理学或医学奖的发布会在卡罗琳医学院"诺贝尔大厅"举行。当地时间11时30分(北京时间17时30分),诺贝尔生理学或医学奖评选委员会秘书乌尔班·伦达尔宣布了获奖者名单和获奖原因。

诺贝尔生理学或医学奖评选委员会主席齐拉特对新华社记者说:"中国女科学家屠呦呦从中药中分离出青蒿素应用于疟疾治疗,这表明中国传统的中草药也能给科学家们带来新的启发。"她表示,经过现代技术的提纯和与现代医学相结合,中草药在疾病治疗方面所取得的成就"很了不起"。

上世纪六七十年代,在极为艰苦的科研条件下,屠呦呦团队与中国其他机构合作,经过艰苦卓绝的努力并从《肘后备急方》等中医药古典文献中获取灵感,先驱性地发现了青蒿素,开创了疟疾治疗新方法,全球数亿人因这种"中国神药"而受益。目前,以青蒿素为基础的复方药物已经成为疟疾的标准治疗药物,世界卫生组织将青蒿素和相关药剂列入其基本药品目录。

诺贝尔奖评选委员会说,由寄生虫引发的疾病困扰了人类几千年,构成重大的全球性健康问题。屠呦呦发现的青蒿素应用在治疗中,使疟疾患者的死亡率显著降低;坎贝尔和大村智发明了阿维菌素,从根本上降低了河盲症和淋巴丝虫病的发病率。今年的获奖者们均研究出了治疗"一些最具伤害性的寄生虫病的革命性疗法",这两项获奖成果为每年数百万感染相关疾病的人们提供了"强有力的治疗新方式",在改善人类健康和减少患者病痛方面的成果无法估量。

我们来看这则稿件,这是新华社记者发自诺贝尔生理学或医学奖评选现场的快讯。诺贝尔生理学或医学奖委员会按惯例揭晓2015年诺贝尔生理学或医学奖的发布会地点设在卡罗琳医学院"诺贝尔大厅"举行,这个消息理应是中外记者们都知道并都会在现场等候的。当地时间11时30分(北京时间17时30分),诺贝尔生理学或医学奖评选委员会秘书乌尔班·伦达尔宣布了获奖者名单和获奖原因。中国女药学家屠呦呦名列其中。

现场的记者听到后的第一反应是要将这个特大新闻在最快的时间内发布给中国受众,所以抢时效性是第一位的,在新闻中交待权威的消息来源是最重要的,所以记者这篇稿件的消息来源是诺贝尔生理学或医学奖评选委员会。这是个大概念,但非常重要,这是权威机构集体决定把奖项授与中国女科学家。记者在发布会现场看到、听到的是评选委员会的秘书乌尔班·伦达尔宣布了获奖者名单和获奖原因。然后,记者需要采访一个权威人士来谈谈中国女科学家获奖这件事,于是,记者选定了评选委员会主席齐拉特。

就在卡罗琳医学院"诺贝尔大厅",委员会的主席齐拉特接受了新华社记者的现场采访,记者在稿件中运用了评选委员会主席的一句原话,也叫直接引语,她说:"中国女科学家屠呦呦从中药中分离出青蒿素应用于疟疾治疗,这表明中国传统的中草药也能给科学家们带来新的启发。"同时,记者马上运用了这位主席谈话内容中很重要的一部分,用间接引语来转述,关键部位用原话的方式呈现出来,她表示,经过现代技术的提纯和与现代医学相结合,中草药在疾病治疗方面所取得的成就"很了不起"。

我们分析一下,这篇稿件从记者直接采访呈现出来的是只有一个消息来源,是诺贝尔生理学或医学奖评选委员会主席齐拉特,她是直接的、权威的、具体的、惟一的消息来源。但是,整篇稿件其实也暗合了三个不同的消息来源,尽管性质是一样的。即:记者在稿件中交待的诺贝尔生理学或医学奖评选委员会、委员会秘书乌尔班·伦达尔宣布了获奖者名单和获奖原因、委员会的主席齐拉特接受了新华社记者的现场采访,这三点也连成一个三角。这呈现的是平面三角。

(2)当事实有多种消息来源时,记者要采访至少三个或多个、不同的消息来源来呈现事实的多维度,以求客观、立体地报道新闻。

我们再来学习新华网2015年10月6日 早上7时55分06秒发布的另一则报道,题目是《国家领导人出访非洲把青蒿素作为礼物赠送当地》。这篇稿件是新华网根据新华社"新华国际"客户端采访的稿件编辑发表的,它的内容如下——

新华网北京10月6日电 据新华社"新华国际"客户端报道,瑞典卡罗琳医学院5日宣布,将2015年诺贝尔生理学或医学奖授予中国药学家屠呦呦等三名科学家,以表彰他们对疟疾等寄生虫病机理和治疗的研究成果。这份诺奖,屠呦呦分享一半,"以表彰她对治疗疟疾新药的发现"。这里讲的"新药",就是被称为"中国神药"的青蒿素。

在曾常驻非洲等热带地区的中国人当中,"青蒿素"这三个字绝不仅仅是一种药物那么简单,有没有它,有时候就是生与死的分界。在异乡的土地上,面对毒虫叮咬和瘴气侵袭,青蒿素带来的宽慰不仅仅是在身体上。新华国际客户端采访多位驻非或曾驻非的国人,为您讲述他们的青蒿素故事。

《"感谢屠大科学家"》

讲述者:新华社驻马普托记者于帅帅

屠呦呦获得诺奖的这一天,师兄在微信里回复我的第一句话就是,"感谢屠大科学家"。

认识师兄李怀强是在来到莫桑比克不久的使馆招待会上,由于同是山东老乡还上过同一所大学,所以师兄的称呼就这样叫了开来。

吃过几回饭后,渐渐知道师兄也是个有故事的人。供职于山东外经集团,十几年来他辗转停留过加纳、东帝汶和莫桑比克,参与了不少惠及当地民众的项目建设,不过由于这些国家均属疟区,师兄也不可避免地"中了招"。

我第一次知道疟疾俗称"打摆子"就是从师兄口中听说。他说,自己1999年毕业后第一次派出至非洲,在加纳刚下飞机的第一晚就发烧无力浑身难受,症状极似疟疾。痛苦与疑问下,同事给了他青蒿素,师兄吃下后第二天症状便消失了。师兄说,这是他第一次认识青蒿素。

在加纳停留的14个月里,师兄得过两次疟疾,较轻的那回自己靠吃青蒿素挺了过来,较严重的那次当地医生用德国奎宁帮他治愈。师兄说,奎宁副作用大,不如青蒿素好用。

在东帝汶的几年里,师兄又屡次中招,所幸当地有中国医疗队,所以每次都靠青蒿素化险为夷。师兄说,情况最严重的一次,他卧床输了一个礼拜的葡萄糖。

尽管有多次"中招"的经历,师兄却说,疟疾并不是非常可怕的疾病,每年非洲出现那么多疟疾死亡病例,原因就在于缺少治疗药物或拖延治疗。

师兄举了个例子说,2000年时候有朋友前往加纳考察投资,半个月后回国没多久就出现发烧无力现象,国内医院当时还对这种非洲疾病没有太多意识,在不知道病人去过非洲的情况

图六（图为在中国援东帝汶总统府工地上，李怀强与澳大利亚维和部队士兵合影。）

下，治疗了小半个月都不见好转，最后下了病危通知书。病人家属悲痛之余联系加纳的朋友得知有可能是疟疾，医院确诊后迅速调来青蒿素，这才帮助病人转危为安。

青蒿素现在是师兄的常备药物，他说，以前虽然知道青蒿素是中国人发现的，但却不知道是谁。

今天，随着诺奖的揭晓，他终于知道了应该感谢的名字。

《拉各斯的常备药》

讲述者：新华社前驻拉各斯记者林小春

十年前的这个时候，我在尼日利亚最大城市拉各斯当驻外记者。国内很多人没听说过拉各斯，但它其实是个上千万人口的超大城市，由几个岛屿组成，有桥梁相连，晚上下班能堵车几个小时。堵车不可怕，可怕的是疾病。当地最普遍的疾病就是疟疾了。

疟疾俗称打摆子，这个词大家都很熟悉，但国内亲身经历的人应该寥寥无几，对疟疾了解的就更少了。查查电子邮箱，发现还保存着一份我即将结束尼日利亚任期时，国内一位即将驻外的同事写给我的邮件，问道："我最关心的是拉各斯有疾病么？是不是到那边大部分人会得疟疾，疟疾能治愈么？会留下后遗症么？"

疟疾是携带疟原虫的蚊子叮咬引起的。我第一次打摆子，似乎是参加一个招待会，脸上叮了一只蚊子，一拍全是血，回到住处很快就病倒了。有人问，得疟疾是不是觉得一会儿冷，一会儿热？我倒没有这样的经历，就是头晕发热，全身无力不舒服。

面对疾病，我们当时最好的办法，就是吃药，吃青蒿素，药名叫科泰新。头疼发热，感觉是

图七（图为在尼日利亚拉各斯一所学校，工作人员用红外线体温计为学生检测体温。）

疟疾，就吃一片，直到感觉没问题了。所以科泰新是那个时候拉各斯华人的常备药，一些黑人朋友也跟我们要抗疟药。

当时在非洲，科泰新被称为疟疾克星、"神药"，它没有抗药性问题。这种药是1994年开始出口的，1996年被卫生部指定为中国援非医疗队必备药品。国家领导人出访非洲时，还把科泰新作为礼物赠送当地。该抗疟药一开始打开的是东非市场，后来才进军西非，销售人员在开拓尼日利亚市场时，还曾在分社借住。

但说实话，该药物的市场份额在当时还是有限，可查的是《人民日报》记者当时一篇相关报道：北京华立科泰公司"销售额从1994年的不足5万美元上升到今年（2005年）的1000多万美元。

目前'科泰新'在东非同类产品市场占有率稳居第一，在西非市场名列第二位。"

《重新出现的答案》

讲述者：新华社前驻达累斯萨拉姆记者章苒

2004年刚到坦桑尼亚首都达累斯萨拉姆，有一次在一家中餐馆吃饭。其中一张餐桌上摆着一个最大号的雪碧瓶，里面是白色药片。我看到一个黑人侍者走进来，打开拿了一片或是两片放进嘴里，以为是薄荷糖，或者是口香糖之类。

那其实是。当时治疗疟疾的特效药。因为便宜，大概几分钱一片，所以会装上几百片放在桌上让雇员们自行取用；更因为疟疾就象感冒头痛一样常见和不可避免，也需要随时准备着这么几百片。

疟疾由按蚊传播，当地人几乎每天都暴露在按蚊的传染范围之中，所以尽管不是每一次得疟疾都会致命，但从绝对数来看，疟疾是这片大陆的头号杀手。

图八（图为坦桑尼亚首都达累斯萨拉姆。）

奎宁的副作用很大，更重要的是因为奎宁的滥用，普遍出现了疟原虫对奎宁严重的抗药性。这让疟疾的致死率重新成为一个问题。这个问题，直到青蒿素的出现才重新有了答案。

"你听说过中国的青蒿素吗？""你有中国的青蒿素吗？"当地人最爱索要的不是中国茶叶，他们惦记的是另一种植物。

青蒿素的神力当时已经传开，中国政府的代表团访问，或是企业家捐赠，必然带青蒿素为礼物。世卫组织在非洲的会议，以青蒿素一个药为峰会主题，也属破天荒了。

过去这十年，我相信青蒿素挽救了无数生命；未来，我相信青蒿素还可以挽救更多。

我们来分析一下这篇稿件，"新华国际"客户端记者采访了三位现驻非或曾驻非的中国人，讲述他们心中的青蒿素故事。这三位讲述者分别是新华社驻马普托记者于帅帅、新华社前驻拉各斯记者林小春和新华社前驻达累斯萨拉姆记者章苒。大家注意，这三个消息来源也连成一个三角，从平面三角来说，是从三个不同的侧面来反映在曾驻、常驻非洲等热带地区的中国人当中"青蒿素"的作用。从立体三角来说，现驻与曾驻非洲的三个消息来源连接过去和现在，也牵连到未来"青蒿素"的影响力。

这是一稿（篇）角度新鲜、故事性强的好稿件，在众多媒体关于屠呦呦获奖报道中脱颖而出。

（3）当事实呈现出有人赞成、有人反对、有人保持沉默或是其它看法时，记者要至少采访到正方，反方，中间方等这三大方面以上的消息来源。

2001年，国内报纸曾就国产手机是否能和"洋手机"平起平坐展开过新闻讨论。当时，国内市场是洋手机的天下，很多报纸在报道这一问题时，对国产手机的前景相当悲观，他们在报道这一问题时主要采访引用摩托罗拉、诺基亚、爱立信三大"洋手机商"的评论。而国产手机商的观点则很少被引用。然而事实是,到2002年,国产手机占据了半壁江山;2003年底,甚至已经占据了70%以上的市场份额。记者当时对于国产手机市场的忽略或者轻视是不对的,从采访手法上,可以说记者没有进行三角立体采访,采访内容没有做得到公正、客观,在进行新闻讨论时自然有失公允。

2003年12月2日,某报以《裸女街上晒太阳　两度脱衣仰卧草坪四个小时》为标题,报道了一位30多岁妇女,在广州市政协大楼附近草坪赤身的新闻,并配发了一张清晰的裸照。(其实这样的社会新闻不宜选择配图片,甚至不宜选择入版面,这暂且不提。)在整篇报道中,记者采访了众多目击者,进行了较为详细的现场描写,但唯独没有采访当事人及知情者,缺失这一条关键的消息来源着实让读者一头雾水,不知真实情况具体为何。好比三角架倒塌了一方,整个新闻散了下来。

其实,这两个例子,都说明了记者建立三角立体采访意识的重要性,记者只采访一方,而忽略另外一方或其它方的做法,是采访的大忌。

(4)任何一种事情的发生发展,都离不开过去,现在和将来这三个不同的时间段,在这个过程中也包含着不同的人们对它产生的支持、反对、中立等三个方面的看法。记者采访时在了解现状的同时,一定要兼顾过去和未来,可以较好地把握事态的发展过程,对新闻事实有比较全面的了解。

我们还是以屠呦呦获奖新闻为例。

中国新闻网2015年10月6日下午15时28分17秒刊发了一篇稿件,题目为《屠呦呦坦言得诺奖"有些意外"85岁依旧在工作》,稿件呈现出屠呦呦本人及相关人员对获奖的反映,也报道出屠呦呦的一些小故事。请看报道——

《屠呦呦坦言得诺奖"有些意外"85岁依旧在工作》

瑞典首都斯德哥尔摩,卡罗琳医学院"诺贝尔大厅"的大屏幕展示出三位获奖者的照片,屠呦呦将获得约92万美元奖金的一半。(下图一为卡罗琳医学院"诺贝尔大厅"的大屏幕展示三位获奖者的照片)

这是中国科学家在中国本土进行的科学研究首获诺奖,也是中国医学界迄今为止获得的世界最高奖,还是中医药成果获得的世界最高奖。昨天17时30分,2015年诺贝尔生理学或医学奖在瑞典斯德哥尔摩卡罗琳医学院揭晓:中国药学家屠呦呦成为了首位获得诺奖科学类奖项的中国人。此外,爱尔兰医学研究者威廉·坎贝尔、日本学者大村智也一并荣获该奖项。85岁的屠呦呦,突出贡献是创制新型抗疟药青蒿素和双氢青蒿素,每年就能拯救10万人的生命。

曾获拉斯克奖　被称为中药的科学研究丰碑

屠呦呦出生于1930年12月30日,药学家、中国中医科学院终身研究员兼首席研究员、青蒿素研究开发中心主任。1980年聘为硕士生导师,2001年聘为博士生导师。

屠呦呦1951年至1955年在北京大学医学院(现北京大学医学部)就读。昨晚,北京大学在其官方网站的首页主图位置挂出了屠呦呦获得诺贝尔奖的消息,并表示了祝贺。来自北大官方新媒体的信息显示,在大学四年期间,屠呦呦努力学习,取得了优异成绩。在专业课程中,她尤其对植物化学、本草学和植物分类学有着极大的兴趣。

2011年9月,屠呦呦获得被誉为诺贝尔奖"风向标"的拉斯克奖。这是中国生物医学界迄今为止获得的世界级最高大奖。屠呦呦填补了华人十年未获此奖的空白,也成为了第一位在

图九

中国独立完成研究的获奖者。北大生命科学学院原院长、知名教授饶毅就曾高度评价屠呦呦的研究工作。2011年8月22日,饶毅在其博客首先刊登对屠呦呦和张亭栋从中药中发现化学分子的成就,其后他与合作者在《中国科学》发表文章,叙述屠呦呦和张亭栋的工作,称之为中药的科学研究丰碑。

坦言得奖"有些意外" 85岁依旧在工作

昨天,对于获得诺奖一事,屠呦呦在接受媒体采访时表示,"没有特别的感觉,有一些意外,但也不是很意外。"她解释,"因为这不是我一个人的荣誉,是中国全体科学家的荣誉,大家一起研究了几十年,能够获奖不意外。"获悉,目前85岁的屠呦呦依旧在一线从事研究工作。

在昔日同学的记忆中,当年的屠呦呦长得挺清秀,戴眼镜,梳着麻花辫。宁波中学的同学翁鄞康回忆说,当时男女同学之间很少说话,他对屠呦呦不是特别熟悉,只是觉得她为人很低调,读书很认真。

"她很普通,衣服穿得也很朴素,不是特别引人注目,属于默默无闻型。"翁老说,"后来宁波中学在北京成立了校友会,我们的交往就多了一些。"有一次,屠呦呦悄悄告诉老同学,为了工作,她经常在自己的身体上做实验,结果弄坏了身体,体质一直很差。

宁波中学教他们政治的班主任徐老师对屠呦呦的记忆是:不是很活跃,话不多,总是在很认真地读书,不爱参加娱乐活动。

父亲的命名未曾想到女儿会与那株小草结缘

"呦呦鹿鸣,食野之蒿"。屠呦呦的名字源于《诗经》。据考证,诗句中的"蒿"即为青蒿。为她命名的父亲,未曾想到女儿会与那株小草结下不解之缘。

9月23日,美国2011年拉斯克临床医学研究奖授予屠呦呦,以表彰她发现了青蒿素,在全球特别是发展中国家挽救了数百万人的生命。屠呦呦也没想到自己的研究能获得国际大奖。她说,我1951年上大学,1955年参加工作,后来又接受西医培训,1969年1月参加"523"项目。我的中西医知识都是国家培养的,把科研任务交给我也是组织对我的信任。所以,只要国家需要,我就必须持之以恒地做研究。时年39岁的屠呦呦临危受命,她把3岁的女儿送到幼儿园,任科技组组长,开始征服疟疾的艰难历程。她从系统收集历代医籍、本草、地方药志和名老中医经验入手,汇集了2000多种方药,从中筛选出200多种供筛选,最后找出了青蒿素。

回顾当时的探索,屠呦呦说,那时候大家工作都很努力。我们的工资待遇都挺低的,大家也不考虑这些,自觉来加班,要争取快速推进工作。那时候没有名利之心,大家经常汇报各自的进展,齐心合力争取更快出成果。她感叹,建设创新型国家一定要多提倡原创发明。你有原创的东西,在国际上就会被另眼相看,能说服人。

我也没想到,40多年后,青蒿素研究能被国际认可。总结这40年来的工作,我觉得科学要实事求是,不是为了争名争利。屠呦呦强调,中医中药是一个伟大的宝库,经过继承、创新、发扬,它的精华能更好地被世人认识,能为世界医学做出更大的贡献。我们中国人的成果被国际认可,关键是真正解决了问题,挽救了许多生命。"希望我的获奖带来新的激励机制,鼓励大家更好地工作,多出成果,为世界人民造福。"屠呦呦说。

她的故事:亲证药物安全得了中毒性肝炎

曾在1983年至1993年任中国中医科学院中药研究所所长的姜廷良,最感佩的是屠呦呦和她的团队的执着、奉献精神。

姜廷良清楚地记得,在做青蒿素动物实验时,曾发现有一过性转氨酶升高等现象。屠呦呦和她的两位同事不顾个人健康,决定亲自试服。亲身证实了药物安全,然后才投入临床给病人服用。当时的科研条件简陋环境差,盛放乙醚浸泡青蒿的大缸,时时发出刺鼻的气味……后来,屠呦呦得了中毒性肝炎;她团队中的钟裕容,肺部发现肿块,切除了部分气管和肺叶;另一位研究人员崔淑莲,很早就过世了。中国工程院院士张伯礼说,我们处于国家发展的关键时期,应该学习老一辈科学家以国家和人民需求为己任的责任意识;必须善于继承,勇于创新;必须要养成埋头苦干、潜心钻研、坚韧不拔、持之以恒的工作作风。要去掉浮躁、淡泊名利,始终围绕科学目标脚踏实地勤奋工作;必须要胸怀宽阔,善于团结协作,联合攻关。

发现青蒿素的那一幕,屠呦呦记忆犹新:"太高兴了!面对这个每年几亿人发病、造成大量死亡、几乎无药可治的可怕疾病,全世界都在寻求解决之道。我们到底把问题解决了,千千万万人的生命得以挽救,这是最值得欣慰的事情。青蒿素是属于我们中国的发明成果,而且是从中医药里集成发掘的,是中医药造福人类的体现。我们倍感自豪。""那时候没有考虑到什么奖,"屠呦呦说,"国家需要做什么,就努力去做好。"

曾有人说,屠呦呦夸大了自己和自己研究团队在青蒿素研究中的作用。对此,屠呦呦不予回应。面对一片赞誉,屠呦呦表现平静,一脸淡定。

我们来看看这篇件三角立体采访法的运用情况。

首先,本书无法查明这是由记者亲自采访而发的报道,还是责任编辑编发的综合新闻稿件。无论哪种情况暂且不提。在这篇稿件中,记者也好,编辑也好,成功地运用到了不同的消息来源,呈现出本书所强调的三角立体采访手法,值得我们仔细分析一下。

第一个消息来源是瑞典首都斯德哥尔摩卡罗琳医学院"诺贝尔大厅"的大屏幕,那里悬挂着屠呦呦和其他两位专家同时获奖的照片,交待出屠呦呦获奖这一新闻是真实可信、确凿无疑的。报道还配发了现场的图片加以证明。

第二个消息来源是北京大学官方网站。针对屠呦呦1951年至1955年在北京大学医学院(现北京大学医学部)就读这一背景事实,10月5日晚上,即屠呦呦获奖当晚,北京大学在其官方网站的首页主图位置挂出了屠呦呦获得诺贝尔奖的消息,并表示了祝贺。

"来自北大官方新媒体的信息"这句话交待了下面这些消息的出处——大学四年期间,屠呦呦努力学习,取得了优异成绩。在专业课程中,她尤其对植物化学、本草学和植物分类学有着极大的兴趣。北大生命科学学院原院长、知名教授饶毅就曾高度评价屠呦呦的研究工作。

2011年8月22日,饶毅在其博客首先刊登对屠呦呦和张亭栋从中药中发现化学分子的成就,其后他与合作者在《中国科学》发表文章,叙述屠呦呦和张亭栋的工作,称之为中药的科学研究丰碑。北京大学官司方网站成为这些过去事实的来源提供者。

第三个消息来源是屠呦呦本人接受媒体采访,这是稿件中最重要的部分。(虽然这一部分,稿件中并没有详细交待屠呦呦本人是什么时间、什么地点、接受了什么媒体的采访,所以本书判断这篇稿件可能是编辑编发的综合新闻稿件。)对新闻人物屠呦呦本人的采访是非常重要的消息来源,明确具体可信。所以稿件中大量呈现出屠呦呦本人对获奖的平淡,对历史的回忆和对未来的展望等等内容,这应该是新闻的重点部分。

第四和第五个消息来源是屠呦呦宁波中学的同学翁鄞康和宁波中学教他们政治的班主任徐老师。他们谈起师生对屠呦呦的印象。

第六个消息来源是屠呦呦的同行,曾在1983年至1993年任中国中医科学院中药研究所所长的姜廷良,讲述屠呦呦和她的团队的执着、奉献精神,特别是她和同事亲证药物安全以身试药的经过,在稿件中呈现出屠呦呦在做青蒿素动物实验时得了中毒性肝炎的故事。

第七个消息来源是中国工程院院士张伯礼。稿件中运用了张伯礼院士的一段话,"中国工程院院士张伯礼说,我们处于国家发展的关键时期,应该学习老一辈科学家以国家和人民需求为己任的责任意识;必须善于继承,勇于创新;必须要养成埋头苦干、潜心钻研、坚韧不拔、持之以恒的工作作风。要去掉浮躁、淡泊名利,始终围绕科学目标脚踏实地勤奋工作;必须要胸怀宽阔,善于团结协作,联合攻关。"一般情况下,新闻稿件中出现引语,无论直接引语还是间接引语,都是表明消息来源或是出处。在这里,我们虽然不清楚这是不是当面记者采访而来的,但是,即使是它是当做背景材料的运用,也交待了消息来源。

除此众多消息来源之外,这篇稿件在对新闻人物屠呦呦现状进行了解的同时,兼顾她的过去,较好地把握事态的发展过程,"希望我的获奖带来新的激励机制,鼓励大家更好地工作,多出成果,为世界人民造福。"屠呦呦说。稿件也借此巧妙地展望了未来,新闻人物屠呦呦获奖这一事实立体饱满呈现在受众面前。

综上所述,无论这篇稿件是记者采写的稿件亦或是编辑编发的稿件,三角立体采访的手法运用得都非常到位,值得每位初学者学习。

二、三角立体采访法与交待消息来源

记者运用三角立体采访法进行新闻报道时,一定要时刻提醒自己交待清楚各个消息来源,确保消息来源的准确、具体、权威。

新闻的消息来源一般有两种功能,一是让读者自己去判断新闻的含义;二是保持媒体的客观公正态度,避免媒体参与或评论。

我们经常会碰到这样的情况,在新闻报道中,常是"据消息灵通人士透露""业内人士认为""投资专家说""权威人士介绍""一位不愿透露姓名的男子""A女士说"等等,消息源模糊不清,但使用的普及性却很高,令人扼腕不已。信息源的不确定和语焉不详的表述,将直接导致读者对报道的真实性的质疑,新闻媒体的权威性也会受到损害,媒体的公信力必然会受到影响。

在采访中提醒自己三角立体采集事实并注意标明消息来源是每一个记者的童子功,是应深入到骨髓和血液中去的基本常识。

在我国，有一些新闻记者对交待消息来源重视不够。

1979年，一篇没有交代新闻来源的稿子《偿还浪费公款，再次出任大臣》居然获得了全国的好新闻。请看当年这篇刊登在《人民日报》上的报道。

　　本报讯　因为出差花费过多而被解除职务的丹麦前教育大臣丽特·比耶雷戈尔夫人，在偿还超支的差旅费后，最近又被提名为新内阁的社会事务大臣。

　　丽特·比耶雷戈尔夫人去年10月份到巴黎出席联合国教科文组织的会议时，浪费公款因而在去年12月22日被解除职务。在这以后，她向政府偿还了5300丹麦克琅（约合1000美元）。这笔钱是她在出差时花费的私人开支，其中包括雇用一辆小汽车和司机的费用、电话费和邮费。

读了这条新闻，人们不仅要提出自己的不解之处，《人民日报》社在北京，丹麦发生的事情是从哪获知的？如果是驻外记者发回的报道，应该在文中交待清楚，他又是从何处何人那里得到的消息。不要小看消息头"本报讯"这三个字，这三字意味着这后面的新闻内容是由本报记者或是通讯员采访写作出来的。

不确定的或是匿名的消息源，既容易造成假新闻的产生，也会使记者偷懒，形成不良的采访作风。这样没有消息来源的报道，在我国记者中并算不少数。

请看2004年9月7日，《北京青年报》A3版上刊登的一则消息，题目是《球形闪电》——

　　本报讯　球形闪电是一种十分罕见的闪电形状。据气象专家介绍，球形闪电似一团火球，约有篮球那么大，偶尔也有直径几米甚至几十米的。球形闪电多半在强雷雨的恶劣天气才会出现。球形闪电"喜欢"钻洞，有时候，它可以从烟囱、窗户、门缝钻进屋内，在房子里转一圈后又溜走。球形闪电有时发出"哗哗"的声音，然后一声闷响而消失。球形闪电消失以后，在空气中可能留下一些有臭味的气烟，有点象臭氧的味道。球形闪电的生命史不长，大约为几秒钟到几分钟。

　　据专家介绍，预防球形闪电主要方法是关闭门窗，防备球形闪电飘进室内；如果球形闪电意外飘进室内，千万不要跑动，因为球形闪电一般跟随气流飘动。如果在野外遇到球形闪电，也不要动，可拾起身边的石块使劲向外扔去，将球形闪电引开，以免误伤人群。

　　另据气象专家介绍，北京发生球形闪电的机会并不多，昨天平谷致人死亡的到底是不是球形闪电，因为没有到现场考证所以还不能判定。

在这篇报道中，没有明确的消息来源，仅仅是"据气象专家介绍"，这位专家姓甚名谁，在哪个气象台或气象研究机构工作，身份具体是什么，读者不得而知。其实，这篇报道的内容是很吸引人的，读者可以得到有关球形闪电的介绍和预防方法。但是，这既然是一篇记者采访的消息，如同上面那篇《偿还浪费公款，再次出任大臣》稿件一样，稿件最前面标明"本报讯"三个字，这三个字是消息头，这说明这篇稿件是消息，而不是资料的介绍（这些资料可以从科普常识和相关知识中获得）。那么，由本报记者采访而来的报道就该交待基本的信息来源。

对一些敏感话题和国家机密、不愿为人所知的信息提供者而言，这则介绍球形闪电的报道，是科普性的内容，在绝大多数情况下，记者公开消息来源是不会被对方拒绝的。记者若是交待了在什么时间、什么地方采访的哪一位气象专家，交待了消息的出处，读者也就不会有所疑问了。这样采写才是对读者负责任的态度。当然，也有一些显而易见的新闻事实，如新闻发生的地点、时间、地理环境等，在电视记者作现场报道时，不必时时告诉观众这是记者看到的、听到的等等。

2003年5月29日，英国BBC的《今日》节目广播了一则报道，报道称，英国政府为了加强对伊拉克发动战争的理由而夸大了情报。

这则报道又言，这个消息来源称，萨达姆可以在45分钟之内部署大规模杀伤性武器的说法，是唐宁街加进一份政府的报告中去的。结果这则报道带给BBC暴风雨般的后果。

工党政府指责BBC，仅凭一个未经证实的消息来源，就对政府进行指责是不负责任的，要求BBC道歉。BBC回应，指称责任不在媒体而是由消息来源说的。大家知道，在西方，新闻界对消息来源实施保密。BBC认为，在战争与和平这样重大的问题上，来自高层的消息来源尽管不具实名，但他对政府处理情报的方式提出担忧，作为公共广播公事，BBC有义务对此进行反映和报道。

这同样提出了一个极为敏感的话题，对于在国防和安全或是高尖端科技领域等，诸多保密的领域，记者很难找到愿意开口的消息源，但这些领域发生的一些问题，也需要媒体的新闻监督，可以根据单一的匿名的消息来源报道吗？其实，不是不能用单一消息来源作报道，但是，当重大和敏感的新闻事件发生时，运用单一消息来源的记者一定要慎重报道！当要运用匿名式的消息来源时，记者要更加慎重地进行核实，确保内容的真实准确。否则，匿名式消息来源的处理，则为媒体提供了脱卸责任的口实。

一句话，在真实性的前提和基础上，再决定报道与否，不能因为抢独家新闻、抢时效性而失真失实。

2015年5月2日，黑龙江庆安县火车站候车大厅发生枪击事件，一名叫徐纯合的男子，被执勤民警枪击身亡。公安部12日做出回应，称公安部和铁路总公司责成铁路公安机关全面开展调查。对民警是否属于依法开枪情况的调查认定需要一个过程。12日，庆安县副县长董国生因户籍年龄、学历造假以及妻子"吃空饷"等问题被停职。此前他因慰问当事民警而饱受质疑。一些境外敌对势力兴风作浪借机造谣，个别所谓的维权律师推波助澜，以谣言"枪杀访民"为武器，蛊惑人心，诋毁警察形象，炒作一连串的社会舆论，一时民情沸腾。

到底庆安事件是怎么一回事？

《人民日报》社政治文化部记者黄庆畅和新华社记者邹伟联手，通过三天两夜紧张采访，用一个通宵写成稿件。2015年5月24日，《人民日报》发表了记者调查，题目是《揭开"维权"的黑幕》。

在这次庆安事件调查采访中，记者充分运用三角立体采访法，对不同的信息来源做了大量、充分的采访。无论是庆安事件的主角徐纯合的家人、铁路民警、众多目击者，还是众多"维权"律师、推手、"访民"，记者多方位扎实深入，取得来自各个不同渠道的消息来源。

《人民日报》社黄庆畅记者这样回忆这次采访，他说："'单方说法不信''非亲眼所见不写'，三天两夜的采访，靠的就是一个'笨'字，把我们认为应该采的人都采访到了，且每一个问题都有至少两人以上的采访对象。当然，没能面对面采访到徐纯合的母亲权玉顺，是一个遗憾。她在医院，有其女儿守着，并要钱采访，同时我心中也隐隐有点不忍心打扰她的念头，最后就用了央视采访的声音。到目前为止，我们的报道还没有被人抓住把柄，更没有引出新的炒作点，应该说与我们的采写细致、真实客观有很大关系。把事实摆在那里，由读者去评判断。

在处理'徐纯合为什么突然堵门'这个问题时，也是用的这种策略。徐纯合堵门原因是记者的疑惑之一，因此下了较大功能去追问这个事。然而，通过几天的采访，不但记者们没找到答案，连采访对象也说不个一二三来。综合采访信息，虽然我倾向于徐纯合是'酒后无端滋事',但没有权威的说法,也无从论证。最后采取陈述的手法,用篇幅比例的形式,再用排除'其是访民'的佐证,呈现了一个'酒后无端滋事'的结果,让'枪杀访民'的谣言不攻自破。虽然,我们没能找到足够权威客观、足以让人信服的原因,但呈现了事实,请读者评判"。①

让我们再重复一次《人民日报》社记者黄庆畅在上文提到的这句话:"'单方说法不信''非亲眼所见不写',三天两夜的采访,靠的就是一个'笨'字,把我们认为应该采的人都采访到了,且每一个问题都有至少两人以上的采访对象。"这就是三角立体采访。三角立体采访法可以算是记者的法宝,如果记者在每一次采访中都能牢记在心,根据情况适当运用,相信记者的新闻报道一定会真实、准确、客观、立体。

另外,记者在每一次具体的采访中,一般情况下还要做到心中有数,注意抓要害、集要点,而这些要害、要点基本上集中于以下五个方面,即采访抓典型、采访要抓细节、采访要抓故事、采访要抓数字、采访抓角度。

思考题

一、采访的含义和特点是什么?
二、为什么要重视采访?
三、采访的第一要求是什么?
四、采访应该掌握哪些基本原则?试举例说明。
五、如何区别采访的客观报道和报道中的客观主义?
六、什么是新闻选择?你如何看待这个问题?
七、用事实说话是怎么一回事?
八、在采访报道中,如何做到用事实说话?
九、寻找并分析一两篇当前媒体"走转改"中的佳作。
十、请你谈谈什么是三角立体采访法。

---

① 黄庆畅,《讲政治不是一句空话——庆安事件本报报道"一锤定音"的启示》,2015年6月4日,《人民日报》社业务研讨。

第三章

新闻敏感

第一节 什么是新闻敏感

十多年前,曾有网友问《21世纪经济报道》当时的负责人刘洲伟,对于好记者的衡量标准是什么?

他这样回答:"新闻报道本身包括了一些基本原则,它既是一门科学也是一门艺术。我们希望记者首先要有足够的新闻敏感性,其次就是勤奋。作为商业报纸的记者要有经济学的常识,我们有政经记者、财经记者。这样在采访时具备基本的知识,可以与采访者沟通。"

"希望记者首先要有足够的新闻敏感性",这不仅是《21世纪经济报道》负责人刘洲伟对记者提的要求,也是新闻单位每一位负责人对每一位记者提的要求。每一位初学者须牢记在心。

一、什么是新闻敏感

新闻敏感是新闻记者政治水平、思想水平和业务水平等的集中反映,它是指记者具有发现和判断客观事物是否具有新闻价值的能力。可以说,新闻敏感是新闻记者的一种感觉和发现,是新闻记者的一种意识和行动,它是新闻记者捕捉到人们视而不见的社会现象背后的新闻价值,是新闻记者获取了一条或几条新闻的前奏。

一句话,新闻敏感就是记者采访报道新闻的职业感觉和价值判断,它靠的是记者一个嗅觉灵敏的"新闻鼻"和"新闻眼",能够闻香寻花,看迹求源,在旁人还无动于衷时就迅速出击,钓到大鱼了。

1991年3月11日,《常州日报》记者王哲与通讯员王曙采写的《枪战,即将发生》获得"华东六省一市'我在现场'征文大赛"优秀作品奖。这篇优秀报道源于记者王哲灵敏的新闻感觉。

1991年3月6日上午9时30分,记者正在武进县公安局刑警大队对一起系列盗窃案侦破情况进行采访。突然,值班室的警铃响起,刑警队员全副武装集合起来。

"直觉告诉我,肯定有大案发生,我喊上该局政治处协调员朱曙光同志(当时他负责武进县公安局的宣传报道工作),我俩一口气从三楼跑到院子里跨上了警车。"①

---

① 王哲.一篇冒着生命危险"抢"出来的报道[J].新闻战线,2004,3.

在这里,王哲看到的"刑警全副武装集合"意味着有重大案件发生需要到现场,他果断放弃原来的采访,与负责宣传报道的同志跨上警车奔赴新闻第一线。

1998年9月10日,东方航空公司一架飞机因前起落架不能放下,经过3个小时的空中盘旋,最后终于冒险迫降成功。发生在上海虹桥机场的这一突发事件,被上海东方电视台的记者捕捉到蛛丝马迹。

当时,记者正驾车在路上,他忽然发现去往机场的路严重堵车。职业的敏感促使他判断机场方面肯定出事了。于是记者迅速赶往机场,第一时间拍摄到了飞机迫降、乘客撤离、抢险救护、指挥营救等精彩的镜头,拍下了飞机迫降着地的一瞬间产生的耀眼的火花。他所报道的长消息《一次成功的迫降》抢得了独家新闻。

北京电视台的一名记者,有一次在北京城转了一圈,居然发现有一百多个"果木烤鸭"店。这个发现让记者不禁产生了疑问,这一百多个"果木烤鸭"店一天得用多少木头啊?它们是否挂着"果木烤鸭"的牌子,实际是改用煤火或天然气?

于是,记者暗地观察、偷拍了一圈,结果让他更加吃惊——这一百多个"果木烤鸭"店居然全是由果木烤制。那么这些果木到底是从哪儿来的?

记者再次追踪,来到北京郊区一处果木集散地,看到了如山的货物,访问了这些果木的来源。紧接着,记者追到了果木砍伐是否经过了国家有关部门的批准这个核心问题。

结果是触目惊心的,大多数的果木砍伐没有采伐证。北京烤鸭背后居然是个环境保护的大新闻!这个滥伐私砍果木的新闻价值,通过北京烤鸭见了天日,记者的新闻敏感也呼之而出。

清华大学传播学院博士生导师李希光,曾是新华社记者。2002年他带领清华大学新闻本科一年级的学生,到四川黑水地区采访实习。那是个非常落后的地方,电还没通,当地的藏族居民大字不识,至少生两个孩子。他带着学生们采访当地的有关情况,其中他看到了黑水地区几乎每到一处,都在村外屋外的墙壁上挂有一块宣传计划生育的牌子。这个牌子让他眼睛一亮,如此落后的地方,计划生育的国策居然宣传到了每家每户。这背后的新闻被李希光敏感地发掘出来,他给学生订的选题就是采访黑水地区的计划生育情况,从而挖出了黑水地区计划生育的报道。

2002年霍金来华参加国际数学家大会。《文汇报》记者万润龙是第一个报道霍金要来华的人。

当时,距霍金来华还有一个月时间,主办单位也没有要求媒体发预告消息,他只是在7月10日前后,收到了浙江大学新闻办发来的一份传真,上面写的是,浙江大学将承办国际数学家大会弦理论国际会议,上面列出了一大批参加会议的专家学者名单及会议日程。里面有霍金及其他几位著名的数学家,也有霍金举行公众演讲的安排。

万润龙马上意识到,新闻已经发生了,这份传真确定了"霍金将来华"这一事实。他开始用心寻找霍金的资料,并以浙江大学师生排长队领取霍金演讲的入场券为新闻由头,向报社发回了一篇特稿:《等待霍金》。2002年7月15日,《文汇报》以《霍金要来了》为题刊出了他的稿件,这是在全国大报中,第一家披露霍金要来华的消息。

有一句话是这么讲的,"记者是好事之徒"。无论发生什么事情,记者的第一反应就是向之往之,奔之忙之的,有时候新闻记者比110的警察和120的救护人员还要早到达现场。

"记者是好事之徒",说的就是记者的新闻敏感性强。倘不是所谓的"好事之徒",前些年轰

动全国的河南郑州公安张金柱撞人拖人事件,也许就不会为人所知,张金柱也不会那么快地为法所惩。事情的经过原来是这样的:

一位《大河报》的记者,从市民打来的电话中得到一个简单的信息:郑州市一个路口发生车祸,肇事司机还拖带着被撞者跑了一段路。

尽管当时已是夜晚十点多钟了,记者立即赶往现场,但忙到深夜也没查出肇事逃跑的司机。这位记者回到报社后向值班总编汇报了此事,总编指示:"就是挖地三尺,也要把这个肇事者找出曝光!不然对不起群众,对不起读者。"[①]可以说,正是这位值班总编和记者的新闻敏感和职业操守,拖出了肇事司机,也拖出了一条发人深省的新闻报道。

一个真正的记者就应该是这样的"好事之徒",闻风而动,锲而不舍抓取新闻线索,追踪寻根,报道出新闻来。

二、新闻敏感下的两类记者

一位老新闻工作者,曾把记者比喻成两种动物:一种记者像雄鹰,目光敏锐,在天空中不停地盘旋寻找猎物,发现目标就急冲而下,以迅雷不及掩耳之势,锁定目标,俘获猎物;另外一种记者则像鱼鹰,俗话叫"长脖老等",它们站在水里或船上,等着鱼儿游过来,然后伸长脖子抓住它。渔夫通常把鱼鹰的脖子扎紧,不让它吃鱼而是让它把鱼吐出来。

这位新闻前辈的比喻是很有意思的,这两种记者在现实生活中也的确分别存在。两者的差距是显著的,其中一个根本的方面就在于他们是否对新闻敏感,是否主动去寻找新闻线索,快速进入采访状态报道新闻。

我们应该做哪一类呢?

"长脖子老等"式的记者是清闲无压力的,一切新闻线索或是报道任务,他是等待着领导或是有关部门派下来,或者下面单位或部门请他去采访,他从来不主动寻找新闻线索,追踪新闻报道,这样鱼鹰式的记者其实是不合格的。只会等饭吃、只等被人叫着去吃饭的记者新闻敏感度相当于零,他绝不是个好记者,他只是把采访当做混饭吃的工具,等天上掉大饼来。

新闻敏感好的记者,常常是雄鹰类的行动者,他们四处游走,也让脑筋开动不停,不断地觅食、寻食。雄鹰式的记者新闻敏感强,因而能发现新闻线索,能不断地深入下去,采访出新闻来。重大题材或是突发性的新闻,不是每一个记者都能遇上的,记者最多的状态就是在日常工作和生活中,凭着新闻敏感发现新闻线索,进行相关的采访报道活动。

三、如何培养记者的新闻敏感

(一)脑子里充满新闻意识,是培养自己新闻敏感的前提

时刻让自己的精神状态和思维状态保持高度的警觉,自然就会有一双"新闻眼"和一只"新闻鼻"了。

《人民日报》社长杨振武十多年前就提出了"研究问题的意识"一说,而这与新闻敏感颇有

---

① 卢汜生.记者当是好事徒[J].中国记者,2002,4.

关系。

杨振武社长指出,"首先是记者要有研究问题的意识。哪怕工作再忙,事情再多,有了这个意识,就会处处留心观察;有了这个意识,就会注意积累这个意识,就会经常琢磨思考;有了这个意识,逮住机会就可一试锋芒。这就是我们常说的,机遇偏爱有准备的头脑。相反,没有这个意识,采都是现趸现卖,材料都是一次性消费,就像狗熊掰棒子,掰一个丢一个,是很难写出深度报道来的。

再就是要学会研究问题的本领。研究问题,重在研究两字。要研究,就要把一个问题研究深,琢磨透,需要学会分析综合,学会从偶然中找出必然,学会透过现象看本质,等等。在这方面,谁肯用功夫,谁就无法找到真理。"①

杨振武社长提出的"研究问题的意识",就是要求记者有新闻敏感,这样才能及时发现问题的表现形式,问题背后的故事,问题的解决方法,目前存在的难题和未来的发展趋势等等。以上所举的新闻敏感的精彩案例,也活生生地告诉我们,记者脑子里常常绷有一根弦,那就是新闻随时随地会发生,只要用心寻找,细心判断,就能发现新闻。机遇总是垂青有准备的头脑。有新闻意识,有准备的头脑,就能培养成快速良好的新闻敏感,从而抓住稍瞬即逝的新闻,或直面治理难点,或贴近民生热点,或追踪社会焦点,突出问题导向,突出调查味,在"深"和"新"上下功夫,在"破"和"立"中做文章。这样的记者绝不仅仅是八小时工作日内的上班一族,相反他们的新闻敏感无时无处不在延伸,他们是真正的全天候记者。详细情况参见第五章《采访准备》之第四节《全天候准备》。

(二)勇于实践,摸索经验,是培养自己新闻敏感的磨刀石

初学采访或是初当记者的人,要勇于新闻实践,不断摸索出如何判断、分析发生的事件是否是新闻,新闻的价值是否大,新闻的线索如何抓,事件如何去追踪等等技巧。俗话说得好,"一回生,二回熟",新闻敏感的养成与长期的实践积累有直接的关系,可以说每个记者都经历过初学、初用时的艰涩。

2014年进入《人民日报》重庆分社工作的蒋云龙,是个刚参加工作的年轻记者,在一年的基层采访活动实践中,他掌握了一个从他人已报的新闻中挖掘新闻"金沙"的小门窍,从其它媒体报道的冷饭中获得新闻敏感,采写了很多有价值的新闻稿件。

2015年,他在《人民日报》社"我在分社这一年"业务研讨中发表自己的采访心得体会,题目是《这一年,品尝"好新闻"的味道》,其中,他谈到了自己的一个新闻敏感的获取经过:

"去年,农业生产全程社会化服务在重庆市试点,中央财政拨款支持。这事儿,当地媒体发了一条不到300字的消息。查了一下,这确实是个新事儿。那么,农业生产全程社会化服务,农民还用干活儿吗?提供服务的主题有那么多吗?中央拨了一大笔钱,能花在刀刃上吗?这些问题,网上都没有。看,这就是个好线索:事儿够新鲜、没人说清楚、老百姓关注。那还等什么?马上采访,写稿。"2015年1月8日,蒋云龙扎实采访的新闻稿件《种地有帮手 政府给补贴(全面深化改革在基层)》在《人民日报》刊登。

他说,跟形形色色的人聊天,也能聊出线索来。

2015年初,重庆某区向分社提供了社会治理创新的选题。采访时,该区找了许多社区能

---

① 人民日报记者部.感悟与探索新闻采编笔谈[M].北京:人民日报出版社,2004:34.

人来介绍情况。偶然间,有一个老太太提了一句,"我最近在想办法给未管所筹两千本书。"引起蒋云龙的新闻敏感。

他连忙追问老人家,"为啥给未管所筹书?"

记者这么顺着一问,打开了老太太的话匣子,"她怎么开始帮扶失足少年的、70多岁了为何志愿者还一做就是十年、哪些孩子让她笑了、哪些人让她灰心丧气……故事没讲太长,但这几个小故事足以吸引我、感动我,那应该也就能吸引读者、感动读者。就这样,聊天聊出来了一条好线索。"①

经过采访,蒋云龙将爱心老妈妈为未成年犯管教所筹资买书的故事报道了出去,稿件刊登在2015年3月27日第八版。一个多月之后,当他得知爱心妈妈曾美华和多名志愿者一起多方筹措而来的三千册书籍到位后,他立刻发了后续报道《重庆未成年犯管教所获赠图书三千册》。

(三)作有心人,把握日常生活中的所见、所闻、所感,生活就是培养记者新闻敏感的练兵场

日本新闻学者内川芳美和新井直之在他们的著作《日本新闻事业史》中,强调了记者在日常生活中的新闻敏感的重要性。

他们认为,在日常生活中,可以构成社会新闻的材料俯拾皆是,在这里,人们再次发现了新闻事业的不尽源泉,也就是说,新闻事业正在向日常化的方向前进。……此外,人们还要求新闻事业提供关于怎样生活和有助于探讨生活方式的信息。……所谓的"生活信息杂志",可能给新闻事业开辟出又一个新的领域。

从日常生活中抓取某些新闻线索,正是记者新闻意识和新闻思维之下的个体行动,与记者的正常采访过程有机地衔接,是很能体现记者新闻敏感能力大小的。

前苏联有一位记者在下班回家的路上,忽然发现平时并不怎么亮堂的街道灯火通明。他很纳闷,这是为什么?职业的敏感让他格外注意大街小巷,他发现,所有的街道路灯齐放光芒。这位记者越发感到这路灯背后是新闻。一回到家,他立即查当天的日历。一查结果恍然大悟,原来当日是路灯发明者的纪念日。他立即采写了一篇新闻稿件发回报社,很受读者的欢迎。

2014年9月初,《人民日报》湖北分社记者顾兆农住了一次院,连着做了两个常见病的手术:息肉肠镜切除术和痔疮手术。花费46788.46元,日均费用3342元!医保报销18644.87元,实际报销比39.85%,自费比例超过了60%!这些数字,让记者有些震惊,更难以接受。"是的,用了一些自费的药,某一种抗生素就用了7000多元。问题是,事先没有人告知这是自费药,而究竟是不是非得用这个药,只有天知道。更让人不解的是,医保报销拒付目录单上,还包括麻醉、注射、大小便化验和每天几十元的床位费等这样一些最起码的费用。咋回事呢?"②

顾兆农有了这样的疑问,打开了对医保自费药的新闻敏感。

花了大钱,受了大罪,还没解决问题。2014年9月28日,他又住进一家专业的肛肠医院,进行术后治疗。新闻敏感促使记者从这家医院观察了解到,同样的痔疮手术,这里的手术路径,与他上次手术的那家医院相比竟有着很大的区别,收费也成倍的便宜。关键是,这家医院

---

① 蒋云龙,《这一年,品尝"好新闻"的味道》,2015年8月25日,《人民日报》社业务研讨。
② 顾兆农,《住院也是一次卧底》,2015年4月13日,《人民日报》社业务研讨。

手术的效果更好,人还少吃好多苦头。

有了这样一些经历和比较之后,这事越发让记者难以释怀。

2014年底,顾兆农参加了一次湖北省经济工作会议。期间,湖北省社科院院长在小组讨论时,谈起他不久前的一次看病经历。因为对药费感到异常,引发这位社科院院长一路追踪这个药的出厂价究竟是多少钱。

这个可信、具体、典型、鲜活的故事,立即储存到了记者的脑海里。当时,湖北省卫计委党组书记正好也在同组,讨论休息时,记者跟他谈起自己住院手术的一些困惑和不解,这位书记无奈地表示,医改实在是一个世界性的难题。

自从关注到这个新闻点之后,顾兆农很自然地对相关的资料、信息和政策等多有关注、搜集和思考。为此,他两次向编辑部申报采访选题,获得通过之后,他打算写一篇以"被自费"为主题的"记者调查"。

2015年年后一上班,顾兆农开始马不停蹄地进行采访。他先是先后两三次分别采访了湖北省卫计委、湖北省人社厅、武汉市人社局、武汉市医保中心了解相关情况,然后去协和医院、中南医院、口腔医院、梨园医院、市中心医院、省社科院等仔细采访、暗访,对患者进行随机调查,召开医院领导座谈会。为掌握调查地级市、县和乡镇等不同层面的情况,他还和同事赴宜昌、当阳和阳新等地深入基层,补充资料。在这期间,他利用赴京参加"两会"报道协调工作的机会,在北京分社记者的帮助下,专门采访了北京市人社局医保处和医保中心的负责同志,并通过他们与朝阳区医保中心的相关负责同志取得了联系,进行了多次的沟通和交流。

后来,经过与同事们的反复讨论和思考,他觉得"被自费"难以统领全稿,最后,稿件主题集中在看病贵的"痛感"上,分为三个部分:药价与耗材;被自费;政策报销比和实际报销比之差。其中,医用耗材问题以前似乎谈论不多,而这个部分费用,在住院病人费用结构中居于第二位,仅次于药价。

2015年3月27日,经过长时间采访调查写成的新闻稿件《是什么稀释了医改获得感》刊登在人民日报《人民眼·本期聚焦·看病贵》上,社会上反响很大。

"虽然采访了方方面面,占有了大量的资料和数据,也涉及到了一些个案,但是,一些实质性的问题、个案的典型性,似乎都不如自己住院的实际经历,也不及社科院长的看病经历,于是,这两个案例很自然地成为支撑这个稿子的核心素材。很多细节,都是自己亲历的,所以,用起来特别有底气。

"这样一些问题,都来自现实。虽然看病贵和看病难是老话题了,但是,稿子涉及的上述问题,有些视角还是比较新的,其他的报道未必涉及过。而我们如此深入具体集中地谈这些问题时,就很容易引发共鸣。这可能是这个稿子社会反响比较强烈的一个原因。"[1]

请大家仔细学习领会顾兆农记者的采写心得《住院也是一次卧底》。它说明,记者的日常生活与新闻敏感息息相关。

首先,他能够从自己两次住院之事抓到自费药比例过高、不同医院收费悬殊这个新闻线索,新闻敏感非常强。

其次,他善于收取相应话题故事,进行同题话题的细节核实。

他本来是参加湖北省经济工作会议的采访,但是当他在小组讨论中听到了省社科院院长

---

[1] 顾兆农,《住院也是一次卧底》,2015年4月13日,《人民日报》社业务研讨。

说起自己生病花费高的故事,把相关的新闻线索融汇起来,马上进行采访。为此,他与同事查找有关资料,了解相关的医保政策,把握医改的大政方针,深入省、市、县镇等不同级别的医院搞调查,开座谈会,利用一切能采访到的各种渠道梳理新闻内容。

可贵的是,当他被派到北京参加两会的协调采访工作时,还不忘采访北京的相关部门。新闻敏感不断地升温,发酵,最后酝酿出获得社会好评的新闻稿件《是什么稀释了医改获得感》。

这篇稿件的出笼,恰恰是记者高度的新闻敏感的结晶,也为我们初学者作出了很好的示范。

第二节　新闻敏感的表现方面

一般来说,记者的新闻敏感来了之后,主要表现在以下五个方面。

一、及时判断这一事实是否新鲜,是否会使受众产生兴趣

已故的青岛啤酒董事长彭作义,曾提出过在啤酒界获得广泛认同的观点:新鲜度管理,这和新闻采访的新鲜性不谋而合。新闻的"新鲜度管理"体现在新闻事件的时效性上。对第一时间发生的事件的敏感,将会促使记者产生对此新闻采访的第一欲望,继而进入事件内部,抓活鱼,找鲜菜,这要求记者天生对时效性有重视,抢新闻,赶在他人之前,报道出去。

从新闻的本词词义来讲,英文的新闻 news 是南北东西四个单词的首字母组合,另外它也包括了这个含义 new's "新的"。

这要求记者在采访中,注意随时报道新近发生的或是正在发生的事件,并在最短的时间内及时报道出去。

(一)新闻时效性的要求发生变化

如果昨天的新闻发生之后能够今天报道出去,其时效性还是很强的,即使在网络时代的今天,大众传媒中的电视台、电台、报社、通讯社的大多数稿件也还遵循着"昨天的新闻今天报"即"yesterday's news today report"的"ynt"原则。特别是报社的新闻时效性观念里,因为有截稿、夜班排版和出版的限制,昨天的新闻能在今天出版的报纸上刊登出来,其新闻时效性已是非常强了。

随着时代进步,电视台、电台直播节目,网络的多媒体直播,微博、新闻客户端等的出现,对大众传媒的新闻时效性要求成了"今天的新闻今天报",即"today's news today report"的"tnt"原则。

目前,信息转瞬即逝,千变万化,新闻界仅仅做到"今天的事件今天报",已赶不上受众对新闻的快速需求,人们对新闻时效性的看法开始更新。新闻记者采访报道开始实行的最佳新闻时效性原则——"现在的新闻力争现在报",是"now's news now report"的"nnn"原则。很多通讯社记者甚至在抢时效性稿件时,电头出现了"分秒必争",出现分钟电,秒报新闻。这既是对受众的尊重,也是媒体竞争之必然。

最近几年来,记者的手机与电脑成为了快速报道突发事件的不可少的工具。随着科技的

进步,手机不仅成为通讯联络的工具,也成为新闻报道的载体,这里指的是手机的短信与拍照、录像、上网功能的出现,为新闻记者进行突发事件的采访提供了有利条件。

1998年洪灾中,《中国青年报》有关江西九江4号闸决堤的重大独家新闻,《九江段9号闸附近决堤30米两千余军民奋力抢险》就是摄影记者贺延光用手机向编辑发回的报道。

2002年11月4日上午10时16分,《北京晨报》记者王正鹏在北京市丰联广场的一张咖啡桌旁,用手机彩信向晨报编辑发回了我国第一张彩信新闻照片,并以短信形式从采访现场发回新闻稿件。

一位正在用笔记本电脑无线上网的工程师成为这张照片的主角。记者用手机进行采访报道引起了过路人的好奇围观。用手机短信和照片抢新闻发新闻,成为记者的又一利器。

2003年两会前发生在京城著名大学北大、清华餐厅爆炸事件,新华社记者就是用手机发回的第一篇现场报道,用手机及时向总社、分社编辑部发回一系列的快讯,取得现场报道的成功。

现在,智能手机的功能齐全,4G网络的开通,QQ、微博、微信等各种各样的沟通与发布信息的方式,让新闻事件特别是突发性新闻事件的传播大开绿灯。

据《第一财经日报》报道,2009年12月19日,台湾花莲外海发生6.8级地震,台湾台中的萧姗姗通过微博发布了一条消息:"地震@@!好强>_<!"成为全球播报这次地震最早的消息,比台湾的"中新社"快了10分钟。

2014年3月1日21时许,发生在云南昆明的暴力恐怖事件震惊世界。自3月1日21时昆明暴力恐怖事件发生至3月3日24点,《人民日报》法人微博快速跟进、密切跟踪、主动引导,27小时内在人民网、新浪网、腾讯网三大平台同步发布相关微博89条,累计转评数近210万次,其中3月2日清晨的"早安,昆明",仅在新浪平台上就被转发32.5万余次,成为暴力事件中转发数最高的微博。在事件发生后5小时,《人民日报》微博还发出第一条倡议:"【微倡议:请不要肆意传播血腥和谣言】面对发生在昆明的暴力恐怖袭击事件,在表达悲伤与愤怒的同时,也请注意:①请不要传播血腥画面,那样只会助长暴徒嚣张气焰,伤害孩子的心灵;②请不造谣、不传谣、不信谣,谣言只会扰乱人心。"

尽管这条微博发布在3月2日04:02这样的凌晨时段,这条倡议也迅速得到网友认可,转发超过2.5万余次。

作为新闻"5个W"中的重要一员,时间应该是新闻事实不可或缺的组成部分。我们强调时效性,所以希望杜绝在各种媒体稿件中看到以"近日""日前""最近"开头的现象。无论是记者还是编辑在时间上模糊化处理,有可能只是一种无奈之下不失讨巧的做法。但如果这种情况成为常态,它就不正常了。"日前"模糊的不是时间,而是我们的新闻意识,是我们抢新闻的精气神。

"解决这个问题,需要编辑和记者两方面同时发力。从编辑的角度,就是尽可能确保记者采写的新闻稿件在第一时间落地。确有难度,但只要时间上不是滞后太多,宁可使用具体日期,也不随意更改为"近日"或"日前"。从记者的角度,就是多深入基层,多与驻地各部门各单位广泛建立联系,争取多在第一时间获得第一手信息。而这,也是解决问题的根本之策。"①

---

① 杨彦,《回归新闻》,2014年7月17日,《人民日报社》业务研讨。

(二)对一些非事件新闻的报道,体现在寻找崭新的新闻由头的敏感上

一般来说,新闻可分为两类,一种叫法是动态性新闻和非动态性新闻;另一种叫法是事件性新闻和非事件性新闻。这两种叫法不同,实质一样。动态新闻和事件性新闻都是指事实刚刚发生,原生态信息饱满的新闻,记者拼的就是时效性,快速到达新闻现场,快速报道新闻;而非动态性新闻和非事件性新闻指的是一段时间以来,发生的较有新闻价值的事情,包括经验、教训、警示等等。这类的稿件要求记者新闻敏感性强,体现在找崭新的新闻由头上面。

新闻由头是新闻界的行话,也称新闻根据,即找到最新发生的一件事情,带出具有新闻价值的过去事件或是经验教训等;或者找到最新发生的一件事情,带出将要发生的事件。寻找一个离现在,此刻当下最接近的切入点发生的新闻事件,即新闻由头,这成为新闻记者的新闻敏感所在。

据了解,《纽约时报》对地方记者的来稿,如果超过一个星期,就要修改电头时间,同时要求记者补充最新的事实或由头。

所以,解决上面所说的"最近""近日""日前"等时效性模糊的稿件问题,可以参考《纽约时报》的做法,如果记者的稿件超过一个星期,但内容上又有一定的新闻价值,一定想方设法寻找新的新闻由头。

记者寻找新闻由头常用的方式有以下三个方面内容:

(1)在时间上找离现在最近、最新的事情。

(2)在内容上找最新鲜的东西。

让我们看一看《常德日报》记者王焕森,2002年采访的通讯《深圳回来个新农民》的采访经历。

2002年1月12日,王焕森发现乔聂这位由深圳市原政府官员辞职转为承包荒山种梨果的典型人物后,记者先后七次进山,采访相关的事迹,但报道几年如一日在平凡岗位上做出不凡业绩的乔聂,也要讲究时效性。记者决定寻找新闻由头,掌握报道时机。结果是,在第七次采访时,新闻由头从天而降。一家航空公司来了订单。记者就抓住这个新鲜的时间点发生的这件事情,作为了人物通讯的开头。同时,2002年7月10日,记者的报道见报之时,又恰适乔聂的紫曦园艺场新果发运上市之时,这篇报道获得了成功。

(3)对于预告性的新闻,也是要寻找一个当下的线索,找到新闻由头后,再把即将发生的事件报道出去。

二、迅速而准备地判断事实的政治意义

新闻工作天生与政治关系密切,记者要有政治家办报的政治敏感,具有一定的政治思想水平。要学会分析当前、从前和以后的政局,政策演变、事态发展苗头,要站在全局的高度来看待当地的问题,学会高瞻远瞩。这要依赖于记者的日常学习、采访实践的积累。

另外,抓取有政治意义的新闻线索很重要。许多关于重大政治事件、政治人物的报道,其新闻线索是散落无绪的四零八落的事实,需要记者凭借新闻敏感,迅速准确地判断出事实后面的政治意义。

1994年6月30日,村山富市被指名为日本第81代首相,他于1995年8月15日发表"村

山谈话"。"村山谈话"是日本政府对二战侵略亚洲邻国的历史给出的一个正式官方谈话,立即赢得国际社会的高度评价。

2000年村山富市退出政坛后,回到大分县老家安度晚年。

2014年以来,日本首相安倍晋三发表否认"村山谈话"言论,试图美化侵略与殖民地统治历史。在日本战败70周年的2015年,安保法案成为日本最受关注的议题。这位时年91岁高龄的日本前首相村山富市再次出现在人们视线中。

从2015年5月起,《人民日报》社日本分社记者刘军国在东京已经三次见到村山富市前首相公开出席活动,并听到一位日本记者朋友把村山老人称为"日本最忙的老人"和"全球最忙的国家前元首"。

刘军国记者的新闻敏感一下子点燃了。

他通过自己看到的村山富市前首相的三场公开活动,迅速作出判断,这位前首相的态度可以反映出日本民众对安倍言论的不满与批评。尽管村山富市前首相的三次公开活动他都分别进行了新闻报道,但是将这三次活动串连起来,对比两位不同的日本首相,让读者们了解下这位日本前首相、这位耄耋老人为何不安度晚年,去当"空中飞人"的报道角度和思路却让他兴奋起来。

2015年7月27日,人民日报国际部"今日镜鉴"(微信号:jingjianpd)上发表了刘军国记者采写的《听安倍谬论,村山怒了》稿件,从前任首相高龄参加公开活动的侧面来报道现任安倍首相发表否认"村山谈话"的倒行逆施。此文一出,反响强烈,各大网站转载,并放在首页。仅在"今日头条"的点击量就高达22万,网友留言非常踊跃。

刘军国的一位同事幽默地说,刘军国是不是采访了所有对华友好的日本有识之士?他强大的资料库、资源库,就像两个水库,以拼命三郎的精神厚积薄发,在雨水充沛时节补充入库,在大地需要之时汩汩流淌。

由《听安倍谬论,村山怒了》这篇稿件可以看出,刘军国记者的新闻敏感和政治敏感,对政治人物的把握、追踪、分析等等都十分到位,他用通过采访到的事实来证明其新闻敏感的正确性。

人民日报社国际部记者杜尚泽这样评价刘军国的这篇文章——"那阵子中日关系低位徘徊。这篇文章把一个老话题做出了新鲜度,而且角度巧妙:借有声望、有人气的村山举动,既展示安倍的谬论,又能体现这一言论在日本的不得人心。读者喜欢这样的文章,信息量很大,读来酣畅淋漓、朗朗上口,有一种恰到好处的情绪表达。"①

其实,不仅仅是重大的政治事件或风云人物的报道这样,在日常的工作中,政治、教育、文化、体育、财经等新闻的报道,也是这样抽丝剥笋似的来源于记者的敏锐判断。以财经新闻报道为例,像股市的跌荡、证券市场的点滴变动、金融内幕的揭露、经济现象的发展变化,如果记者及时察觉到这些,再留心收集采访到的与之相应的事实,就能发现一条新闻,甚至是重大新闻、爆炸性的新闻。

---

① 刘军国,《占据锐气和老道之间黄金分割点——<听安倍谬论,村山怒了>采写体会》,2016年《人民日报》业务研讨。

三、及时断定这一事实中的最重要的部分

一个事件使记者产生采访的欲望,这个事件应该是有新闻价值的。记者在得到这样的新闻事件时,要迅速作出判断,哪一部分是最重要的,哪一部分是最值得追踪和深挖的,然后定在这一点上用足力气。

20世纪80年代后期,一个国庆节,唐山的一位记者冷宇想报道一下全国著名的开滦煤矿唐家庄煤矿迎接国庆的消息。他采访了这矿工会主席,采访进行得很顺利,通讯的素材基本够了。正准备吃中午饭时,一名工作人员来向矿工会主席请示:采煤三区的功劳薄该换新的了。记者无意中问了一句,什么功劳薄?结果问出个大新闻来。

原来,这矿在唐山大地震以后就设立了一个功劳薄,专门记录矿工在生产生活中的好人好事,已坚持十多年,整整记满了四大本了。后来成为全国著名劳动模范的艾有勤,他的感人事迹,就是记者最早从这功劳薄上发现的。这件事引起了记者的极大兴趣。他意识到这功劳薄是个新闻线索,而整个事件中他认为最重要的部分是,这个矿采煤三区为矿工记功坚持了十三年的举动。于是,他进行了深入采访,写出了日后被评为河北省好新闻一等奖的消息《让产业工人青史留名 唐家庄矿采煤三区为矿工记功十三年不间断》。

四、在变化中预测事物发展趋势

记者有了新闻线索,开始追踪报道这件事情。在此过程中,还要密切关注事态发展的变化情况,能够提前预测出发展趋势,作好预发新闻的准备工作。

1912年,英国的泰坦尼克号失事,就是一则记者在变化中预测事物发展趋势,成功策划报道出独家新闻的案例。

泰坦尼克号是当时海上最大最豪华的客轮,号称不可沉没的客轮。1912年4月14日深夜,它在纽芬兰大浅滩以南150公里处,撞击到大浮冰,导致1513人死亡。

让我们来看看,《纽约时报》的老总范安达对此事件的新闻敏感如何。

在1912年4月15日凌晨1点30分,范安达获到了美联社的电文,上面只有一句话,"从英国驶往美国作处女航行的豪华客轮泰坦尼克号,在纽芬兰湾与冰山相撞,发出SOS信号。"

范安达凭着自己敏锐的新闻鼻子马上就嗅出了这条电文的价值。

他立即请人与纽芬兰无线电台联系,核实具体情况。当他得知泰坦尼克号第一次呼救后再无音讯后,立即判断出这是一个重大新闻。

根据经验和电台的信息反馈,他预测泰坦尼克号发生了沉没,可能死亡惨重。同时,他也预测到了救援情况应该马上进行。

于是,他迅速安排手下人去找泰坦尼克号上所有乘客的名单,特别是船长和客轮上重要人员的背景资料,以往此海域曾发生过的海难情况,到凌晨三点半以前,他已经作好了报道准备,并在第二天的报道中,领先其他媒体作出了客观预测报道——新试航邮轮泰坦尼克号与冰山相撞,深夜自船头开始下沉。妇女已乘救生艇避难。零时27分无线电台联系中断。

与此同时,范安达开始安排布置采访幸存者和救援情况的报道。他租下了靠近码头的楼房,找人专门架设了四条通往编辑部的电话线。为了能在第一时间进入救援船只,他提前说服

当时无线电的发明者马可尼,让马可尼第一时间访问救援船的无线电报务员,范安达派去的记者作为马可尼的助手也顺利进入救援船内,获得了第一手的采访资料。

在这次泰坦尼克号失事的重大新闻事件报道中,《纽约时报》24 页的报纸中,有 15 页是泰坦尼克号的报道,无媒体可比。范安达的新闻敏感起了关键作用。

五、发现特色,刨根追底

抓住特色来分析,找出独到之处进行采访,是每个新闻记者的基本功。不特不为新,特色成就了记者采访报道的稿子有可读性,有报道价值。特,这里既指有地方特色,也指有行业特色。

对于海南来说,冬季如春,生产瓜菜就是它与其它省市自治区不同的特色,记者抓住这一点就是他的新闻敏感。《人民日报》驻海南记者站记者贺广华,2001 年年底和 2002 年初,就抓住这个特色,连续发出记者来信《好菜为何卖不了好价?》、批评报道《农场强行收瓜菜 菜农流泪拨瓜苗》、连续报道《"扣瓜事件"余波待了》、记者思考《海南瓜菜呼唤信用》等一组报道,涉及到海南农业结构调整,农民增收和行业管理等一系列问题,产生了良好的报道效果。

贺广华不是简单地停在一般的报道上,发个消息了事,而是顺藤摸瓜,深入采访,认真研究,找出现象背后存在的相关事实,并且根据这些事实探讨深层次的问题,分别从瓜菜农、运销商、政府等多个角度分析存在的问题,用事实说话,如在《海南农民盼解冬菜卖难》中,他指出了采访了解到的一个事实,海南瓜菜有"软肋"即是:包装差、保鲜不过关,运输成本高等。他在这些系列报道中条分缕析,一问菜农:一心种菜还行不行?二问运销商:大包大揽吃得消吗?三问政府:到底管什么?这些问题的提出和对相关事件的报道结合起来,一气呵成,很有冲击力,信息量丰富,读后发人深省。

这种立体采访的思维意识也是一种新闻敏感,记者不是一次性消费为止,而是有效利用这条线索,四方找出道,八面寻新闻,串在一起,形成对这件事或这类事的一个立体报道,这里面有大学问。

2006 年 5 月 30 日,是举世瞩目的三峡大坝建成日。

2006 年 5 月 12 日,当得知三峡大坝建成庆典要从简,党和国家领导人将不出席庆典的消息后,很多媒体相应降低了对大坝的采访规格。但是,新华社总社却认为,三峡大坝落成本身就是一个重要的新闻,同时,党和国家领导人不出席庆典和仪式从简,也是一个重要的新闻,应该组织记者全方位地搞好报道。

2006 年 5 月 19 日,新华社三峡报道组召开了第一次现场协调会。会上得知三峡总公司总经理李永安,将约请新华社记者共进工作午餐。

新华社副总编辑夏林、总编室编辑童岚一起撰文,回忆了这次新华记者的新闻敏感故事——

"这个消息让大家好一阵兴奋,这可是个千载难逢的好机会!三峡总公司全面负责三峡工和的建设和运营,能跟他们的总经理面对面交流,肯定能得到不少有新闻价值的信息。国内部副主任孙杰、对外部副主任端木来娣等记者还在吃中饭时间,与三峡总公司的总经理李永安聊天,有意识地了解了一些资料。

"席间,我们还聊起了当下各种仪式过多,领导同志讲话过长的问题。李永安也很感兴趣,并且当即表示庆典当天要简短发言,而且仪式简单,三峡总公司的花费只有数百元。我们马上意识到这又是个不可多得的新闻点,立刻向他询问了仪式的详细情况。

"午餐结束后,湖北分社社长冯诚亲自执笔,带领分社记者张先国写出了独家新闻《三峡大坝建成时不举行盛大庆典》的消息,并于当晚22点42分发出。

"时钟已过零点,国内部副主任孙杰顾不上休息,还琢磨着在新华短信上把庆祝仪式只花费数百元的消息发出去。总编辑南振中同志看了这篇消息后,觉得角度新颖,20日一早便打电话到前方报道中心,要求对这一题材进行深入挖掘,比如这个简短的仪式究竟用了多少时间,购买鞭炮、彩旗、标语等用品究竟花了多少钱。何平同志从手机短信中读到这一消息后,清晨打电话给前方报道领导小组负责人,提醒要对三峡大坝建成举行简朴仪式写一篇专题评论。"①

从上述的回忆中,我们不难看出新闻敏感对记者意味着什么,是的,独家新闻。新华社的记者新闻敏感能力很强,正是在新华社记者的新闻敏感促动下,新华社三峡工程新闻报道中心作为首都新闻单位唯一一家设在坝区的报道中心,大量地播发出来自工地的报道,一时间成为三峡大坝建成的"消息总汇"。②

我们再看两个案例。

2016年4月29日凌晨,著名作家陈忠实去世。

《人民日报》陕西分社记者张丹华中午接到报社文化版编辑约稿,当时正在外地采访又恰逢五一假期,编辑要求她两天后回稿即可。第二天一早,她与当地宣传部联系得知,陕西省作协为陈忠实设了追思堂。她决定先过去再说,其新闻敏感和抓特色的采写思路就是在追思堂找到的。她采写的稿件《陈忠实 独开水道也风流》在5月2日《人民日报》文化版刊登后,倍受欢迎。

我们摘录一部分她的采写心得,看看她是如何把握新闻敏感,抓取独特的报道角度与写作思路的?其采写的过程值得我们参考借鉴——

"省作协大院里气氛凝重,人很多,处处能感受到当地人对陈忠实的敬重。经过协调,追思现场负责人答应安排家人和朋友接受采访。这时候我犹豫了,到底要不要采访家人?采访什么?

"设身处地地想,如果我是逝者的至亲,此时愿意接受媒体采访吗?即便家人接受了采访,谈一些陈忠实最近的病情?采访的意义是什么呢?并且,网络上这方面的信息已经很多了。

"放弃采访家人,集中精力寻找陈忠实的老友。起初设置了几个采访对象,政商学界都有,经过筛选确定了徐剑铭。理由有三:一是他与陈忠实1969年便相识了;二是陈忠实曾撰文《有剑铭为友》,佐证了他们之间的情谊;三是《陕西文艺》1974年创刊号同时登了陈忠实、路遥和徐剑铭的文章,这代表了那个文艺杂志不多的时代对这三位的认可。

"采访就在作协的院子里进行,围观的人渐渐多了。一个年轻人引起了我的注意,因为我和徐剑铭聊天过程中,他时不时插话,补充一些细节。采访完徐,我就拉住他聊,没想到这位资深陈粉越聊越多,就决定一起吃午饭。正是在饭桌上,他讲起了找陈忠实写字的那个细节,还当场给我看了题字,'读书,独思'四个字在我心头挥之不去,当时就想这个一定要写到文章中。

---

① 夏林,童岚.难忘三峡昼夜:新华社三峡工程新闻报道中心工作手记[J].中国记者,2006,6:8.
② 同上。

"正是和这位年轻人聊天,带出了我的第三位采访对象。我问他,陈忠实老师出传记了吗?他说,有啊,邢小利写的,资料很翔实。采访完就直接去新华书店买了《陈忠实传》。回家就看,用铅笔划下书中打动我的细节。又在书中发现了陈忠实写的《寻找自己的句子》,这个标题吸引了我,便上网找电子版看,同样标识了触动自己的文字。

"两本书看完,我有了写作目的——传达'独思'的观念。陈忠实那个年代,因为信息闭塞,容易盲从;而现在信息过剩,容易迷茫,同样需要辨证和独思。报道中心便围绕陈忠实寻找自我的文学之路展开。

"写作过程中,文化版主编叮嘱我一定要写出陈和时代的关系,以及同时代作家的异同。这一提醒也为我开阔了思路。陈忠实那个年代知名的作家还有两位,就是路遥和贾平凹,而邢小利也出过他们的书籍,请他来谈再合适不过。

"做记者时间短,经验欠缺,谈不上技巧,真实记录一下采访和写作经过。总而言之,我觉得要写好一个人物,就要尽可能地了解他,寻找最能体现人物特点、与众不同的角度。"

"非典"报道中的新闻敏感

2003年底,由广东蔓延而开的"非典"疫情,让广大新闻工作者打了一次不同寻常的新闻战役。全国各大媒体纷纷派出精兵强将,为广大受众提供了丰富多彩的新闻报道,可谓费尽了心血。

"非典"时期的新闻报道,不但为广大受众提供了大量的信息,通过用事实说话的方式增添了人们对战胜"非典"的信心和勇气,而且也引导人们反思一系列现实存在的问题。这是有目共睹的。在这里,主要谈一谈有关"非典"报道中,反映出来的作为新闻记者的新闻敏感问题。来自"非典"时期新闻一线的报道,为我们研究新闻记者的基本功提供了良好的模本和素材。

新闻工作的职业特点决定了新闻记者要随时随地捕捉新闻的动态;同时,新闻的"易碎性"也决定了新闻记者要有敏锐的嗅觉,率先发现并找到新闻线索,判断分析出线索背后隐藏的新闻价值。尤其当新闻就在眼前发生、历史在眼前爆炸的时刻,作为记者,理应率先感觉并抓到有价值的新闻线索,顺藤摸瓜,把新闻抓到手,把报道呈现给广大受众。这在突发事件中尤为重要。突然袭击的SARS疫情,给了广大新闻记者一次检验新闻敏感的实战机会。

2003年2月10日,《广州日报》记者黎蘅写的一篇报道《春季温度湿度变化化慎防流感》,使其成为全国报道"非典"的第一人。(尽管当时医学界并没有正式称SARS,将它作为一种疫病。)这篇报道在当时流言四起的背景下,正式由官方媒体发布出来,第一次报道了这种"怪病"的特征是:"突发高烧、咳嗽和全身酸痛",并且记者在报道中,提到医生建议:目前最好的方法是通风,尽量少去人流密集的场所,还有锻炼身体增强抵抗力。文中还提醒广州市民一旦出现上述典型症状要立即到医院求诊,并做好预防。

那么,黎蘅是如何抓到这个全国"第一"的呢?毫无疑问,她有一只敏锐的新闻鼻,强烈的职业敏感让她独占鳌头。

"在春节长假结束后的2月8日,刚刚上班就听说市内有几家医院的医生护士集体感染一种'怪病',都是在抢救这种病的病人时被感染上的,发烧、咳嗽、抗生素没有效。我赶紧和几家有治疗呼吸道疾病专长和收治了这种病人的医院取得联系。"[1]

---

[1] 摘自2003年5月20日,广州频道网络,《女记者借冷空气套出钟南山治非绝招》。

一听说医院出了集体感染这种非常态性的事情,黎蘅就立刻联系有关部门进行采访,她抓住了这个新闻线索,随后钓出了这条新闻"大鱼"。

不仅如此,她靠着记者的新闻敏感,2月12日,在广州市政府和广东省卫生厅分别召开新闻发布会之后,又独家采访了钟南山院士。

"当天早上(2月12日),一股冷空气突然驾临广州,走在去广医一院呼研所的路上,我一直苦苦思索的开场白突然有了灵感,何不以"冷空气驾临,对病是好是坏"开头呢?果然,钟院士对于"冷空气"的话题显得比较感兴趣,他谈了很多,不知不觉超过了原来约定的半个小时。采访中,我问了许多政府新闻发布会上没被问及的问题,例如广州医疗专家目前治疗"非典"的具体方法及"非典"病人的死亡原因等,这些报道见报后,钟院士用皮质激素和无创通气等方法治疗"非典"的经验传遍世界,是在媒体上第一次披露。"

由于各种原因,SARS很快从广东蔓延至北京。4月中旬,北京的媒体并没有把"非典"作为报道的重点。但是,中央电视台《面对面》节目制片人兼主持人王志嗅出了一条独家新闻。

他听到了北京城内的多种小道消息,看到身边老百姓对"非典"事件的关注程度之强,他把节目报道的对象定为中国疾病预防控制中心主任李立明。本来约好在北京采访,可李立明一直在广东,时不我待,他立刻率五位工作人员追到了广东。

"我们不能再等了,要不然就来不及了。做完李立明的采访之后,又在当地听到了各种各样有关非典的事,可是却很少有关于医护人员的报道,于是我们决定采访钟南山院士,去医院采访工作一线的医护人员。"①

正是这一组与新闻人物的面对面交流,在电视台播出之后,起到了稳定人心的作用,同时,也给广大受众提供了全面、客观而权威的预防"非典"的科学信息。

4月15日,《人民日报》第五版,以整版的篇幅刊登了《广州市第一人民医院护士长张积慧日记——对抗"非典"难忘那46个日日夜夜》,在社会上产生了强烈反响。4月17日,中央政治局常委李长春对此作了批示,肯定了这篇"三贴近"报道。

这篇报道是《人民日报》社华南分社记者张乐人在采访后发表的。4月9日,他获悉,广州市第一人民医院在收治非典型肺炎病人中,没有一个医务人员被感染,觉得很有新闻价值,立即与医院党办联系。在采访结束后,他与党办副主任闲聊,听说了临时病区护士长张积慧有本日记很感人。凭着职业敏感,他觉得这本日记很有分量,便把日记拿到了编辑部,为后续采编工作奠定了基础。

在"非典"报道中,这样的例子不胜枚举。

这说明,新闻记者有一个敏锐的新闻鼻,即新闻敏感是非常重要的,这和记者的采访活动息息相关,也与成功的报道紧密相连。新闻敏感的后面是职业责任心。"非典"时期的这些记者突出的新闻敏感表现,他们的适时而动,本书认为,这和记者的职业责任心关系密切。责任心不强,懒懒散散,粗心大意,什么事也不放在心上,自然不会主动出击,获得好新闻。责任心和职业感,这是一个新闻记者具有敏锐新闻鼻的关键。

---

① 岩鑫.中国"非典"阻击战[M].北京:人民出版社,2003:78.

思考题

一、什么是新闻敏感?
二、新闻敏感的具体体现是什么?试举例说明。
三、长脖子老等式记者与鹰式记者有什么区别?
四、收集一个你认为的新闻记者采访中的新闻敏感故事。
五、如何培养自己的新闻敏感?
六、谈谈你对非典期间新闻记者新闻敏感的认识。
七、找一找当前媒体记者具有新闻敏感的采访事例。

第四章

新闻线索

第一节 什么是新闻线索

西方记者有句格言叫,"没有一个记者能走出他的新闻来源。"这个新闻来源就是我们所说的新闻线索。新闻线索也可以等同为新闻的来源,消息的来源。

美国新闻学家麦尔文·曼切尔,在其《新闻报道与写作》一书中这样谈到新闻线索即消息来源。他说,消息来源是记者生命的血液。没有消息来源得来的情况,记者就无法活动。

一、新闻线索

新闻线索叫采访线索、报道线索。记者出去正式采访之前,一般来说都有一条新闻线索指引自己的采访方向,要达到什么样的目的,想获取哪些方面的事实,组织自己的报道。它是记者进行全方面新闻报道的前提,也是一种记者可以进行深入报道的信号。它往往不太全面,但关键是它预示着背后有大鱼可钓,有干货可捞。记者借助这个线索报选题,借助这个线索顺藤摸瓜,这对采访活动相当重要。

有了一条或多条新闻线索,记者可以从容不迫地开展采访调查,一条条地核实,补充,一条条地丰富,报道出来。

一些传统佳节、国家的法定假日,或者二十四节气、特殊的纪念日等等本身就是新闻线索。当记者手头没有新闻线索时,不妨从日子下手抓新闻。一方面,记者可以提前到有关部门了解节日安排、特色等等活动;另一方面,如果这些日子本身出现了异常的气候变化或是突发事件,记者可以就此发出新闻报道。

举个例子来说,中秋佳节赏月,月亮本身就是新闻线索,有关月亮的情况自然会倍受读者关注,如果记者提前到权威专业的天文台了解具体的情况,顺理成章,记者自然会报道出一个大家关注的月亮新闻来。

2015年中秋节,月亮会发生什么变化?

请看由中国新闻网刊发的一则新闻报道,题目是《紫金山天文台:全球"超级月全食"适逢"超级红月"》——

中新网南京9月26日电（记者 朱晓颖）中国科学院紫金山天文台研究员王思潮26日在南京受访时表示，中国传统佳节中秋节之际，天幕将献演惊艳大戏：全球"超级月全食"适逢"超级红月"，壮观罕见。

今年的中秋依然是"十五的月亮十六圆"。王思潮表示，今年传统佳节中秋节为9月27日，月圆时刻为北京时间9月28日上午10时51分。非常巧合的是，月全食过程中"月亮离开地球最近"的时刻也发生在北京时间28日上午10点。

这二者叠加，将使空中巨型红月更显娇羞圆润、妩媚动人。"本次'超级月亮'可比典型满月大14%，亮度增加30%。"王思潮说。

此次天幕"盛筵"罕见难得，据紫金山天文台科普部主任张旸介绍，从1951年到2050年这100年，"十五的月亮十六圆"情形有48次，而日食、月食发生比例约为4:3，赶上十六圆月"偶遇"月全食的几率较小。

王思潮也表示，上一次"超级月全食"发生在1982年，这样的"超级月全食"在20世纪共发生5次，若错过机会，人们需等到2033年再睹其芳容。

由于月食期间中国处在28日的白天，此次中国境内民众无缘一见，可期2033年再赏"超级月全食"；美国华人华侨可尽享"海上升明月，天涯共此时"的中秋意境。

不过，王思潮指出一条中秋赏月"捷径"：27日的中秋夜，中国民众可在西方水域观赏皓月从东方冉冉升起；南方地区民众还可在深夜仰望皓月高空照，当夜若幸遇"玉宇净无尘"的晴夜，可观赏一轮皓月在深夜升至高空，东方的金牛星座、北方的仙后星座、西北方的天鹅星座等似在向月亮"女神"朝拜，天上人间将尽显晶莹剔透的朗朗乾坤。（完）

不难看出，中新社记者朱晓颖抓住中秋节"月亮"这条新闻线索，提前到南京紫金山天文台采访，了解到了一个"超级月全食"的现象将在2015年中秋节呈现，此次天幕"盛筵"罕见难得，她采访了南京紫金山天文台研究员王思潮和科普部主任张旸，在中秋节前完成报道，提醒大众"由于月食期间中国处在28日的白天，此次中国境内民众无缘一见，可期2033年再赏"超级月全食"；美国华人华侨可尽享"海上升明月，天涯共此时"的中秋意境。"

二、新闻线索与新闻敏感关系密切

其实，一条新闻线索的取得，直接与记者的新闻敏感有关联。一条新闻线索很可能就触动了记者的新闻敏感神经，把握住这其中的新闻价值，从而让记者一抓到底，获取新闻。

无论从哪种渠道而来的新闻线索（本章后两节专门讲述抓取新闻线索的渠道），记者首先进行的是新闻价值判断，考验自己的新闻敏感度：面对这样的线索，多问自己几个问题。第一，它是真还是假？第二，这条新闻线索的新闻价值是大还是小？第三，是现在立刻去核实采访，还是再等待一定的时机，再去报道？记者报道经验丰富之后，这样的考问通常在很短的时间内就完成了。

在1981年，《北京广播电视节目》还是一张很不起眼的小报。当时，在12月最后的一期报纸上，刊登了一条只有几十字的预告消息，说座落于北京西郊的大钟寺将恢复往年的传统，于新年零点开始敲响永乐大钟，用大钟王的钟声迎接新年的到来。

新华社的一位记者无意中看到这则小消息，触动了他的新闻敏感，他突然意识到，这可是文革以来，第一次恢复新年敲大钟寺永乐大钟的传统习俗啊！这个古老的京城迎新年的习俗开始恢复,具有耐人寻味的新闻价值,这可是改革开放以来在迎接新年方面恢复传统方式的大事件。于是,这位记者在12月31日夜晚赶到大钟寺,看到了现场的热闹场景并进行了采访。他的报道《钟王打点贺新年》,不仅被国内报纸在元旦当天采纳了,而且还被广泛采纳于国外的通讯社。

其中,安莎社的报道,关于中国1982年新年的导语,这样写道:"新华社今天在这里的一篇报道中说,在中华人民共和国首都这里,新年在西郊大钟寺的永乐钟钟声中开始了。这是多年来第一次恢复的一种传统。"

2015年中国国家主席习近平访美,这是中外新闻记者眼中的重大新闻。习主席的演讲、与美方政府官员的会谈、访美的行程、国际国内社会的反响等等自然是记者采访的重点所在。但是,与习主席访美打擦边球的新闻可不可借机采访报道出来呢?记者的新闻线索完全可以放宽放大,只要是和中美有关的一切有新闻价值的事情都可进入记者视线,比如赴美留学的中国学生吃饭问题也可成为一条别样的新闻线索。

美国《洛杉矶时报》2015年9月22日,就发出了这样一则别开生面的新闻报道,说中国赴美留学生吃不惯西餐,提醒学子要回国补上烹饪课。

2015年9月26日,参考消息网上刊发了由责任编辑雷璟编发的新闻稿件,题目是《美媒:中国赴美留学生吃不惯西餐回国上烹饪补习班》。

我们来学习一下这则新颖的报道——

参考消息网站9月26日报道 美媒称,赴美求学的中国留学生们除了收拾行囊以外,还要多学一个技能:上烹饪培训班学做几个拿手菜。

据美国《洛杉矶时报》9月22日报道,为了准备让他们的儿子去西雅图上大学,莫凡(音)的父母把他送到美国读了一年英语。20岁的北京人莫凡在美国吃了不少苦头,才明白自己还得回中国参加一个补习班。什么补习班?烹饪。

报道称,目前就读大学一年级的莫凡说:"去年出国留学前,我对做饭一无所知。我只是把我想吃的所有东西混在一起煮着吃,味道很糟糕。"

根据国际教育学会的报告,2013至2014学年,有27万多中国留学生在美国学习。许多学生通常也是家庭中的独生子女,在他们成长的过程中从来没有学过怎样围着锅台转,来到美国后也发现自己并不习惯美式菜肴。

报道称,康奈尔大学公共管理系研究生王婧媛(音)说,她在北京大学上学的时候躲过了"新生15磅"的魔咒。

可是现在,她重了15磅。她说:"除了我为自己准备的食物以外,这里我所吃到的所有东西要么不健康,要么不可口。"

哥伦比亚大学管理学和工程学研究生张汉(音)说:"校园食品车上售卖的中餐用了太多的味精。我认为这些小贩用了过多的佐料,以至于配料是不是新鲜也无所谓了。"

报道称,酒店管理专业人士说,烹饪正宗的中国菜是非常耗时的,而且还要在味道和方便性之间做取舍。

眉州东坡集团美国分部的总经理迈克尔·王说:"中国烹饪重手艺,要掌握一些不确定因素,如刀工和火候,而西方烹饪更多依赖于厨具。"

聚德华天烹饪学校的招生主管陈力(音)说,莫凡与其他约40个中国留学生在8月份花了300美元,上了一期为期10天的烹饪课。

陈力说:"他们刚开始学的时候,看着他们用菜刀的样子真可爱。"

报道称,每天下午,他们要观摩老师是如何烹饪三道家常菜的。他们必须掌握的菜肴包括京酱肉丝、西红柿炒鸡蛋和饺子。早课被称作是"展示时间"——莫凡和其他人要尝试烹饪头一天看过的菜肴。

这所学校隶属于北京一家著名的烤鸭连锁店,很早就在教授中国学生通过两到六个月的学习获得国家颁发的烹饪和面点制作证书。但近年来,它也向家庭主妇、小餐馆店主和海外留学生打开了大门。

对于像莫凡这样的厨房新手,一整套餐具和调味品似乎无从下手。指导老师不断给莫凡提供厨艺建议。

一旦来到美国,许多在学习之余下厨房的中国学生都认为他们吃的更健康,因为他们认为原料的质量比国内更高。

报道称,加州大学洛杉矶分校电子工程系访问学者赵宇(音)说:"相比中国的食品安全主管部门,我更信任美国农业部。美国农业部批准的牛肉、海鲜和有机鸡蛋都很不错。蔬菜价格也不贵。"

也有的人改变了自己的口味来适应新家园。

斯坦福大学能源工程系研究生刘一民(音)说:"去年秋天我到加州以后就开始吃鳄梨和沙拉,因为我身边的人都吃,对于我来说也很新鲜。"

报道称,许多在中国留学的美国学生似乎没有那么多适应中国菜的问题。

今夏在北京语言大学学习两个月的乔尔·鲍威尔说:"我爱吃包子和滑蛋牛肉炒粉。虽然我们的宿舍有公共厨房,但我都是在食堂吃中国菜。"

但是,对许多旅居美国的中国年轻人来说——有些人要待很多年——在厨房烹饪正宗的中国菜不只是满足他们的口味。

报道称,加州大学伯克利分校公共政策分析系研究生侯小萱(音)说:"8岁的时候我就会在厨房里给爸爸妈妈打下手。我们三个人一起做饭吃,一起聊天,交流一天的趣事。烹饪让我想起了我的家人。"(编译/涂颀)

我们细看这则报道,就可看出美国《洛杉矶时报》记者抓新闻线索的能力很强,很细心。

"根据国际教育学会的报告,2013至2014学年,有27万多中国留学生在美国学习。许多学生通常也是家庭中的独生子女,在他们成长的过程中从来没有学过怎样围着锅台转,来到美国后也发现自己并不习惯美式菜肴。"

这份国际教学会的报告虽是作为背景资料在稿件中出现,但很有可能就是记者在习近平主席访美相关报道思路中的一条别样的新闻线索,由此引发出对中国留学生吃饭问题的采访。

无论记者是不是从这份国际教育学会报告获取了新闻线索,还是由其它原因、情况而来,《洛杉矶时报》这位记者的这条新闻线索别致、新颖,可读性强,符合新闻价值中趣味性和接近性,至少有27万中国留学生家庭、相关人员和对美留学关注者(注意思考一下,这会是个庞大的阅读群)会留意这条新闻,甚至是传递这条新闻,进行一定的反馈。

三、新闻线索的提供者

在西方,几乎每个记者都常有固定的消息源,向他提供新闻线索。

在我国新闻界记者手中也攥有大量的铁哥们、铁姐们,他们与记者之间形成一定的工作关系、友情关系。每当这些所在的单位或个人发生新闻时,他们首先想到的是与自己联系密切的记者,向他通风报信,提供信息和相关帮助,记者与之协作,常常能顺利采访出一条条新闻。

在这里,不妨列出一些能够成为记者消息源,可以为记者提供新闻线索的人们,一般来说,可以分为以下五种情况——

(一)记者采访的行业、专业、领域等忠实的通讯员

他们是记者的左膀右臂,也是该行业、专业、领域的知情人,处于里外联通的桥梁地位。有了通讯员的大力协助,记者对此行业、专业、领域的新闻报道线索可以放心大胆地使用,而且很多情况之下,特别是当此通讯员有忠实、可靠的信誉时,记者甚至可以省略事实的核实,直奔主题,缩短采访进程,较快地报道出去。(最好还是核实,这里说的是一些特殊情况或经验。)

(二)记者采访过的各行业、各领域的专家、学者、领导、权威人士等等

记者曾经采访过的各行业、各领域的专家、学者、领导、权威人士,他们本人常常就是新闻易发之人,他们的工作圈、朋友圈内发生新闻的机率也较大。记者因为一次两次的采访与他们打过交道,一回生两回熟,如果能够保持与这些人的联系,有事没事通通电话,发发短信、微信或是电子邮件等等,即使是做寻常的问候也好,帮助记者建立熟络的关系,当记者寻找新闻线索时,会比较容易获取到。

(三)新闻人物身边的小人物

新闻人物身边的小人物指的是,该新闻人物身边的秘书、助手、司机、保姆、医护人员和工作人员,也包括这个新闻人物的远亲近邻、同事、朋友等等。

记者有时候很难直接采访到新闻人物本人,不妨把视线转移到他们身边的这些人身上,这些所谓的"小人物"与新闻人物朝夕相处,非常熟悉、了解新闻人物的生活起居、工作、兴趣爱好。他们提供的新闻线索可能会更具可读性,更有人情味,更形象生动,有细节,有故事,而且通常而言,如果真是由这些小人物主动提供的新闻线索常常会是真实可靠的,有较强的独家性。

因为第一,他们不愿意主动接受记者采访,多一事不如少一事;第二,若是故意造假,他们无法或很难继续在此新闻人物身边生活,这是绝大多数小人物不想要的。

(四)能向记者提供官方看法或者新闻背景的人

能向记者提供官方看法或者新闻背景的人,一般指的是政府的新闻发言人、宣传部成员、政府机关办公室成员、统计部门或资料部门的领导或是工作人员,还有社会团体、科研机构的负责人、有关问题的研究专家和分析专家等等。

比如作为一名财经记者,要和银行、证券、金融、财政、税收等有关部门的工作人员建立良好的合作伙伴关系,时时向他们求教寻问该部门的工作情况,有无新的措施,有无特殊的现象发生,有无较反常的案例,有无比较有说服性和代表性的统计数字等等。

但凡这些人物接受记者采访,他们首先会要有意识自己代表着政府、机关、有关部门,他们说的话不是自己的一家之言。因此,从他们身上记者通常会了解很多官方意见和大政方针方

面的内容。

(五)常常有创新精神、预测能力的人

常常有创新精神、预测能力的人,有时会很另类,看法很超前或不为多数人所知,其思想、理念、说法做法也许并不被大众所接纳。但这类人知识面比较丰富,见解不俗,分析问题具有独特的角度,内容新颖,记者多与他们接触会有不同的感觉。

一般而言,新参加工作的记者常常发愁的就是如何获取新闻线索,得到一个消息来源。如果不能迅速地抓到一两条线索作为选题,这个记者就会像热锅上的蚂蚁一样,坐立不安,就像记者出身的日本名作家井上靖所形容的那样,"当新闻记者的人,不能听不到消息。记者一旦与消息隔绝,'悲剧'也随着发生了。"

许多刚刚进入记者行列的人,最发怵的事情就是不知道采什么新闻,自己怎么抓新闻线索,甚至不好意思与人打交道,觉得自己无所事事。这其实是畏难心理在作怪。

其实只要做起来,一次两次三次试着去找线索,核实事实,进行采访,写出文字,自然而然就会一回生,两回熟,知道哪些新闻线索可用,什么时候用,哪些新闻线索暂时不用,以后再用等等。一次次的采访经历,自然而然就会给予记者一次次收集新闻的感觉及摸索新闻线索的经验、教训。

2014年开始当新闻记者的朱少军,就是这样增强自己的新闻敏感和抓新闻线索的能力的。

作为《人民日报》社天津分社的年轻记者,他深有感触地说,"遥想去年刚下去的时候,偌大的一个城市,竟然找不出几个认识的人,孤独感油然而生;刚开始跑会的时候,很多人异样的眼光看着你,让人倍感尴尬;接到一个选题,不知道找谁采访,找到人之后要么'一问三不知',要么婉言谢绝……凡此种种,不一而足。

不认识人就广交朋友,从记者圈开始到采访对象到政府部门,慢慢地大家都知道《人民日报》天津分社来了一个小伙子;接到选题不知道找谁,就先向身边的同事、社长请教,向同行的前辈请教;别人不接受采访,就软磨硬泡,口才不行,就用真诚打动,往往效果还不错。经过一年的磨练,身边的朋友都说原本腼腆的我变得更加积极主动,乐观开朗。

一年之后,越来越体会到成为记者的光荣与梦想。作为一名记者,我可以走进市政府常务会议,聆听政府的决策,知道每一项政策产生的过程;为了一篇网约车调查,我几乎把所有的(车)都坐了一遍,跟每一位司机瞎聊,就是为了了解出租车和的现状和问题,提出针对性的建议;为了查看围海造田对生态的破坏,我花了一整天时间顶着烈日沿着海岸线考察……"[①]

一言而概之,见微知著,举一反三。

新闻线索就存在于像朱少军记者这样的认真务实与锲而不舍的精神中,存在于记者与他人的友好相处中,存在于记者积累的人气之中,存在于记者的每一次用心交流和进行采访的实践活动中。没有一个人天生就会做个好记者,好记者是由一次次的抓线索、核实采访中练出来的。你也如是,只要做起来。

---

① 朱少军,《这一年,体验不一样的精彩》,2015年8月25日,《人民日报》社"我在分社这一年"业务研讨。

第二节 获取新闻线索的渠道(上)

在新闻界中,记者抓取新闻线索的渠道很多,不妨将它先编成一个顺口溜:

新闻线索来处多,各方各面全用到。上面选派下邀请,工作汇报挑资料。亲朋好友通消息,网络热线真奇妙。媒体互通钻空隙,旧闻也可新知晓。一次采访八面手,下个报道心中绕。各种会议竖耳朵,现场采访顺手挑。

这个顺口溜,形象地概括了记者抓取新闻线索的多种方法,即多种渠道,下面将分别进行讲述。

一、上下一条线

这是记者获取新闻线索的第一个渠道,也是最方便的渠道。其含义是,这些新闻线索主要来自记者所在媒体新闻中心、编辑部或上级宣传部门的选派,记者长期以来所跑行业、专业、领域、部门等的主动邀请。即上面顺口溜中"上面选派下邀请"。其中的"上"就是指,记者进行的采访是上级宣传机关、领导机关指定或媒体新闻中心、编辑部指派给记者本人的,用不着记者本人选择新闻线索,对于记者来说这样最省力气,最不用动脑去苦思苦找一条新闻线索。其中的"下"则是指,记者应被采访单位或个人的邀请,并经由媒体新闻中心、编辑部同意的采访,如参加各种新闻发布会,各种行业总结会,参加由这些单位举办的各种宣传活动等等,一般情况下,记者长期跑口、跑线的相关单位,都会发函邀请或者通知记者去部门、地方采访,这样的新闻线索对于记者而言也是比较省力,比较方便获得的。

"上下一条线"这个渠道而来的新闻线索,在新闻界比较普遍。记者新闻线索取得的比较容易,属新闻采访的常规动作。记者在获得这样的新闻线索时,一般不会出现失实的状况,采访会比较顺利。

2015年6月1日,"东方之星"客轮沉船事件发生。

沉船事件发生的第二天(6月2日),作为唯一受到邀请的中央媒体记者——《人民日报》社经济社会部记者刘志强,就随交通运输部新闻中心工作人员奔赴湖北监利。第三天(6月3日),赶往事发现场。记者在两天一夜的时间里,见证了救援、扶正、浮吊直到"东方之星"浮出水面的全过程。随后,他又紧接着采访了遇难者家属以及参与救援的官兵,参加了沉船现场庄严的哀悼活动。而在监利,当时有200多名记者闻讯赶来,无法顺利进行现场采访。

刘志强为什么能成为惟一受邀请的中央媒体记者进入现场呢?

请看他自己的采写心得——

"6月2日上午7时,我一觉醒来一刷微博,意识到'出大事了!'随后,我立即拨通了交通运输部工作人员的电话,拜托他们若赶赴前线,请一定带我同行。不过,因事发突然,未能赶上11点出发的第一波。3日下午1点,接交通部电话,问下午5点出发,愿否同去,我毫不犹豫地答应下来。事件发生一天多时间,虽然也一直在北京关注和跟进前方的救援进展,但总感觉和新闻隔着一层纸。有赴现场采访的机会,当然要挺身而出。

"作为部委跑口记者,我在事件采访中得到了交通运输部提供的大力支持:有些消息,'群发邮件'之前,可以先给我'开小灶';有些现场,其他媒体去不了,可以为我'开绿灯';有些内幕,不宜让其他媒体获悉,可以供我'参考了解'。作为跑口记者,能在危急时刻让部委想起来、信得过,需要平时持之以恒的努力。"①

我们来分析一下,首先刘志强记者有极强的新闻敏感。

应该说,6月2日早上,他是从微博中获知沉船事件的,他的第一反应就是出大事了,新闻敏感促使他快速反应,刘志强记者的行动措施非常值得点赞。他"立即拨通了交通运输部工作人员的电话,拜托他们若赶赴前线,请一定带我同行。"这是记者主动请缨!他是跑交通运输口的记者,平常建立了熟悉的关系。"3日下午1点接交通部电话,问下午5点出发,愿否同去,我毫不犹豫地答应下来。"这是交通部对记者要求进入现场采访的回答与邀请。

其次,刘志强记者也谈到了这些关键时刻的"开绿灯"得利于他平时的努力。

他这样说,"平时有些会可开可不开,有些差可出可不出,但是若手头没有其他工作,而部委又强烈希望去,那我们就去捧个场。常走动、常见面,人头熟了才有感情。当然,这背后除了交通部对我个人跑口工作的认可,更有他们对《人民日报》社的高度信任。"②

刘志强记者的采访心得是对我们很好的提醒,将来毕业到媒体跑口的记者或分管某些领域的记者,平时一定要与这些对口单位、有关领导和工作人员打好关系,勤走动,多联系,常见面,多问候。到这些对口单位采访时要认真仔细,发稿后及时与对方通报。

记者还要注意做到,与这些对口单位的领导和工作人员不仅熟悉,而且有交情。交情好,在关键的时候,可以打电话第一时间联系到对方,而且对方若有新闻事件发生,自然会想到跑口的记者,第一时间联系记者进行采访。当记者遇到采访难关时,特别是中央与地方之间,上下级别之间,这些交情可以通融关系,帮助记者完成新闻报道工作。这是非常重要的。

二、看汇报资料

看汇报资料,就是前面获取新闻线索渠道顺口溜中的"工作汇报挑资料。"这是记者获取新闻线索的第二个基本渠道。

其含义是指,在日常工作中,记者会收到大量的工作简报、会议摘要、年初安排、年底总结、先进事迹材料和行业部门大事记等等。阅读研究这些繁杂的工作简报、事迹资料也是有收获的,只要记者用心,就能择选出别样的新闻线索。

用看汇报资料来挑选新闻线索的做法,在新闻界是被记者常用的。

1996年元旦刚过,《保定日报》社记者刘国辉看到一篇来稿,是革命老区阜平县县委办公室的一份3000多字的工作总结,内容涉及该县派乡干部到海南挂职锻炼,对村干部集中培训等6个方面。刘国辉看完之后,发现其中有一行字让他兴奋起来,写的是:"县里还将选派80名村干部到大中专院校深造。"

他觉得这是条"大鱼",于是立即申请去阜平县采访。

采访中,他了解到,这个革命老区在县财政十分困难的情况下,从办公费、招待费中挤出、筹措资金80万元,选派了80名村干部到河北农业大学、县职教中心分别学习两到三年,重点

---

① 刘志强,《"东方之星"沉船事件报道体会 速度 高度 温度》,2015年6月24日《人民日报》业务研讨。
② 同上。

学习园艺、林果、种植养殖等技术和知识,毕业后仍回到农村工作。

记者刘国辉采到了一条好新闻线索!

这篇题目为《"村官也要上大学"》的新闻稿件,在1996年1月19日《保定日报》头版头条登出,反响强烈,还分别获得了当年度保定市头条大赛一等奖、保定市好新闻一等奖、河北省新闻奖三等奖和全国地市报新闻奖一等奖。

2003年7月,浙江衢州市政府办公室,给新闻单位发了一份工作简报,反映该市从财政中挤出500万元建立助学基金,帮助贫困大学生上学。这份工作简报只有350个字,可读性差,没有细节。《浙江日报》驻地记者却借此作为新闻采访线索,深入采访,挖出了500万元助学基金背后的一段新闻故事——

衢州市一位身患癌症的贫困母亲,为省钱给儿子上学,不愿花钱治病,在儿子考上大学后走上绝路。衢州市领导在下乡调研时了解到这个事情,深受触动,尽管该市经济不发达,财力有限,还是决定建立助学基金,帮助解决贫困大学生上学问题。《浙江日报》驻地记者从群众关心的角度出发,写了一篇题为《揪心事引出500万助学基金》的报道,受到上下的好评。

2014年春节,《人民日报》社"新春走基层"活动安排中,记者杨彦提出"乡愁"选题,她说,这个线索来源于中央城镇化工作会议公报中的一句话:"让居民望得见山、看得见水、记得住乡愁",这句话使"乡愁"一词成为时下的社会热词。同时,"乡愁"中包含的对故乡、亲人的思念之情,又与春节这一万家期盼团圆的佳节氛围十分吻合。结果这个线索被领导拍板。她选择了一位家在江西农村的女大学生,与她一起放假回家"新春走基层",所写的稿件《这里,是我家》令编辑赞叹,舍不得删除。(稿件详细内容参见第七章《采访提问》第二节《提问的注意事项》。)

以上所举稿件,均是记者看汇报资料,从工作简报中得出的新闻线索。如果记者没有线索可采,不妨静下心来,仔细阅读一下手头的各种会议资料、工作汇报、年终总结、好人好事、通讯员来稿等等,总会有一条、两条线索让记者眼前一亮。

三、亲朋好友通消息

顺口溜中的"亲朋好友通消息",这是记者获取新闻线索的第三个基本渠道。其含义是指,记者的亲朋好友散落于各行各业,如果他们通告有新闻发生,大多数的情况下,可信度是最值得信任的。这里的朋友,既指记者的个人交情的朋友,也指记者在采访交往中结下的关系不错的朋友。他们对他们身边新闻的捕捉,可以为记者提供可靠的专业、行业保证,而且他们绝大多数情况下,仅向记者本人提供新闻线索,一经证实,大多数能成为独家新闻,这是记者的杀手锏。

通过这个渠道获取的新闻线索的成败,大多情况下全凭记者的个人魅力和交往关系。为此,记者要有一张自己的亲朋好友信息网络,在衡量新闻线索的真伪时,亲朋好友的关系深浅自然记者心中有数。当然,所有的线索都要进行核实,这是记者采访的第一要求。

广交朋友是每个记者选择新闻活动的一个有利的保障。朋友多,交际广,信息多,有利于记者获得有价值的新闻线索,有利于记者采访报道新闻的渠道畅通,有利于采访报道环节中一些困难的迎刃而解。这是记者的基本功之一。

2003年"非典"时期的新闻报道,给了我们深刻的启示。有了平时范围广泛和比较亲密的朋友圈或信息圈,当新闻发生时,可以让记者较其他同行更早、更方便地获得一手资料,从而在第一时间内发出独家报道。

时任《人民日报》教科文部的记者白剑锋,在"非典"期间写的《共产党员冲在最前面——来自中日友好医院防治非典一线报告》《"我骄傲,我是一名医生"》等优秀报道,真实感人,在医务人员中反映良好。当有人问他,这么多珍贵的新闻资源是从哪里搞的时候,记者白剑锋说:"其实,这是我在卫生领域多年积累的必然回报。我和卫生领域的许多官员、专家、学者交朋友,和各大医院的院长及通讯员建立了密切的关系,相互信任,相互支持,所以,每当有重大新闻发生时,我总能在第一时间得到消息。在这次抗'非典'战役中,我受益非浅。在这次抗'非典'战役中,我还通过内参反映了很多重要情况,线索均来自这张网络。如有人向我反映,个别医院拒收'非典疑似'患者,我进行调查核实,发现情况属实。于是,我迅速内参,引起了中央和北京市的重视,推动了问题的解决。"①

可以看出,记者白剑锋关于"非典"的独家新闻报道,新闻线索和采访过程的畅通方便,是与他长期跑医疗卫生系统,结交医务人员作朋友,关系密切相关的。

广交朋友、密交朋友,形成自己的一张信息网,这是需要每个记者在新闻实践中通过点滴积累而完成的。

记者白剑锋这样说:"特别注意的是,在这个信息网内,"既要有'天线',也要有'地线',这样才能做到耳聪目明。所谓'天线',就是官方消息;所谓'地线',就是基层情况。在'天'与'地'的交汇点上,必然有高品位的'矿藏'。"②

记者平时的信息网络,需要记者精心纺织,以诚待人,善于和各种人打交道,同时注意建立良好的关系。

《时代周刊》北京分社记者苏姗,2003年4月初留守北京,采访有关"非典"的信息。开始,她没有找到多少有价值的新闻线索,结果是她的两个朋友,帮了她大忙。

2003年4月8日上午,她分别给她的两位朋友打电话,其中一个说,"我了解一些情况,可以帮你的忙,过段时间我再打过来。"另一个朋友在香港,对她说,"我正要给你打电话,你过会儿用一个安全的电话再打过来。"

苏姗马上意识到可能有非常重要的情况!

她赶紧跑到出办公室,在大街上找到一个公用电话。苏姗用这个公用电话与香港朋友通话。这位香港朋友让她收一个电子邮件,里面有一个网络地址,"你会得到一个密码,把密码输进去,这个网站马上会给你一份东西,你看完后再给我打电话。"苏姗在那个网站看到了解放军301医院蒋彦永医生的信。

"我的中文虽然不是很好,但是我看明白了蒋医生信件的意思,那是一个很有用的信息。"苏姗再次打电话给香港的朋友,得到了蒋医生的电话号码。在苏姗第一次打电话给蒋彦永医生时,他拒绝了苏姗提出见面谈的要求。后来在苏姗的一再坚持下,蒋彦永答应8日下午6点见面。

就在苏姗准备赶往蒋医生所在的北京五棵松时,她在上午联系的另一个朋友打来了电话,"我这里有很重要的信息,你马上过来一下。"这位北京的朋友有一个亲戚在一个很重要的卫生部门工作,但是这位亲戚本人不接受采访。"我打电话过去,你可以听听他怎么说。"在朋友的

---

① 白剑锋."'非典'战场"考验"非常记者"[J].新闻战线,2003,6.
② 同上。

电话里，苏珊听到了和蒋永彦信中一样的内容。这印证了蒋医生在信中披露的情况。

很快，《时代周刊》的网站就上载了苏珊的文章 BEIJING'S SARS ATTACK（SARS袭击北京），"第二天，几乎全世界的主要媒体都转发了蒋医生信中的那部分内容。"①

我们看到《时代周刊》这位记者与她的两位朋友关系密切，所以才能在当时"非典"初期官方消息还不透明的情况下，向记者透露重要的消息来源和新闻线索；我们也可以看到，《时代周刊》这位记者的新闻敏感极强，采访作风也很执着，所以感得蒋永彦医生最终答应她见面谈的结果。

四、网络与热线电话

利用互联网络和媒体开设的热线电话，也是记者获取新闻线索的重要手段。其含义是指，记者利用电脑上网查找信息，利用媒体开设的新闻热线，来敲定自己的采访线索，即前面顺口溜中的"网络热线真奇妙"。

（一）利用网络

现在是信息时代，第四媒体网络已成为无法回避的现实，充分利用互联网成为记者的一个基本功。上述《时代周刊》记者苏珊，采访"非典"的报道就是一个很好的例证。

成都大学法学讲师王怡 2004 年在接受《凤凰周刊》电话采访时说，前几年中的"9·11"事件，中美撞机事件，曾让他认为互联网与传统媒体有巨大的断裂，当时哪怕网上最热门的话题，也难以在传统媒体上得到响应。"现在不一样了，大量的新闻从业人员要依靠互联网获得线索、观点，互联网的作用被极大增强。"②

除此之外，作为第四媒体的网络，与传统媒体之间的联手日益增多。2003 年 4 月 25 日，广东《南方都市报》发表了《被收容者孙志刚之死》一文，并没有引起社会上的关注。但同日下午，人民网以《谁为一个公民的非正常死亡负责》为题，转载《南方都市报》的报道时，却引起了网民的强烈反映。当天，名为"孙志刚，你被黑暗吞没了"的孙志刚纪念网建立。几天之内，这个纪念网的浏览人次就达 25 万，在谷歌简体中文网站上，就可以搜索出四万多条与"孙志刚"相关的信息。互联网上的信息聚集，让各地都市报等市场化媒体，迅速抓住这些新闻线索，纷纷派记者到南方实地采访，最后，连国家官方媒体也加入了报道队伍。强大的新闻报道势头终于让孙志刚事件有了最终的结果，2003 年 6 月 20 日，我国宣布废除了"收容遣送制度"。

这个结果其实是与时代的进步，国家上至领导人下至平民百姓，包括新闻从业人员对待互联网的观念改进都有关系的。

2003 年"非典"期间，胡锦涛总书记视察广州时，曾对一位医生说，"你的建议非常好，我在网上已经看到了。"温家宝总理在北京大学宿舍对大学生们说，"我在网上看到同学们在留言中表达了同全国人民一起抗击 SARS 的决心，令人感动。"

"因此，当传统媒体无法对某一事件开展报道时，往往会把消息透露给互联网，在网民中迅速产生巨大反响，引来无数跟贴和评论，在网络积聚影响力后，对新闻事件的报道又会回归到

---

① 喻尘.北京 SARS 真相披露的内情[J].凤凰周刊，2004，9.
② 《中国网络舆论现状及引导方略》，豆丁网.

传统媒体,最终对各当事方和政府部门形成强大的舆论压力,导致对事件的处理方式和结果顺应民意。这几乎成为2003年以来,互联网与传统媒体未经'预谋'的合作模式。河北民营企业家孙大午被捕案、成都幼儿李思怡被饿死案、沈阳黑社会老大刘涌死刑改死缓案、重庆天然气井喷事故案、哈尔滨宝马车撞死农妇案等,无不因循这一模式。"①

但要注意的问题是,网络信息旁杂,真假相渗,可信度有时会打折扣,记者必须谨慎行事,对新闻线索认真核实后再进行报道。

现在,当一个新闻事件发生后,作为一个跨媒体的传播工具,微博微信用户通过网络和手机等终端,不仅能够在当日,而且能够紧紧在数小时,甚至是几分钟内就能将新闻事件会播发出去。所以,微博的用户只要在事件的现场,就能够随时对现场情况进行"直播",与传统的媒体相比,不仅在一般的新鲜事、有趣事的报道上,尤其是在对待突发事件的报道上,微博有着巨大优势。报纸、广播、电视等传统媒体纷纷抓住此契机,开设各自的法人微博。可以说微博、微信等新媒体的出现,改变了新闻报道重大或者突发事件的生态环境。

央视主持人张羽2009年11月22日,在他的微博中评论说:"在微博世界,每个人都是信息源,每个人都是发布者,信息以滚雪球的方式迅速传播,电视新闻信息在速度和广度上彻底OUT了。"

目前,记者也时刻从微博、微信等新媒体中获得新闻线索和背景材料。

2015年8月12日晚23左右,天津滨海新区第五大街与跃进路交叉口的一处集装箱码头发生爆炸。现场火光冲天,十公里范围内均有震感,抬头可见蘑菇云。爆炸发生后天津塘沽、滨海,以及河北间、肃宁、晋州、藁城等地均有震感,造成轻轨东海路站建筑及周边居民楼受损。

当晚23时26分,网友@小寶最爱旻旻在微博中发出一条15秒视频,称"重大火灾,爆炸声跟打雷一样",定位为天津港保税区,视频中拍摄者在楼房中,距离爆炸点十分接近。

视频中远处有巨大火光,并伴有浓烟及急救车的声音,这是网上关于天津爆炸的最早视频。随后被数千名网友转载。

令不少网友担心的是,自从发布出这个视频后,@小寶最爱旻旻再没有更新微博,网友们纷纷在她发布的微博下祈福,希望她平安无事。

这件事情成为《新京报》记者李馨关注的一个焦点。

第二天8月13日17时左右,@小寶最爱旻旻更新微博内容如图十所示——

38分钟之后,即18时5分51秒,搜狐新闻上就刊登出新京报记者李馨发出的快讯,题目是——《最早发出天津爆炸视频网友发微博"报平安"》。

新京报快讯(记者李馨)昨日23时26分,网友@小寶最爱旻旻在微博中发出一条15秒视频,称"重大火灾,爆炸声跟打雷一样",定位为天津港保税区,视频中拍摄者在楼房中,距离爆炸点十分接近。视频中远处有巨大火光,并伴有浓烟及急救车的声音,这是网上关于天津爆炸的最早视频。随后被数千名网友转载。

(图为@小寶最爱旻旻更新的微博)

令不少网友担心的是,自从发布出视频后,@小寶最爱旻旻再没有更新微博,网友们纷纷在她发布的微博下祈福,希望她平安无事。今日17时许,@小寶最爱旻旻终于发布微博,称

---

① 转引自:李方.互联网:民主? 大民主? [J].凤凰周刊,2004,8.

图十

"庆幸活着",受皮外伤,缝了20来针,第二声爆炸的时候被气流震休克了,是丈夫把其从23楼背下去的,离爆炸点很近。从@小寶最爱旻旻发布的照片看,她与丈夫面部都受了伤。

这条报平安微博发布后,目前已有8000多条评论,不少网友表示"平安就好"。

《新京报》记者的这条新闻,并没有亲自采访到@小寶最爱旻旻,也没有更多独家的信息,但是这位记者抓到了一个很好的切口,即@小寶最爱旻旻更新了微博,这个举动及内容让记者意识到这本身也是即是新闻线索又是新闻,需要及时报道出去,而且时效性强,所以记者发了条快讯。

(二)热线电话

各媒体开设的热线电话,确实是一个不错的新闻信息的大汇总,新鲜及时,为新闻记者提供了很好的新闻线索。

在第十三届中国新闻奖评选中,荣获一等奖的《看个"咳嗽"要掏1065元》的报道,就是记者从新闻热线中取得的新闻线索。这篇报道是在《武汉晚报》上发表的。

《武汉晚报》社有一条"新闻110"热线,在2002年半年中,编辑部发现打来热线的市民,有近百余名对医院乱开"大处方"现象强烈不满,意见集中。报社据此也做了一些相关报道,但由于这些投诉不够典型,指向的医院比较笼统,加上没有核心的凭证,记者的一些采访被有些医院以技术方面的原因予以回绝,并没有形成良好的报道声势。但这条新闻线索已牢牢占据了编辑和记者的心。报社的这条"新闻110"热线,也时刻等待着一个更良好的时机,以便报道

"大处方"收费问题。

2002年8月9日上午,市民杨先生拿着给小女儿看病的病历和收费单据,到报社投诉武汉市著名的儿童医院。

他的女儿仅患普通感冒,有点咳嗽,到儿童医院看病,被导医引到治疗哮喘专科的陈教授诊室,结果一下子花去1000多元,他手持处方单到收费窗口交费时,连窗口的医务人员都看不过去,小声提醒他药开多了。杨先生仔细把收费单查看一通,愕然发现,这位陈教授在病人病历上所开的药名和数量与处方上不相符,而且刚给孩子验过血说是过敏体质的医生,竟为多开药,在处方中开了许多过敏体质慎用的药品,同时所有的药量够孩子吃半年。

"这一投诉加上原有的热线基础,记者开始一一核实新闻事实,推出《看个"咳嗽"要掏1065元》系列报道,六天推出五个头版头条,该报社的热线被读者打得'发烫'"。①

2012年10月,中央人民广播电台特别报道部的新闻热线,接到听众打来的电话,说是烟台多所院校的几千名学生,被拉进富士康工厂做苦力。

事情真的是这样么?

记者吴喆华抓住新闻热线出现的这个报料,进行了详细采访。吴喆华的稿件《烟台富士康雇佣大量未满16岁学生军》播出后,引起了国内外媒体的关注,舆论的力量迫使富士康公开道歉,并启动内部调查,学生们终于回到了学校。

2014年3月,《人民日报》新疆分社接到哈密地委委员的电话"爆料":哈密地委在开展群众路线教育实践活动中,邀请焦裕禄同志的女儿焦守云到哈密作报告,几天后,一位维吾尔族老人拿了一张46年前与焦裕禄家人的合影照片,望转交给焦裕禄家人。这位老人就是新疆哈密地区中级人民法院退休干部阿布列林,他也是一个焦裕禄式的好干部。记者据此新闻线索进行扎实采访,果然事迹可歌可泣。

以上三个例子,都在说明记者可以利用媒体所开设的新闻热线、爆料电话,选择合适的新闻线索。

但是,在接听热线电话时,记者要注意以下三个问题:

(1)接听电话时,一定要问清楚、记清楚来电者的有关信息,比如姓名、年龄、职业、居住地、联系方式等等,以备核实。

(2)记者要听清楚、记清楚打来电话人所反映事件的详细内容,什么时间、什么人物、什么地点、发生的什么事件、事件的经过、存在的现状和问题等等,做到要素清楚,以备采访核实。

(3)记者要有采访准备,除却立即赶赴现场外,还要事先联络好有关部门,或者像上述《看个"咳嗽"要掏1065元》一文一样,耐心等待,找到有关的采访凭证,如那位杨先生给女儿看病得到的医生的处方。

---

① 何建新,陈志远,李红鹰.用强势报道向"大处方"说"不";《看个"咳嗽"要掏1065元》采编感悟[J].新闻战线,2004,1.

第三节 获取新闻线索的渠道（下）

一、媒体互通

有句俗话说的是，不能吃别人嚼过的馍，意思是别人已经吃过的东西，自己再拿过来吃，自己的嘴中已无味道可品。但是，对于记者获取新闻线索，这句话却有不同的含义，吃别人嚼过的馍也香。这就涉及记者获取新闻线索的第五个渠道——是利用同行的报道，抓与众不同的报道点。即前面顺口溜中的那句话，"媒体互通钻空隙，旧闻也可新知晓。"

2003年2月21日，韩国大邱市地铁起火。借这个新闻事件，深圳一些媒体采访了深圳正在建设中的地铁有关人士。这些媒体选择的角度是借韩国大邱市地铁起火为由头，报道深圳市地铁自动控制系统、报警系统达到世界最先进的水平。

《南方都市报》却选择了一个与群众贴近的角度，从另外的侧面报道深圳地铁设备的先进程度。它的标题主题是："如果深圳地铁起火——六分钟保你逃生"，副题是"不用担心打不开车门，车厢材料均为不可燃，排烟风道专治有毒烟雾"，而这些内容，正是韩国大邱市地铁起火时所不能解决的。

这说明什么？

在同一题材的新闻报道中，记者完全可以做到花样翻新，对新闻价值的判断和分析有着独特的视角，对读者的阅读心理有独特的解读。同行的报道完全可以成为记者手中的新闻线索，进行资源的再度利用。

鲁迅先生说过，一百个人看红楼梦，会有一百种看法和感受。新闻采访也是如此。前些年，中央电视台第二套新闻早间节目《第一时间》读报栏目，就提出了这样的栏目标语："新闻每天都发生，但视角各有不同。每天都有独特的资讯，令我们回味不穷。"

由于记者们所处的立场不同，所在的媒体不同，个人的经历和知识的积淀不同，每个记者对新闻事件的看法和认识也就各有不同，对事件或人物的感受也存在着千丝万缕的差异。因此，对同一新闻事件的报道，并不是他人报道过就不能再去采访报道了。

他人报道之后，记者采抓到不一样的视角，做出不一样的分析，会品出不一样的味道。因此，对于兄弟媒体的同一新闻事件或现象的再挖掘再利用，也是记者获得新闻线索的不可忽视的途径。

另外，广播、电视、新闻期刊、通讯社，如果对某一事件的报道在先，报纸的记者完全可以参考他们的报道，找到漏报或不充足报道的地方或新颖的角度，进行对同一信息资源的第二次、第三次的再生利用。反之，如果报纸的记者报道在先，广播、电视、通讯社等的记者亦可以从不同的、新颖的角度进行报道。这种同行之间互获新闻线索，但报道出不同角度和内容的做法，在新闻实践中屡见不鲜，成为记者获取新闻线索不可或缺的一种方式。

同一媒体的记者之间，也可进行线索再挖掘，再利用。

1995年6月，《聊城日报》周末版发了一则100多字的豆腐块消息，说一名科技工作者因专利难转让和没有及时交专利费而被取消专利权的事。该报新闻版记者王骅、张荔决定抓住这条线索钓大鱼,他们立即与发明者吴梦平联系,进行补充采访,写出了2000字的深度报道《不该发生的故事——从吴梦平痛失专利权看我市有关部门和企业科技意识的淡薄》,在报纸头版发表后,在社会上引起强烈反响,许多读者给报社打来电话,对有关部门和企业的这些在科技上面的淡薄意识表示批评。记者据此又进行深入采访,写出关于科技成果转换难的话题报道,被评为山东省好新闻二等奖。

获得北京市第十二届"北京新闻奖"一等奖的通讯《"天价"为何请不动院士》也是这样。这篇通讯的记者也是在同行们已发表过的报道中,过滤出自己独特的报道角度的。这篇好新闻的作者是《北京晨报》生活资讯部主任廖厚才。在2002年元旦之际,他针对前段时间北京外的新闻媒体关于一些高校天价请院士的报道很多,但深刻分析的报道很少的现象,取得新闻线索,进行了深入细致的采访。他通过长途电话采访了徐州某师范学院、湖南某高校、广州某学院的人事处负责人,采集他们对自己出天价请院士的真实想法,同时他采访了几名院士,结果发现:有些高校的出发点只是为了知名度,为了炒作。为此,他写出了一则具有理性分析的好新闻。

2000年初,为减轻机动车尾气污染,改善城市生态环境和百姓生活质量,江苏省南通市出台了地方性法规,鼓励市民自愿淘汰老旧轻骑摩托车。针对这个新闻当地媒体纷纷做了报道。

有一天,江苏南通人民广播电台的记者陆革文,在一家媒体看到了一则商业简讯,说市区越江路口出现了摩托车一条街,私营商店摩托车销售生意十分红火。这则消息点到这处即结束。

陆革文却眼睛一亮,"觉得摩托车销售里有新闻可作。此消息只开挖了一个浅层地矿,而浅表之下很可能贮藏贵重金属。"①顺此线索进行采访,他的报道效果非常好。

2014年7月18日开始,超强台风"威马逊"先后登陆海南、广东、广西;23日,台风"麦德姆"登陆福建,随即顺势北上。"威马逊"超强台风41年不遇,登陆地区灾情十分严重。

2014年7月20日晚间,某媒体记者发表《红十字会三伏天向琼粤桂台风灾区送棉被遭质疑? 不知该发"囧"的是谁》,此稿一出即遭到各网站爆炒。网上一边倒地质疑"红会三伏天送棉被",但实际上这篇报道经不起推敲。

事实证明,南方灾区在三伏天也是需要棉被的。

《人民日报》的记者看到同行的这篇报道后,迅速行动,联系红十字进行采访,报道《红十字会解释为什么三伏天往南方灾区送棉被》于7月21日见报,果断释疑解惑,第一时间扭转了舆论无根据的非难和指责。报社总编认为报道非常好,有必要深入,可趁舆论热点,普及我国救灾物资储备常识,进一步以正视听。于是,记者连续就为什么总是棉被? 救灾物资储备什么、不储备什么,救灾物资储备有什么讲究等一系列问题采访相关部门,从我国救灾物资储备的结构、调配的流程、进一步努力的方向、国外防灾救灾经验等层面,进一步释疑解惑。

这一组报道刊发后,社会反响很大。

中宣部新闻阅评第221期刊发《热炒"三伏送棉被"的"囧"境教训深刻》,对《人民日报》系列报道予高度肯定,指出《人民日报》接连发声,"刹住热炒势头",体现了"报道和解释真相,帮助公众充分知情并作出正确判断的社会责任"。

---

① 陆革文.吃过的馍嚼着也有味:新闻资源的再利用浅议[J].新闻记者,2002,2.

二、自己成就自己

有关新闻线索获取渠道的那首顺口溜中说,"一次采访八面手,下个报道心中绕"和"现场采访顺手挑。"说的就是记者在自己采访中获得新闻线索,成就自己的又一次采访。其含义指的是,新闻记者在某一次的具体采访中,获取到线索,顺藤摸瓜,自己成就了自己。上面所举"三伏送棉被"系列报道的例子,其实不仅仅是媒体互通的范例,而且也是记者自己成就自己的典型。

《人民日报》记者刘裕国,2001年初奉命到四川甘孜报道抗震救灾,在返回路上,与司机小黄在泸定县乡场的一个鸡毛店吃饭,无意中发现胸前挂着工作牌的乡干部在人群中转悠,一打听,才知道这个县从年初就开始让乡镇干部实行挂牌上岗,便于群众认识和监督。于是他深入采访,连夜赶出一篇《泸定乡干部挂牌上岗》,传到报社很快发了出来。

唐山的引滦入唐工程完工后,市政府召开新闻发布会介绍说,今后唐山市不会出现再缺水的情况了,该市的陡河水库每天可以向市区供水5万吨。这已经是一个好新闻了。然而,参加发布会的一位市报记者却提出了另外一个问题,陡河水库的水质如何?市环保局的领导专门介绍了情况,并特意提到,希望市民不要再到陡河水库去旅游、游泳,以免污染整个唐山市饮用水的水源。于是,一个会议,成就了两篇相关联的报道。这全在于记者的用心和细致。

记者常年在基层跑,面对面接触群众的机会多,在基层"泡"多了,自然能挖出鲜活生动的素材。《手机"变身"小喇叭》这一新闻线索,便来自记者的基层采访。

《人民日报》云南分社张帆和徐元锋本来是到昌宁县采访高原特色农业,深入田间地头时获悉"6995信息平台"情况,立马感觉"有料",记者赶紧详细打听了解,马上改变行程,直奔现场,抓取丰富素材,一篇"活蹦乱跳、顶花带刺"的稿件便跃然纸上。

记者徐元锋深有感触地说:"同一选题,有人当作宝贝疙瘩,有人熟视无睹擦肩而过。新闻敏感的'慧眼',来自对中央精神、宣传脉动的把握和对基层情况的熟悉,只有建立了这样的'坐标系',选题的新闻价值才能了然于胸。"[1]

这样的例子就象天上的星星,在记者的采访经历里是数也数不清的,因此,这称为:"一次采访八面手,下个报道心中绕"和"现场采访顺手挑"。

三、学会泡会场

学会泡会场,即顺口溜中提及的"各种会议竖耳朵"。这是记者获取新闻线索,不可忽视的一个重要环节。

举行各种会议、研究或解决有关问题、布置工作任务、听取情况汇报、反映有关内容是我们国家党和政府的重要工作方式之一,会议无疑是记者采集新闻信息的集散地。

对于记者来说,各种会场是理所当然的采访地方,是经常遇到的事,不管愿意不愿意,开会成为每个记者必不可少的工作内容。

---

[1] 谢雨,《用小故事讲好改革大文章——"改革就在咱身边"栏目编辑小结》,2014年7月18日,《人民日报》社业务研讨。

我国的会议形式非常多,有人民代表大会、政治协商会;有新闻发布会、商品展示会;也有通风会、学术研讨会、总结表彰大会、单位座谈会、行风评议会;还有各种各样的例会等等。这些名目繁多的会议为记者提供了政治、经济和学术信息,也为记者提供了社会大舞台上发生的诸种生活现象、故事和细节。

大量的会议,并不是分分秒秒能让记者处于新闻的世界之中的。有些记者形象地打比方,会议有时就象一场未能分出输赢的足球赛,必须等到最后的点球大战才能一决胜负。有时记者要为最后的一分钟等待上90分钟。而坚持到最后,确实常常是笑得最香甜。

2002年,写出《我们将开辟历史的新篇章——记朝韩议会间的历史性握手》独家新闻的新华社记者吴晶,就是在参加第三届亚洲议会和平协会(AAPP)年会得到了这样的机会。当时,他和其他几个年轻记者的任务就是泡在会场蹲点,全天记录各国代表的发言内容,供综合使用。请看他事后写的的采访回忆——

"会议的第二天,我仍旧被指派作会议记录。20余个国家议会的代表不间断地发言,不免让人有些疲倦。——当韩国国会议长李万燮以'21世纪的太阳正在亚洲冉冉升起'的呼声结束发言,全场爆发了热烈的掌声,感染了每一个人。我带着笔记本,边听边记录下他的发言,并时不时眺望远方,观察主席台及其附近的动向。

"在又一次热烈的掌声中,'历史性的握手'发生了。'远在天边'的我出于本能,端着笔记本电脑飞快起身,看到经过通道走向座位时的李万燮,与起身致意的金秀学(朝鲜代表)热情地点头握手,双方还交谈致意。

"我迅速拨通了领队记者周宗敏的电话,向他报告了情况。他立刻告诉我要以特写的形式,再现这一场景。几分钟之后,周宗敏和韩松打来电话,叮嘱我要采访一两个其他国家,充实稿件。在来到新华社近两年的时间里,我也总结了一些外事报道的窍门。如果在时间紧迫的情况下,无法找到被访者的相关资料,可'曲线救国',采访他身边的工作人员或翻译。因此,我在朝方代表金秀学的助理的帮助下,了解了更多的背景,并得到他的很多建议。同样,在俄罗斯国家杜马副主席的专职翻译帮助下,我在稿件的关键部位采用了俄罗斯杜马副主席的关键引语。

"由于握手发生的非常突然,很多媒体没有作好准备,无法掌握现场的细节。凤凰卫视、中央电视台等电视媒体只能采取事后补救的办法,然而李万燮发言后不久,韩方便集体退场参加李鹏委员长的会见活动,为此,凤凰卫视的一位记者不无惋惜地感叹了半天。"①

可以看到,新华社的这位年轻记者首先做到了坚守。守住会场就像守住阵地,这是个大前提,这样,在这个阵地上发生的事情才有可能被记者捕捉到。

其次,这位记者不是孤军奋战,当新闻发生之后,他的反应值得我们学习,他是现场仔细观察之后,迅速与同行及领导取得联系,整理报道思路,再进行了扎实细致的现场采访。

第三,这位记者的采访经历还告诉我们,有时候一些新闻现场中的重要新闻人物,记者是非常困难及时联系并能顺利采访到的,不妨把目光投向他们身边的小人物,比如新华社这位记者总结出的"曲线救国"采访方法。

"近两年的时间里,我也总结了一些外事报道的窍门。如果在时间紧迫的情况下,无法找到被访者的相关资料,可'曲线救国',采访他身边的工作人员或翻译。因此,我在朝方代表金

---

① 吴晶. 一条独家新闻的由来:"朝韩议会间历史性握手"采访手记[J]. 中国记者,2002,6.

秀学的助理的帮助下，了解了更多的背景，并得到他的很多建议。同样，在俄罗斯国家杜马副主席的专职翻译帮助下，我在稿件的关键部位采用了俄罗斯杜马副主席的关键引语。"

记者不仅要泡在会场，坚持到最后，而且还要有一定的采访技巧。记者从会场上获取新闻线索，报道别样的新闻，其实比拼的是记者的功夫。

如何做好会议采访，以下四个方面的内容供大家参考——

1. 做好会前功课

记者在会前就要吃透有关会议的精神，对于要报道的会议心中有数，做到有所谋划有所安排，对即将召开的会议进行信息筛选，哪些是最主要的，哪些是引发争论的，提前掌握并不是要在会议上偷懒，而是为了抓住每一个机会，把新闻做透、做扎实。这里面体现的是记者的关系网和资料库的信息储备量。

关系网可以保证记者较早较权威地了解到相关信息，理清报道思路。资料库的储备则是让记者很好地进行问题的分析判断，整合出有价值的观点、事例，或是问题。美国许多新闻学院都十分注重学生的这种"搜集信息"能力的培养，把它作为新闻记者的一项基本技能。

2002年，中新社记者张朔，报道了刘建超作为外交部新发言人的第一次例会，所发新闻稿件题目是《足球热吹进外交部新闻发布会》。这次例会是刘建超作为外交部新发言人的第一次亮相，这个时间段又恰是世界杯大赛中第一场有中国队参赛的一届，这两件事是记者事先就了解的基本情况。张朔在会前就开动脑力做好了准备。

在这个例会召开的上午，张朔专门跑了三十多公里路来到外交部，和刘建超说了不到三分钟的话，拿到了刘建超的简历，之后，他参加了下午举行的外交部新发言人的例会。因为有备而来，在会开到第十五分钟时候，张朔听到发言人说，"还有问题吗？如果没有，我祝大家回去看一场好球。"

在场的记者听了就听了，没把这句话当成新闻点。只有张朔抓住了这个细节，没有进行常规性的例会新闻处理，而是以此为线索，从足球这个角度，带出了新的外交部发言人，带出了足球赛，从而也带出了一条与众不同的例会新闻报道。

2. 要泡得住，不放过每一个机会

很多时候，记者开会总是走过场，无法安下心来坐稳把脑子用在会场上，而是听一会儿就溜出会场，聊天或是休息，更有甚者，领了材料就回去了，或是让通讯员发个通稿签上自己名字，或者自己按照领到的材料，写个报道了事。经常出现有些记者在稿件中引用领导讲话时，出现领导没讲的内容，因为记者不在现场没听到，所以从讲话稿中直接摘出报道，而领导在现场脱稿发挥的精彩地方记者没听到却漏报了，更别说会场上鲜活的场面和细节了。

很多有经验的记者都有这样的体会：领导讲话中的插曲，常常说的是老百姓十分关心的问题。领导在会议上即席就某一问题的发言或表态，所说的小故事、小插曲，都有可能是最出彩的新闻点。

2002年4月，《唐山劳动日报》记者参加该市新区公安分局的行风整顿汇报会，抓到了会议上一件小事：即该局太平路派出所一位民警因为敲门声过响引起居民的不满。这所领导得知此事后非常重视，专门召开会议整顿民警作风，提醒民警从小事注意为群众着想，第二天还带着这位民警到居民家登门道歉。这件小事引起了记者的注意，他进一步采访核实，没有去发报汇报会的内容，而是发了一篇题为《群众不满敲门重　干警道歉送真情》的消息，被新华社、《羊城晚报》等多家媒体采用。

3. 善于从会场上发放的工作报告、会议文件、小组发言、参加会议的人员的谈话聊天、会场里外的场景和安排的有关活动中,发现、挖掘出更多的、有报道价值的新闻或者是新闻线索

1999年BBC就播出过一条这样的会议新闻,"英国财政大臣布朗在下议院公布财政预算",其中有一个内容是要增征汽油税。仅此一点,BBC的记者就抓住不放,深入采访,转化成平均每个家庭为此将多付多少钱的贴近老百姓的连续报道,反响很大。记者是从财政预算报告中获得了有价值的新闻线索,顺藤而下。

2014年端午节前,台湾"农委会"主委陈保基参加了5月26日召开的"立法院"经济委员会会议,在回答立委黄昭顺质问台湾原料涨价吃不起粽子时,失言对应,粽子价格贵,可以不吃,"改吃茄子"。黄昭顺马上进行反呛,"端午节怎可不吃粽子?"陈保基这才改口,"可以吃粽子"。

"农委会"主委陈保基的这次意外失言立刻被记者抓住,纷纷报道新闻。因为"这已并非陈保基首次在备询时失言。黄昭顺3月17日在质询时指出,花生售价过高,恐使润饼成本增加(润饼,发源于泉州,是中国闽南地区,潮汕地区,及台湾地区的一种汉族风味小吃),"农委会"应加以控制。陈保基却说,"润饼不一定要用花生粉,因为我比较怕甜。"①

4. 关注会场内外场景而获得新闻线索

十多年前,《中国青年报》记者张建伟参加了两会报道活动。他观察到代表们都不在各自的房间,会议室也是静悄悄的。敲门都不应,记者倚锁思事情。正是由于这采访不到与会的代表和不得而入的居所,却使他抓到了一条别开生面的报道线索——代表们到底干什么了?一篇题为《高层公关在行动》的报道,写出了其中的内幕,写出了参加人代会的代表们四处公关现象背后的改革开放的大背景。

无独有偶。

1992年,参加两会的中新社记者王晓晖中午发完稿子没事,在全国人大常委会议厅独坐,看到了四百张红椅子静静地陪伴左右。她抓住了它们作为新闻线索。一篇《中国最高权力机关的红椅子》的报道,从委员长席、委员席、列席的红椅子这个线索,牵出了中国最高权力机关对政府工作监督工作的正常化问题,牵出了旁听制度的健全问题和人员变迁人事更替的等等问题。

这样新颖的角度写会议,自然会是好评如潮的。参加会议时,记者的眼光不要单单仅盯住会场里面,锁定在固定的会场上,当然还要灵活机动,学会时时看看会场外面的世界,要有极强的新闻敏感,让自己的耳目器官要时时处于开放与接受的状态。

1990年,湖南《永州日报》社记者蒋剑翔参加了一个乡镇党委书记会,会议中餐安排在一个农村小学的教室里。

当时正是中央三令五申禁止大吃大喝的时候,会议的组织者特意把"餐厅"转移到校园。记者看到老师采购、校长下厨,教室周围围着一大群看热闹的孩子们,吃得如"芒刺在背,心里很不是滋味。"②他决定抓住这种感觉,从吃喝上入手,当晚就写出了一篇题为《并不安然的吃喝》的新闻评论稿,被《湖南日报》迅速采用,并在当地引起了较大的反响。也是这位记者,2001年11月参加报道湖南省党代会,获悉了永州市40多名党代表将第一次包机参加省党代会,写

---

① 《粽子好贵吃不起　台"农委会主委":你可以改吃茄子》,2014年5月26日,中国台湾网。
② 蒋剑翔.拎出"新闻眼"[J].新闻战线,2003,5.

出了《一趟飞机换来永州新形象》的独家新闻报道,得到了省委领导的肯定。

2001年,因为连年干旱,水库蓄水不足,唐山市委市政府决定在部分沿海地区推广稻田改旱田技术。这年四月专门召开专题会议安排部署这个问题。《唐山劳动日报》社的记者参加了会议。结果记者发现会场外出现了一件新鲜事。许多没有被通知参加会议的人得知此会要开之后,为学会这种稻田改旱田技术,自己掏钱打的赶到会场,要求参加会议,其中大多数是稻农。记者决定专门采访此事,没有就会议发一个会议稿,而是将会议的主要内容融入这篇题为《稻家"打的"学稻改》报道之中,虽然不是会议消息,却准确反映了会议精神,报道效果很好。

这种以会议为依托,抓取新闻的方法也叫"以点触面"的报道方式,它把会场会议作为突破口,全方位、多侧面地报道会议中提出的有关国计民生的问题。这也是新闻界常说的,除了会议新闻报道本身之外,记者学会跳出会议抓新闻,功夫在会外。

2013年《人民日报》上海分社记者刘建林、谢卫群写的报道《"五个担心"让领导出一身"汗"》就是这样的典型例子。

当记者掌握了上海长宁虹储居委会朱国萍等五位基层干部被请进上海市委常委会,给上海市的主要领导上课这条新闻线索后,对到底将整篇报道的重点放在上海市委常委会把基层干部请进常委会上课这个会议上,还是放在基层干部的讲话内容上琢磨了许久。

记者认真研读了五位基层干部在这次会上的讲话,发现朱国萍讲得最动人,没有大道理,讲的是一个个基层的担心,用的是一个个事例和故事,没有雕琢的形容词,也没有一句空话、套话。尤其是一位保安意外身亡,从家属不满到家属感动的故事,深深地吸引了记者。记者决定要用最朴实的语言道出所有基层干部的担心,报道重点放在朱国萍的五个担心上,而非整个常委会的学习方式上。

请看《人民日报》2013年8月11日在头版头条发的记者写的消息《"五个担心"让领导出一身"汗"》和在当日四版刊发的口述新闻《一位居委会干部的五个担心》——

《"五个担心"让领导出一身"汗"》
担心1　基层管了不该管的事,费力不讨好
担心2　该管的事没人管,社会管理有真空
担心3　统筹安排考虑不周,基层难以应对
担心4　流于形式,不能解决百姓切身问题
担心5　面对突发公共事件,不能妥善解决

本报上海8月10日电(记者刘建林、谢卫群)"上上下下说要为居委会减负,减了几十年了,没有感觉到减了多少事,却感到事情越来越多、越来越难。"这是上海长宁区虹储居民区的党总支书记朱国萍的心里话。她与另外3位基层干部纪维萱、徐遐蓉、杨兆顺一道,走进上海市委常委学习会,以亲身经历讲述官僚主义、形式主义的危害。基层干部的担心,让出席会议的所有干部出了一身"汗"。

把基层干部请进来当老师,这是中共上海市委常委扩大会上的一幕。四位来自基层一线的党务工作者一一诉说心声和烦恼,上海市委常委以及党的群众路线教育实践活动中央督导组成员、各区县主要领导都认真当起了"学生",接受基层干部的当面批评。

中共中央政治局委员、上海市委书记韩正说:"搞好党的群众路线教育实践活动,首先要抓好学习教育,拜群众为师、向群众学习,把宗旨意识、群众路线真正装到心里去。党的干部对群众有真感情,一切以群众利益为重,才能敢负责、敢担当。什么是官僚主义、什么是形式主义,来自一线的同志们最有感受！今天请你们放开讲。"

朱国萍放开讲了"五个担心"。她的一番话让现场领导们很受震动："各部门布置的任务，各条线的试点工作，往往让基层应接不暇。关键是，忙忙碌碌，却碌碌无为，真正有实质内容的不多。有时，我们不得不以形式主义应付形式主义。"

在居委会工作整整23年的朱国萍的话不断引发与会者的笑声和掌声，并引起大家沉思。"在基层，照文件办事最容易，但结果常常是相互推诿、不作为，这样老百姓的急难愁就没了着落。老百姓的怨气不会因为你简单一句'法规政策不允许'就消除。"朱国萍说，"通过一件件突发事件，我更坚定一个信念，只有多为百姓做好事，做实事，在突发事件面前，老百姓才可能信任我们。"

（相关报道见第四版）

《一位居委会干部的五个担心》

口述：上海长宁区虹储居委会党总支书记 朱国萍

整理：本报记者 刘建林 谢卫群

我是上海长宁区虹储居民区的党总支书记，最基层的书记。这个岗位一头连着百姓，一头连着党和政府，在工作中我有五个担心：

第一个担心：

基层管了不该管的事，费力不讨好

常常是上级一个文件，我们基层就得管许多不该管、管不了也管不好的事。比如上级政府要求我们出面推广节能灯泡，因为推广的环节琐碎，下发灯泡并不顺利。好不容易发下去，可是有报道称，节能灯泡的光线影响视力，结果，领了灯泡的居民又来退灯泡，居委会干部还得自掏腰包买进来。还有群众怀疑："居委会干部这么起劲，肯定是拿了不少好处。"

居民区党组织是最贴近群众的一级组织，党的威信高不高，很多时候要看基层的事情办得好不好。现在，上上下下都要为居委会减负，减了几十年了，没有感觉到减了多少事，却感到事情越来越多、越来越难。上面千条线，下面一根针，什么事都要基层出面，往往也难以全部做好。

那么，基层到底该做什么呢？在我看来，基层就得做点百姓关心的身边事。在虹储居民区，我们坚持百姓欢迎的事情就多做，不欢迎的事或者摆花架子的事坚决不做。

第二个担心：

该管的事情没人管，社会管理出现真空

有些该政府出面管的事没人管，或者没管好。比如停车难，一直是居民反复提及的问题，然而讨论多、行动少，研究得多、落实得少。虹储居民区有一位居民对我说，"车位等了3年了，我也理解居委会的难处，可是，再等下去车子也快报废了。"

我下定决心，无论如何都要解决这个老大难问题。从小区仅有的空间内挖潜，千方百计想办法，腾出一个车位就是一个车位。我们将小区物业请出来与居民一道召开听证会、协调会、议事会，在"大家评、大家议"的氛围中，统一了意见，形成了"绿化上墙挤出车位"的金点子，把原先的绿化变成立体的，腾出绿化面积停车。

在基层，照文件办事最容易，但结果常常是相互推诿、不作为，这样，老百姓的急难愁就没了着落。老百姓的怨气不会因为你简单一句"法规政策不允许"就消除。

第三个担心：

统筹安排考虑不周，基层难以应对

现在上级检查越来越多，基层疲于应付。

居委会干部不管周末、节假日，365天都值班到晚上9点，遇到大的调查，居委会还得"当仁不让"，本来应该是配角的，现在却要充当主角，这样牵扯了居委会很大的精力。更重要的是，检查的标准常常打架。比如，我们帮小区的残疾人配好助残车，放在底楼，方便出行。残联来检查，竖起大拇指，夸我们做得细、做得好。而其它条线来检查，又说我们乱堆物、乱停车，成了扣分点。这让我们无所适从。

类似这样考虑不尽周全的政策、规定、做法不在少数。很多问题相关部门公说公有理，婆说婆有理，让基层左右为难。

第四个担心：

工作流于形式，不能实实在在解决百姓的切身问题

本次教育实践活动的主要任务是解决"四风"问题，基层干部群众非常欢迎。对于形式主义，基层干部的感受比较深。各部门布置的任务，各条线的试点工作，往往让基层应接不暇。关键是，忙忙碌碌，却碌碌无为，真正有实质内容的不多。有时，我们不得不以形式主义应付形式主义。

就说填表格，居委会干部应付各种检查一年要填表格达几百张，有时候突击任务，一天要填几十张。每到年底，更是表格扎堆，我们聘一个人专门填表格都来不及。

这两年还"进步"了，有些评比不填表格了，但是，要拍视频、做PPT了。专家们、评委们不来现场，就凭这些片子决定是不是先进。如此做法还怎么"接地气"呢？拍片的费用高了，花起钱来动不动十几万元。这些钱要是帮老百姓解决一些实际问题，不知多受欢迎哦！

因此，只有去掉形式主义"虚"的东西，真正以百姓关心的问题为工作导向，多做实事，少做虚功，才能让群众得到实实在在的好处。

第五个担心：

突发公共事件，不能妥善解决

突发公共事件在小区是防不胜防的，小区就是一个小社会，各类问题都能碰到。我就担心突发事件一来，我们处理不妥当。

去年年底，小区一位老太太上厕所时突然坐在地板上起不来。她的女儿跑出来找保安老郭帮忙，老郭立马赶过去了。然而，老太太扶起来了，老郭却在这个过程中突然发病去世。老郭的家属们不能接受这个事实，又哭又闹。

我很替他们难过。但论责任，真的很难判定。我保持镇定，一方面想一定要凭着良心，不能让好心人做了好事还伤心、吃亏；另一方面，我想也不能让政府为难。几经劝说，老郭家属同意由居委会出面解决。

我们动员小区居民、共建单位开展"好心人帮好心人"捐款活动。短短三天，小区居民和社区的共建单位共捐出了25万元善款。我们为老郭举办了追悼会，近半小区居民都出席了。此外，我们还想方设法，为老郭的女儿找了一份工作。老郭的家属非常感动。

通过这件事，我更坚定一个信念：只有多为百姓做好事，做实事，在突发事件面前，老百姓才可能帮助我们。真心希望更多领导干部多为百姓着想，把百姓的事真正当回事儿，不要轻易说"不"。

《人民日报》（2013年08月11日04版）

这篇新闻稿件用口述体形式，一经推出，受到上海市主要领导和宣传部门的肯定和表扬，并连续获得了《人民日报》报社精品奖、上海市好新闻一等奖、中国新闻奖等一系列奖项。记者回忆起来，很有感触地说："由此看来，用心写作的报道所有人都看得出来。还是那句话，一篇好的报道，真正打动了自己，就能打动读者。"①

对这次会议，上海媒体的报道方式很程式化：五位基层干部被请进市委常委会给领导上课，每个人讲了什么，一人一段，最后，上海市主要领导的指示、要求……这样写作没有什么错，但是，凭心而论，这样的写作方式是在写工作，并非写新闻。

一般来说，记者要学会从报道会议向报道会议有价值的内容转变。同时，也要学会从模式化的会议报道向别致的会议报道转变。这样一来，枯燥的会议新闻也会有新鲜感了。

1982年，新华社记者郭玲春采写的会议报道《金山同志追悼会在京举行》就是一个典型。

摘录全文如下，供大家学习参考——

新华社北京7月16日电（记者郭玲春） 鲜花、翠柏丛中，安放着中国共产党党员金山同志的遗像。千余名群众今天默默走进首都剧场，悼念这位人民的艺术家。

"雷电、钢铁、风暴、夜歌，传出九窍丹心，晚春蚕老丝难尽；党业、民功、讲坛、艺苑，染成三千白发，孺子牛亡汗未消"，悬挂在追悼大会会场的这幅挽联，概括了金山寻求光明与真理，为人民鞠躬尽瘁的一生。人们看着剧场大厅里陈列的几十帧照片，仿佛又重睹他的音容笑貌，他成功地塑造的爱国诗人屈原的形象，他在电影《松花江上》的拍摄现场，他为演《风暴》与"二七"老工人谈心，他在世界名剧中饰演的角色，他在聆听周总理的教导，他与大庆《初升的太阳》剧组在一道……

他1911年生于湖南，1932年加入中国共产党，自此献身革命，始终不渝。

哀乐声中，人们默念着他的功绩。30年代，他在严重白色恐怖中参加中国反帝大同盟和左翼戏剧家联盟。抗战爆发，他担任上海救亡演剧二队副队长，辗转千里，演出救亡戏剧，尔后接受周恩来同志指示，组织剧团远赴东南亚，向海外侨胞作宣传。解放前夕，又担负统战工作。他事事以党的利益为重，生前曾对他的亲人说："我首先是一个共产党员，演员是我的第二职业。"

解放后，他将全副心力献给党的艺术事业，不断进取、探索、求新，被誉为人民的艺术家。

他遭受过"四人帮"的摧残，但对自己的信仰坚贞不移。近年致力于戏剧教育，并以多病之身，担负起繁荣电视文艺事业的重任。

夏衍在悼词中称金山的不幸辞世，是我国文学艺术界的重大损失，高度评价他几十年来的革命、艺术活动，号召活着的人们学习他对党的事业的忠诚，学习他在艺术创造上认真刻苦，精益求精的精神。

他半个世纪前便结下革命情谊的挚友阳翰笙在追悼会上的讲话中说，是党造就了金山，是党把他培养成革命的、杰出的人民艺术家。

与金山一起工作、生活过的大庆人，惊闻噩耗后，派代表星夜兼程，来和他的遗体告别。在今天的追悼会上，他们说，金山是人民的艺术家，人民将会怀念他。

文化部长朱穆之主持追悼会。参加追悼会的有习仲勋、王任重、胡愈之、邓力、周扬、贺敬

---

① 谢卫群.《用最朴实的语言，写出最真的道理——〈五个担心让领导出一身汗〉写作体会》，2014年10月30日，《人民日报社》业务研讨.

之、周巍峙、冯文彬、罗青长、唐克、吴冷西、李一氓、傅钟、刘导生、赵寻、荣高棠以及文艺界人士林默涵、陈荒煤、司徒慧敏、艾青、吴作人、李可染、江丰、吴雪、袁文殊、周而复、张君秋、戴爱莲、陶钝等。

四、日常功夫抓线索

只要时时留心,新闻线索就会在有准备的头脑前突放光芒。这就涉及记者抓新闻线索的日常功夫。

(一)从家人谈资中获得新闻线索

2002年12月7日中午,《盐城晚报》副总编辑陆应铸,在自家饭桌上听到正在市委党校学习的爱人说起,上午小组发言时,该市文化局长讲了件很有意思的事情,即一个曾参加过侵华战争的日本人,在盐城参观新四军重建军部纪念馆时,看到陈列的一辆自行车正是他当年所用,这个日本人提出无论什么条件只要自行车归回自己身边即可,可是他遭到了馆里负责人的断然拒绝。

爱人是当一个谈资谈的,是个饭桌前的聊天话题,可是陆应铸的脑子却滞留在这辆自行车上面,感到这是个很好的采访线索。他马上与文化局长联系,并采访到纪念馆负责人,得知这辆自行车经历了抗日战争、解放战争、抗美援朝战争,四次更换主人,作为抗战涉外文物,全国仅此一辆,十分珍贵。于是,他写出了《一辆自行车的传奇故事》,获得此年度中国晚报新闻奖的特等奖。

(二)从别人的牢骚中也能抓出好新闻来

2001年,新华社记者李均德写出一篇消息,题目是《一美元卖掉合资企业 美国麦斯克公司"断臂"求生震动洛阳经济界》。他的新闻线索就是从别人的牢骚中来的。

原来,作为世界第二大硅谷生产商的美国麦斯克公司,在1996年于洛阳的一家企业合资,由于受亚洲金融危机的影响,市场急剧萎缩。1999年初,为防止在危机中陷得过深,麦斯克公司与中方签订协议,以一美元的价格,将投资1400万美元的生产线卖给中方合伙人洛阳单晶硅厂,撤离洛阳。中方合伙人接手后,一方面强化管理,降低成本,一方面优化产品结构,开拓国内市场,企业起死回生。当地的媒体就从中方如何救企业的角度报道了此事,反响不错。然而,洛阳市经贸委副主任唐超的一句牢骚,让新华社的记者灵机一动,采写出角度新颖、独特的好新闻来。这位副主任在与记者聊天中谈到了美方的麦斯克公司,发出感慨,"你看人家外国多好,上亿元的资产,说放弃就放弃了。不像咱们国内,宁肯让国有资产像冰棒一样地化掉,也不允许随便处置。"这完全是个人的牢骚话而已,何况已是事过境迁。但记者的思维却是敏捷的,他联系到洛阳是一个老工业基地,不良资产比例偏高,如果从外国公司果断处置不良资产的角度入手,换个角度采写这个新闻事件,也许会对那些困难重重的国有企业有所启示。果然,这篇稿件引起了更大的反响。

(三)有时,采访时,对方不经意间说的话,记者可以抓出大新闻来

2013年底,《人民日报》重点稿系列"转型升级新脉动"之陕西篇,由五位记者汇成采访组

深入陕西多地采访20余日。当来到陕汽集团采访时,陕汽集团工作人员不经意间提及了一个小细节,立刻被记者留意到作为新闻线索紧抓不放。工作人员说天安门阅兵式,拖着二炮新武器的重型卡车就是陕汽出的。记者以此脉络提问采访出军工企业转型国内市场,生产能源重卡的内容,最后还把这部分内容放在整个报道《"蹲着的秦俑"正在站起来》的前面,十分吸引眼球。

天安门阅兵式,一辆辆重型卡车拖曳着"二炮"的新武器在广场隆隆驶过,这些重型卡车就产自陕汽集团……这家著名军工企业在国内重卡市场相当活跃。

面对重卡产能过剩,陕汽一方面发挥军工科技优势,另一方面,通过政府牵线搭桥,跟清华、西安交大等十多所高校合作研发,推出一批新产品,目前新品销售已占集团销售总额25%以上。我国重卡的电子总线系统一直靠进口,"我们自己研发的产品一出来,国外厂商立刻把价格降了近一半。"副总经理王小峰说。

走进陕汽长516米、宽108米、比7个足球场还大的总装车间,最令人瞩目的,是一辆辆正列装下线的红色天然气重卡。据介绍,今年上半年,这种新能源重卡销售6000多辆,占全国市场份额80%以上。[①]

(四)有时,一些新的理念、概念,也可成为记者的新闻线索

2013年,曾提出"金砖四国"概念之父、前高盛首席经济学家吉姆·奥尼尔在其专栏中提出"金币四国"("MINT")的概念,这四个国家分别是墨西哥、印度尼西亚、尼日利亚和土耳其。对于"金币四国"("MINT")的概念,《人民日报》国内编辑率先注意到这一提法,立即与国际部记者联动,认同这是一个非常新颖的经济体概念,同时也是一条很好的新闻线索。

《人民日报》拉美北美中心分社记者吴成良、印尼分社记者庄雪雅、中东中心分社记者张梦旭和尼日利亚分社记者李凉分别在当地,针对"金币四国"这一概念的提出是否具有合理性,"金币四国"经济现状与发展潜力如何等问题进行了具体采访,四位记者联合采写的新闻调查《"做不了金砖,当一枚金币也不错""金币四国"可能带给世界惊喜》,2013年11月21日在《人民日报》发表,反响强烈,稿件被中外媒体大量转载,这篇稿件的成功,是在"金币四国"概念之"新"上。因为此前中国媒体未有有过这个概念的深度报道,这一概念在"金币四国"墨西哥、印度尼西亚、尼日利亚和土耳其不少人士都表示闻所未闻,其中不乏经济学一线研究人员。由此可见,记者编辑只要找准时间节点,抓取新概念,话题性稿件同样能够引起较大关注。

(五)记者的日常功夫中还有一个观念更新的问题

即新闻到底是什么?那些重大的、新奇的、重要的新闻之外,还有没有别的视角,小人物身上有没有新闻?

20世纪70年代以后,在新闻的选择上,一些西方媒体摒弃了过去一味追求猎奇和反常的做法,开始较多地关注普通人的生活。这一时期,一些反映平民生活的特稿相继获得普利策新闻奖,使平民化报道备受青睐。到20世纪90年代,美国新闻界把这一类报道总结为"亲近性新闻",就是关于人们日常生活的记录。它从普通人的视角出发,报道大众在寻找生活的意义与目的时,他们的行为、动机、情感、信念、态度、忧伤、希望、恐惧和成就,亦即在平凡人生中寻

---

① 费伟伟,王乐文,刘文波,田丰,姜峰."蹲着的秦俑"正在站起来[N].人民日报,2013-12-19(6).

找不平凡。

　　我国媒体也开始关注普通人不普通的命运,把视线从名人、大人物、重要人物转向普通人、小人物,或者从名人身上发掘普通人的一面。同时,从普通人的视角出发,关注底层大众在社会转型的剧烈变革中的生存状态和想法,报道普通人在应对变化时所体现出来的不普通之处。这种新闻理念的变动也在提醒记者,在选择新闻线索时,不光要注重那些重大的、新奇的、反常的、重要的人物和事件,也要把眼光集中在热点之外的冰点上,集中在生活在记者身边的生活圈里的芸芸众生身上,从他们的生存状态中找到新闻。

　　正像《中国青年报》社一位写给《冰点》栏目的读者在来信中所说的:"人活着,就是要给社会一个说法,给自己一个说法。几个掏粪工人的工作生活,沉重而苦涩,但他们比起那些上班喝茶聊天,出门汽车,进门空调,一次宴席吃掉上万元的主儿,活得灿烂。普通人占这个世界的99%,只有赢得平凡,才能赢得世界。"

　　读者来信中最后一这句话,"只有赢得平凡,才能赢得世界"可以作为记者在挑选新闻线索时的一个警示。

　　某记者的女儿有一次回家跟他说,她同学刚换的身份证,末位号码竟是X,不知道是什么意思。说者无心,听者有意。该记者抓住这条线索,就此事专门采访了市公安局人口管理处的负责人。

　　原来居民身份证的号码是按国家的标准编制的,由18位组成:前六位是行政区划代码;第7至第14位为出生日期码;第15至17位为顺序码;第18位是校验码。作为尾号的校验码是由号码编制单位按统一的公式计算出来的,如果某人的尾号是0~9,就不会出现X,如果某人的尾号是10,那么此人的身份证就变成了19位,不符合国家规定了。于是,尾号是10的就得用X代替。因为X是罗马数字10,用X来代替10符合居民身份证的国家标准。

　　记者通过采访,在自己的这篇身份证报道中,解释了有关身份证尾号为X的疑问,也对现实生活中对有X身份证人在报考、取钱等方面受到非难的情况进行了调查,澄清了有关疑难。

　　作为新闻记者,如果忘记去关注普通人的命运和想法,忘记从身边人所做所说的事情中收集新闻线索,就会忘记记者也是普通人,自己的立身之本是来自众生,服务众生。如果在选择新闻线索时总是高高在上,长期仰视,眼睛就不会再向下看了,人情味也日渐散淡了。

　　新闻无处不发生,新闻线索也四处发散,就看你是否有一双慧眼发现。时时,处处,事事。

思考题

一、新闻线索指的是什么?
二、常见的记者获取新闻线索的渠道有哪些?
三、记者在采访会议时,如何抓取更多的新闻线索?
四、在日常生活中,如何做个有心人,如何抓取新闻线索?
五、哪些人可以作为消息源,向记者提供新闻线索?
六、在会议报道中,比拼记者功夫的方面是哪些?
七、在会议报道中,记者有哪些报道视角?

第五章

采访准备

第一节 临时准备

新闻界广泛流传着这样一句老话,"七分采,三分写。"采访的成败就是写作的成败。而七分采中的"采"前,如果做到了百分、千分、万分踏实、扎实的采访准备,肯定能保证采的顺利,采的丰满,采的独特,也保证记者下笔有言,材料丰富,细节饱满,事例充分,从而让读者读起来畅通无阻,一气呵成。

做一名"你好像什么都知道"的记者吧!说这样的话底气要足,归根结底,来源于记者扎实的采访准备工作。

采访准备有广义和狭义两种。

广义的采访准备,笼统而言指的是,作为新闻记者对所从事的新闻职业所做的一切准备,如理论知识、专业训练、技能操作和职业精神、行动意识等诸多方面。

狭义的采访准备,则指记者对即将进行的某一次具体采访任务进行的一系列的准备,包括采访器材、采访对象的资料、自身心理、生理等诸方面的准备工作。本节主要讲狭义的采访准备,即临时准备。

一、为什么需要采访准备

(一)采访准备可以事半功倍

凡事预则立,不预则废。新闻记者更是不打无准备之仗。对采访活动进行周密、细致、完整的事先准备,可以事半功倍,顺利完成采访任务。

周恩来总理曾用了"蜜蜂"这个形象的比喻,来形容记者的采访工作。而一只蜜蜂要采出一公斤的蜂蜜来,必须在两百多万朵花上采集花粉。同样,记者对一次新闻采访的准备也如蜜蜂,准备得越充足,占用的花朵越丰富,形成的蜂蜜越可口。

(二)采访准备可以弥补先天不足

记者翔实的准备,可以弥补先天不足,可以增加与采访对象交流的信心,可以找到绝妙的点子提问,最终完成新闻报道工作。

金无足赤,人无完人,记者不是全才,不是万事通。但是采访活动又要求记者要高出其他人来,介入到所要采访的每个行业、每个领域、每个形形色色的人和事件中去。扎实的采访准备,可以让记者顺利与采访对象进行沟通。

在新闻界的新闻实践中,那些干出成绩来的优秀记者,在采访准备这一项上是下了大功夫的。

意大利著名记者法拉奇,20世纪60年代末到80年代初,曾采访过欧、美、亚、非等多个国家的领导人,写下了基辛格、卡扎菲、霍梅尼、邓小平等这些风云人物的访问记。她有这样一句关于采访准备的话,可以让每一位新闻记者铭刻在心。她说,采访就是一场探讨事实真相的战斗,准备工作的紧张程度简直像学生准备大考一样。

法拉奇把采访比作战斗,而采访准备就如同战前准备,如同学生大考,这样的精细认真,紧张又兴奋,这样的战战兢兢,又思前想后,以惟恐考不中的心理来拼命准备,对待采访这场战斗,难怪法拉奇屡战屡胜。凡是这样准备采访,记者能不成功吗?

美国哥伦比亚广播公司《60分》主持人华莱士是继法拉奇之后,第二位采访到邓小平的西方记者。为了准备这次采访,华莱士阅读了几乎所有能够找到的有关邓小平的文字资料,并同见过邓小平的人进行交谈。华莱士对邓小平的提问包括中苏关系、中美关系、台湾问题、改革开放,以及涉及"文革"及政治体制改革的敏感话题。访谈时间从原定的1个小时又增加了20分钟。

美国新闻界曾有人这样评价他:"就像一只斯特拉堡的鹅,有着一肚子文件、事实、问题和旁证材料,每次采访至少要做50个小时的功课。"

二、采访准备的作用

采访准备的作用,主要有以下四个方面内容:

(一)扎实的采访准备,可以使记者对采访对象有一个初步了解

对采访的人和事有充分的了解,是记者积极投入采访的一个好方式,这最初印象十分重要,能够作为桥梁迅速拉近记者与采访对象的距离,否则,极易造成采访不到位,甚至采访失败。

著名小说《飘》,在上个世纪中叶被拍成电影《乱世佳人》,立刻引起全球轰动。其中的女主角赫思佳的扮演者英国影星费雯丽——更是名噪一时,并获得了奥斯卡金像奖。1961年3月8日,她飞赴纽约庆祝《乱世佳人》的上映,一个记者去访问她,留下了千古笑柄。

他问费雯丽:"您在影片中扮演什么角色?"

当费雯丽反问他:"你看过这部影片吗?你看过那部小说《飘》吗?"

这个记者的回答是:"都没有看过。"

可想而知,这样的采访遭到的是费雯丽的断然拒绝。

可想而知,这个记者是一片空白地上阵进行这次采访的。

可想而知,这样的记者是保不住自己的饭碗的。

无独有偶,在我国也有一位这样的"二五眼"记者,由于没有进行必要的采访准备,对采

人物张冠李戴了。

某报跑文艺的记者,数年前对文学家叶圣陶先生进行了一次随机采访,他是在采访完夏衍同志之后来到叶家的。一到叶家,他首先见到的是叶老的长子叶至善,记者误认为是叶老,连忙紧紧握手,惊叹老人的年轻:"我刚从夏公那里来,您岁数比他大,可没想到这么年轻——"

这一方面说明了记者对叶圣陶一无所知,原有的信息储备几乎是零状态,然而更重要的一点,却是记者在采访前根本没做必要的准备工作,对采访对象没有足够的了解。他是听说叶圣陶家就在夏衍家的附近,临时决定采访叶圣陶的。而这样的灵机一动,最好是在有准备的前提下发生,否则只能留有笑柄。

但愿这样的笑话不要在记者身上再度发生。请做好细致的、认真的采访准备!

前些年,有个记者准备写一篇关于股市的文章,他选择的是到证券所去采访股民。到那儿之后看见几个股民正在讨论,于是他上前和他们攀谈,他问到:"最近你的股票涨了吗?"

那人笑着回答,"有两支涨了,有一支被套牢了。"

我们的这位记者不知什么是"套牢",然后紧接着问了一句"什么是被套牢了?"

那人一听,这位记者连这个最基本的股市行话都不知道,马上感觉和记者没有共同语言,于是和别人聊得火热而不管记者了。

可想而知,这个记者的采访是失败的。究其原因,我们也不难发现其实他就是忽略了采访前的准备。如果认真准备,读过一些股票方面的书籍,一定会知道并消化掉一些股票市场的专业术语,在现场采访股民时就不会闹这样的笑话了。

(二)扎实的采访准备,可以使记者高质量地完成采访任务

良好的准备工作,可以让记者理清采访思路,提出有针对性的问题,在适当的场合和氛围下抓突破口,找到最佳新闻报道点,从而高质量地完成原定采访任务。

《总统之死》的作者威廉·曼彻斯特曾是新闻记者,在谈到第一次采访美国总统肯尼迪时,他这样说,"事先规定我可以和他谈十分钟,而实际上采访持续了三个半小时。这次采访激动人心,并引出了日后的多次会见"。

为什么这次采访由十分钟持续到了三个半小时?为什么第一次采访取得了如此良好的效果,为日后多次采访总统打下良好的基础?

这得力于曼彻斯特事先大量的采访准备工作。

为了这次难得的总统采访,他查阅了总统召见的特别助理和内阁顾问的所有名单,并进行认真的分析总结,归纳出一个问题,即肯尼迪总统的这些特别助理和内阁顾问的年纪,有近80%的人与肯尼迪本人年纪接近。于是,在采访中他就自己的发现提出了一个十分新颖的问题——"肯尼迪总统,您是不是一个'同代人主义者'"?这个问题令总统玩味不已,谈兴大开。

他解释说,"我认为事先准备事关重大。对美国总统这样的人提出一个早已回答过多次的问题,这是莫大的侮辱。他很可能随即对你下逐客令。因此,你的问话应该是他前所未闻的,应该显示出你对他的生涯了如指掌。这样他就可能尊敬你,有兴趣跟你交换意见,举行会谈。"[①]

迈克·华莱士是美国 CBS(哥伦比亚广播公司)的知名记者及主持人,曾担任 CBS 著名时

---

① 杜荣进.中外新闻采写借鉴集成[M].杭州:浙江教育出版社,1990.

事新闻类节目《60分钟》主播38年之久。他说,准备工作和聆听艺术构成优秀的采访。

"当我做一项重要的采访时,我总是尽自己所能进行大量的调研工作,然后写好大约40个问题。这些都是为自己准备的。因为我了解得越多,我就会从被采访对象那里获得的更多的尊敬和关注。你几乎可以始终将那些问题放在手边,因为它们有助于理解采访的意义和你寻求的采访内容。同时,这也在采访者与被采访者之间建立了一种信任度。"

1986年,他曾经对邓小平进行过85分钟专访,最后播出了15分钟节目。通过他的采访,邓小平向全世界传递了一句令人记忆深刻的话:"中国的改革,绝对不会走回头路。"

华莱士自己总结自己说,"是一个一个的故事让我继续干下去的,这仍是发现之旅,工作带给我无穷的乐趣。"1998年,华莱士度过了80岁大寿。80岁还在追踪新闻,他当之无愧地成为世界电视历史上工作时间最长的黄金时段节目主持人。

(三)扎实的采访准备,可以使记者挖掘出新闻深度和广度

详实全面的采访准备,可以使记者心中有数,能迅速进入采访状态,在了解基本新闻事实之后,顺藤摸瓜,更深更广地获取更多有信息含量的新闻事实,同时,去粗取精,刨根问底,捕捉更多更深刻的新闻细节。

2013年初,民间办赛人士向《人民日报》社体育部反映国家体育总局小球运动管理中心打压民间办赛、审批赛事牟利等问题,严重阻碍了台球项目发展。体育部对此非常重视,派记者赴秦皇岛采访相关台球赛事,并专访了小球运动管理中心台球项目负责人。

经过认真扎实的采访和调研,记者认为国家体育总局现行的赛事审批制度中的确存在种种不合理现象,遏制了民间办赛热情,暗藏利益寻租链条,成为繁荣体育市场、深化体育改革的阻力。经请示分管社领导,在很短的时间里,《中式台球受热捧 中式八球遭冷落——社会办赛为何厚此薄彼》(以下简称《社会办赛》)一文成稿见报,因其关注的话题具有强烈针对性,同时,这一现象业内人人皆知,尚无人敢言,立刻引起强烈反响。

2013年两会之后,体育部记者通过扎实的采访不断积累素材、提炼观点,同时也更清晰地意识到:赛事审批作为体育改革搁置与遗漏的"副产品",继续存在下去只会生出更多弊端与不公。

功夫不负有心人。

就在体育部记者扎实准备中,新的契机在2014年4月出现——全国政协委员、著名篮球运动员姚明,在参加全国政协双周协商座谈会时,做了《取消赛事审批,激活体育市场》的发言,痛陈赛事审批制度的弊端,建议取消体育竞赛审批,让市场主体自由投资赛事。在选取材料时,姚明大量引用了体育部记者写的《社会办赛》一文的内容,成为其发言中有力的论据。

机遇总是垂青有准备的头脑。记者立刻专访姚明,开始再度大范围采访体育业内专家、学者和民间办赛人士,并结合此前积累的素材,于2014年4月22日至24日连续刊发三篇重头稿件:《赛事审批制度到了改革关口》《市场办赛事,咋就这么难》《行政的手,还要伸多久》,并配发评论《赛事审批之弊当除》《赛事审批的破与立》《管理赛事不如服务赛事》,成为当时此类报道中最有分量的一组稿件。

事后,采访这件新闻事件的记者陈晨曦回忆说,"应当说,姚明的发言之后,众多媒体都开始关注并参与到赛事审批问题的报道中来,但是,这些报道无论从观点、内容、架构以及声势上,都无法与本报的这一组稿件相媲美。经过长时间的关注与积累,本报对于赛事审批的来龙去脉、症结所在已经了然于胸,这为稿件的高质量奠定了坚实基础。虽然这组稿件策划和采写的时间都很短,但对问题抓得深、抓得准,对如何解决问题讲得在理、讲得透彻。这组重头稿件刊出之后,再度被各大网站转载并引起热议。"①

(四)扎实的采访准备,可以决定记者新闻写作的成败

好的采访准备工作,直接决定记者采访的成功。

《让世界了解你》的总制片人顾宜凡,曾在美国采访过一位被《纽约时报》称为人类 20 世纪最有影响的时尚摄影家佛兰西斯科·思格乌洛。尽管这位被采访者以傲慢著称,并且在约定好的时间内,让顾宜凡带的摄制组吃了闭门羹,但是,在好不容易进到他的房间见到他本人之后,顾宜凡迅速扭转了被动的状态。

他一进门就对客厅里一幅巨大的挂图评论起来。

原来那是思格乌洛一项不为众人所熟知的一个创新,是他与人合作,将摄影与一种叫"丝屏"印刷技术结合起来创作的一个作品,在采访之前,顾宜凡对这项创新的来龙去脉了解得一清二楚,这使他在挂图前的评论很有专业化的水准,令摄影家刮目相看,立刻与他建立了一种友好的气氛,并告诉了他一些独家的隐私。

在结束采访离开摄影家房间时,那位摄影家对他说:"这是我接受过的最愉快的一次采访,你是一个很棒的记者,你好像什么都知道。"②

"你好像什么都知道。"这是对记者的最高评价,这"你好像什么都知道"的背后应是记者扎实准备的功夫。谁下的功夫深,做的准备充分,谁就会较快较好地进入采访状态,与采访对象迅速沟通起来,并有可能建立良好的友情。

七分采,三分写。采访的成败就是写作的成败。

巧妇难为无米之炊。米食准备充分,质优量足,写作起来自然得心应手。记者这个巧妇,想作个好炊,米食也是个关键。而采访准备恰恰就是这个"米"。有良好的准备,就有了"好米",自然对能否做出一次好"炊",多了一层把握了。

2000 年 8 月 15 日,美国哥伦比亚广播公司《60 分钟》节目主播迈克·华莱士正式采访江泽民主席。华莱士面前摊着一份四页采访提纲——比 A4 纸略大,正反面字迹密密麻麻。采访提纲中罗列了 100 个问题,实际采访中双方一问一答 88 个回合。采访结束后,华莱士对江泽民说:我们进行了一场智者的问答。

在两位智者过招之前,双方准备了两年。1998 年 5 月,华莱士所在的美国哥伦比亚广播公司《60 分钟》栏目,通过公关公司和中国驻纽约总领事馆,同时递交了采访中国国家主席江泽民的申请。但因 1998 年洪灾的突然到来,采访只能延后。1999 年,《60 分钟》再次按照程序递交了对江泽民的采访申请。这次,又遇到了美国轰炸中国驻南斯拉夫大使馆。采访再度搁浅。2000 年初,华莱士又一次致函中央对外宣传办和中国驻纽约总领馆,言辞恳切:我今年已是 84 岁高龄,曾采访过邓小平,希望在有生之年采访中国第三代领导核心。这次华莱士如愿以偿。试想这两年之中,华莱士采访准备了多少次问题?

---

① 陈晨曦,《为推动体育改革鼓与呼——体育部关注赛事审批权的感受与启示》,2014 年 9 月 22 日,《人民日报》社业务研讨。

② 顾宜凡.让世界了解中国[M]//与传媒界名流谈心.北京:新世界出版社,2002:204.

"这第三次的采访时机选择得非常巧妙。当年秋季,江泽民要出席联合国千年首脑会议,为配合江泽民赴美,'中华文化美国行'大型系列活动将在美展开。中国比此前两年更加需要一个理想的平台,让自己的领导人在西方亮相。按照双方的约定,华莱士的访问会在江泽民访美前两天播出。

正式采访安排在2000年8月15日下午。双方有四天的准备时间。美方现场勘测非常精细,他们用28支温度计测量室内温度以确定现场色光;华莱士对江泽民的七副眼镜都了如指掌,他建议江主席戴那副意大利窄边眼镜,效果会更好;美方人员发现采访室的椅背很高,拍成画面,椅背最上端的横档会刚好出现在拍摄对象的脖颈后面。中办召集木工,连夜把座椅的椅背改低。"①

2009年2月11日,采访事隔9年后,CBS News的官方网站上曾贴出一篇题为 China's Leader Talks To 60 Minutes 的回忆性文章,称江泽民"以惊人的坦率广泛地回答了一揽子问题"。按照哥伦比亚广播公司提供的数据,有4000万人收看了华莱士对中国国家主席江泽民的专访。

三、临时准备

(一)临时准备的含义

临时准备也叫直接准备和目标准备。

它指的是针对某一次特定的采访任务所做的前期准备。这是新闻记者的日常工作准备和业务准备。

美国学者约翰·布雷迪提出了一个"十比一"的说法,他认为,经验丰富的记者一致同意,采访一分钟至少要准备十分钟。萨得·亚当斯和文弗·希克斯在所著的《第一线采访手边书》中,这样写道:"对于特稿的采访,我们建议的准备公式,是每采访十分钟要做一小时的准备工作。现在很少新闻记者能够享受这种浪费的准备法,但是这个建议是十分实用可靠的:完全的准备是重要的。"

萨得·亚当斯和文弗·希克斯提供的采访准备公式是每采访十分钟要做一小时的准备工作,我们可以浓缩为"六比一",即每采访一分钟至少要准备六分钟。这比美国学者约翰·布雷迪提出了的那个"十比一"的准备公式缩水了。尽管如此,这个六比一的采访准备公式对于每个初学者也是非常必要的!萨得·亚当斯和文弗·希克斯的这句话是针对记者的特稿采访而言的,但这是个不容置喙的真理,可以推而广之,它可适用于记者的任何一次采访。这种准备的"浪费",很多记者的确是认真做到了,这种"浪费的准备"也的确如此实用和可靠,它成就了无数位记者的成功采访。

1998年,凤凰卫视开始推出《杨澜访谈》节目。

杨澜在她"我问故我在"的职业生涯中,问过金庸先生他笔下可歌可泣的侠义精神在他自己的人生中是否行得通,也问过建筑大师贝聿铭信不信风水;她问过世界信息产业巨子安迪·

---

① 珉瑛私享茶园禅心茶韵的博客,《3小时57分钟88个回合——从华莱士采访江泽民看充分准备工作的必要性》,http://blog.sina.com.cn/cml0924.

格鲁夫,怎样从一文不值的匈牙利难民,到今天科技产业发展中的弄潮儿;她还问过"饺子皇后"臧健经历的辛酸与挫折等等。

不管是采访名流巨贾,还是采问小人物,杨澜并不认为自己是一个充满灵感的人,她特别重视采访前的准备工作。她曾说:"在我的采访中,大约有四分之一的提问是临时发挥的,另外四分之三要靠严密、充分的背景准备。做功课的重要性怎么强调都不过分。

据了解,杨澜在做人物访谈节目时,常常是案前一摞受访者的相关资料,咀嚼之后,才从中形成采访的纲要。

谈起采访准备,她这样回答——

"去采访美国国务卿奥尔布赖特时,我要先看她的传记,阅读她的有关资料,光资料就有一寸多厚,传记大概20万字,这时我才能拟出采访提纲。采访了几百人,慢慢积累了一些经验,但实在地说,采访技巧并不是人们想的那么复杂,无非是做好功课,明白自己要说什么,真诚地对待别人,眼睛看着别人,及时对对方的话有所反应,而最最重要的,没有别的,还是认真仔细地做好功课。"①

任何事情想要做得长久,都需要扎实的基本功。灵感也是需要的,但灵感是在你做了相当多的功课之后才能触类旁通的,不太可能一拍脑门就想出一个绝妙的主意。"

杨澜的访谈节目大都在一小时左右,为了能在这一小时里吸引受访者和观众,她认为要有两点准备必作无疑:一是读充分的东西,充分了解对方,才能与受访者有一个平等谈话的资格;二是要进入受访者的思维轨道,问到他们真正在思考的问题。扎实的采访前准备工作,为她铺就了一条采访成功之路。

在采访基辛格之前,杨澜至少看了他的两本著作,还有很多他在不同场合中关于外交的演讲。那段时间中东冲突非常激烈,鲍威尔正在中东进行斡旋。

杨澜问基辛格:"在1973年赎罪日战争后,你也在中东搞穿梭外交,"注意这个穿梭外交的提法,一般不太了解的人都按常规说"第四次中东战争",但杨澜作了充足的功课,用了源于犹太教节日术语的"赎罪日战争",当她说出这个词后,基辛格欠了欠身,坐直了继续听下去,在采访结束后,基辛格诚恳地杨澜说,"你功课做得非常好,令人印象深刻。"

接受过杨澜采访的英特尔总裁安迪·格鲁夫曾总结说,他来中国有两件事出乎意料,一件就是看到联想第一百万台电脑下了生产线,第二就是没有想到中国有这么出色的记者。

2002年8月9日到16日,世界著名科学家史蒂芬·霍金,来杭州参加国际数学家大会弦理论国际会议,同时参加大会的还有,同是费尔兹奖得主的著名华裔科学家丘成桐,美国国家科学院院士威腾等新闻人物。《文汇报》驻杭州记者万润龙向总部发回了16篇专稿,另有十几张新闻照片,采访报道受到报社内外的好评。

而万润龙的采访准备,在霍金到杭州的一个月前就已经开始了。

7月10日前后,浙江大学新闻办给他发来一份传真,说浙江大学将承办国际数学家大会弦理论国际会议,上面列出了一大批参加会议的人员名单及会议的大体日程。当他发现名单中有霍金、丘成桐、威腾等大批世界级著名科学家的名字,在日程表中看到有霍金举行公众演讲的安排时,立即寻找有关霍金的资料,写了一篇内涵充实,富有可读性的新闻稿《等待霍金》。(《文汇报》见报时将标题改为《霍金要来了》。)

---

① 《杨澜谈采访》,新浪网,2003年6月26日。

这篇报道成为了独家新闻,国内多家媒体纷纷转载。万润龙之所以成为第一个报道霍金要来消息的记者,除了他那灵敏的消息鼻引发的新闻敏感之外,是他大量的采访准备。他在网上至少浏览了关于霍金20万字以上的详尽资料,同时,阅读了他的专著《时间简史》《果壳中的宇宙》等等。在日后的报道中,他更是投入了时间和精力做大量的采访准备,仅在霍金答记者问之后,他为了采写《走近霍金》,仅文中一段关于霍金热爱音乐的背景资料,就花去他四个多小时的网上搜索时间。

2003年,经多方联系,《人民日报》记者张玉来获得了20分钟对2000年诺贝尔化学奖得主,美国著名科学家麦克德尔米德教授的采访。

为了准备这个20分钟的采访,他先采访了吉林大学麦克尔米米德实验室学术委员会执行秘书长、上个世纪90年代中期曾赴美在教授门下从事两年半博士后研究的张万金教授夫妇,他们详尽地向他介绍了麦教授的人生经历、科学生涯、科研方向及获得诺贝尔奖的项目"导电聚合物的发现和发展"的内涵。同时,他采访了吉林大学材料学院院长陈岗教授,了解了麦教授与吉林大学合作,组建以自己名字命名实验室的初衷和三次来华的情况。

为了确保这次采访的成功,张玉来一再请求,让与麦教授搞同一科研方向的我国塑料导电内容的权威,原东北师大校长王荣顺教授,给他上了一堂塑料导电科普课,使他对塑料导电的科学原理、科研进程、应用现状有了基本了解。这样,在心中有底之后,他详细地阅览了能够找来的有关教授的资料。有了这样的准备,与专家的对话自然就不会望而生畏了。

"当我迈进麦教授在吉林大学的办公室之前,已找到了向这位科学大师求教的感觉,对于即将进行的与科学大师科普层面的交谈有了相当的把握。那次采访定在下午的2点30分。我还有4个问题未来得及提问,时间便到了4点30分,原定的20分钟采访,进行了两个小时,可麦教授依然谈兴不减,兴致勃勃地娓娓道来,不时伴随爽朗的笑声。当我提出'麦氏实验室的科研方向是基础研究,还是应用研究,抑或两者兼而有之?您如何看待基础研究和应用研究这两者之间的关系'时,麦教授兴奋之情溢于言表,说,'想不到张先生对我和我们实验室的研究方向了解得这样深入!'兴之所至,75岁高龄的老人竟走到一块黑板前,以板书阐述起来。过后我在《人民日报》发表了一篇通讯《诺贝尔奖得主的中国情》,一篇访谈录《为中国科技发展献策》,在人民网上发表了约5000字的长篇通讯《为中国科技加油》。"[①]

从这个案例中可以看到,记者准备充足,游刃有余,顺利完成了一次高难度的采访。特别值得提到的是,本来20分钟的约定采访,进行了两个多小时,如果记者仅仅准备了20分钟的话题,那势必会临阵发慌,不知所措,丧失一个良好的采访机会。

前面提到的《总统之死》的作者威廉·曼彻斯特,他采访美国总统肯尼迪的成功,取决于他扎实的采访准备工作,从而使十分钟的规定采访持续到三个半小时。他所提出的"同代人主义者"令肯尼迪总统兴趣大开,从而奠定了日后多次会见,他也成为了肯尼迪总统的传记作家。他说,"真正第一流的采访可以让一个能言善辩的采访对象如醉如痴。如果他入了迷,采访就会顺流直下,你将从他身上得到更多的东西。这都取决于你事前花了多少功夫。"

可想而知,如果没有充足的准备,有了采访重大新闻人物和新闻事件的机会,记者不可能满载而归。

1992年巴塞罗那奥运会女子举重队决赛时,中国队主教练王文教正在看台上,国内一家

---

① 张玉来.别有天地的对话:采访专家学者的几点体会[J].新闻战线,2004,3.

知名报社记者来到现场采访他。这位记者第一句话就问:"中国队员唐九红自参加比赛以来,都分别击败了哪几位选手,从预赛、复赛、半决赛进入到今天的决赛的?"

王文教教练回答说:"我无法和你这样无知的人交谈。"

可想而知,这位记者的采访是失败的。做为进入决赛现场采访的记者,他应该了解比赛的进程及成绩,提出这样拙劣的问题,不仅成为被采访者的笑话,也被新闻界传为笑柄。

可想而知,这位记者的采访准备是空白的。

美联社记者尤金·莱昂斯就有过这样的教训和遗憾。

有一次他采访伊朗前国王巴列维,约定只能谈五个书面问题。几分钟就谈完了,而国王兴致正浓,还在等待记者的发问。他因没有准备更多的问题而懊悔不已。"我当时就在国王的办公室里发下庄严的誓愿,今后哪怕约定我只有几分钟的采访,我若不事先准备好供一两个小时谈话的问题,便决不再来到世界伟人的面前。"①

在日本,新闻记者常常要当一两年资料员,在较多地区熟悉情况,丰富知识之后再去进行采访。这也是为采访做充分的准备。

(二)临时准备的内容

它包括以下两个方面内容:

第一,报道思想准备。

记者选定报道题目之后,参照媒体自身这一阶段的报道思想,安排这次采访的报道计划,但在操作中,不一定是一一对应,而是在这个大的报道思想指导下,记者可以根据实际情况,灵活采访,并不一定要"照本宣科",只是寻找到符合它的具有新闻价值的事实。记者可以在复杂情况下,更改报道思想,同时,及时向编辑部汇报,沟通,协商下个报道思想将是什么。

需要指出的是,报道思想具有主观性,虽有指导性,却绝不能事先划了地,再让记者下去找菜种。记者面对的是生机勃勃的客观事实,一旦发现实际情况与报道思想不符,一定要大胆抛弃现有的框框,在采访中确定新的报道思想。

第二,资料准备。

确定好选题之后,与它相关的资料应迅速到位,记者须花大功夫在这些资料上,整理出要用的部分,做到心中有数,不能想当然,凭自己的经验。

2005年,北京城区夏天的冰雹较多,一些跑气象的新闻记者凭经验,就想当然地在报道中说了这样的话,"这是北京有气象记录以来最大的雹灾……",没有做详实的资料查询。结果,在一次北京气象局召开的新闻发布会上,一位已退休做顾问的专家不客气地说:"'有气象记录以来'这样的提法你是从哪里得出的?不用去资料室查询,我就可以告诉你,1969年8月底陷落在北京城区的冰雹就比今年的大。那次天安门前的华灯没剩下几个完整的。"②专家的话说得记者十分尴尬。记者十分尴尬的原因是他的确没有查资料,没做好相关的资料准备,妄谈"有气象记录以来"这句话,值得我们深思。

这些资料包括采访对象的专业知识资料和相关报道资料。

一般的准备方法有:

---

① 杜荣进.中外新闻采写借鉴集成[M].杭州:浙江教育出版社,1990.
② 游雪晴.气象新闻中的科学性[J].中国记者,2006,4:29.

(1) 查找新闻媒体以住的相关报道
(2) 图书馆的资料
(3) 机关团体单位的文件、简报、工作总结
(4) 采访对象提供的文字材料、照片等
(5) 网络上的背景资料、最新动态等。
(6) 与采访对象有关的生活资料及其联系方式。
(7) 专业背景

作为跑财经、体育、农业、城建等专业记者,有很多时候面对的是这些专业方面的专家学者,要取得与他们对话的平等资格,更要下一定的专业功夫进行详实的资料准备。然而,记者对学者、专家专业的理解,可能还不及这一专业的大一学生,采访的话题在短时间内就要完成报道,这就使采访准备显得更加急迫。

即使时间短,任务急,准备工作也不能不仔细认真地做到位。在采访中,没有捷径可走,必须静下心来恶补一通,让自己的短期记忆有货可用。在准备过程中,记者一定要补充一些必备的专业知识。掌握一定的专业背景十分关键。

记者的专业背景一方面来自自己的学业背景,所学方向,如《羊城晚报》记者廖怀凌,本科毕业于中山医科大学临床医学专业,其专业背景在2003年"非典"事件中得天独厚,所发报道深受欢迎。这是记者自身的专业背景。记者拥有的专业背景越多越好,多多益善。另一方面,记者的专业背景指的是记者新闻活动中的实践培养,了解掌握了正在采访的此行业或专业的背景知识。

新华社的记者,在采访"非典"事件中因为无法以记者身份进入现场,临时机动改换身份承担翻译之职,为前来中国考察的世界卫生组织专家翻译情况。最后身份暴露后,世界卫生组织专家称记者"更应是一名卫生工作者",正是因为这位记者长期跑卫生领域,在日常的采访中,掌握了大量卫生领域的术语,背景知识,而且英语很好,才能与专家有得一说,可以交流。

回顾"非典"时期的新闻报道,也出现了一些记者不懂专业知识,缺乏基本常识的现象,导致采访的不到位,报道浮浅、不当。

在"非典"初期,有关SARS流行后期能够建立人群免疫屏障的说法,就是有些记者将一些作为学术内部讨论的问题作为结论来报道,造成一些不良影响。当时,卫生部流行病学专家组组长,北京市"非典"型肺炎防治顾问曾光,在"非典"期间曾接受过很多媒体记者的访问,他对此感触很多——

"我感觉我们的媒体在公共卫生领域缺乏高水平的专业记者。一是记者本身缺乏公共卫生方面的常识。许多记者在采访我时都戴着口罩,还介绍其他人戴口罩,可我在这种场合就没有戴口罩。为什么?因为我有我自己基于医学常识的基本判断。是否被感染主要取决于接触机会和密切程度……不是什么场合都需要戴口罩。

"这种不专业体现在报道上,就是容易满足于一知半解,使传递的信息不准确,有时候还会造成不太好的影响。举一个例子,媒体问得比较多的问题是这个病的传播力。我在接受采访时提到,它比流感的传染性弱,也比重症流感的死亡率要低。所谓重症流感是指流感合并肺炎,它与普通的流感是有区别的,但有些媒体在报道时弱化了甚至删除了重症两个字,这在专业上是不通的。把科学家的话这样一解释,就成了错误的话了。虽然有的媒体为此道歉了,但

是影响已经造成了,无法挽回。这体现了记者的专业常识的缺乏。"[1]

长期以来,我国主要媒体是以线划分记者报道区域的,这很有现实意义,跑线记者更容易在此条战线上组成自己的信息网络,同时,也方便于记者掌握一定的专业背景知识,因此,成为专业记者也是当前新闻实践的一个趋势。像前面章节中提到的"非典"时期写出精彩报道的记者黎蘅、张乐人、白剑锋等人,都是跑线记者,在专业行业采访中占尽天时、地利、人和之机。

作为跑线的记者,在平时的采访中,应该多注意吸收本线本专业的知识,有一定的专业知识储备,在本领域进行的采访才能抓得准、说得专,发得快。这样无论突发事件,还是常态的新闻采访,记者对此领域的新闻报道可以更显专业性、权威性。新闻战线呼唤着一大批这样的专业记者。这要求记者做到以下四个方面:

一是要掌握本领域最基本的术语、专业名词、学术成果、关键用语、数据、统计数字等等,最起码对这领域有个大概的了解,不说门外话。

二是要正确运用和分析本领域中的数据、术语等,把枯燥的专业语言,转化为大众能理解和接受的通俗化新闻语言。这是专业记者的一个打太极的过程,把专业的东西自己先消化掉,再转成可以使广大受众容易明白的东西,需要日常的反复摸索和实践。

三是学会常与专家、权威人士打交道。不要只等到出事之后,再现找专家,而是平常时不时有所接触,建立长期联系,这样才能沟通及时,出现问题也易解决、弥补。

四是采访提问时,要抓重点、突破点,不要人云亦云,要提独特的问题,抓不一样的角度。

那么,如何在临时准备中弥补以上专业背景的不足?

常见的办法不外乎下面两种:

一是自我扫盲。

俗话说,临阵磨枪,不快也光。尽可能多地阅读与采访的专业话题有关的资料和被采访的专家的相关文章,特别是专业方向的普及读物及有关此专家的传记等等。这种临时突击式的扫盲准备,对专业方向的采访是有效的,可以缩短与专家学者在专业方向的陌生感和距离感。

二是外围突击。

要想搞定一次较重要的专业采访,时间又相对充分的话,可先从专家和学者等权威人士的外围入手,采访他的弟子、同仁,掌握他生活圈内的细节,从外围渠道了解核心人物和核心话题的一定知识。这种被《人民日报》老记者张玉来称之为"无形短训班"的准备方式,可以让记者从第一阶梯获取相关的资料,在与大师、专家和学者的交谈中省却最基本的采访问题,从而直视中心话题,这样就不会浪费专家们的时间,也不会因为一些启蒙式的提问,而让对方笑掉大牙,甚至不屑与记者交流下去。

当然,平时零碎时间,对于专业方面各种知识的点滴积累,更是让记者受益匪浅的。

除了这些自我读书,补充相关专业知识之外,每一次专业的采访准备和采访经历,都是为下一次采访在做积极准备。像参加各种国内国际的学术交流会,参加专业学者的科研项目的申报会、审批会及相关的验收活动等等,都要用心收集各种话题,并注意关注此专业的专家学者的个性特征、思维方式、精神世界及与他们聚焦在一起聊天的方式和个人爱好等等,时间长了,就会耳濡目染,成为这个专业方面的专家式记者。

有了这样扎实的准备和积累,在以后的专业采访中,记者自然而然就不会对所采访的专家

---

[1] 周燕群,朱天博.曾光眼中的公共卫生报道[J].中国记者,2003,6.

学者发怵，也不会对专业方面的发展动向产生小儿科式的提问而贻笑大方了。

(三)问题设计

一般来说，对于一次具体的采访，记者要提前做好问题设计，即使不写出来，也要在脑中过一遍，选择一番，哪些是这次采访要提出的重要问题。对于采访的问题设计，大多有以下六个方面的内容：

(1)采访需要提出多少个问题？
(2)哪些是边缘话题，哪些是核心话题？
(3)哪些是应机而变的灵活话题？
(4)提前设计好的问题中，如果在采访过程中出现一些变化，哪些问题可以舍弃不提？
(5)哪些问题必须再重新提起？
(6)哪些问题还可以引出对方说出未知的新鲜东西？
等等。

有备才无患。良好充裕的资料准备，经过记者的充实思想和过滤形成的问题，一定要打出足够的量来，就是说，即使对方既定了时间，需要提五个问题，也要预备出至少三十个或五十个问题来(即前面所讲的采访准备公式六比一或十比一)。

实践证明，如果记者事先没有准备好充足的问题，在采访过程中，一旦事情有所变动，记者不仅会感到冷场，心慌意乱，在现场狼狈不堪，而且还会抱撼终身。

尤金·莱昂斯是美联社名记者。他曾经对斯大林进行过一次采访，事先约定好只能采访两分钟。两分钟以后，可斯大林并没有结束谈话的意思。而他当场却提不出更多的有准备的问题。他事后说，"我在斯大林办公室尽管呆了近两个小时，但使我一辈子后悔的是，当时没有乘机提出富有意义的问题。"

在很多的新闻报道中，众媒体记者面对的是同一位采访对象，一定要设计好独特新颖的问题，吸引受访者注意并引起对方对你这个问题的回答欲望。

2002年8月11日，霍金答记者问的时间是1小时左右，从记者提问到翻译成英文，他可以回答的问题不可能很多，而现场采访的记者却很多，因此，要争取到向科学家提问，其前提就是设计好独到的问题，超越其他媒体记者的寻常思路，同时又是读者关心的。

《文汇报》记者万润龙成为其中的佼佼者。他抓的角度不是大家关注的霍金的科学家身份和工作业绩，而是有关霍金生活情感的一个问题，"霍金先生，您所经历的磨难是常人难以承受的，而您对人类作出的贡献也是超越常人的，除了享受科学研究成功的快乐之外，您最大的快乐是什么？"

结果，在记者们向霍金所提的80多个问题中，它脱颖而出，被霍金选中，成为十个必答的问题；而在2002年8月11日下午4时，在霍金面对记者准备回答问题时，又临时决定取消其他记者的两个问题。霍金对万润龙提的这个问题非常乐意回答，他的答案是："我热爱生活，享受生活，我从音乐和我的家庭得到巨大的欢乐。"

(四)采访设备准备

这种准备主要包括采访本、笔、录音(像)机、磁带、相机、电池、胶卷、手机、电脑等通讯工具，汽车等交通工具。

记者在每一次采访之前,一定要检查采访设备录音机、摄像机、相机等是否处于正常工作状态,包括自己的手机电池是否充电,并带上较充足的备用品。手机或电脑的接通电源线要带好。摄影摄像的胶卷、磁带是否是空白的,如果是老带子使用,要提前消抹,同时检查是否能保证使用质量。

要多带几支原子笔或钢笔,采访本要有一定的空白空间,另外,要对交通车辆进行检查,保证采访的顺利进行。

在采访中最恼火的是没带够电池、磁带、胶卷、纸张,甚至是笔。

采访中也会遇到非常特殊的意外,记者要善于应对,不能慌乱无张,耽误采访。因此,在记者的采访准备中,还应包括自救,学会一些应急的方法。

在关于神六飞天的报道中,《新京报》摄影记者赵亢,于2005年10月13日,早早守在酒泉卫星发射中心,从凌晨4点开始,突降大雪,他和同事宋书良在漫天飞雪中焦急等待神六的发射。早上七点时天放晴了,但有一个意外突然发生了:

"经过三个多小时的冰冻,我的相机打开电源时,突然没有了显示。冷汗一下蹿上脑门。唯一的急救办法就是,赶忙将冰冷的机身放进怀里取暖。'30分钟准备',8点半,我们听到喇叭里传来洪亮的声音。我从冻得有点麻痹的精神中突然苏醒,快步奔向发射场禁区,庞大的神六火箭已静静地竖立在晨光中。我赶紧向人群背后的山坡跑去。"轰"神六在一片耀眼的火焰和烟雾中逐渐升起。震耳欲聋的声音像一堵气墙,猛烈地冲撞着我的耳朵。快门声响成一片,十几秒后,火箭进入云层,完全脱离了我的视线。"[①]

这一张经过记者暖身,寒冷等待一夜的珍贵照片成为了《新京报》第一个号外的封面大图片。

试想想,记者在采访现场,即使有了充足的机器准备,突遇天气转变,使用不上该是多着急!光急光冒冷汗不行,应迅速想到应急的措施。赵亢采用的是用自己的体温来暖机身,解除了一时之危。

当然,在采访之前、之中,都会有各式各样的意外发生,这一点,在记者做采访准备时应该提前想到,防患于未然。

作为记者,现在的采访设备发达了,有小型的录音笔,也有微型的录音机。不管什么的录音设备,绝不能小瞧它的录音功能,记者要善于运用它们,确保自己采访万无一失。

在采访中,记者要敢于摆放录音设备,特别是有时在公开的场合,如座谈会,会场等,要不失时机,抢占有利的摆放位置。别嫌害羞,抹不开面子。采访是第一位的,面子永远是第二位的。

1993年,记者胡舒立参加一个由经济学家于光远组织的关于市场经济的座谈会。所有的人都坐在原地,记者也不动。只有不肯循规蹈矩的胡舒立一个人,在会场上走来走去,把录音机摆在每个发言人面前。结果也只有胡舒立一人把这个座谈纪要,准确无误地整理出来,发表在报纸上。

胡舒立之所以后来被称为中国财经记者第一人,与她敢用、善用录音机不无关系。她在《中华工商时报》跑新闻时,一直使用这个笨方法,一个小时的录音要用四个小时来整理,弄不明白就去查专业书,她说,"世界上最好的办法可能就是最简单的办法。与比你水平高出很多

[①] 2005年11月11日,《新京报》两周年纪念特刊。

的学者访谈,一定要用录音。我的办法就是反复听,逐字逐句地听,只有这样听才能完整地理解学者所表达的意思,才能体会出当时的感觉。用这种方式对学者采访,不仅是一个我学习的过程,更是我建立信誉的过程。"①

(五)采点

在时间允许的情况下,要对这次采访的一些基本场所,进行场地、人员、设备安装、采访位置等多方面的安排,以确保采访顺利进行。这种行动,新闻界一般称之为"采点",也叫"蹲点"。

2002年2月21到22日,美国总统布什对中国进行了他就职以来的首次访问,第二天到清华大学进行演讲。

新华社对布什总统访华在清华大学的演讲报道,进行了周密布置。为抢时效,加强前后方的联系,及时把现场稿件传回编辑部,报道组决定事先在清华演讲大厅附近架设一台传真机。就在布什总统来清华大学的前一天,新华社记者陈刚和吴晶就去现场踩点,与清华大学有关领导接上头。吴晶的父母都在清华大学工作,利用这个便利条件,她找到熟人,顺利地借到清华演讲大厅前侧的一个房间,并要到了房间钥匙。

这个踩点是非常重要的,在事后的正式采访中起到了关键作用。

在第二天的现场采访时,记者发现各大媒体的摄像机和提取机都已架好,但所有文字记者却被安排在大厅的后台,与现场的学生隔开,看不见演讲台,只能通过一台小电视来收看现场直播,这样一来,新华社的记者根本进不了现场,更不用说进入事先借用好的前场侧面的房间了。情急之中,新华社的记者找到中方一位安保负责人,告诉他新华社已经和校方说好,事先在前场借用了一个房间。

那位负责将信将疑,说:"只要你们能把里面的房间打开,便让你们进去。"记者赶快拿出钥匙,在保安人员的陪同之下,把房间打开,顺利进行了报道现场。事先的"踩点"工作在这次采访中解了现场的燃眉之急,也保证了报道的成功。

同样,在最后一天的报道中,新华社记者又提前"踩点",到达布什总统要去参观浏览的八达岭长城,通过外交部的帮助,在等候的人群中找到了即将陪同布什总统参观的中国长城学会秘书董耀会,向他了解八达岭长城的有关情况,并委托他在陪同总统游长城之后,向新华社记者专门介绍他在陪同布什总统浏览时所发生的情况。这样,新华社的记者就比其他媒体多了一个信息来源的渠道,而且是一个权威的信息来源渠道。

为防止意外的发生和保证采访的顺利进行,记者还事先借好一架高倍望远镜。果不出记者的意料,布什总统到达八达岭长城后,美方安全人员让记者们站在距离布什总统下车点很远的地方,而让白宫记者抢占良好的采访地点,并让他们先上长城。之后,再让中方记者跟在其后。在中国记者们还没站稳脚跟之时,布什总统夫妇已经在外交部副部长李肇星等的陪同下登长城了,而且,很快在保镖们的保护下远离了记者的视线。这一切的发生,远离现场400多米的下边的记者根本看不清楚。

惟有新华社的记者,因为事先准备了高倍望远镜观察得一清二楚。他们还在布什总统下长城之后,追访了长城学会秘书董耀会和布什总统的英文导游,八达岭长城管理处的人,以及在长城上与布什总统合影留念的北京实验二小的师生,获得了许多细节,报道出独家新闻《长

---

① 摘自《青年记者》,2002年第1期。

城依旧,中国已今非昔比》。

其时,很多时候来不及提前采点,但只要及早进入采访地点,也等于就抢占了报道先机。

2001年11月9日,WTO第四次部长会议要在卡塔尔首都多哈举行,这是决定中国是否加入世贸组织的一次关键之会。《北京晚报》记者郭强、候振威在做好日常采访准备之后,决定抢先到多哈采访地点熟悉情况。他们11月5日出发,6日凌晨到达卡塔尔,一大早就去组委会联系办理采访证事宜,因为动手早,是众多中外记者中第一批拿到采访证的记者。

拿到采访证当天下午,他们就来到大会的主会场,当时会场正在进行安置工作,安保工作还未正式启动,使得他们得以有机会进入主会场,并采访到了布置会场的独家新闻。第二天,当大批记者来到多哈,不仅住宿、办理采访证成问题,而且大会的安保工作明显加强,主会场已封闭,晚于11月8日到达的记者根本就办不上采访证了。

先到新闻发生地点,第一时间进入采访状态,这是做好采访的重要保证之一。不可忽视。

(六)拟定采访大纲

这是记者采访前准备的最后一个重要工作,这里包括设计多少问题,采访哪些方面,涉及多少人员、地点,时间安排以及出现意外的措施方法等。一般说来,采访大纲主要包括以下六个方面内容:

(1)此次采访中最主要的问题是什么,确定重点采访对象、一般采访对象和有关的外围采访对象。

(2)最主要的采访场所是什么地方,单位、家里或是公开场合等。

(3)主要采取什么样的采访方式,如个别访谈、开座谈会、参加会议、工作或生活现场观察等。

(4)具体提问的问题,宁多勿少,宁宽勿窄,有一定的富裕量以备不时之需。

(5)应急方案。如果出现意外,如何处理。

(6)采访时间的总体安排。

第二节 平时准备和思维方式准备

一、平时准备

平时准备,也叫间接准备和长期准备,它不以一次采访活动为目的,是一种新闻工作的长期积累工作,范围较广,战线较长,随时随地都在进行之中。

平时准备,虽然是一种没有固定目标的非具体化的准备工作,但效果非凡,常出其不意地取得非同寻常的成果。这是每个新闻工作者的能源基地,作用难以估量。

所谓这样的老话:台上一分钟,台下十年功。平时准备就是每一位记者的十年之台下功夫,缺之不可。平时准备的内容可包括以下四个方面:

(一)记者平时要学习研究各种理论政策,对过去、当前及未来形势发展态势了然于胸

这是因为,新闻和政治一直密不可分。我国新闻事业的定位是作党、国家和人民的耳目喉舌,要求每一位新闻记者都要学会政治家办报。这就要求每一位新闻记者,在平时就必须熟悉党的路线方针政策,掌握马克思主义理论、毛泽东思想、邓小平理论、三个代表思想、科学发展观、伟大的中国梦等理论内容,了解掌握宣传政策和策略,学会分析当前的事例与政治形势的关系等等。

(二)记者平时要了解全局情况,如全国、全省、全市的情况,特别是跑线记者的行业、专业、领域的全局动向

新闻是一个个鲜活的事实,但它总是在一定的社会、政治、文化等大背景下发生的个别的事,个别与一般总有联系。掌握全局情况,就是了解新闻的背景,知道面上的东西,对最新发生出现的这个新闻才能有判断和敏感。

(三)记者平时要有较全面的知识准备

凡是记者平时感兴趣的事物,它涉及的知识类别,这些知识准备是最易记住的。记者做这样的准备对日后的新闻报道有益无害。

另外,仅有兴趣是不够的,记者平时还要扩大知识面,结合本职工作,做特殊的知识积累。比如财经记者的经济、金融、证券等专业方面的知识学习。

还有,记者应该不断更新原有的知识储备。这样,真正做到成为一名既有专业、行业知识准备,又有全面社会生活知识积累的"十字"科记者。

(四)记者平时要做细心人,广交朋友

与肝胆人共事,从无字句处读书。记者自己身边人、发生在身边的事情,亲朋好友的行为处事、兴趣爱好,自己和他人的社会经历。这都为以后未知的采访题材和采访对象留了一条契机,如同阿里巴巴的"芝麻开门"。来自社会学习、工作、生活各方面的点滴经验和常识,都是未来打开新闻采访之门的独特钥匙。

广交朋友,视野开阔,打下一定的人事关系基础,既能快速掌握新闻线索,也能在新闻采访中突破某些限制,顺利完成任务。

二、思维方式的准备

记不得是哪个哲人说过这样一句话,成功与否,关键取决于他的思维方式。
新闻记者的新闻思维方式指的是哪些方面?

(一)思维方式的内容

1. 形象思维

形象思维,是各种艺术创作过程中主要的思维方式,也是表现新闻采访报道新闻事实的主

要思维方式。

所谓形象思维,就是把看不见、摸不着的、枯燥、难懂的东西,用看得见、摸得着、想得明、懂得清的表达方式形象生动地表现出来。

科学家对人类记忆特征进行的研究表明,人类对形象的记忆力远胜于对抽象的记忆力。体现在新闻采访与写作中,形象思维就是用具体的形象来反映现实生活,让读者产生如临其境、如历其事、如见其人,如闻其声的效果,而不是把活生生的现实概念化、口号化。

例如,用抽象的语言来讲,"这个人很生气"。用形象的语言则可以这样表达:"这个人猛地一跺脚,使劲一摔门就走了。"

记者在新闻采访中,如何做到形象思维?

第一,要尽量注意采集受访人形象可视的动作,多使用动词而不是形容词和抽象的词语。记者把现场采访、观察得来的第一手材料进行筛选、整理等综合加工,使之成为丰富生动的新闻形象,这个过程就离不开记者的形象思维能力。

第二,即使是经济、科技类专业新闻,也应尽可能多地运用记者的形象思维,力求做到具体形象,生动,让人爱读。

媒体常见的一些专业报道,最简单的写法就是罗列数据,堆砌事例,但十分枯燥,读者抗读甚至厌读。如果记者在采访中运用形象思维,使新闻特别是专业新闻报道形象化,效果就不同了。

《无锡日报》记者有一次到无锡血站采访,该血站的成分输血在全国处于领先水平。但什么叫成分输血?记者不懂,相信非专业的读者也不懂,如果按程式化的报道直接说成分输血,稿子的传播效果就会大打折扣。

记者深入了解到血液有很多成分,先进的成分输血就是把血液分离成9种成分,病人需要血液中的哪一种成分,就给他输哪一种,见效快。于是记者的消息开头就运用上形象思维,这样写道——

"血!这生命的朝霞,已被过滤为九色光芒,分别沐浴着不同的人体。人体需要输入血液中那种成分,就提供哪种成分——"①

页岩气是近年来异军突起的非常规天然气,全球特别是北美地区页岩气开发利用方兴未艾。我国的页岩气储量丰富,国家明确将页岩气勘探开发确定为战略性新兴产业,如果能得到有效开发,不仅对满足我国不断增长的能源需求、促进节能减排、优化能源结构、保障能源安全具有重大战略意义,而且将为未来经济社会发展注入巨大动力。

《人民日报》重庆分社记者李坚到重庆涪陵采访页岩气开发情况。他搞不太清楚页岩气这到底是个啥东西。为此,记者两次深入开发现场,并将已撤回成都的前期勘探工作人员请回来,连续聊了四个多小时。页岩气开发很专业,怎么能让普通读者看"懂"呢?别无他法,就是一遍遍改,一次次磨,力争找到形象的表述。

比如,记者的稿件中写与北美相比,我国南方地区页岩气形成、富集、保存有一定差异性,记者用形象思维转化出来的表述是这样的——

"北美地质条件稳定,地表平整,就如一个光滑大盘子;而我国南方地质条件复杂,则如这个盘子摔碎在地上,还被踹一脚,碎片更凌乱。在这种地质条件下,即使存在优质页岩,如果保

---

① 陈宗安.务求"贴近"凝笔端[J].新闻战线,2004,2.

存条件不好,页岩气也会慢慢流失。"①

李坚记者在表达页岩气开发难度大时,使用尽可能通俗的语言作出了专业表达,"常规油气储存在砂岩中,孔隙大,渗透率高,一口井打下去,气就往外冒。页岩气储藏于页岩层或泥岩层中,气体间孔隙大小以纳米计算,渗透率低。"记者接着又补充了一个比喻:"如果将常规油气开采比作静脉采血,那页岩气开采就是毛细血管采血,一个字,难!"②

2. 延展发散性思维

延展发散性思维特指思维的联想性。由某个事件迅速联想到另外一个在其它时间、地点、人物身上发生的另外一件事情,找出他们中间共同的东西。也就是说,在一个新闻事实发生之后,记者脑子联想的能力要强要快,看到它与其它已经发生、报道过的新闻事实之间存在的关系是什么,有没有必然的联系。

世界上没有孤立的事物,新闻的根源是客观事实,事实之间存在着千丝万缕的联系,这需要记者开动脑筋,就这一事实进行发散性思维。

在江苏《通州日报》获得2002年度好新闻稿件——《两部手机"打通"一个工业园区》中,记者瞿汉金和赵勇就运用了这种发散性思维方式。

2002年6月10日晚,通州开发区建区10周年的庆祝活动结束之后,记者请开发区的同志邀两位"老外"聊聊通州的投资环境。马来西亚工业园的游先生和周源应邀而至。

游先生谈了这里的治安环境好,同事在此办厂数年,无需砌围墙;有一流的职业中学,不愁招不到技术工人。

周源则兴致勃勃谈起自己两部手机的故事,一部坏了,"周游列国"没修好,在通州不仅修好了,而且收费合理,发票齐全。另一部手机丢到通州的出租车上失而复得。他戏称马来西亚工业园是这两部手机"打通"的。

当时记者只觉得故事有意思,记下来。一个月之后,记者看到《新华日报》发了篇《三元钱"换"来八千万》的报道,说的是赣榆县一位人力车夫送一外商,外商付了五元钱,而车夫只收三元钱,外商很感动,决定在此县投资八千万元兴建一个项目。

记者眼睛一亮,忽然想到了一个月前,马来西亚园周源先生说到的两个手机的故事。举一反三,记者觉得这两部手机与一个工业园区的诞生,和三元钱换来八千万的报道之中有着共同的地方,那就是从侧面反映出了让外商放心的投资环境。于是,他再次拾起搁置一个月的新闻线索,开始细致入微的采访核实,找手机修理店,找出租车司机,终于采访出一篇好报道。

3. 多向追踪性思维

多向追踪性思维,顾名思义,就是新闻记者采访新闻的角度要多,挖新闻要广且深。这里涉及到一个新闻报道的角度问题。

在多向的追踪中,记者掌握详实的材料,对最后的成稿帮助不同凡响,在多向之中最终抓住了独特一向,即形成一个新颖的报道角度。

记者要爱刨根问底,不达目的决不罢休,从各个方面对新闻事实进行采访,不仅速度要快,力争内容要广,报道要深。

这三种思维方式并不是穷尽了记者的采访报道的思维,只是在记者采访过程中比较常用,

---

① 李坚,《我离成长有多远?》,2014年7月15日,《人民日报社》业务研讨"我在分社这一年"之五。
② 同上。

这里不再多举其它的例子。

(二)新闻思维的特征

一般来说,新闻思维的特征主要有以下两个方面:

1. 创新求异性

这个特征符合新闻本身的特点,新闻贵在一个"新"字。

我们不妨谈谈独家新闻的观念。

美国CNN集团副总裁依森·乔丹说:"现代新闻报道已经不在于对某一个新闻资源的独家占有,而在于怎样去处理,去'烹调'它的内容。"

知道这一点非常重要。

记者在采访报道同一新闻资源时,比拼的就是如何"处理"和"烹调"它的内容。

肖培在《关于北京青年报新闻改革的十个问题》一文中指出,"在今天,独家新闻的概念已发生了深刻的变化。独家新闻已不仅仅意味着抢到了第一落点和第一时间,它还意味着:独家观念、独家视角、独家方法。要力争对同一新闻事件,挖掘出比别人更深入的新闻事实;通过对已知事实重新安排,亮出新的观点、思想。尤其是要注意已知新闻背后为读者所不知的事件成因、道理和走势;记者可以运用类比、借喻、资料分析等手法,运用独家方法交代事件。"[①]

2003年7月17日,《湖北日报》刊登了《尴尬的阻击战——双汇市场遭遇解析》,正是创新求异思维在新闻实践中的成功运用。

2002年"双汇"冷鲜产品开始进入湖北,但发生了一系列针对"双汇"的事件,如扣车、罚款、责令整改等。记者从一份鄂东11个市县食品公司联合递交湖北省委、省政府的材料中,看到这些事件背后的联系。在这盖有11个图章抵抗"双汇"入鄂的材料之外,记者采访发现湖北省委省政府是积极支持"双汇"入鄂的,因此,记者发现这11市县发动的其实是一场尴尬的阻击战。

为什么会这样呢?

记者的思维并没停留在新闻的表面及相互的连串上,而是联系到改革开放的大环境上,找到独特的报道点,即湖北省的发展环境不畅,地方保护主义其实是阻挡不住市场的冲击和消费者的需求的。结果,这篇独特的报道获得了2004年湖北新闻奖一等奖。

2. 逆向反省性

逆向反省性指的是记者专向事实的对立面上进行探视,反省前因后果,找到一些事物表面现象所隐盖的实质问题。

获知新闻事实之后,记者要多问几个为什么,多进行逆向思维或是换位思考,从而用自己的独特思维方式指导采访写作,采用与众不同的报道方式和报道内容。

在有关纺织品贸易争端的相关报道中,常规的报道模式是关注中国纺织业本身,直接分析报道贸易争端对我国纺织业的影响。如果记者换个角度思维,找到逆向的新闻点,那么,报道就会与众不同了。《21世纪经济报道》的记者正是这样做的。

2005年5月30日,在这篇题为《美国纺织品采购团追踪——"不敢接单""不愿接单"》的相关报道中,记者连续追踪采访了72家美国贸易商在浙江的组团采购活动,将思路切换到对

[①] 肖培.关于北京青年报新闻改革的十个问题[J].新闻战线,1998,1.

立面美国的角度,着重谈美国人眼中的中国纺织业,给人耳目一新的感觉。①

(三)做新闻采集的独立思考者

邹韬奋曾撰文说:"我们以为无论做人做事,宜动些脑子,加些思考,不苟同,不盲从,有自动的精神,有创作的心愿,总能有所树立,个人和社会才有进步的可能。"②

总之,新闻记者绝不是简单的新闻的采集和纪录者,他应该是在新闻采集行动中的思维活泼者和思考者。

《财经》杂志有一位学术顾问汪丁丁先生。他曾经为《财经》的主编胡舒立的一本书《新金融时代》写过一篇评论,里面有这么一段话:"新闻是思想史的一部分,是社会反思与社会批判的手段之一。一个理想的新闻记者应当具备两个条件:一,对于社会主流文化的永恒的批判态度;二,对一切事物的异常敏捷的理解能力。"

这段话很有意思。

在新闻界,很多人同意把记者作为历史事件的参与者和旁观者乃至记录者来看待的,讲求报道新闻的行动性。但是也有很多人忽略了记者的独立思考能力的培养,和对新闻事件报道的独立思想的能力培养。

汪丁丁先生是位著名的学者,他把记者归入社会知识分子的队伍之中,从这个角度提出了对于社会主流文化永恒的批判态度,要和社会主流文化保持一定的距离,是客观的、以批判的态度来对待,或者是要有这样一个观察事物的角度;这样才能不断推动我们的社会向前发展。实际上他谈到记者首先要有知识分子的立场,就是本书在此提倡的记者思维方式的独立性。

女记者董月玲是《中国青年报》专栏《冰点》中,发表稿件较多的记者。编辑评价她是一个非常肯下功夫的记者。为写《冯骥才哭老街》,她通读了冯骥才的所有作品。《追踪一支藤》虽然是编辑派给她的题目,但如果没有她大海捞针的执着和四方求解的功夫,一支藤也无法引发后来轰动性的连锁反映。

她也是一个有独立思考能力敢于创新的记者。

除了像其他记者一样肯吃苦、肯扎进采访现场之外,她在不断地反思。记者是个容易产生惰性的职业,对相同的题材挖掘相同的思想,省事不费力。但董月玲能够有意识地突破这种限制。

1995年,她曾经采访过一个重庆截瘫的导演带着一帮人搞希望工程的题目,写成《站到镜头前》,表现了捐助者的无私奉献和受捐助者的感激。对这样一种写法,她并不满意,认为没有挖掘到另一层主题:希望工程使陷入城市文明漩涡的人得以自救和自赎。

正是有了这一反思,促使她在采写《不是为了得到》这一报道时,能从一个全新的角度来写志愿者:志愿者帮别人,付出了善良也收获了善良,而帮助别人就是帮助自己。

在《冰点》关于志愿者的题材中,这个角度是个突破。没有思考,就没有发现,从不新颖的选题中发现新的角度,有赖于思考。

新角度、新观念有赖采访时的发现,而要在采访时有所发现,就必须抛开先入为主的观念的限制,按照事实本来的面目去认识事实。真实是分层的,剥离的层越多,离真实的那个核儿

---

① 蔡骐,吴楚轩.构建经济报道的多元话语场[J].新闻与写作,2006,2:43.
② 邹韬奋.肉麻的模仿[J].生活,1928—8—12,3(39).

就越近。因此,接近真实,就要尽可能多地掀开事实的层面。多掀开一层,就会多深刻一些,多个性一些。

董月玲写《北京女记者与陕北歌王》中的李亚榕,自费八万多块钱,给一个素昧平生的农民歌手拍 MTV,可以说她是为了保护民族文化音乐,这自然都是利他的动因。但记者并未仅仅停留在此,而是进一步挖掘,写她做这件事的主要原因是她的兴趣和爱好,是她的重名胜于重利的想法。文章发表后,连李亚榕本人都承认《冰点》中的她最像她自己。

董月玲也经常在写作上做一些突破的尝试。

《一个破釜沉舟的人》,通篇采用了主人公自述的形式。因为主人公是个农民陶艺家,性格中有执着、自信的一面,也有偏狂的一面,这些特点都通过他自己的述说直观地表现出来,如果是记者转述,反而显得生硬。

《没人要?我要!》写的是一个并不新鲜的题材:一个老师用爱心和理解改造"差等生"。文章由老师、学生、家长的自述构成,从不同的角度表现了同一个主题,写法的创新某种程度上弥补了新意的不足。

思维方式的不同,意味着采访角度的不同,也意味着记者获取不同的新闻材料,形成与他人不同的报道作品,产生不同的传播效果。

还等什么,尝试突破原有的思维方式,尝试开始新的思维方式,行动吧,就在日常生活中,就在新闻采访中,也在新闻稿件中。

三、新闻采访中的"霍桑效应"

"霍桑效应",是西方研究人员在 20 世纪 30 年代发现的,发生在美国芝加哥西方电器公司的霍桑工厂中一种现象。研究人员发现,当答应给一群装配电话机的女工,以月经假期、提前下班及工作期间提供一餐热食时,她们的工作产量就增加。但是,当后来这些优惠条件取消后,她们的产量也没有下降。

研究者开始无法解释这一现象,后来认识到,这是由于女工们正在受到研究者的注意而造成的。所以,这样一种因受到他人关注而改变本来面目的行为方式就叫霍桑效应。

什么是新闻采访中的"霍桑效应"?

说得通俗些就是,记者在进行采访时,面对的被采访者有可能夸大或隐瞒事实的情况。也就是面对记者的采访,受访者有意无意地进入了一种"接受采访"状态,说话的口吻、语气、用词、对事情的看法和评论都和往常状态不一样,都适应于公开场合上他认为"应该"的样子,而不是他本来"自然"的样子,与平时真实的自己仿佛换了一个人一样。这种因受到媒体关注而产生的"霍桑效应"屡见不鲜。非常值得记者注意,并且应该避免在采访中出现这种状况。

北京某劳模与记者私交很好,聊天时眉飞色舞,说话精彩,评论到位。但是只要记者一伸出话筒录音,她的神情就端庄起来,正襟危坐,不苟言笑,说得话都是"作为共产党员和劳模应该咋样咋样"的套话,官话。记者奇怪,让她重新说没伸话筒录音前的大白话,老实话,围观的群众却见怪不怪了,大家跟记者说,没用的,劳模跟我们说话都好好的,只要一上电视,一说就离谱,唉,我们也习惯了,她也不容易,还不是怕出娄子,面子上得上纲上线啊!

这就是"霍桑效应"在劳模身上起了作用,在镜头面前,日常的话语系统自动生成"高大上",缺失了她的原生态内容。

国内有部很不错的电影叫《十二公民》,里面也讲到了普通百姓面对镜头被采访时的"霍桑效应"——

片中"富二代"被怀疑是谋杀生父的杀手,报案的是生父楼下一个瘫痪在床的老人。他说他亲耳听见"富二代"说,"我要杀了你!"之后不久,就听到有人倒地的声音,打开门看时,看到富二代匆匆跑下楼去。这位老人在接受电视记者采访时一再肯定杀手就是富二代。

片中陪审团成员还原现场,推翻了老人的指控,原来就是因为老人被电视台记者采访这一关注行为,下意识地提起老人的自尊,他想被人关注,这并不是他故意说谎,只是努力让自己相信自己是对的。这也是一种"霍桑效应"。

前些年,某电视台记者对下岗工人再就业问题进行专题采访,记者抓起话筒,在街头随机采访了几个摆地摊的下岗工人。

记者问:"请问,生意还可以吗?"

一下岗工人回答:"好呀,一天赚个十七八块没问题!"

等记者走开,这个下岗工人便对旁边人实话实说,"好什么呢!一天赚的还不够一天花的。"

于是,有人笑而发问:"那你刚才干嘛说得那么动听?"

"唉,记者就是想听这些好听的话,再说,我自己也不能在那么多电视观众面前掉价呀,说自己怎么怎么寒酸,不怕儿子将来难讨媳妇吗?"[①]

每个记者都要在采访中,对这种因接受被媒体关注而产生的"霍桑效应"有所警惕。记者要深入采访现场,了解被访者的心理,多与其沟通,多征询其他人的意见,不能偏听偏信,取一家之词,也不能蜻蜓点水,应付了事。

因此,记者在采访过程中,要进行细致的观察,察其言观其色,从对方的神情、态度和身体动作等等这些非语言文字中,判断取舍,减缓或减免"霍桑效应"的发生。

第三节 全天候采访准备

一、全天候采访准备

(一)含义

记者是一种全天候的职业,没有八小时工作制,当新闻来了的时候,记者是不分昼夜地工作的。因此,要作为一名记者,就要准备随时去迎接发生在任何时段的任务,全天候采访准备主要指的是作为新闻记者的职业意识准备。

从时间上看,记者不是八小时工作时间内的工作记者,而是一天 24 小时、一个月 30 天、一年 365 天的新闻意识记者。如果,记者是早晨上班,进了报社、电台、电视台或是通讯让、杂志社的办公室,找了选题去采访,然后回到办公室写稿子,下班后,回到家,记者就完全成了普通

[①] 周云龙.电视上的假新闻[J].新闻记者,1998,4.

人,这样的记者不是真正的记者,也写不出名篇。因为,他脑子里的新闻敏感断了线,新闻意识跑了轨,也许在上班时间内他采出了好新闻,但是新闻并不时时在上班时间段内发生,八小时以外常常发生大新闻。

著名记者田流说过,记者一睁眼,就应当而且必定是在"班"上,也就是说应时刻处于工作状态。按时上下班的意识不属于记者们。记者的工作意识是不局限在办公室内的。这叫全天候采访准备。

(二)"用肉体采访"

在日本,曾做过十年新闻记者出身的作家井上靖,有一篇关于记者的文章。他提出一个观点叫"用肉体采访"。他说——

在采访活动中,这两种人也有明显的区别。前者开始"用肉体"采访,或者说身体力行地到生活中去采访,去磨练,而后者则开始"用脑袋"采访,或者说不肯花大力气,只凭想象,凭灵感进行采访。

然而,成为大记者的人,总是那些"用肉体"进行采访的人,采访这种活动成了他们生理的一部分,一天24小时,脑子里总离不开"消息"二字,一听说哪里发生火灾,他们会拔腿奔赴现场,即使是火海,也会冲上去看个究竟。正因为如此,他们才能成为大记者。

大学毕业的年轻记者当中,有几个也许会成为这样的新闻记者,但多数距真正意义上的新闻记者很远,开始落伍。与其说落伍,不如说他们根本不具备当记者的素质。早晨进了报社是记者,晚上下了班,离开了报社就成了一个普通人,这种身在报社才算是记者的人,不是真正的记者。

井上靖谈到的"用肉体采访"和"这种身在报社才算是记者的人,不是真正的记者"的观点,本书完全同意。

在学习新闻的专业知识后,在决定成为一名新闻记者后,在给了自己一个选择和机会去媒体里成为一名真正的新闻记者后,就应该把自己的身心交给记者这一职业,在每天的24小时里,不忘记自己是一个要报道消息的新闻记者。而消息无处不在,无时不有,消息是没有上下班的时间概念的,消息是要用自己的肉体采访来的,要到生活中去汇集的。

只有具备了这种全天候的采访意识和用肉体采访的意识,对自己的记者身份有了充分的理解,才能真正踏入这个行业,才有可能成为大记者、名记者,也就是真正意义上的合格记者。

记者的人到哪儿,新闻报道的圈子就该划到哪儿,记者的新闻敏感就该走到哪儿,工作的状态就该到了哪儿,采访随之而来。

一句话,在记者的吃、喝、拉、撒、睡所及之处,只要动脑筋,留心观察和收集就会捕获到新闻。

新华社国际部的记者薛颖,在马尼拉常去吃当地著名快餐集团"快乐蜂"的饭,既有西式也有中式的快餐。吃着吃着,记者就开始感叹,为什么中国的民族快餐企业没有这么成功,而让西式快餐肯德基、麦当劳等雄霸市场。

记者感叹之后,忽然发现自己所在的这个国家菲律宾,就是个深受美国文化影响的前殖民地国家,可在当地,麦当劳、肯德基这些有丰富经营经验的国际快餐巨头,竟然斗不过土生土长的这只"快乐蜂",这难道不是绝好的新闻题材吗?记者开始追踪采访这件事情。

在记者的百般要求下,"快乐蜂"集团的经理们终于破例,允许记者参观了"快乐蜂"的厨房、食品加工厂和服务人员培训班等"内部设施"。在近两个月的采访中，记者利用休息时间，跑完了自己感兴趣的"快乐蜂"的部门和一种名叫"超群"的中式快餐的主要部门。最后，记者将自己的报道重点锁定在新闻的接近性上，即从菲律宾这个典型事例的分析中，寻找适合国内读者的兴趣点。

于是，记者陆续向新华社总社国际部和摄影部，发回了通讯《菲律宾民族快餐战胜洋快餐》、通讯《中式快餐连锁店"火"遍菲律宾》和两组相应的新闻图片，同时为《经济参考报》写了长达6000字的通讯《中式快餐菲律宾闯出成功路》。这三篇稿件都被新华社评为社内好稿，经国内媒体的转载后，在全国企业界和读者圈内受到广泛关注。

记者薛颖这三篇"吃"出来的报道，说明什么问题？

记者无论受命与否，他们的思维是不停歇的，永处于积极的工作状态之中。

下面，概括一下优秀记者的一个共性，那就是——

他们都有强烈的抢新闻意识，尤其是抢独家新闻的意识。同时，绝不让在自己身边发生的，或者自己抓到的新闻线索轻易溜走。这个意识使他们的脑子总在琢磨新闻，眼睛总在观察四周，耳朵总警觉地听着，四肢随时准备行动。这也是新闻敏感的反映。

唐师曾是新华社摄影记者。他巧妙地把德军闪电战的理论，用到记者的采访方式上。他说得好——记者采访就是最好的通讯设备，最强的体力加上灵活机动。

正是这种理论，他在1987年就装备了BP机。在他的名片上，印着唐老鸭挎着照相机欢天喜地的形象，还有四个字："昼夜工作。"正是通过这台BP机，他的朋友为他提供了无数的信息，也正是凭借灵通的信息和年轻强悍的身体，他以闪电般的速度四处高效工作——外交部招待所失火，被警方严密封锁；不愿见中国记者的阿兰·德龙；故宫宋墙倒塌；芦沟桥的狮子被雷击劈；劫机犯被押送回国等等。这些新闻事件发生时或发生之后，他都能在第一时间到达现场进行采访拍摄。

他曾在山西大同地震时，坐一辆大巴，驰奔千里，在救援的解放军之前，赶到震中，连续工作38小时，向全国和全世界发回了第一批独家的新闻照片。《世界博览》主编任幼强曾无奈地说，"我们只能等待他的消息。"

有一次，正当唐师曾生病住院的时候，以色列总理沙龙来华。有可靠的消息源告诉他沙龙的时间表。他决定装扮成游客在沙龙去往故宫的路上伏击采访。可是沙龙总理一行改变了活动计划，前去王府井全聚德吃烤鸭。他立刻赶到全聚德，刚把车停在路边，成群的奔驰、奥迪蜂拥而至。许多武警、便衣等把路面封锁了。

沙龙总理从车里钻出来的时候，唐师曾隔着他大概有五六十米远，按常规根本进不去了。这时，他的神来之笔出现了——

他朝沙龙车队喊了一句希伯来语，"沙巴沙龙"。那一天是星期六，阿拉伯语、希伯来语把星期六叫"沙巴"，星期六也是他们民族的安息日，"沙巴"也是打招呼的意思。

唐师曾这时向沙龙总理问安息日好！当时沙龙总理听到后，本能地朝这头了喊了一声"沙巴"，那些中国警察迟疑了，弄不懂这两个体型相似、国别迥异的人在互相喊什么。

只见唐师曾已越过第一道封锁线，紧接着，他又用希伯来语与沙龙大声交谈，等警察反映过来的时候，两人已经亲热地拥抱在一起走进饭店了。

你看，本来是生病住院，听到沙龙总理要来的消息，唐师曾就再也住不踏实了。这不是全天候的新闻意识，又是什么？

记者的生活没有规律可言，晚睡或者不睡也是常有的事，这个空档中发生的新闻也很值得大家回味。

请看一看有关北京申奥的两条好新闻。

北京第一次申奥是在1993年9月24日，人们期待已久的消息未从萨马兰奇口中传来，北京落选了。《中国青年报》记者刘海涛、马明洁和大家一样心情复杂，难以入眠。清晨4点半，他们来到了长安街，看到了背着大包小包远道而来的游客，也看到了骑着自行车来广场的北京市民，有老人，也有儿童，大家聚集在天安门广场等待升国旗。平日的升国旗并不是新闻，而在申奥落选之日的升国旗，就有了新闻价值。记者的新闻敏感油然而升。他们写下了1500字的通讯《9·24，我们一起升国旗》。

北京第二次申奥是在2001年7月13日。这是北京申奥成功之夜，《人民日报》摄影记者李舸完成了原定的，中央领导同志参加北京中华世纪坛庆祝活动的拍摄工作，并且不但通过了本报的审稿，而且还被列为新华社的通稿。这时已是凌晨1点半，本该回家休息了。

"但我的神经仍被北京市民的那份激动和狂喜牵动着，于是我赶到北京长安街的东头，顺着这条充满激情画面的大街步行向西，边走边不停地按快门。经过一段时间的拍摄和观察，我发现当晚北京人都在做着一种动作，那就是不管是否相识，大家一见面都兴奋地击掌致意。于是我抓住了这个典型的瞬间，拍下了后来获得当年度中国新闻奖和年赛银奖的《北京7·13激情长安街》这张照片。"[①]

1999年9月21日凌晨，台湾发生了里氏7.6级的强烈地震。之后，余震不断。这次地震造成大量的房屋倒塌，总共夺走2312人的生命，超过8700人受伤，10万人无家可归。

刚刚进入"台视"第五天的记者谢亚芳，是第一个赶回台里采访的记者。当时她在台北的家里。住在五楼被震醒后，她立刻冲出来，用五分钟时间回到台里拿设备去现场采访。当事后有人问她，为什么第一反应不是逃命，而是采访时，她说，"因为我是新闻记者，那时第一反应真的不是安全问题，急得忘了要保命的事，就一心一意想赶快到电视台。你知道，在台湾，当事情发生时，最先到达现场的一般不是警察，而是记者。那天晚上电话全断了，根本找不到人，可是地震后，我们有五六组记者都很快从家里赶到电视台。"

发生在凌晨1点51分的地震，相信世界上哪家媒体，都不会有记者在这个时间上班（法定的时间）。但是，也相信不仅是台湾的、大陆的，还是世界的，只要是一位合格的记者，在获知新闻发生之后，是不会因为时间在夜晚而不去采访的，也不会因为采访地点在灾难现场而不去工作的。

2004年3月19日，离台湾当局大选还有一天。凤凰卫视驻美国记者隗静早上刚起床，正坐在床上边吃巧克力边看电视，忽然看到了台湾"3·19"枪击案的消息。

她顾不上洗漱，就冲往办公室。当时，还没有到政府部门的上班时间，她看到楼里另一个电视台正好邀请了一位美国前国务卿在做节目，就"奋不顾身"上前，把他"抓过来"进行了"审问"——就是采访喽！她在最快的时间里，通过连线把"台湾不能挑战美国保持稳定主轴"这一美国态度传回了香港总部，传给了观众。隗静说，"台湾'大选'还没有开始，这时各方面的声音都可能影响到选民的投票，分分秒秒民意都在变，美国的声音肯定很重要。"[②]

---

① 周凤桥.建立科学、高效的图片运行机制：对话李舸[J].中国记者,2004,6.
② 摘自《从军"凤凰"隗静回家》，《凤凰周刊》，2004年第14期，第79页。

这就是记者的采访状态,一切以新闻为主。

即使记者身在休息,身在悠闲的时候,脑子也是处于积极的新闻敏感状态。

新华社记者在悠闲地让人擦鞋时,擦出了一篇好新闻。

2003年的一天,新华社浙江分社的三名记者,一起到浙西缙云县搞调研。晚上9点之后,准备回宾馆,被马路边的擦鞋匠叫住,让三人一起擦鞋。

他们问了一句,"这么晚了,街上都没有人了,怎么还不回家?"

对方回答,"要等到实在没有什么生意了才走。"

记者们问了一句,"收入还不错吧?"

没想到这句话引出了擦鞋匠的抱怨。

"税太重了!擦一双鞋才收一元钱,一天也就十几元钱,可我们要交900元,等于白擦900双鞋。"

记者吃惊了,他们听到了擦鞋匠牢骚中的新闻。听说到环卫、城管监察大队和工商局3家,竟然向擦鞋匠每月索取900元的高额款项后,他们决定进行核实采访。结果,情况属实。他们立即报道出一篇报道,反映了这些情况。

出乎记者意料的是,不久,有26名擦鞋匠联名向记者来信反映,缙云县城管监察大队不但不接受舆论监督,反而迁怒于擦鞋匠,向他们征收比原来更高的费用。新华社的记者再次追踪了这条新闻,报道在社会上反响强烈。

二、全天候采访准备内容

前新华社总编辑南振中,在《记者的发现力》一书中写道:"'发现力'是一种奇妙的力量:不'亲眼所见'固然不能发现;'心不在焉、熟视无睹'也难以有所发现。"这是很贴切的建议。

记者发现新闻的能力,与全天候的采访意识是密不可分的,"心不在焉、熟视无睹"意味着记者采访意识的薄弱,也意味着发现新闻的能力不足。

一个出色的记者,要使自己随时都能进入"临战"状态,不论什么时间,什么地点,只要发现了新闻线索,只要接到了采访任务,就会立即出发,以最快的速度报道出新闻来。其实,归根到底一句话,作为一名合格的记者或是优秀的记者,全天候的采访意识是从进入新闻工作第一天就紧随而来,不应挥之而去的影子。除非你不从事新闻工作,除非你不想把记者做好,否则你自然而然就会注意,培养锻炼自己寻找新闻、追踪新闻、把新闻又快又好地报道出来的采访能力。

作为真正意义上的新闻记者,全天候的采访准备意味着以下五个方面的内容:

(1)思想意识常在采访的工作状态,随时准备出发。

正如在第一章第四节中曾经提到,中央人民广播电台特别报道部每个人的工位旁都有这样一个行军包,里面有海事卫星电话、药包、充电宝……不论吃饭、睡觉、还是约会,接到重大突发新闻15分钟内必须订好机票。为了真相,时刻出发!

(2)在自己的日常生活中注意观察,做个有心人,家里家外,随着自己的脚步游走,自己的新闻眼也在不停地观察周围的事物,告诉自己时时处处都在发生着新闻。

(3)为尽快进入采访状态,专业采访用品要准备齐全,放在好拿的地方,或是随身就携带好。

(4)注意保重自己的身体,能有时间休息时一定要养精蓄锐,拥有一副健康的体魄,同时,精力充沛才能随时应对突发的新闻事件。

2015年8月13日晚上七点,已经在"8·12"天津爆炸事故现场采访一整天的《人民日报》天津分社记者靳博回宾馆准备整理稿件,一个朋友打来电话:"赶紧看微信。"是朋友发来的一个截屏——下午召开的事故工作组会议视频新闻里一帧画面:靳博在角落里打瞌睡。画面不但被网友圈了出来发在微博上,还配了一句"这样的发布会我也是呵呵了",并且@了天津本地知名的一家论坛并被大量转载。

而真实情况是,当时靳博已经连续工作十几个小时,发回数篇稿件和内参、舆情,当时的会议结束后,还要开车赶回酒店参加四点召开的首场新闻发布会,所以会议间隙他靠在椅子上打了个盹,不想这一幕被摄像机拍了下来,成了一个不大不小的话题。

随后,记者就写了下面这段话私信给这位网友,又把这段话和截图发了自己的微信朋友圈,就继续赶稿去了——

"你好,我就是你说'呵呵'的那个人。首先很抱歉引起你的误会,说明一下我并不是官员,只是一名普通的记者。我叫靳博,你可以上人民日报客户端,人民日报和人民网还有人民网天津视窗的微博网站,我昨天夜里一点进现场,最早的现场照片和最开始的伤亡数据都是我发出来的,到现在没睡觉没吃饭,没替任何人说过什么谎话,自认为写出来的每个字对得起自己的良心。下午我是太过疲惫,实在撑不住打了个瞌睡,因为四点的发布会需要拼体力,如果你觉得这样不可接受,那就罢了。只希望你以后能够了解事件的真相再发声,不放过坏人,但也别冤枉一个自认为不坏的人,随缘祝好。"

临近午夜,记者再次打开微信,居然被刷屏了!来自同事、朋友的数百条充满感情的点赞和留言。而人民日报客户端、人民网微博、环球时报微博也都纷纷转发。第二天,网易和凤凰网也在首页转载了这条消息,网友评论也难得的一致正面;天津本地的电台和《今晚报》还把这次事件当做辟谣案例在微博上转载。至于那位网友,也很快删掉了微博并私信记者,诚恳道歉。

事后,记者仔细反思,在采访心得中提出了四点经验教训,本书部分摘录如下,以供大家参考学习——

一、出门在外,记者的一举一动都代表着报社的形象。特别是在敏感时间、敏感地点,涉及敏感事件。尽管事出有因,可我这一打盹毕竟导致了舆论风波和网友误会。对我自己而言,算是一次深刻的教训。

二、面对舆论质疑要有担当,在新媒体时代更要在第一时间站出来回应疑问,用网络传播的方式解决网络传播的问题。

三、面对不理性、不真实甚至恶意中伤的言论,我们更应该摆事实、讲道理、态度坦诚。说实话,刚看到这条微博,我也很气愤,也想过怎样"回敬"这位网友。但冷静下来,既然问心无愧,何妨好好说话,有理有据有节地说明自己的身份和所做的工作,先退一步对打盹的行为表示歉意,相信只要不带任何先入为主的偏见,旁观者都会报以理解和支持。

四、任何时候都不应忘记一名党报记者的职责,相信组织、依靠组织。爆炸发生后,我一点半赶到现场,最早将爆炸详细信息和第一批伤亡数字对外公开,是最早一批(凌晨5点)进入爆炸核心区300米范围的记者之一,上午发回第一组舆情和内参,这些工作是我敢于面对质疑的底气所在。①

(5) 留心同行之间的报道，分析比较他们的优缺点。

这样做的好处是，通过比较分析，看到他们的长处和缺点，进行换位思考，假若是自己去采访，还有哪些突破口，还能从哪些新颖的角度去报道。收集整理这些报道，对自己新闻线索的提取和采访能力的训练极为有益。

2005年10月，关于神六飞天的报道成为每个新闻媒体的头等大事，各路记者施展八仙过海之式，纷纷拿出了各自的得意之作。有一张非常独特的新闻图片值得大家琢磨。那是在神六还未正式发射的前几天，10月3日午后，《新京》摄影记者赵亢拍到的一幅照片，一个小男孩在东风航天城礼堂外玩耍，阳光将航天城礼堂上挂着的标语汉字"航"投射在孩子爬的地方，赵亢按下了快门。这张图片报道中国神六飞天的梦想，用孩子仰起稚嫩的小脸从"航"字上望着你，非常有动感，也有蕴意，报道的角度非常新颖，是难得之佳作。

无独有偶，关于2005年两会通过《反分裂国家法》的报道，《新京报》的报道思路也是别具一格。摄影记者陈杰用仰拍的方式把一名正在指挥奏乐的中国人民解放军扬起的双手和手中的指挥棒与人民大会堂特有的五星图案的天花板拍在一起，角度之新让人玩味不已。

不光是摄影记者看这些图片有启示，任何做记者的看到同行有与众不同的报道思路和报道角度，都应细细研究，吸取对方的精华为已所用，举一反三，一旦有报道任务，有突发新闻事件发生，新闻性思维立即跳出来，报道的思路也会跳出来，从容不迫，不会慌乱无措。这样，记者在采访现场，就能胸有成竹，并随时根据现场采访到的事实，来调整自己的报道角度和主题。

思考题

一、采访有哪几种准备方法？
二、平时准备需要注意哪些问题？
三、针对某次采访的临时准备有哪些，通过什么方式做到？
四、什么是记者的新闻思维方式的准备？
五、你是如何理解记者的全天候准备的？
六、实际设计一次采访活动的临时准备，并拟定采访大纲。

---

① 靳博，《"呵呵"背后的故事》，2015年9月18日，《人民日报》社"天津港爆炸事故"业务研讨之一。

第六章

采访场所

第一节 采访场所的选择

采访离不开一定的场所,采访场所的选择对于每一个新闻记者来说,都是非常慎重并有重要意义的。这里讲述的只是在正常状态下,记者进行常规采访的场所选择问题。

一、采访场所

一般而言,选择什么地方作为采访时的场所,大多数由记者占据主动地位,当然很多情况下,记者也要遵从对方的安排,当对方已经安排妥当或者是倾向于自己选择被访场所时,记者要尊重对方的意见,欢喜接受。

在大多数情况下,由记者选择采访场所时,会首先选择在采访对象熟悉的生活、工作场所进行采访,对记者本人及采访对象来说,都是一件不错的选择。因为采访对象对这样的环境非常熟悉,有亲切感,不会因为记者的采访介入而产生拘谨之心;同时,记者也因为进入到了新闻人物或新闻事件中的人物在日常状态下的生活、工作场所,从而能很好、很快地感知到环境带给自己的主观冲击,不仅能使自己的采访顺利地进行,而且还能从中寻找出自己新闻报道的细节、氛围。

美联社记者休·马利根这样认为:"假如让你选择访问的场所,要设法做到在后台上约见演员,在车站约见侦探,在会议厅约见法官,在室外竞选讲台上约见政治家,在栏圈约见斗牛骑士,这样如果没有恰当的话可供引用的话,你至少也可以从他所在的自然环境中找到主题。首要的是,要避免在旅馆的房间里约见被访问的人。"[1]

这句话很有道理。

不同的场所,在采访进行时,给予双方的感觉不同,产生的效果也就不同。比如在办公室进行采访,有公事公办、正规庄重的感觉等;在采访对象的家中进行采访,则是温馨自然充满生活气息的感觉;如果记者是选择一个公开的场所,如酒吧、公园等进行采访,则有自由放松、谈

---

[1] 杜荣进.中外新闻采写借鉴集成[M].杭州:浙江教育出征社,1990.

话开放的感觉。

为什么上述那位美联社的记者偏偏认为,"要避免在旅馆的房间里约见被访问的人"?

这是因为,旅馆常常是一个采访双方都不熟悉的场所,一个封闭的休息空间,记者在那里,找不到采访对象日常生活、工作的气息;采访对象在旅馆这样一个陌生的接待各方来客的休息空间里,也放不开手脚,双方都会觉得不自在。

但也并不是说,记者在旅馆里进行采访,绝对不行。只是相对来说,选择类似像旅馆这样的场所进行采访,双方都会有些尴尬,有可能冷场。其实,只要记者准备充分,用心到位,即使在旅馆采访,也会收到不错的效果。

2003年在日本举办世界杯女排赛,中国女排获得冠军。中央人民广播电台记者王延辉,接受了中央人民广播电台"体育沙龙"直播节目的采访任务。他把直播现场及采访现场就设在了中国女排日本下塌的饭店陈忠和教练的客房中——

"这样,就可以随时调动女排每一位明星队员参加直播节目。在现场对陈忠和采访时,他的话匣子一下子打开了,从在福建老家的老母亲谈到一直因事业两地分居的妻子、孩子,从家庭谈到事业。

"情到浓时,他通过我台的直播电话从日本给多年卧床不起的老母亲报喜。"①

瞧,在这里,记者的采访场所选择在陈忠和教练的客房,的确好处很大。

二、场所选择的意义

(一)有利于采访谈话的进行

记者选择采访对象熟悉的生活、工作、学习场所,可以打消对方对接受媒体记者采访的紧张感和约束感,对方可以放得开神经和手脚,往往能够打开话匣,进入状态。这样一来,记者与采访对象的交谈,就可以自由轻松顺利地进行。

1998年5月30日,杨澜采访跨越地球三极的女探险家李乐诗,地点选在香港清水湾的海边大礁石上。那里目极无穷,海阔天空,正符合旅行家、探险家的心胸、境界。正是选择在海边,采访者与探险家同在户外烈日之下,对紫外线的反应程度截然不同。

"四月的香港已经很热了,海边的光照与辐射就更强,再加上水的反光,记得那天我穿了一件短袖上衣,在近两个小时的拍摄结束后,我的手臂下半截被晒得黑黑的,并开始脱皮。在这以后的几个月里,手臂一直保持'黑白分明'。导演,摄像与灯光师,音响师个个也被晒得黝黑发亮。当我们这组人兴致勃勃地班师回朝时,公司里所有的同事都惊讶地询问:'你们去度假去了?'

"只有李乐诗,紫外线耐她不得,风雨耐她不得。她早已习惯于走出四季恒温的办公室,融到阳光、海洋和冰雪之中了。"②

杨澜在这样的场所进行采访,能让受众一下子感受到李乐诗的生活、精神状态,感受到她与大自然的亲密无间,感受到她喜好探险的性情,甚至从记者与李乐诗对紫外线的不同反应

---

① 王延辉.准备 角度 沟通[J].中国广播电视学刊,2006,5:52.
② 杨澜.我问故我在[M].上海:学林出版社,2001:254.

中,能感受到探险家周游世界的经历的确超过常人。

2010年前后,国学热现象引起新闻记者的敏感。一本1080字的儒家童蒙教材《弟子规》,成为社会各界人士热议的焦点。上海复旦大学教授、国学大师季羡林的弟子钱文忠教授,应邀在中央电台视《百家讲坛》栏目中详细开讲《弟子规》,讲座再次引起社会关注。

2010年10月30日,钱文忠来到北方图书城举办讲座。《辽宁日报》社记者杨竞在讲座开始前采访了他。

"眼前的钱文忠,有着学者的风度,侃侃而谈,谈到当前的国学热,钱文忠坦言,目前,只是一种虚热。谈到文化与文明时,钱文忠说,文化不等同于文明。近几年,文化讲得太多,文明讲得太少了,这正是中国文化为什么没有完全落地为文明的原因。《弟子规》是人的道德底线,钱文忠对中国传统文化的丢失表示担忧,他说,从清朝晚期到'文革',我们的传统文化被破坏了100年,我们现在还谈不上弘扬,而是更急需找回,这种找回,需要200年到300年的时间,需要几代人的努力。

"钱文忠指出,一个人有文凭不代表有文化,一个人有文化也不代表有文明。近年来《弟子规》在全国各地都受到重视,变得越来越'热'。很多学校用它来教育孩子,也有很多单位,用它来培训员工。道理很简单,很多企业招进学历很高的大学生,可是后来发现这些大学生知识没问题,技能也没问题,就是不怎么懂规矩、守规矩。对此钱文忠认为,只能从中华传统文化中寻找解决的办法,而《弟子规》就是中华民族子孙的戒律和规矩,也是把文化落地到文明的一部最重要的规章和指南。"①

《辽宁日报》社记者杨竞的采访场所,选在了钱文忠教授马上要开讲座的现场,提出人们热议的关于《弟子规》的话题,这让钱文忠教授谈兴大开,侃侃而谈,从《弟子规》与国学热的关系到中国文化如何落地为文明,从中国独生子女应该有规矩,对中国传统文化要有一定的了解,到对当今社会出现的"凤姐""伪娘"等社会热点或现象的点评,采访话题连连,内容精彩纷呈。

"目前中国传统文化中有相当一部分面临'皮之不存,毛将焉附'的问题。如何让从小就习惯了宠爱、独占的孩子,懂得感恩、分享、回报;如何让从小享受很多自由的孩子,懂得约束、退让,要是能寻找一本教材的话,我看找不到比《弟子规》更合适的教材了。"

"很可怕。现在一些人美丑不分,凤姐能成为美女,我是没法理解,真是是非在混淆。"钱文忠认为,可怕的是我们精神世界的失衡。"如果让大家现在立刻说出几条全人类必须遵守的基本准则的话,大家想到的肯定是自由、民主、平等、公正、法制等,但中国传统观念中的仁、义、礼、智、信、廉耻、孝悌、慈悲又有多少人记住。这些是基本呀!"②

我们看到,记者选择在北方图书城讲座现场采访钱文忠教授,非常恰当,采访谈话顺畅,被访者有话可说,采访内容十分丰富。

相信看过杨竞记者采写的这篇报道的读者一定还会对钱文忠教授说的这段话印象深刻——"我们给幼儿园的孩子讲爱国主义,给大人却要讲不要随地吐痰、随意丢垃圾。钱文忠尖锐地指出:一个国家高楼再高,外汇储备再多,如果没有文化,这些都没有用,除了数字以外,没有别的意义。"

---

① 杨竞.钱文忠没法理解凤姐成美女 称精神世界失衡可怕[N].辽宁日报,2010-11-8.
② 同上.

(二)获取谈话不足的新闻线索或材料

记者选择采访对象熟悉的工作或生活场所,可以捕捉到采访谈话中无法涉及的细节,补充有价值的新闻信息。

著名记者柏生采访科学家竺可桢的家属时,在其家中发现了一保铜壳的温度表。原来,竺可桢经常拿它测温度,掏来掏去,衣服的兜盖布经常先被磨损,为此竺可桢的爱人特意为他每件衣服都准备两块兜盖布。这个发现让记者眼前一亮。如果记者不是将采访的地点选择在科学家竺可桢的家里,怎么容易发现这样令人感动的细节呢?

2015年8月11日,《人民日报》头版头条刊登了一篇人物通讯《中国梦的追梦人——马云和阿里巴巴的故事》,引起社会轰动。除了被广泛转载外,还出现了像《马云为什么上人民日报头版头条》的新媒体衍生作品,阅读量很高。

这篇稿件是2015年8月11日见报的,而记者接到采访任务是在2015年5月,时隔近3个月。

由于马云那段时间一直在各国讲演,直到7月才敲定下唯一一次面对面采访的时间和地点。《人民日报》社浙江分社五位记者非常珍惜这次当面采访的机会,集体采访这位中国梦的代表者,这位由中国这块土壤培育成长起来的世界级企业家,堪称中国的"比尔·盖茨"。

马云本人面对面接受记者采访持续了两个半小时。当时选定的采访场所是在位于杭州西溪湿地内的私人会所太极禅院。

这个采访场所选择得非常好,太极禅院不仅让马云状态放松,让记者们也觉得行云流水般,很自然地就进入了与马云聊天式的采访状态。

"马云穿一件白色衬衣,看着比较清瘦,说51岁,可能不会让人这么觉得。就像稿子里说的,马云本人的气场并不'嚣张'。这跟通过一些他个人演讲视频和从媒体报道获得的印象还是有差别的。马云反应很快,每个问题回答的基本上都是信手拈来、侃侃而谈。马云身边的人说,马云这个人他们都很佩服的一点是,脑子和嘴巴是通的。有些人脑子转得快,但是不见得表达得好,有些人很会说话,但说出来的并不见得有水准,或者是别人想要的内容。

"采访过程中,马云很放松,时不时嗑嗑瓜子、斟斟茶水。他说话时眼神基本会照顾到每个人,说到兴奋的时候,会站起来,站到他坐的太师椅背后,手抓着椅背。马云一直强调说不要写他自己,写阿里巴巴。"①

因为马云行程紧张,记者原定希望能跟着马云追踪采访几天的想法没法实现。

时间紧,任务重。只有两个半小时的采访现场素材。记者决定以在太极禅院面对面采访的素材为主,吃透材料再动笔。

正是在太极禅院的采访,增添了记者对马云的感观认识和细节的把握,让记者最后确定了报道思路——

"叙事性写法;不拔高、尽量写得低调;制造落差感和戏剧性的冲突,类似小个子大梦想的感觉。在写稿过程中,遵循三个'实':真实、朴实、详实。真实是指不刻意拔高,要写出一个相对比较真实的马云;朴实是指文风,尽量不用修饰性的形容词,而是用故事和有个性的话语去表现人物性格;详实,则是文章的故事或案例,要尽量饱满,细节尽可能丰富。用这三个'实'所

---

① 余建斌,《三"实"写马云——参与马云人物通讯采写的体会》,2015年9月22日,《人民日报》社业务研讨。

支撑起来的马云人物报道,就可以尽可能的不失真、不花哨,并且还有一定的可读性。"①

在完成其他相关的外围采访后,记者们分工合作,最后推出长篇佳作《中国梦的追梦人——马云和阿里巴巴的故事》,在报道中大量引用了马云的精彩话语,对马云的神情表达描述细致入微,很多读者看过报道印象非常深刻,而这些得利于在太极禅院面对面的采访。

(三)增强记者报道的现场感

采访场所的选定,为写作铺下路子,记者可以带着读者如临其境,如闻其声,如见其人。像上面提到的杨澜采访女探险家李乐诗,选择在香港清水湾的海边礁石上自由畅谈,与选择在杨澜的办公室或是李乐诗的办公地点,甚至她的家中,与大自然的隔离似乎远不如在室外给人的感觉自然亲切。

当然,并不是说如果选择在办公室和家中采访李乐诗,效果一定不佳,也许会更好。

因为选择场所采访并不是绝对的、固定的,而是因人而异,因时机而异。只是针对某一个新闻人物或某一新闻事件,大多时候,记者只有一次采访场所的选择机会(如果被访者没提出具体场所的话)。

如果记者根据被采访对象的生活经历、身份、职业和兴趣爱好、性格秉性等方面,选择一个自认为方便沟通交流的场所,给出一个最佳方案,而记者似乎就能够预测到自己的采访效果如何。

这只是一家之言,并不是绝对的真理,仅供大家斟酌考虑。一切以自己真正采访时的感觉和积累的经验为准。

前些年,记者采访执导歌剧《图兰朵》的导演张艺谋,场所选在歌剧的演出现场——太庙,这比选在其它别的地方采访更有历史感和现场感,张艺谋对太庙的情感和对历史剧的思考,都可以较容易地从采访的场所中捕捉出来。

在560米高的施工工地采访,是一种什么样的体验?

《人民日报》天津分社记者朱少军,爬上天津最高楼117大厦施工现场的感受是:"风声鹤唳、腿脚发软、两眼发晕,一阵强风过来差点把我吹走。"②

为了采访在摩天大楼工地上工作的年轻人,记者朱少军在80多层高的裸露的工地上,冒着踩空的危险,攀爬四五层高的铁梯来到电焊工施工的地方采访电焊工。之后,记者又来到顶层,跨过没有任何遮挡的半米宽的距离,最终爬到塔吊工人的操作室,和塔吊工人面对面聊天。

在攀爬铁梯的过程中,记者发现对面的一个电焊工正站在镂空的简易的铁杆上施工,脚下就是500多米的高空,看了令人胆战心惊。他急忙取出相机,啪啪啪给他拍了一组照片,不仅因为画面抓人眼球,更因为他们不惧危险的奉献精神令人感动。稿子最终见报,电焊工的照片也发了出来,效果很好。记者在采访心得中这样写道——

"著名的摄影记者罗伯特·卡帕说过,如果你拍得不够好,是因为你离得不够近。于我而言,虽然没有战地记者那样的惊险和刺激,但是离现场更近一些,是我们作为一名记者所必须具备的职业素养。因为坚持实地采访,才得以捕捉到令人震撼的画面,稿子的内容也很丰富,我也接受了一次内心的洗礼。对身边的人和事又多了一分景仰和敬畏,对人生的意义有了新

---

① 余建斌,《三"实"写马云——参与马云人物通讯采写的体会》,2015年9月22日,《人民日报》社业务研讨。
② 朱少军,《这一年,体验不一样的精彩》,2015年8月25日,《人民日报》社"我在分社这一年"业务研讨。

的思考和发现。"①

2013年7月29日,《人民日报》头版刊登了记者王慧敏发回的一篇稿件,题目是《浙江桐庐实现全域污水处理,小河清清大河净,水碧山青如画屏　夜访环溪看治污》,读者反映良好。让我们来学习一下这篇稿件

幽幽荷香,阵阵蛙鸣。

7月25日傍晚,记者走进浙江桐庐县江南镇环溪村,一下子便扑进了荷的怀抱。

这个溪流环抱的小山村,家家门前屋后遍植荷,村周围的田里也是荷。菡萏半开,荷叶翠盖,整个村子宛若绿海中的一叶扁舟。

"莲是花中君子,'香远益清,亭亭净植。'荷只有种在清水里才有味道。"小学教师出身的村主任周忠莲,满口"文化味"。在村中漫步,所有溪沟清水淙淙,大街小巷干干净净。留心四周,竟没有发现一片纸屑、一个烟头。周忠莲把此归功于县里的"清水治污"工程。

她介绍,前些年,村民们富起来了,但是环境"脏乱差"一直没有改观,家家的生活污水直接排到门前的小溪。村里有句顺口溜:"污水靠蒸发,垃圾靠风刮,室内现代化,室外脏乱差,溪沟就是垃圾污水的家。"2009年7月,县里推广"人工湿地"生活污水处理模式。村干部参观后觉得简便有效,想在村里实施。"刚上来,可没少作难。"周忠莲感慨。

提起这个话头,村头溪畔大樟树几个纳凉的农民来了兴致。"老周,起初可属你反对得凶。"一位花白头发的老汉"将"对面穿白衬衣的中年人。

中年人搔了搔头:"按规划,公用污水处理池就建在我家窗下。当时想,那味道谁受得了?要知道是现在这个样子,欢迎还来不及呢。"

这个叫周良的中年人执意要带记者去看污水处理池——一块面积大约三四平方米的绿地上,美人蕉怒放,菖蒲、麦冬青翠欲滴。"污水处理池建在花草下面。这些植物吸附净化污水的能力很强。污水给植物提供养分,植物净化了污水,一举两得。"

周忠莲补充:"所谓'人工湿地',就是就近的三五户村民,合建一个污水池,家家排出的污水通过管道流入池中,然后通过简易厌氧池、湿地处理池、沉砂池层层过滤净化排出清水。这样一来,主要污染指标去除率可以达到60%以上,最后排出的水能达到国家一级排放标准……"

"投入大吗?"记者问。

"不大。由县财政每人补贴350元,村民不需要掏一分钱。"周忠莲回答。

"你瞧,以前门口的溪水一年到头臭烘烘的,河里的石头全是黑的。现在,可以洗菜、淘米呢!"花白头发的老汉又说。

问老汉贵姓?老汉很幽默:"我叫周永存。这么好的环境,我们要世世代代永远生存在这里。"

"现在村里有了新的顺口溜,'污水有了家,垃圾有人拉,室内现代化,室外四季开鲜花,溪沟清澈见底有鱼虾。'人改变环境,环境也提升人的素质。过去,随地扔垃圾、吐痰司空见惯。现在,谁吃了瓜子都会拿着走到垃圾箱前。"周忠莲脸上透着自豪。

环溪,只是桐庐县治理污水的一个缩影。三年多来,桐庐在农村已铺设污水管网2500余公里,建成分散式污水处理池2000余个,率先在全国实现农村生活污水处理全覆盖。小河清

---

① 朱少军,《这一年,体验不一样的精彩》,2015年8月25日,《人民日报》社"我在分社这一年"业务研讨。

清大河净。

王慧敏记者的这篇报道,现场感极强,真可谓"幽幽荷香,阵阵蛙鸣",7月25日傍晚的这次采访,是记者带着读者一起走进浙江桐庐县江南镇环溪村,让读者感觉一下子便扑进了荷的怀抱,"这个溪流环抱的小山村,家家门前屋后遍植荷,村周围的田里也是荷。菡萏半开,荷叶翠盖,整个村子宛若绿海中的一叶扁舟。"这么优美清香的环境让人很难想象以前是垃圾污染的情形,"污水靠蒸发,垃圾靠风刮,室内现代化,室外脏乱差,溪沟就是垃圾污水的家。"强烈的对比反差,读者自然而然会问到底是什么事情的出现改变了村庄的面貌。

引着记者四处逛逛的村民周忠莲把此归功于县里的"清水治污"工程。这个话题边走边聊,也一下子引起村头溪畔大樟树几个纳凉的农民的兴致,大家七嘴八舌说过去谈现在,气氛热烈自在。"这个叫周良的中年人执意要带记者去看污水处理池——一块面积大约三四平方米的绿地上,美人蕉怒放,菖蒲、麦冬青翠欲滴。"记者不露声色把笔触还原给采访的现场,大处着眼、小处落笔,写小村不小、说大事不空,堪称佳作。

采访场所的选择虽然因人而异,因时不同,但一言以蔽之,绝大多数记者会象王慧敏一样把采访选择在基层、现场。那里自然呈现出记者所要报道的人事物。

2014年8月25日,《人民日报》内部研讨的专题是"我在分社这一年"。编者按是这样写的——

"去年此时,5位年轻人收拾行装,奔赴各地,以人民日报记者的身份,开始人生的全新阶段。这一年,他们在大西北的风沙中与牧民夜谈,在大西南的深山里关注扶贫;在突发灾难时赶赴一线,在政策变动时把脉基层。于田间地头找线索,跟中央政策辨方向,这帮'在路上'的年轻人,时刻提醒自己'在状态'。

"雏凤初试声清越。这一年,他们扎根基层,用脚步丈量中国;他们如饥似渴,在不同的领域寻觅新闻;他们奔波在一个又一个目的地之间,发回满带清新气息的稿件,感受一名记者的光荣与梦想。

"本期研讨通过一个个故事向大家讲述年轻记者自己感悟、体会,教训和困惑?让我们真切感受到地方部新生代的清新、可爱、责任、担当和希望。"

此处无法一一展示《人民日报》社五位年轻记者当年的业务研讨文章,但至少从这则编者按上可以看出,这些年轻的记者们把采访的场所都选在了新闻发生密集地基层和现场。这样的采访是"在路上""在状态",这样获取的新闻真实、生动、形象、具体,其采访扎实、稳当,报道效果自然非常好。

2015年6月1日,"东方之星"客轮长江翻沉。刚参加《人民日报》湖北分社工作一年的记者程远州,在新闻现场监利待了十天,从头至尾报道沉船的救援和善后经过。

就是在这沉船的现场,当遇难者家属们向他询问前方消息时,当幸存者对他讲述事发经过时,当救援官兵替他进入现场、帮他拍照时,他深刻真切感到沉甸甸的责任,那是记者的责任,是不负时代、不负人民的责任。他是这样谈及自己的采访心得的——

"我常与省内其他媒体记者交谈,得知很多记者是坐在家中采访、网文堆里写稿,一天常能完成涉及省内不同地方的多篇稿件。我没有如此聪明,也不敢如此聪明。在分社的例会上,社长常对我们说,没有采访不写稿。现在,这位三十多年工龄的老记者还时常到恩施、宜昌等地山区采写新闻,令人佩服。然而扎实的采访是需要时间的,一次恩施之行,来回路上就要一天的时间。正因如此,在湖北的十个月里,我几乎没有那个月能在武汉待半个月以上时间。依据材料写成的报道,总不如亲自到访的稿件写得真切、写得踏实。而微观中国的真实容貌,也向来与'纸上的中国'相去甚远。不到基层,不知基层之盼。

"无论是在鄂中平原,还是在鄂西山地,我都不止一次地听到村民们感叹农网改造、垃圾收治等'新鲜事'带来的生产与生活的便利;当然,也能听到诸如'村里路不好,东西卖不出去''看不起病'等感慨。我深信,唯有用脚步去丈量的土地,才能踏实站立,才能有底气地说,这地方的事,我清楚。"[1]

程远州记者说得好!为这样有担当、扎实采访的记者加油!希望每位想做记者的人都能记住他说的这句话,"用脚步去丈量的土地,才能踏实站立,才能有底气地说,这地方的事,我清楚!"

"这地方的事,我清楚!"这是每一位记者最好的宣言。

三、新闻现场是记者选择采访的最佳场所

新闻现场即是新闻事件已经发生、正在发生或即将发生的地方。记者亲临现场,可以得到第一手的鲜活材料,可以采访到当事人、目击者、旁观者,可以观察现场的气氛,观察四围环境。新闻现场是记者采访场所选择时的最佳首选。

记者亲自深入新闻事件发生地,通过亲身观察、体验、访问、收集、核实等方式,运用眼、耳、口、手等器官进行的搜集和证实新闻线索、新闻事实的过程叫现场采访,这是新闻记者采访活动中,最常见、最重要的一种采访方式。简言之,记者到现场进行的采访就是现场采访。

从信息学的角度来看,现场是新闻的原发地。记者深入现场,可以找到丰满的信息源,获得零次信息,最大限度地防止新闻信息的衰减,从而为读者提供最大限度的信息量。一句话,到现场采访,既是新闻时效性和时新性特征的本身要求,也是新闻媒体自身生存发展的必须之举。

美国名记者索尔兹伯里说过,"我渴望身临其境的现场,只有现场,才能使我激动,才能使我自在,才能使我有用武之地。"

新闻工作的职业要求中就包括记者务必做到亲历、亲见、亲访,通常现场采访也叫一线采访。现场即一线,它是新闻的原发地,是信息的集散地,更是记者抓写新闻的平台。一个新闻事件发生了,记者首先在脑子里就应出现一个词:到现场去,这是每个记者的本能反应;其次,就是想如何在最快时间内,通过什么样的方式赶到现场实施采访,在采访中应如何面对各种场合,获得更多详实的资料等等。

(一)注重现场采访的现实意义

选择身处现场一线采访,这是记者天经地义的事。现场是新闻之源,记者之根,记者不深入新闻事件的现场,怎能写出真实、客观的报道?现在,媒体竞争异常激烈,抢独家新闻,拼时效性,林林总总,都离不开记者的一线采访。

注重现场采访的现实意义,主要是针对新闻实践中曾出现过,而且现在依然出现的一个现象而言的。那就是——很多记者屁股沉了,腿脚懒了,不愿往下跑了,转转会场,抄抄简报,坐

---

[1] 程远州,《这一年,触摸"泥土里"的中国》,2015年8月25日,《人民日报》社"我在分社这一年"业务研讨。

在办公室编编来稿,上网查查资料,用 E-mail 把题纲发给被采访者,收收邮箱就发了人物专访,其实人长什么样都不知道,因为没见过面,做的报道是干巴巴的,受众不爱看,一看就知道里面根本没有鲜货在。这样的偷懒记者的确存在。

原《经济日报》《人民日报》总编辑范敬宜,曾写了一首打油诗描写一些不深入基层,不深入现场采访的记者们。诗是这样写的:

朝辞宾馆彩云间,

百里方圆一日还。

群众声音听不着,

小车已过万重山。

可以看到,范总编诗中的记者,车来车往,出入宾馆饭店,场面上是风光的,行程也是急速的,但脚却找不到,没有足迹了。耳朵也被挡风玻璃隔着,听不到百姓真实的呼声和意见。一句话,他们离真正出新闻的现场越走越远了。一位《人民日报》的记者曾言,记者是人民的眼睛和社会的良知,无论发生什么危难,绝不应该离开现场。这是实话。离开现场的新闻采访没有生命力!而且在现场采访,可以核实记者已有的资料和情况,杜绝失实报道的出现。

《中国青年报》摄影部主任贺延光,曾这样总结"非典"采访时的感觉,他说,"作为一名记者,面对任何灾难,都没有退缩的理由,应该深入到各个层面去关注事件的发展。这是对记者职业的基本要求。"他认为,面对战争或地震、洪水、火灾、疫情等灾难,第一位出现的是救护人员,同时出现的必定是记者,尤其是摄影记者,他要通过真实的现场画面来传递信息,就应该站在社会的最前沿,既然选择了记者这个职业,就该有这种思想准备。

第四届范长江新闻奖得主《解放军报》社记者高艾苏说,走"不一样"的路,才能出"不一样"的稿;即"至人所未至。"到别人不敢、不想或不愿去的地方,才能写出别人写不出来的报道。

高艾苏的现场采访丰富多彩。海军扫雷舰首次进行海上扫实雷,他跟舰采访写出《战舰编队顺利通过雷区》;在海拔 5001 米的西藏错那边防山口,他用海事卫星向编辑部发稿,并且深入四大高原,无一漏报中国全军所有海拔超过 5000 米的哨所;而部队进行核试验,他就在爆炸现场发稿;作为军事记者,在对越自卫反击战的战场上,他脖子上挂着止血带和急救包,踏着 80 厘米的雷场通道到达前沿,用自己的眼睛和身躯,写出战地见闻《神圣的国土 血染的风采》,他说,"不到一线没有采访权"。

报道过科索沃战争的新华社摄影记者黄文,在新华社建社 70 周年的专题晚会上说,"做战地记者是选择,做'英雄'不是选择。"

高艾苏说的对,"不到一线没有采访权"。

黄文说得好,"做战地记者是选择,做'英雄'不是选择。"

还有许多像高艾苏、黄文这样选择现场采访的记者们,他们用自己的报道发言,无论采访现场是战场,还是商场;是工厂,还是农村;是城市,还是边疆。只要它是新闻的现场,记者就把采访场所安在那里,那些偷懒的记者不是真正的记者!

(二)现场采访的好处

在新闻现场,记者可以看到并收集到珍贵的原始信息,这种零次信息的采集,可以确保新闻传播效果的最大化,减少信息衰减,最大程度满足受众的获取欲望,让受众解渴、解馋、过瘾。

记者到新闻现场采访,可以真实全面地报道事实,让自己的各种器官都打开,处于活跃状态,能在现场有所感、有所悟,这些感性认识和感官冲击,将直接影响到采访之后的写作,产生能使受众读后、如见其人、如闻其声,受众喜闻乐见的新闻作品。这是形成扎实的工作作风的有效方法。

现场采访,可以克服记者的懒惰情绪和不扎实的工作作风,可以避免许多失真新闻的出现,培养记者求真、求实、快速、敏锐的工作作风。我国新闻界对到现场去采访的呼声一直很高。

记者华山说:"不是我亲自采访的稿子,我是从来不写的。新闻记者,要养成一种习惯,叫做:多管闲事,好管闲事。有事情,就往现场跑,往出事的地方跑,到那里去做调查研究。特别是重点现场,这对采访很有好处。"[1]

这种记者带着读者现场走一圈式的采访方法,在实践中十分普遍。新华社前任社长南振中,一直提倡新华社的记者要到现场去采访。

现任《人民日报》社长杨振武经常告诫记者编辑们,"我们要坚持不懈改文风,好文风哪里来?关键一条,就要从迈开双脚做起。脚板底下出新闻,脚板底下也出美文。当我们的足印遍布生活深处时,报道就有了底气、灵气和锐气,我们报纸就有了生机和活力。"

2014月1月14日,《人民日报》社刊发了新闻稿件《宁夏逆转沙漠化》后,反响很好,有读者这样评价:"《人民日报》前消息后通讯的报道形式是一种创新,不唱高调,记者采访很深入,文风朴实,报道中有很多老百姓的语言,读来很亲切。"

谈起这次采访体会,带队采访的记者费伟伟颇为感触,他说,走进基层,下到现场,不仅是捕捉那些鲜活的语言、鲜活的场景,还有一点也很重要,就是在时代的景深中触摸到个体的温度。触摸到采访对象个体的温度,记者才可能触发个体的感受。走基层,下现场,不是一种形式,当你真正走进、贴近、深入,你就会自然生出那些独特、真实、深切的感受。在这里,本书摘录他的一部分采访心得,供大家学习参考——

"正值隆冬,天寒地冻。我们和宁夏自治区林业局座谈确定下这组报道的主题后,负责人说,这方面材料很多,都是现成的,宁夏从2003年5月起,率先在全国全面实施封山禁牧,2013年10月刚作了这项活动的十年总结。但我们反复强调,一定要下去实地采访。沙漠、沙地、戈壁,无遮无挡,寒风侵骨。每到一地,我们没有呆在会议室座谈,而是下现场,实地看,亲眼捕捉各种场景、细节。宁夏治理沙漠化最大的一项举措,就是封山禁牧。10年间从'封山'区迁出35万人,其中同心县力度最大,迁出10万人,这里的生态恢复得怎样?一边是县领导在县城等着给我们介绍情况,一边是进山车程要两个多小时,即使到了现场也采访不成,因为群众百分之百迁光了。但我们还是决定:进山,看现场。

"'沿蜿蜒的公路进山,路旁迁出的村子有的连瓦砾都看不到了,过去村民耕作的地方,已被丛丛茂盛的柠条、沙蒿覆盖,还不时能看到山鸡跑过。深家滩4000多亩沙化地上全部覆盖柠条,而前些年这里的植被覆盖不足10%。'半天多的奔波,就为稿子里这不到100个字。但是,值!

"'路旁迁出的村子有的连瓦砾都看不到了,过去村民耕作的地方,已被丛丛茂盛的柠条、沙蒿覆盖,还不时能看到山鸡跑过。'

"这样鲜活的场景,材料里看不到,办公室里听不到,而且,通过实地考察,我们对报道主题

---

[1] 杜荣进.中外新闻采写借鉴集成[M].杭州:浙江教育出版社,1990:180.

也更添信心。

"到灵武采访全国治沙英雄、白芨滩自然保护区管理局局长王有德,自治区林业局长带点开玩笑的语气介绍:王劳模是个'老'劳模。确实,那面容看上去比实际年龄至少大10岁。这个念头一闪而过。

"王劳模带我们去看他们新轧的3万亩麦草方格'天网',我们在保护区遇到了一群还在方格阵里栽种柠条、花棒等灌木的工人。

"那天的气温在零下七八度,寒风挟裹着沙子打得脸疼,七八个女工个个脸上都用围巾捂得严严实实的,只忽闪一双眼睛。

"王劳模从工人手里抱过十几根柠条,伸出大粗手指指着一棵柠条上新冒的小芽感叹:'在沙漠里种活一棵树,比养个娃还难呐!'那么沧桑的一条大汉,说话间脸上却现着一种柔情。20多年里,他带领300多名职工每年治沙造林3万亩,在毛乌素沙地西南边缘硬是生生筑出一道东西长50公里、南北宽15公里的绿色屏障,这意味着怎样的一种奉献啊。那曾经闪过的一念瞬间就落回心头。'风沙在他脸上刻下的道道印痕,就是他防沙治沙的勋章。'我们的笔端自然流出这样饱含感情的话语。"①

当然,进入新闻现场,采访当事人和有关人员时,每个记者遇到的情况不同,应对的方法也是多种多样,这需要灵活掌握。这要求每个记者,根据自身特点决定采访方式和采访中对待困难的解决方式。

《人民日报》记者李亚楠说,"通过现场采访,我发现此前拿到的几百字介绍材料里有很多处基本事实是错误的。这让我一身冷汗:如果不是实地采访,根据材料写稿,那么稿子发出去将会变成一个笑话。当然我也很庆幸,第一次采访就让我认识到了'不到现场不写稿'的重要性。"②

第二节 做好现场采访和现场报道

新闻事件的发生,可以从天而降。记者采访它的机会,也可以从天而降。但是,天上不会掉下大馅饼来,好的新闻报道,决不会从天而降,轻而易举地落入记者手心。

记者如果总是守在办公桌边,呆在屋子里,读读简报和读者来稿,接接热线电话,上网查查资料,这些虽然可以使记者获取一些新闻线索和背景资料,但是却并不能保证记者能报道出好新闻来,把采访场所选择在新闻现场,做好现场采访和现场报道,可谓是记者当务之急。

一、如何做好现场采访

(一)要让脚跑起来

真正好的新闻报道,是记者磨破脚底,跑新闻现场跑出来的,是记者绞尽脑汁钻入新闻一

---

① 费伟伟,《迈开双脚是关键》,2014年3月11日,《人民日报》社业务研讨。
② 李亚楠,《没有一次采访是没意义的》,2014年10月22日,《人民日报》社业务研讨。

线钻出来的,是记者使出浑身解数到现场采访拿出手的。

民国著名记者黄远生,在提到记者的"四能"里,首先提到"脚能跑",这是每个记者的座右铭。

现场采访(有时也被称作一线报道),并不局限于突发事件,它涵盖到记者所有的新闻实践。新闻姓新,不姓旧,新鲜的内容,来自新闻的发生点、线、面上。记者要像勤劳的蜜蜂一样去现场、去一线采集新闻。用一句通俗的话说,就是让脚跑起来!

《中国青年报》女记者蔡平在接下采访任务后,一头扎进湘西山区,"跑"到土家族苗族自治州保靖县,两个礼拜没有音讯,回来写出轰动一时的报道《五叔五婶》;该报另一位记者董月玲为写《金钟响在大山里》,到大西北的漳县采访,没住到正规的旅馆和招待所,而是"跑"进了农民家,结果,功夫不负有心人,作品一发反应热烈。

记者的脚跑起来,跑进现场,让自己处于运动状态,不仅能得到第一手材料,还能挖掘出更深层次的新闻事实。

在索南达杰牺牲一年多之后,《中国青年报》女记者王伟群,独上青藏高原治多县采访。在看过其他记者都没有仔细看过的,索南达杰亲笔写的报告和文章之后,在和他的秘书以及家乡人民长谈之后,在深入治多县城多方了解之后,王伟群发现,以往连篇累牍的报道只是写出了又一个焦裕禄或孔繁森。

"很多的藏人祖祖辈辈都拒绝可可西里,而索南达杰为什么要去可可西里?那些通讯和事迹没有回答我这个问题,我从这里开始重新梳理采访素材,并找到了缺失的环节,这就是索南达杰与以往他的同胞不同之处——试图以一种新的生产方式取代传统的生产方式。"①

向一种沿袭数千年的生产方式挑战,这才是索南达杰短暂一生中最耀眼之处。根据这个深刻的发现,记者王伟群写出了新闻报道《血染的希望》,写出了索南达杰带领一个古老民族,走向现代化的悲壮和希望。如果没有王伟群深入的、动态的现场采访,这么深刻的主题不会自动浮出水面。

脚底勤快,吃苦耐劳,和采访对象打成一片,获得他们的认同,和他们产生共鸣,获得第一手的现场资料,这正是《中国青年报》专栏《冰点》报道所以深入人心的原因。

也正是这样的职业道德和敬业精神,奠定了《冰点》成功的基础,尤其对《冰点》这样的长篇报道而言,更需要深入的现场采访。正如《冰点》编辑李大同总结说:"一个长文栏目的成功,仅仅题材选择得当是远远不够的,还取决于记者对题材的深入挖掘、艰苦采访及选择最好的表现方式。"

(二)让身体器官在开放状态,学会用眼睛采访,学会现场观察

人和人接触,都在下意识地找感觉,这个感觉是集合视觉、触觉、听觉等等所得到的所有东西同步综合出来的。比如,人和人对话之间的空白转折;比如,某个姿势、某个眼神;比如,某种气味、某种氛围,等等,这些都构成了记者认识了解被采访对象的一部分。

有很多记者的采访时处于"工作"的意识,光顾着提问,光顾着记笔记,关闭了最敏感的感觉雷达,反而让记者的这些综合感觉割裂开来,丢失了对被采访对象的真实捕捉能力和感知能力。一句话,有些记者只会用嘴和笔采访,却不去观察现场,不会用眼睛采访,用心灵采访。

---

① 王伟群.在别人耕耘和收获过的土地上劳作……[M]//冰点精粹.北京:中国青年出版社,2002.

善于用眼睛采访的记者,在现场采访时,会注意全面又具体地捕捉现场气氛、现场细节、现场的动态过程。眼睛是锐利的武器,可以挑开新闻的面纱,暴露出一个个易被忽略的事件。

1948年11月,淮海战役打响。

美联社驻南京记者站记者西蒙·托宾,被派往徐州采访杜聿铭。路过战场时,他被一具南京国民党士兵的尸体吸引,他发现这名士兵的后颅骨上有个小拇指大小的子弹洞眼。他判定这是趁士兵不备,从后方打来的子弹,也就是国民党打死了自己的士兵。

他马上俯身检查尸体,发现这是个伤势较重的士兵,由此排除了逃兵的可能。

于是,他马上转身问随行的国民党军官,"你们为什么打死他?"

军官被问蒙了,一时语塞。

托宾又加强了语气追问,"到底为什么要打死自己人?"

军官申辩道,"我们实在没有医生,也没有医疗设备和药品,只能把他打死。"

由此,托宾得到了确切的答案,也了解了当时的战局和实力对比。

这是记者善于现场观察,善于用眼睛采访的结果。

2003年10月下旬,温家宝总理到三峡库区考察工作,新华社国内经济部采访室主任孙杰、记者黄豁,摄影记者刘卫兵接受了采访任务,与总理随行。

10月24日下午4点多,总理结束对万州的考察后,车队开往云阳县,进入县境不久就不动了。这是临时停车,正处于云阳县人和镇龙泉村10组,三峡库区腹地的一偏僻的小山村。总理忽然决定下去看看。孙杰意识到这是个难得的机会,专门叮嘱黄豁:"打起精神,待会要把所有的东西记录下来。"①

温总理的突然来访,让村民人喜出望外,你搬凳子,我倒茶,他们把总理请到院子里。总理招呼乡亲们坐下,亲切地和群众聊起了家常。记者细细地观察现场发生的一切,一面速记,一面打开录音笔,以防遗落细节,日后好做核实补充。

一位叫熊德明的农村妇女向总理反映问题,说丈夫有2000多元人民币被包工头拖欠一年了,影响娃儿交学费。总理当场表态,一会儿到云阳县帮农民追工钱。在离开村子的时候,向总理反映问题的熊德明觉得自己手脏,不好意思与温家宝握手,连连往后退。温家宝总理却快步向前,紧紧地握了握熊德明粗糙的双手。就在握手的刹那,摄影记者刘卫兵举起了相机,抢拍下这一历史性的瞬间。事后,新华社记者采写的独家新闻报道《总理为农民追钱》成为海内外近300媒体转载的重要新闻。

这条新闻的成功,取决于三位记者在现场的通力协作,细致观察,寻机而动,用眼睛捕捉现场的风云突变,过滤细节故事,抢拍历史瞬间。向读者还原了一个活生生的新闻现场,使之如闻其声,如见其人,如临其境。

记者在现场采访时,还要密切观察现场,这样在报道时,就不忘客观再现现场的场面、氛围、细节。

请看下面这则通讯《难舍故土》中的一段文字:

终于,车到了码头。

学生乐手夹道排开,鼓号齐鸣。

长长的码头上坐满了人。

---

① 黄豁.总有一种情感让我们震撼:《总理为农民追工钱》采写记[J].中国记者,2003,12.

简单的仪式过后,移民开始上船了。泪水开始在移民的眼中打转,拉着亲友的手怎么也不想放开。

85岁的吴作玉在儿子的背负下上了码头,母子俩都泪流满面。

这是一篇描写三峡库区移民场景的文章,为了三峡工程建设的需要,他们将要离开祖祖辈辈生养他们的土地,此时此刻,他们难舍故土。

记者在这样的现场,旁观式观察,与现场既有距离,又身在其中,他先从整个场景入眼,看到"长长的码头坐满了人""学生乐手夹道排开",并听到"鼓号齐鸣"。继而拉近自己与移民之间的距离,走近他们,看到移民上船的情景。"泪水开始在移工的眼中打转","拉着亲友的手怎么也不想放开。"这样的情景,记者如果不是在现场和移民接近,是无法从远处看到的。我们从文字中就可以看到记者现场观察的位置,他的移动,他视线的转移。最后,如同聚焦一样,记者的视线停留在一个感人的镜头上,即"85岁的吴作玉在儿子的背负下上了码头,母子俩都泪流满面。"

记者在文中尽量使用短句,断裂行文,不仅给人以简洁的感觉,而且符合当时人们离别故土的心理,千言万语尽在不言中。用语不多,却再现了一幕幕感动人心的离别场面。

从中,我们可以总结出这样的一点:记者在现场采访时,要时时随现场的场面变化而移动,注意从远处、中处、近处,直到特写的角度,来观察不同的场景,这样才能客观立体地再现现场。

记者常见的观察方法或是技巧,有以下四个方面内容:

第一,找到恰当的位置。

记者身处现场,只是进入了事件的大环境里,要抢占有利地形,找好观察的恰当位置,特别是摄影、摄像记者,获取最佳的观察视角和范围。全景、中景、近景、特写等取景位置的不同,不但影响采访的信息量和清晰度,也直接影响着报道形式和报道内容。

第二,观察的时机也要应机而动。

记者观察的时机,最好是在事物正在发生变动,或者最能反映出事物特征时,进行细致观察。当然,这样好的时机有个机遇问题。但也同时是记者事先考虑周全的意识准备问题。

新华社摄影记者唐师曾,有一次,在采访联合国秘书长德奎利亚尔时,军警命令所有记者列队进入一间屋子与秘书长见面。他一面俯首听命,一面趁其不备,一个急转身,跨过栏杆,几步小跑追上秘书长一行,紧贴着贵宾就往里走。后有追兵,他却佯装不知,抢到最好的位置,拍到令美联社、共同社记者望尘莫及的镜头。①

2001年的多哈会议,是我国加入世贸组织的关键一会,《北京晚报》作为来自国内的唯一一家晚报媒体,派出了得力记者,提前到达多哈,并见机行事,采访了多篇好新闻。

为采访到中国代表团的行踪,他们除了在电梯口蹲守等候这个常用的"笨"方法外(但常是很有效用的办法),还经常瞧准时机紧跟中国代表团成员"混进"电梯进入楼上采访。

为适应晚报的读者阅读特点,他们用这个方法,采访到了为中国代表团打扫房间的北京小伙穆伟。

11月7日晚,中国外经贸部部长、中国代表团团长石广生到达多哈。当众多记者簇拥着部长时,他们却及时"抓"到了当时"躲"在人群外的外经贸副部长、中国加入WTO首席谈判代表龙永图,就在龙永图上电梯的刹那,他们也跟上去,完成了对龙永图的采访《我们是来拿录取

---

① 徐佑珠.大街上捡一个宝——唐师曾一二[N].文摘报,2004-10-17.

通知书的》。

采访时机,有时也要留心在事件完成之后的收尾时。

《北京晚报》报社领导多次提到,越在新闻事件接近尾声时,就越有可能有新闻发生,报道新闻事件不仅要抢先,抓过程,更要断后。在这次多哈的采访收尾时,记者并没有向大多数记者一样去买纪念品,而是依然在新闻中心和会场中寻找新闻素材。

他们来到了通过中国加入世贸这一决定的萨尔瓦厅。当时已是人去场空。他们发现了堆在地上的坐椅套和主席台上的木槌。经过交涉,记者获得这两件极有新闻价值的纪念品,也获得了中国入世见证物的独家新闻。①

第三,浏览和细看相结合。

记者的精力有限,不可能在同一时空,把所有的信息都仔细获取到,这里必须进行取舍,分清重点和非重点,做到浏览和细看相结合。

游览是对事物的全貌进行概括式的观察,无法涉及具体部分或细节。细看即是选定好观察的重点,对事实的某一点或局部近距离地进行投入、细致的观察。这在一次采访中都要兼顾的,要做到二者有机结合。

第四,比较与观察相结合。

不比不知道,一比吓一跳。在比较中观察,在观察中比较。这里的现场就不只局限在一处,需要到其它场面对相仿的事实进行比较观察,即记者需要对同一新闻进行纵向和横向的比较观察。

新华社摄影记者唐师曾,有一次接到一个信息,说毛主席的外孙在亚运村当侍应生。他要在饭店的一层、两层之中的八个体格相似的小伙子中分辨出真正的目标。通过仔细观察比较,他觉察到一个不带胸卡,甚至体态有些像江青的人,终于确定了人选,按时完成了拍摄任务。事后,他回忆说,"我在采访的时候就像所有的摄影记者一样,用专业的眼光严格筛选,把没必要的筛选到取景器之外。我只不过是不仅用我的取景器,而且用我的哲学理念筛选,其实取景器就是你的世界观。"

(三)有时也要与受访者一起体验生活

在很多情况下,记者在现场采访时,要主动提出与受访者一起劳动、生活、工作,去体验对方的身心感受,进行体验采访。详细情况见第八章《采访类型》第二节《隐性采访和体验式采访》,这里不再细说。

(四)抓住自己的视角,真实报道所见所闻所感所想

自己的视角,是指从记者的视角,去叙述他的所见所闻所感所想,在记者视角中,记者是目击者、观察者、甚至是参与者。记者的出场,是以"我"的视角充分表现主体的洞察和感受,用记者的意识和感受引领读者。

前面曾提到的《冰点》记者,像蔡平、董月玲、王伟群等,她们的大部分报道,都采用了主观叙述视角。因为《冰点》对记者提出了特别要求——完全摈弃大报记者往往端着架子、俯视众生的写作习惯,以普通人与普通人之间的交流方式娓娓道来,尤其注重现场氛围和生活细节的

---

① 郭强.多哈采访归来感触多[J].新闻与写作,2002,6.

真实再现;做到以老百姓的思维方式和提问题的角度与采访对象交谈。

在采访中,记者要时刻提醒自己,自己是读者的导读员。记者是代替不能进行采访的受众,有这样的采访机会去访问,脑子里随时想的问题是受众到了现场,会提出什么样的问题?我作为普通人来到现场,感受最深的是哪些?

一个便捷的方法就是,试着找出这样的感觉——把自己当作记者,又不把自己当作记者,记者采访的底限是把读者可能会问的问题都问出来。这样,在记者的采访中,记者、采访对象、不出面的受众站在平等的位置上,你是什么样的人,就有什么样的现场观察能力,就有什么样的主观感受力,也就会有一大批和你一样或类似的受众,从你深刻的现场感受中获得感受。

(五)身心投入与情景相融

记者到现场采访,"身入"是深入实际的第一步。但仅有这一步还不够,还需进一步的"心入"。

汉代著名思想家王充在《论衡·别通篇》中说:"涉浅水者见虾,其颇深者察鱼鳖,其尤深者观蛟龙。"

在采访中,要想做到"颇深""尤深",就不仅需要"身入",更需要"心入",和采访对象以心交流,站在采访对象的立场上体会采访对象的心理,打开采访对象的心扉,才能得到更深层次的真实——心灵的真实。

《中国青年报》记者蔡平发表的稿件《不要问我从哪里来》里的采访对象,是在陕北黄土高原生活了28年的北京知青王春英,她并不热心接受记者的采访。蔡平和她头天约好了一起回到村子去,但她临时变卦。记者坚持着要去,并在路上贴切地照顾她,观察她,终于在一路的交流中打开了她的心扉。

蔡平说,"我真后怕,如果没有坚持,我也许仍然可以把稿子写出来,但作为这次采访,却无疑是个失败,因为就在那天,我走进了王春英的心。在狭窄的石板山路上,我喘着粗气,听她悲哀地讲过去,讲她的后悔,讲她对这片土地矛盾的心情……"[①]

记者把这一切都写进了文章,体现出一种命运之下人的内心矛盾和挣扎,深深打动了读者。

有个记者说过,她有个习惯,在写作之前,像讲故事一样和别人聊一聊自己正在做的题目,在放松的谈话中,印象最深的事实、感受最深刻的细节,就自然而然的涌现出来。

这个方法对于新参加工作,从事新闻采访的年轻记者来说,是个非常好的可取之法,这对于按照事实本身的逻辑结构组织行文也很有好处。

二、选择现场采访时的注意事项

记者在选择现场进行采访时,要注意以下六个方面内容:
(1)对现场环境、气氛、景象,对事件中的人的表情、言语、行为的观察做到准确无误。
(2)要克服困难、艰苦的生活条件或是自然环境,取得生动形象的观察效果。
(3)记录事实快而准。

当没有条件和时间用笔记本记笔记,或是用录音机、录音笔来录音时,记者要学会用心和

---

① 蔡平.文章要用心去换[M]//泪比血红:本报特别报道.北京:中国青年出版社,2001.

脑进行重点内容的记忆；对人物名称、地点、事件主要经过等等新闻要素，还要事后进行核对，以免因记得不清而失实。

现在，每个记者都有了智能手机，如果对方允许，也可时时用手机拍下、录下重要的画面、资料。

（4）记者最深切的感受要记下来。

这是记者的主观介入，具有可信可读性。

（5）切忌制造假现场。

2004年，台湾受到台风袭击，自7月2日开始连续三天倾盆大雨，在这个"7·2水灾"报道过程中，某电视台女记者明明知道，现场是水深及膝，偏偏找个较深的地方，蹲下身来，搞出水深及腰的画面。这种现象屡见不鲜。台湾东森电视台的一位黄姓的记者，在自家电视节目中坦称，"7·2水灾"是"媒体灾情"。这样造假的行为不仅仅是台湾的某些记者，大陆乃至世界各地也都有一些这样的记者。

初学新闻采访的人尤其要注意，切忌制造假现场，这是个门槛，直接检验着一个记者的职业道德和良知。

（6）学会突破障碍进行采访。

"不会外语可以当摄影记者，不会照相也可以当摄影记者，但不会采访不行。"这是摄影记者唐师曾的话。他把自己比喻成一辆坦克，具有极强的现场采访突破能力。来自现场的充沛采访，让唐师曾有这样的自信与固执，那就是他给编辑订的条件，"我有一个条件，不能改我的稿子，往下拿的时候必须告诉我。因为那是我的，是我亲眼见到的，没有人比我更能决定哪里该留，哪里该舍。"

唐师曾是1987年进入新华社做摄影记者的，当时他分管北京新闻。他不想坐在办公室里等任务，而是凭着新闻敏感，依靠朋友、同学、同事建立起关系网，努力伸展自己的采访范围。为求新鲜真实的新闻照片，他每天蹬个自行车满世界跑，哪里有新闻，哪里就有他的身影，为了更容易引起人们的注意并留下鲜明印象，他特别穿上红色的衣服，以便人们好找到他。

"我在世界上行走的范围比较大，而且都是紧趴在地上行走。人是在地上爬的，不仅是身体，心也是在地上爬的。我写的所有书记录的其实就是我在世界各地爬的过程。"

正像他自己所说的那样，"做记者就要做像范长江、斯诺、萧乾那样的记者，四处行走，深入到各地去采访。"

"我认为凡是从事这种以生命作赌注的人，真正贴近生活采访的人，他的照片只能是这个样子，他写的文章也只能这样。他不可能用很华丽的辞藻，坐在窗明几净的客厅里遐想。"

唐师曾有资格这样说，是因为他就是这样做的。每一个想当新闻记者，想做好新闻记者的人，也许不应该都像他说的那样，但完全可以像他一样做。

记者不进入新闻发生的现场，无法拍到真实可靠的新闻照片，对摄影记者是如此，对文字记者也是如此。现场是新闻的集散地，如同农贸市场一般，不到市场买到米买到菜，能炒出好饭肴出来吗？除非你是仙人会变戏法。

如果每一次采访时受阻，就打道回府，这样的记者怎能胜任采访报道任务呢？几乎每一个重大的新闻事件，尤其是突发事件，记者的采访都会是障碍重重的。如何突破现场的阻碍，就成为记者的家常便饭，因而记者也从实践中练就了很多应对的本领。

一名老记者曾说过这样的话，"当采访的大门向你关闭时，你就要想法从窗户跳进去。"

2003年，我们从各媒体中了解了SARS，它的发病与治疗，政府、部门及百姓对"非典"的看法，同时，也了解了医务工作者、"非典"患者的工作生活情况，世界卫生组织的评价等。这些鲜为人知的新闻，正是记者千方百计深入一线采访而来，正是他们运用千方百计突破采访障碍而来，现场采访的魅力也正是如此。这里仅撷取新华社记者对世卫组织的采访为例。

世界卫生组织对上海和河北农村的考察，是当时媒体关注的一个重点。然而，这两次考察专家组活动，有关部门规定原则上是不允许记者采访，勉强同意随行的记者（这是记者的争取）也受到了各种各样的限制，采访现场困难重重。但樊篱即挑战即机遇。新华社的记者显示出了非凡的突破障碍采访能力与功夫。

4月21日，随同世界卫生组织赴沪考察的美联社、路透社、法新社及新华社记者被上海市政府新闻办宣布：世卫组织与中方约定，不准记者提问，也不发表意见，原定的上海市政府每日通气会取消，违反纪律的记者将被取消采访资格。

新华社记者季明，数次欲乘专家走动的时机进行采访，均被现场工作人员阻拦。

经过近10个小时的等待，季明终于在下午六点半专家准备返回时，在中心大门口堵住他们，对专家进行了独家采访，得到专家"上海防治'非典'疫情的经验很重要"这一重要评价。新华社也成为首家成功采访世卫组织专家组的媒体。

4月23日，在随同专家进入上海传染病医院，即上海唯一一家收治"非典"患者医院采访时，季明和其他记者再次受阻。当其他记者离去用餐时，季明在门外等了三个小时。被打动的专家们首次主动打破沉默，接受季明的采访。季明将两天来的采访情况汇总，写出了很有现场感的《上海两名"非典"患者正在痊愈》这条独家新闻。

无独有偶，新华社的另一位记者孙丽萍，在进入医院"发热咳嗽专门诊区"采访时受拒，其他记者都返回大巴等待。此时，孙丽萍转身回来，只见她穿白色外套，从护士手中要过一只口罩戴上，不动声色地混入了医院随行人员当中。

在世界卫生组织专家考察医院的一个多小时里，孙丽萍全程跟随，从门诊、特诊到隔离住院部，捕捉了专家考察的第一手资料，同时，详细记录了中方汇报的情况，顺利完成新华社交给她的采访任务。

5月7日，世卫组织和卫生部联合工作组将前往河北省考察。

新华社记者常爱玲、廖雷与河北分社记者负责此次采访。

这次采访遇到了比上海采访更加困难的情况：工作组拒绝采访，当地政府不同意记者随同。

他们通过多方努力，在保定市委政府的默许下，隐藏身份随同工作组活动。在河北无极县考察时，因人手忙，记者主动上前，为世卫专家做起了翻译。世界卫生组织专家马圭尔好奇地问记者是不是学医的，怎么会知道那么多医学术语？由于知道马圭尔来自美国疾病控制中心，记者便向马圭尔询问起美国疾控中心的情况，就这样一路攀谈下去。正是由于这样的"交流"，使得记者随后以"翻译"的身份，陪同马圭尔进入"非典"隔离村考察，不仅第一次直观地看到了隔离村采取的各种有效措施，而且直接了解到世卫组织专家对隔离村的评价，获得了宝贵的直接引语，成为新华社特写《你们采取的措施给我留下深刻印象》的重要素材。

5月12日，世界卫生组织对上海和河北的联合考察结束。

在最后的交流会后，世界卫生组织的一名卫生部官员走到新闻社记者面前，猜出了他的真正身份，但并未批评他，而是鼓励记者采访世界卫生组织专家马圭尔。马圭尔得知记者的真实身份后,并没有惊讶和生气,而是笑着说,"我知道你是记者,我记得好像在一次新闻发布会上看到过你,不过我认为你或许更应该是一名卫生工作者。"①

以上所举的新华社记者在"非典"采访受到阻碍中的表现,堪称一流。记者们突破采访障碍的手法也多种多样,一切因人而宜,因地而宜,因条件而宜。

学会灵活变通地应付这些困难,想方设法排除困难,是他们的共同特点,也给我们很好的启示。

三、如果可能,选择现场报道

一位外国记者指出,"当今时代,是现场研究的时代,新闻记者应当成为现场的研究者。"

(一)现场报道

顾名思义,就是记者在重大新闻事件,或突发新闻事件的现场,在第一时间内发回的报道。一般来说,比较短小,常以消息居多。

在现场报道的采访中,一要有现场感,二要有新闻性,大多篇幅短小,相对来说,在600到800字,有时也会有1000字左右的稿件出现,没有固定字数限制。大多数报道既要有生动形象的现场环境描述,又要通过多层次多角度的描写,准确反映新闻事实,把新闻事实的来龙去脉说清楚。一般来说,如果可能,记者最好选择现场报道,既抓时效性,又有现场感,读者爱看、爱听。

现场报道可分文字报道与声画报道两类。文字报道大多是文字记者发回报社、通讯社等媒体的文字稿件;现场声画报道多指电台记者的现场录音报道和电视台的记者出镜报道,或是传送给网络、新闻客户端的多媒体报道。

在现场报道中,记者要注意把握新闻的现场感,这直接影响到记者报道的可信性和感染力。

曾获两次普利策新闻奖的美联社记者雷尔迈·莫林,谈到自己的采写经验时说,"一篇理想的新闻报道应把读者带到现场,使他能看到、感觉到、甚至闻到当时所发生的一切。"

2004年9月3日,凤凰卫视驻俄罗斯首席记者卢宇光,在俄罗斯北奥塞梯别斯兰人质被劫持事件中,用手机发回了一篇独家现场报道。他在战斗打响五分钟里发回的这篇现场报道,被业内人士称为"世界传媒史上的经典声音"。②

让我们来看一下这篇现场报道。

现在,现场非常的紧张,现在战斗是5分钟以前开始的,我们也听到了枪声。大概在现场100米远的地方,能看到孩子不断地往外送,现在已经停止了。我们的机器在里面,撤不出来。我们离文化宫大概有三四米,现在我们的机器还在里面工作,我们可以看到我们最前面大概10米的地方,有很多特种部队向右边运动。

现在情况又有一些变化,我们要赶到另外一个地方,文化宫的中心,现在我们看到战斗还没有结束,不断有部队往里冲,我们在外面看到外围的部队,现在情况有些松驰下来,部队的行

---

① 常爱玲,廖雷."你更应是一名卫生工作者":世界卫生组织河北考察随行采访记[J].新闻业务与研究,2003,11.
② 欧阳斌."恐怖分子向我们冲过来了"[J].凤凰周刊,2004,26.

动有些缓慢。

到目前为止不知道死了多少人,我们的记者都在文化宫前20米的草坪上,但是凤凰台的机器还在里面工作着。

现在又冲出一批人,我们不知道是哪个方向的,躲在汽车后面。我们现在可以看到记者前方大概150米,现在有一些人群冲出来,当地警方有不少吉普车和装甲车在附近,部队运动上去了。

现在恐怖分子已经向我们冲过来,打伤很多人,我们正在跑。

恐怖分子冲过来了。向我们开枪。

现在有几个人都躺在地上。

已经有三个人被打倒了。

现在天空也出现了三架直升机。

(这段电话报道之后,卢宇光与总部失去联系大约一个多小时。)

让我们来分析一下这篇精彩的现场报道。

卢宇光的这篇现场报道非常短小,但句句精粹,新闻现场感强烈,动感强烈,人们闻其声,如临其境,如见其人。

我们从他的报道中可以判断,在整个现场报道中,卢宇光的采访地点,也就是报道现场,和新闻事件的发生现场之间的距离,在发生不断的变化,记者的采访报道路线呈运动型,说明记者随时在随环境变化而改变观察报道的角度与地点。

在采访报道开始,记者所在的现场最初是劫持人质的学校外面,离文化宫三四米的距离,他向大家报道了距自己100米处的情景,是"孩子不断地往外面送,现在已停止了"。而在记者最前方,目视距离大约10米的地方,"有很多特种部队向右边运动。"

随着事态的发展,记者要移动报道现场位置。"现在情况又有一些变化,我们要赶到另外一个地方,文化宫的中心,"在这个新的报道现场,卢宇光把观察到的情景迅速报道回来:"现在我们看到战斗还没有结束,不断有部队往里冲,我们在外面看到外围的部队,现在情况有些松驰下来,部队的行动有所缓慢。"

此时的现场变化,是从记者所在的位置上看到的,显然在靠近战斗的中心的外围,情况也比较混乱,因为,随后的报道中,卢宇光马上告诉大家的是:"到目前为止不知道死了多少人,我们的记者都在文化宫前20米的草坪上,但是凤凰台的机器还在里面工作着。"

事态发生突变时,卢宇光即时采集报道所看到的情况,而此时记者的报道现场位置是"躲在汽车后面。"他看到的是"记者前方大概150米,现在有一群人冲出来,当地警方有不少吉普车和装甲车在附近,部队运动上去了。"

最难能可贵的是,当恐怖分子向卢宇光等记者所在报道位置上冲过来时,卢宇光和记者们一边逃命,一边还不忘记趴在地上,把看到的情况报道出去。他这样描述自己的状态,"现在恐怖分子已经向我们冲过来,打伤很多人,我们正在跑。"

突然,在奔跑中。我们听到了他气喘吁吁的声音中有些紧张,"恐怖分子冲过来了。向我们开枪。"在受到枪击的情况下,卢宇光仍不忘记自己的报道职责,可谓从生命最危急的时刻报道出最鲜活的现场报道。"现在有几个人都躺在地上。""已经有三个人被打倒了"进一步地具体化。然后看到"现在天空也出现了三架直升机。"

尽管到此他失去了与后方的联系,报道戛然而止。仅仅这些报道,就足以大书特书。

卢宇光在这次手机连线声音报道中,转换了至少四处地方,围绕人质被劫持的学校这个大现场不断变动,也反映出当时的现场风云四起,变幻多端。在每一次变动之中,卢宇光都能从容地报道出自己所在的准确或较准确的位置,把发生在自己身边左右前后,以及天空地面上的情况,简明扼要地报道出去。

大家可以觉察,在这次现场报道中,他运用的是比较具体的语言,如"我们最前面大概10米,""记者前方大概150米,""已经有三个人被打倒了,""现在天空也出现了三架直升机"等等。

在这篇不到450字的现场报道中,记者的采访状态是紧急的,有生命危险的,其发回的报道就更为真实可信,感染力非常大。

我们发现,在整篇现场报道中,卢宇光说"现在"这两个字的频率达到11次,每说一个"现在"之后,后面跟着的是记者观察到的现场场面和一些细节,栩栩如生。报道的口吻、语气是口语化,有时会有一定的重复。

手机连线报道属于现场报道中的声音报道,允许记者使用个性化的口头化语言。其实,这也说明,新闻采访的成功,关键是记者在现场,并在这个独家的现场发出了自己独家的声音。这是重要的!

(二)现场报道的基本要求

一般来说,现场报道对记者的要求,尤其是声画报道时,相对常规采访要难,主要体现在以下三个方面:

第一,记者有能迅速突破障碍进入现场、快速的采访能力。

第二,对于广播电台作现场录音报道的记者、电视台记者作出镜现场报道的记者而言,尤其要求记者有一定的口头表达能力和组织稿件能力,新闻要素要报道清楚、明白。

第三,无论文字现场报道还是声画现场报道,均要求记者对现场气氛、场面有一定的观察和表述,使读者入其境,闻其声,见其人。

(三)注意事项

记者在现场报道采访中,可以注意以下三个问题:

第一,在短时间内率先或尽早了解事情的来龙去脉,把新闻事实的主干了解清楚,把最能说明和反映问题的材料及时采访到手,把最新鲜的事实掌握于胸;这要求记者的行动要快,思维意识反应要快,现场的感觉判断要快。

如果来不及做出特别仔细的采访,可随着采访的变动,随时即时地予以报道更新。如卢宇光在报道恐怖分子向记者群中冲过来时,他先看到"现在有几个人都躺在地上。"随后马上更正为"已经有三个人被打倒了。"

第二,用简洁的、甚至富于群众生活气息的语言报道出去,在采访时多留心采集富有个性和地方性的说法。

《人民日报》曾驻西藏记者站站长刘亮明,曾写过一篇反映科学种田好处多的现场短新闻《高家兄弟田头痛算种子账》。

在采访中,他听到弟弟对吃了不良种子亏的哥哥说,"媳妇好在娴静,庄稼好在匀称。坏种子一出苗就七齐八豁,良种子从苗到穗又大又匀,收成好坏一看就明白。"他如获至宝,立即记在采访本上,用到了报道中,形象生动,又借弟弟之口,省去了很多关于传统种植与科学种植情况的解释交代。

老舍曾说过,"话是表现人的思想感情的。话找对了,人物形象就出来了。"

在采访中,记者要注意收集被采访者原汁原味的生活话,而不是套话,可以形象地反映新闻人物的性格,对事情的意见和看法。

第三,在现场报道的采访中,一定不忘注意观察现场的场景、人物,不忘记捕捉有关细节;还要时刻留心捕捉现场的氛围、主要人物的言谈举止,相关人员的表情、行动,等等;也要在时间稍有空闲的情况下,抓紧时间采访到详实的情况,了解全局,同时也采访到更多的故事。

思考题

一、记者在采访时一般会选择什么样的场所?
二、为什么美国记者提倡最好不要把采访场所选在旅馆?
三、现场采访有哪些好处?
四、记者选择现场采访时,要注意哪些问题?
五、找一例声画现场报道,分析它的特色是什么?

第七章

采访提问

第一节 提问种类、要领和技巧

选择完场所之后,进入正式的采访。此时,记者提问到位不到位,得法不得法,直接影响到现场的气氛、采访对象的兴趣、采访任务的成败。采访提问前的准备工作是记者最重要的一个基本功,前面章节中已经提过,这里不再赘述。

著名记者马克斯·葛瑟曾这样说,"你搞采访的目的,一半是为了得到事实,但你还需要色彩,有趣的细节和原话"。

说到事实也好,有趣的细节和原话也好,都需要采访双方的磨合、沟通、交流。但是,有一个关键的地方就是离不开记者的提问。如果记者提问的独特、精彩,对方有兴趣,回答起来可能就是信息丰富、事实典型、有感人的细节、有出彩的原话。

美国著名的学者约翰·布雷迪曾在《采访技巧》一书中说到:"一个采访活动的成败在很大程度上取决于能否进行正确地提问"。

在这方面,我国新闻界的老前辈周孝庵在《访问》一书中,也曾指出:"访问不难,发问实难。发问之如何、足以卜访问之成败"。

一、提问种类

古人曾说,"善问者,如攻坚木,先其易者,后其节目。"这句话,可以运用于新闻采访中的提问。提问的方式方法,因人而异,媒体并没有严格地规定记者的提问方法和具体要求。一般而言,记者在采访提问时,要问得自然、明白、简洁、独特,而不是板着面孔,公事公办地端着架子问话。

尽管每个记者的提问方式和风格是独特的,在新闻界有关提问的知识里,有两个名词是需要向每一位初学者提到的,即美国新闻学家麦尔文·曼切尔认提出的两个概念,采访提问可分为两大类,开放式提问和闭合式提问。

(一)开放式提问

所谓开放式提问,就是记者提问时,口子开得大而且笼统,能让采访对象有一定的余地,可以自由宽泛地回答记者所问。记者提这样的问题,不是直奔主题,而是打开局面,有个话头,从中能够捞到有价值的新闻线索及追问的话题等。

这样的提问,形式自由、气氛轻松,可以减轻对方的压力,也可以使记者找到适当的话题。但在整个采访活动中,这类提问不宜过多。有时这样的问题过于笼统、抽象,反而让人不知记者所云。

有一年春天,中央领导人邓小平等人在十三陵水库植树。一位记者走到邓小平面前,开口就问,"邓老,我是某某报记者,请您谈谈今天植树的感想。"邓小平正忙着给小树苗培土,回答说,"我今天是来劳动的,没有什么话好讲。"

这位报社记者提了个开放式的问题,但邓小平却没有回答。这是为什么?

显而易见,一是此时的现场,邓小平正在给树苗培土,劳动之中无暇他顾;第二,也是因为这个泛泛而问的问题,没有抓到对方的兴趣和话头。记者一是来得太突兀,在唐突之间,记者插入邓小平同志的视线中,二是记者提出了如此空虚的一个开放式提问,对方以"没有什么好讲的。"一下子就拒绝了记者的采访。

(二)闭合式提问

所谓闭合式提问,就是记者在采访提问时,问题的口子小而紧,问题具体,让对方无法回避,必须正面回答。

这样一来,记者可以获得直接的答案,让对方尽快进入被访状态。但是,闭合式提问也容易由于设计不当或不新不深,引起对方反感,或者回答不出更多的东西,尤其在初次接触时,这样的闭合式提问容易造成气氛生硬,可能会出现僵局。

改革开放后,意大利女记者法拉奇到中国采访邓小平,第一个问题就问了一个闭合式的问题,十分具体而且非常尖锐。

她问,"天安门前的毛主席像,是不是永远挂下去?"这个问题十分简明扼要,又切中要害,对方无法回避。当然,小平同志直视问题,答得非常坦诚自然。

上面提到的关于十三陵水库的采访,那位开口就让邓小平谈植树感想的记者用了开放式提问,结果无获而返。相反,同行的新华社的记者李尚志,则是以一个闭合式的问题巧妙地发问了。这一问口子小而紧,对方不仅不排斥,而且,提起了谈话的兴致。

李尚志记者是这样问的,"小平同志,您有多长时间没到十三陵来了?"这个问题就是闭合式的提问,而且对方很容易回答。邓小平马上回答,"20多年了,那还是1958年修水库时来的呢!"

接下来,邓小平谈到了植树的意义。

有一位记者在邓亚萍蝉联了世乒赛女单冠军后,采访了她,提的第一个问题也是闭合式问题。

他这样提问,"许多人看你打球风格泼辣,说有一种杀气,觉得你不像个女孩子,你怎么看?"这个问题很地道、新奇,邓亚萍无法回绝,她回答道:"我觉得在场上应该有一种气概把对方压下去,从心理上先战胜她,所以我经常会眼睛瞪起来,在场下你怎样女孩都行。"

1999年杨澜在上海采访《财经》杂志主编时,开始那位主编态度并不十分认真,但聊着聊着,他就不得不认真对待了。

因为杨澜当时的提问已具体到这样的程度——

"在你就任主编之后的这十几年当中,世界财富前10名的排列有过什么样的调整?这些又集中反映出国际产业结构什么样的调整?而那些被换下去和换上来的大企业领导,又是怎么面对这种变换的?"

在随后的30分钟采访中,这位主编很吃惊地说,真没想到,你的"家庭作业"准备得这么好,在你之前的采访,别的记者一直都在重复同样的问题,"你对中国是什么感受","你对上海有何感想"。

杨澜采访这位主编的提问,就是一个闭合式的提问,一个问题套一个问题,对方无法回避,必须正面回答,而且所问的问题十分新颖,与主编又有接近性,受访者愿意回答。相比较之下,这位主编提到的其他记者向他提问的那些问题,都是大而笼统的开放式问题,让人摸不着边际,所以很难引起作为财经杂志主编的兴趣。

二、提问的要领

(一)问得恰当

记者采访提问时机和内容要问得恰当。

我们经常看到有些记者的不恰当甚至是荒唐的一些提问。比如,面对一名刚从车祸中逃生的遇难者,某记者劈头就问"司机这是严重违章开车,请问你知道他为什么要拿车上人的生命当儿戏吗?"对方一下子就被问懵了,也不知道该如何回答,场面很僵硬。

不说这位被访人是不是司机本人,就是司机本人,记者也不应该这样上纲上线地发问,没有一个人愿意拿他人的生命当儿戏。

在没有经过交通部门的核实认定之前,对于出事原因记者不应该在提问中先做出道德审判。

再说,提问的时机也不对,对方刚刚死里逃生,一下子就面对记者提出的审判他人的问题,心里的接受程度一定不高,这样提问非常不妥。

记者提出的问题恰到好处,既节省时间,又能获得采访对象的兴趣和欢迎,顺利完成采访任务。记者一方面要精心准备好问题,同时,也要掌握采访时机。

1992年8月,中央人民广播电台记者王延辉,前往巴塞罗那采访第25届奥运会,在采访准备时他了解到,中国乒乓球名将邓亚萍与时任国际奥委会主席萨马兰奇有一个特别的约定,即如果邓亚萍在1992年于萨翁老家举行的这次奥运会上获单打冠军,萨马兰奇将亲临现场并为她颁奖。因此,王延辉准备好了抓住这个问题设计采访提问。结果,邓亚萍获冠军,果然萨马兰奇为她颁奖。

"此时,我观察着这位老人,他正沉浸在为他的好朋友邓亚萍颁奖的愉悦中,揣摩他的心理,这时,他肯定愿意接受一位中国记者的采访。我毫不迟疑,在他返回主席台后,不顾一切地冲上主席台,冲到他的面前。当我介绍自己是中国记者时,他示意阻拦我的安保人员退下。我抓住老人此时的心理上,及时提出了自己准备已久的第一个问题:'主席先生你好,您刚刚为中国运动员邓亚萍颁奖,您可以接受一位中国记者的采访吗?'老人微笑着耸了耸肩说,'这很有意义'。"①

记者王延辉的这个问题和采访时机都把握得恰当适宜。

另外,有的采访对象会要求记者提前传递采访提纲,再约定面对面会谈。这时就要讲究一定的技巧。

当然,主要的问题一般情况下都是要提出来给对方看的,这是不成问题的。但是,当采访对象对这次采访抱有抵触情绪时,特别是他身上有一些特别敏感的话题时,什么该问,什么不该问,什么问题可以预先让他看,什么问题需要当面谈,这里面有点技巧。

一个前提就是,提前发给被采访者的问题既让对方有所准备,又让他能够接受记者的面对面采访。那些敏感话题,在采访中,记者可针对一定的机会巧妙、适时提出,完成这次采访任务。这在许多记者的实践中颇为常见。

(二)问得自然

记者在采访时,采用各种方法,自然地发问,可以减少采访对象的压力,收到较好的效果。上面提到的,同样是十三陵水库采访邓小平,一位记者失望而返,而新华社记者李尚志则取得了良好的采访效果。我们来看看他是如何行动的。

李尚志拎着一把铁锹走到邓小平面前,一边培土一边与小平同志聊了起来。

"小平同志,您有多长时间没到十三陵来了?"

"二十多年了,那还是1958年修水库时来的呢!那时这里没有多少树,现在大不同了。"

"一个地方没有树,就显得荒凉,不好看。"

"是呀,栽树意义可大了,这是为子孙后代造福的大好事,这件事不能放松,植树造林,绿化祖国,是件大事,要坚持一百年,一千年,要一代一代永远干下去——"

大家看这段对话,非常自然,记者和被采访者共同在植树,边植树,边聊天,如同两个好朋友说话谈家常似的。

这一方面归功于记者与采访对象的关系十分熟络;另一方面,也归功于记者自然自在的问话方式,使对方不排斥,又不干扰对方在劳动的状态,从而使记者要采访的东西水到渠成。

(三)问得具体

要注意避免空泛的提问,多提具体实在的问题。

曾有一位记者,采访一架被劫持去台湾的飞机上的乘客,开口就问:"您是乘坐这架飞机吗?"这等于浪费时间,纯粹是个废话。

1992年8月,第25届奥运会在时任国际奥委会主席萨马兰奇的家乡举办,中国选手邓亚萍获得单打冠军,实现了一年前她向萨马兰奇许下的诺言,同时,萨马兰奇也亲临现场,并亲自为她颁奖。中央人民广播电台记者王延辉抓住这个时机,提出了具体的问题。

"我没有马上提出诸如'北京申奥的成功性有多大'这类敏感的问题,也没有俗套地请他谈谈颁奖后的感受。我知道作为国际奥委会主席,他自己恐怕都不知道为各国运动员颁过多少次奖了。我选了一个非常好的角度,提出了一个轻松,而且让他乐于回答的问题:'今天您和您的朋友都实现了一年前许下的承诺,邓如愿以偿地在您的家乡获得了冠军,您为她颁了奖。现

---

① 王延辉.准备 角度 沟通[J].中国广播电视学刊,2006,5:52.

在,您可以向中国的听众和球迷公布你们两人一年前的故事吗?'老人诡秘地笑了笑,童心大开,风趣地说,'看来你都知道。'随后他在主席台上,滔滔不绝地接受了我的独家采访,谈了对北京申奥的看法并表达了希望北京申奥成功的心情,在称赞我国选手邓亚萍的同时,号召世界各国运动员向邓亚萍学习,学习她那种锲而不舍、顽强拼搏的精神,并向邓亚萍和她的教练发出邀请,邀请他们到国际奥委会做客。"[1]

前面提到的,杨澜访问《财经》杂志主编的提问,也是非常具体。提问具体,对方有话可说。

(四)问得简练

如果记者在提问时,一个问题之中,绕得很长,又夹杂很多别的问题,容易引起对方的思维混乱,一时无法找到回答点。在时间紧或问题太尖锐的情况下,对方就会容易比较含糊、笼统地回答,记者反而不易得到满意、具体的答案。

问得简练,指的是记者日常的采访提问,完全不必如同新闻发布会上的抢拼式提问。

我们观察在一些新闻发布会,记者们抢拼发言权,得到一个机会时,有一些记者就爱提绕很多弯的问题,发言人有时就只回答其中的一部分内容。当然,在新闻发布会时,记者提问因为机会难得,会有"贪心"也是正常的。

我们来看看记者们,在近年三位总理首次亮相的两会新闻发布会上,是如何珍惜提问机会,密集地向总理们提问的,总理们又是如何个性化应答的。

1998 年,新任总理朱镕基被香港凤凰卫视中文台记者问道:"去年亚洲爆发金融危机,香港的危机也开始显现。现在香港经济回升,股市指数又创新高。请问香港如果出现困难,中央政府会采取什么措施帮助支持? 人们称您为经济沙皇等,您对此有何感想?"

这个问题含两问,第一问是闭合式提问,有关香港遇到困难时,我国政府的具体措施,总理无法回避。第二问则来了个开放式提问,总理可以漫谈个人感受。

朱镕基总理这样回答:"去年发生亚洲金融危机,10 月份香港也发生了股灾。但由于香港经济结构比较完善,经济实力较强,有 980 亿美元的外汇储备,特区政府领导有方,采取措施得力,已经克服了一个又一个困难。中央政府高度评价特区政府采取的对策,也不认为香港今后会遇到不可克服的困难。但如果在特定情况下,万一特区需要中央帮助,只要特区政府向中央提出要求,中央将不惜一切代价维护香港的繁荣稳定,保护它的联系汇率制度。

对于外界称我为中国的戈尔巴乔夫、经济沙皇等,我都不高兴。这次九届全国人大一次会议对我委以重任,我感到任务艰巨,怕辜负人民对我的期望。

但是,不管前面是地雷阵还是万丈深渊,我都将一往无前,义无反顾,鞠躬尽瘁,死而后已。我虽然很怕辜负人民的期望,但是很有信心。只要我们高举邓小平理论伟大旗帜,在以江泽民同志为核心的党中央正确领导下,紧紧依靠全国人民,我相信本届政府将无往而不胜。"

2003 年,新任总理温家宝被德新社记者提问道:"朱镕基开始当总理的时候,他说不管前面是地雷阵还是万丈深渊,我都将鞠躬尽瘁,死而后已。和他比起来,你觉得你的工作风格会怎么样?"

这位记者的提问只有一个,但有个参照,把朱镕基总理的话放在前面,虽是个开放式提问,但有个闭合式的限定,温总理无法回避。

---

[1] 王延辉.准备 角度 沟通[J].中国广播电视学刊,2006,5:53.

温家宝总理这样回答:"朱镕基总理是我非常敬佩的一个领导人,他有许多优点值得我学习。至于我自己,大家普遍认为我是一个温和的人。但同时,我又是一个有信念、有主见、敢负责的人。在我当选以后,我心里总默念着林则徐的两句诗:苟利国家生死以,岂因祸福避趋之。这就是我今后工作的态度。"

2013年,新任总理李克强被凤凰卫视记者提问道:"总理您好。刚刚我注意到一个细节,您在回答所有媒体同业问题的时候,您的双手打手势超过了有三十几次。这一幕让我印象深刻,想起了11年前,当时采访时任河南省长的您展现出来的自信和睿智。我想问的是,两年前您到访香港,带去了中央政府的大礼包,未来有哪些新的举措?另外,我要特别说的是,我也是安徽省籍的人,但我是一个出生在台湾、工作在香港、在过去十多年来一直穿梭在两岸三地的华文媒体人。我身旁的人万分渴望对您本人有进一步的了解,能不能借这一个机会,谈谈您从政生涯一路走来从最基层到最高层您个人的情怀,谢谢总理。"

注意,这位记者的提问绕得比较多。

先是记者感言,呈现出他观察的一个现象是总理回答记者问题时手势超过30次,总理不能不回复。因为记者的这一部分话语中还带着与总理的接近性关系,即11年前曾采访李总理,当时总理是河南省长。

记者接下来问的重点问题是中央政府对香港日后的新举措是什么。非常巧妙地,在这前面,记者又加了一个前提,说两年前李总理访港带的是大礼包。这个用词是有含义的,意思是今年的香港还是有所期待的。

之后,这位记者又从接近性角度,比如他和总理都是安徽人,来向总理提出能否谈谈总理个人情怀问题。

这样一来,一个记者一段话中至少三个问题出来了,总理都无法回避。

李克强总理是这样回答的:"刚才记者先生提醒我,手势多了,引起人们的注意力,就会不太注意听我回答问题的内容了。不过你刚才讲的三地都是容易引起我情感的问题。

"我记得前年到香港访问,宣布中央政府支持香港繁荣,推动两地深化合作的一系列政策,你把它比喻为'大礼包'倒是很形象。不过这个'大礼包'的干货要一个一个地打开,才能用好、用足,还需要两地共同努力。现在已经取得了一些效果,中央政府会尽力去推进。

"我访港的时候,深感'一国两制'下的香港充满活力,香港同胞勤劳、智慧,香港社会包容、开放、充满活力,内地和香港合作空间还很大。凡是有利于港澳同胞福祉增加、内地和港澳合作深化、维护港澳长期繁荣的事,中央政府都会尽心尽力地去做。

"你问到个人经历,也讲到安徽。我曾经是安徽凤阳的插队知青,很难忘那一段和乡亲们度过的艰难岁月。那里当时是中国农村出了名的穷地方,也是后来中国农村承包制改革的发源地。

"我还记得1977年高考后,我是在田头锄地时得到高考录取通知消息的。正是改革开放改变了我们国家的命运,使亿万农民脱贫,也使许许多多的人出现了重大的人生转折。现在改革的重任落到了我们这一代肩上,我想我们要尽力使改革的红利惠及全体人民,使老年人安度晚年、年轻人充满希望,使我们的国家生机勃勃。

"我没有更多的时间来讲述个人的经历,我想说的是,在我个人的经历,在读书、做事、文化熏陶当中,悟出一个道理,就是行大道、民为本、利天下。这九个字不是什么典籍的原话,是我的心得。我坚信做人要正、办事要公,才能利国利民。谢谢。"

如果不是在如以上所举的两会总理记者发布会的场景,在一般工作状态下,记者的提问最好要简洁明快。多提像上面德新社记者对温家宝总理提问这一类的问题,类似一问一答式,能够方便被采访者回答,也方便记者与对方交流。

(五)问得透彻

问得透彻,指的是记者采访中会有一些重要的问题或是没有听明白的问题,此时,记者注意别让它们溜过,应该虚心求教,反复追问。不要怕重复,这些重要的问题值得再重复地提问,直到弄清楚为止。如果在采访过程中记者没听懂这件事情,而这件事情关系到整个采访的成败,是个关键问题,完全可以当时就打断对方,让对方再说一遍,直到自己心知肚明彻底了解了。千万不能不懂装懂,磨不开脸面,张不开口去发问追根刨底。

记者这个面子不必装,不懂就是不懂,就是要大胆提问,这既是对记者本人新闻报道负责,也是对读者负责任,防止新闻失实。

有时候,如果记者当时没听清楚、没搞明白,一时没抓住或是有其它情况不允许记者当时追问,记者要在采访本上打个问号,做个标记,等到最后时,要再一次"重提旧事",问出细节、问出故事、问到原因、问到结果、问个详细明白。千万不能自己糊弄自己,不能有"可能是这样的""大概""差不多"这样的想法,这些含糊是提问的硬伤,记者应该避免。

(六)问得客观

记者提问时要注意客观,不要把自己的观点和判断,用诱导式的口气问出来,这样对方的回答只能是按照你的诱导回答。

我们经常看到,有些记者常常是把问题问在前面,也把自己对这个问题的答案自己回答在后面,这种自问自答式的提问,会拘束被采访人的思路,让他下意识地顺着记者的思路回答记者已经回答的问题。

记者提问主观性太强时,被采访人的思路无法开放起来,尤其在有限时间里的采访,被采访人大多数会简单地按记者的意思回答"是""或不是"。

(七)问得家常人情

19世纪30年代之后,美国出现了一种人情味新闻,后来纽约《太阳报》总编达那把它系统化、理论化,他的解释是:从一些无论人或事来看,都并不具有什么重要意义的悲喜剧。在西方,人情味新闻,特指新闻报道的对象从名流、要员扩展到普通人中间,在写法上,要求从人的角度写新闻,突出人的活动、人的思想情感和生活情趣等,使新闻具有趣味。在我国,也越来越注重人情味新闻。在采访提问中,也是如此,即记者在采访时,不以正规的采访式的语言提问,而代之家常式的聊天,拉近与采访对象之间的距离,找到采访口,使采访顺利完成。

北京台记者兼主持人徐滔是跑政法线的,经常要与犯罪嫌疑人打交道,并主持大型法治节目《法治进行时》,其中有一档节目叫《现场交锋》,是全国第一个提示犯罪分子心路历程的访谈节目。这个节目的难度厚度大,除了事先的采访准备充足这外,采访提问的方式成为她考虑的一个方面。她采用了人之常情式的聊天式采访提问。

有一次,北京警方抓捕了一个奸淫多名幼女的强奸犯。徐滔事先翻阅了他的案宗,发现他有一个小男孩,离异之后跟着他过。他很爱这个男孩子。见到案犯后,徐滔没有咄咄逼人地进行采访,而是看了他一会,然后,闲闲地问他一句:"你有一个小女孩吧?她很可爱是吗?"这一问她故意问错了,把男孩问成是女孩子,就像旁人在问小孩子家长的口吻。案犯沉默了几分钟,终于忍不住说,"我有一个小男孩。"

徐滔接着他的话,追问一句,"你很爱他吗?"

对方回答,"爱。"

她又追下去问,"你这么爱自己的孩子,那你为什么要残忍地对待别的孩子呢?"

对方低下头,再次沉默了几分钟,最后回答,"因为我很自私,很残酷。"

这条短消息播出后,引起了强烈的轰动,当天就被反复播出了11次。

于根柱是杀害北京民警崔大庆的凶手,同时他还杀了十条人命。他被捕后,曾咬断舌头,拒不交待任何问题。采访他时,他一言不发。徐滔一上来只问了一句话,一下子让他打开了话匣子。这句话是这样的:"你女朋友身上穿的红毛衣是你给她买的吧,还挺好看的。"

这么普普通通的一句话,类似叨念家常,却让徐滔找到了与对方交谈的契口。于根柱不仅回答了这个问题,而且还在以下的提问中说出,自己最喜爱的歌是《爱的奉献》,因为他觉得自己"索取得太多,奉献得太少"。片子播出后,同样引起了轰动。

为什么这两期节目播出都引起了轰动?

因为记者问的是家常人情,罪犯也是人,从他的人性的角度来提问,问他们家中的生活和他们的情感,这些是人性共通的东西,就容易产生不一般的效果,也将罪犯的心态和普通人的心态融合起来,找到了共通的东西。然后再问到他们的犯罪,对受众更有启示意义。

艾丰同志曾经提出了采访提问之六个"不要提",很有针对性和指导性。

第一,不要提太大的问题。(不要企图"一口吃个大胖子"。)

第二,不要提过多的外行问题。(一点不提是难以做到的,但要争取少些。)

第三,不要提暗示性的问题。(不要强加于人,给人竖根"杆",让对方"顺杆爬"。)

第四,不要提过于轻率的问题。(毫无意义和目的地卖弄技巧,会导致提轻率的问题。)

第五,不要提太"硬"的问题。(就一般情况、一般对象、一般记者而言,直率不等于生硬。)

第六,不要提审问式的问题。(即要善于引导,在交谈中发问,在发问中交谈。)

三、提问技巧

(1)灵活变通。

如果在采访中第一个问题,无论是开放式提问还是闭合式,不能取得很好的采访效果,要果断转变提问方式,从开放式提问转到闭合式提问,或从闭合式发问改成开放式漫谈,二者揉在一起,缠在一块,灵活变通。另外,当采访提问的问题对方不感兴趣时,记者也要做到灵活变通,做到采访时不要冷场。

一次,中国新闻代表团到日本访问。在东京一所中学,记者采访了参加座谈会的五名中学生。

一位记者先是这样发问,"你们对中国有什么了解?"

这个开放式的提问让五个孩子不知怎么回答。

这时,代表团团长、著名记者安岗,接过话头跟着问——

"你们知道中国有一条长江吗?"

孩子们回答,"知道。"
他接着问,"你们知道中国有一个孔子吗?"
孩子们又回答,"知道。"
"你们知道毛泽东吗?"
"知道。"
"你们知道鲁迅吗?"
"听说过这个名字。"

现场采访的气氛一下子活跃起来,孩子们积极回答记者的提问,后面的采访十分成功。

这个例子说的就是现场提问的灵活变通问题。千万不要冷场。即使出现冷场,也要镇定,把提问的语气和方式改变一下,提问的问题可以暂时不直接切入,先调动对方的说话积极性。安岗的提问就是这样。

2002年8月11日霍金来华在浙江大学参加国际会议。霍金答记者问之后,在浙江大学安排的其他五名数学家与主流媒体记者座谈会上,记者们遇到了挑战。霍金感兴趣的问题,这些来参加国际会议的数学家们并不很"感冒"。

一名叫法捷耶夫的数学家说话了:"能否提一点与数学有关的问题。"记者们一下子陷入了沉默。这是最尴尬的。还好,数秒钟后,《文汇报》记者万润龙打破冷场,开始向数学家们提问。

"中国历史上曾经有过卓有成就的数学家,并发明了'勾股定理'等数学公式,这些数学家的发明在世界数学的历史上所起的作用如何?中国的数学目前在国际数学界所处的地位如何?"

众数学家分别回答。

紧接着,他提出第二个问题,"我在采访浙江大学校长潘云鹤先生时,他打过一个比方:浙江大学已经形成了学科的高原群,现在的任务是要在高原上造峰。数学作为一门基础科学,它是孤立的山峰,还是一片高原?它如何与不同的科学相结合?是否会组成新的交叉的学科?"

几位科学家对此大感兴趣,竞相回答。

在其他媒体记者问及地球大爆炸问题之后,他问了第三个问题,"当媒体披露'小行星撞击地球''地球有可能爆炸'等消息时,身为科学家所持的又是怎样的心态?"

科学家都笑了,这是一个硬数学问题后的软提问,万润龙打了个漂亮的"时间差",取得了一次良好的接近读者阅读心理的提问答案。

针对科学家们在回答问题时,所流露的一种对未来中国基础科学的企盼,最后,他提出了第四个问题。

"据你们看,哪个年龄介入基础科学研究为最佳?你们对中国的青年科学家寄予希望,你们是否愿意接收中国的研究生?"

无疑,这现场发挥而来的四个问题是精彩的,《文汇报》几乎一字不差地刊登了万润龙根据对话整理的2000多字的专稿,并予以嘉奖。

2003年第2期《新闻与传播》,刊登了万润龙写下的采访札记《我这样与大师对话》。

从中,我们可以看到他成功的提问背后的东西——

"回顾这次对话,我的体会是,你要让对方回答你的问题,就必须让对方对你的问题感兴趣了;当对方对所谈的话题稍有不太热情时,必须另选问题。而作为媒体记者,所设计的问题除了是问答双方感兴趣的之外,还应着重考虑两大前提:本报特色和读者口味。当然,这也得益于自己平时的积累。"

（2）保证重要或主要问题。按时间和气氛等安排设计的问题，但要保证采访涉及的重要和主要问题，保证篮中有菜。

（3）不放过有价值的问题。当对方回答出有意思的话头时，善于追问到底。

（4）处理无用回答，引回正轨。果断或机智地转引开离题万里的回答，重新进入采访的实质问题，掌握采访的节奏和主动权。

（5）巧用外物搭桥，设计问题。有一位记者采访农村妇女，农村妇女第一次面对记者，行为局促不安，很是紧张，手脚不知怎么放置，脸上的表情也就不自然起来。她的紧张使自己的孩子也受到了感染，直往母亲身后躲，采访现场很是尴尬。

这时，记者看到了院子窗台上晒着的一些萝卜干，就问道："以前我家也晒过萝卜干，可就是晒不好，不知您用什么方法晒得这么好？"这样一问，这位农村妇女就有话说了，原来是让我说萝卜干啊，那还不容易？这位妇女一下子松了口气，把端着的身子和情绪放松下来，聊着聊着，就进入了采访的正式话题。

在这里，这位记者巧妙地运用了一个外物，即晒在窗台上的萝卜干，打开了谈话僵硬的局面，让受访者回到了正常的自然状态，从而完成了自己的采访。

1999年，是著名学者季羡林老先生的88大寿。当时只有10岁的小记者张苗，根据季老的一篇文章《清塘荷韵》，精心制作了一幅荷花祝寿图，送到了老人在北大寓所。没想到，第二天，她就接到了季老的电话，说看到这幅画很高兴，夸她画得很好。小张苗就不失时机地在电话中问了很多问题，逗得季老哈哈大笑，两个人就这样约定好了采访地点和时间。结果两个人从花草谈到朋友会，从《水浒》聊到"三贯通"（季先生提出了青年学生不但要中西贯通，古今贯通，还要文理贯通，才是21世纪的青年）。《中国文艺家》发表了张苗采访的这篇独家专访，在社会上引起了不小的振动。

小记者张苗人小但很聪明，她很懂得用外物搭桥的方法。她先是精读过季老的文章《清塘荷韵》，然后是依此制作出一幅荷花祝寿图，提前送到了老人家中。大家想一想，这么个有爱心、有童趣的、机灵的举动，是不是拉近了88岁老人与孩子之间的距离呢？她还不忘留下了自己的电话。小姑娘的采访准备到位且扎实。在她接到老人的电话后，不失时机地定下了采访时间和地点。

谁能说这幅荷花图不是一个很好的提问问题呢？在采访中，她跟季老讨论母爱，就提出了一个很好的问题，"您在书中写了很多很多想妈妈的事儿。我也和您一样，妈妈出差的时候，我就特别想她。爷爷，人到多大就不想妈妈了呢？您现在还想妈妈吗？"

分析一下这个问题，她问很贴切自然，两者互动，把自己也拉近了问题之中，将心比心式的一个充满童心的问题，也是一个很老道的发问。季老听后，深情地说："我后悔，我不该离开母亲。世界上无论什么，名呀，地位呀，什么都比不上呆在母亲身边。"

（6）善于捕捉对方的神情、举止，转换话题。

（7）对提问中的疑点要做记号，如现场不能解决的，事后补访核对。

（8）当遇到特别有新闻价值的人物，他本人并不按照记者采访的提问或思维方式顺应发展时，应让其自由自在，尽现风采。

杨澜在许多采访者面前都交流得充分而自如，但碰到了姜文和马俊仁这样特立独行的人物，就是做足了功课也显得有些力不从心。

对此,她这样说:"像姜文和马俊仁这样的人的确很各(gè),当面前这个人和你设想的相去甚远时,一瞬间是会挺紧张的,但我现在是用坦然的态度来看待这个情况:记者和被采访者谈话,不是和对方斗智慧,如果你是把自己设在这个位置上就很难有平和的心态了。我的重点是要展现对方,所以对方各不各,是不是符合我的设想并不是很重要,他们的各劲儿正是他们的风格,他们的性格能凸现出来就是最好的。"

(9)对于受众不清楚的一些学术专业术语,或是一些解读性较差的问题,一定要当场弄清楚,且注意要让专家审稿。另外,对专业术语,要进行一定的说明解释或是形象描述,让受众接受起来才不困难。

记者在采访时,要注意用大众的角度提问,并现场消化对方的专业化回答,可以通过当场的意思转述确定下来,或通过让对方审稿,检验自己形象化的描述是否成功。

《人民日报(海外版)》1994年8月3日刊登了记者采访著名化学家朱清时院士在选键化学方面取得的研究。

请看下面的报道:

选键化学分子,一个多么陌生、神奇而又诱人的研究领域!科普常识告诉我人,组成分子的原子是有许多化学键连结的。通常情况下,如若给分子施加能量,那么分子的每个键都会产生振动。不过也有一种特殊情况,就是给分子能量后,只有一个分子键产生振动,而其它键不会产生振动。这种特殊状态被科学家称为局域模振动态。

如果找到这种特殊状态,人人可以通过给某一化学键施加能量将其打断或激活,使分子重新组合,实现通过改变分子结构产生析的物质的目的。这样人类就会实现这样的梦想,如同剪裁衣服一样,对分子进行加工;如同做外科手术一样,给分子做手术,得到人类理想的分子。这就是选键化学的研究内容。

据记者介绍,朱清时院士在审阅稿件时,对上述描述未做改动,而且在接受其他记者采访时,就是提供了这几段文字,还说:"很准确地表达了我的研究工作的内容。"①

分析这篇报道,我们可以很清晰地得知,记者对化学家研究的课题是真正了解了,并且用通俗易懂的语言向受众解释了什么是选键化学。他用了形象的描述性文字解释这个定义,同时用了两个别开生面的比喻,把朱院士的研究内容选键化学工作比喻成像剪裁衣服、做外科手术一样,寻找分子的某个变动后产生的新的分子和由此可能产生的新的物质。这样,只有记者本人真正弄清弄懂后,才能通过被采访者的检验,才能为受众接受理解明白。

(10)在采访中,经常会遇到这样的情景,记者对一些未经准备或准备不足的事情不知所云,不知所问。

此时尽量不要紧张,迅速扭转尴尬局面的应对方法,可以参考孔老夫子的"叩其两端提问法"及吉尔兰德教授的"GOSS"提问法。

二千五百年前的圣人孔子曾说过这样一句话,"吾有知乎哉?无知也。有鄙夫问于我,空空如也。我叩其两端而竭焉。"

孔子说:"我有知识吗?其实没有知识。有一个乡下人问我,我对他谈的问题本来一点也不知道。我只是从问题的两端去问,这样对此问题就可以全部搞清楚了。"

圣贤如孔子也会一时产生"空空如也"的现象,任何记者如同任何人一样,都不是十全十美

---

① 张玉来.别有天地的对话——采访专家学者的几点体会[J].新闻战线,2004(2).

的完人,总有不知或知者不多的情况,在采访提问时发生,关键是不要紧张,也不要胡乱瞎测、故弄玄虚,而是"叩其两端而竭焉",即虚心求教,抓到这个情况的正反两个方面,一步步换角度或改个说法再来提问,从而扎实地掌握这个未知或知之不多的情况。

另外,在这种情况下,不妨试着用一下"GOSS"提问法。

美国内华达大学吉尔兰德教授,提出一个提问的方式,叫"GOSS"提问法。这个提问法概括了记者在采访时遇到的主要问题。他根据这四大类问题的英文单词首字母,拼成"GOSS"提问法。

这四大类提问分别是:

(1)GOAL(目标),问被采访者你的人生目标、事业目标、将来的目标等这类问题,对方总会有所答,记者也会有所收获;

(2)OBSTACLE(障碍),问被采访者碰到过哪些困难,既包括日常生活、情感的,也包括事业、思维上的等等;

(3)SOLVE(解决),即对于上述障碍或困难,被采访者是如何解决的,他的措施、方法、故事等等;

(4)START(开始),问被采访者目前这一段新生活、新经历、新事业、新情感等,是从何开始的,或者将开始什么样的新起步。

这个GOSS采访提问法很可靠,它几乎涉及了每一个记者在每一次采访提问时不可避免的四个问题,即要提问对方的人生目标、事业目标是什么?是从什么时候开始进行规划的?是从什么时候开始现在这项工作的?遇到哪些障碍和困难?又是如何解决这些拦路虎的?

如果,在采访时你不知道自己要问什么才好了,不妨试试这个GOSS提问方式,并且多问对方几个为什么?为什么你会这样想?为什么你会这样做?为什么你不按部就班?为什么你会决定甩掉过去的包袱?为什么你现在的心态不比从前了?等等,这样的采访提问,总能打开对方的话匣子,从而让记者看到或听到更精彩的新闻线索或故事,找到感染记者、打动记者的新闻事实。

记者总是有话要提问的,否则就不是一名合格的新闻工作者。正像孔子常说的,"不曰'如之何,如之何'者,吾未如之何也已矣!"("从来不想想'怎么办,怎么办'的人,我对他也不知道怎么办了。")意思是,如果说只学不思会产生种种弊端,那么不学又不思,简直无可救药了。

采访提问中任何的不知所云的窘状,遇到又何妨,只要用心思考,虚心求教,记者都可化成下次游刃有余提问的资粮。

第二节 提问注意事项

一、摆正与受访者的关系

提问在采访过程中无处不在。一个记者与被采访对象的提问和回答是否精彩,并不是现在一些人认为的"VS"或是"PK"状态。记者采访提问的一个重要的前提是,记者要摆正与被访问者的关系。

在20世纪80年代末,电视剧《过把瘾》播完后,一位娱乐记者采访王志文时,曾当面对王志文说,"我们想让你红,就能把你炒红;我们想把你搞臭,也是举手之劳。"这样盛气凌人的记者,对待采访提问的态度是错误的,而且是低级错误。记者绝不是主宰对方的命运者,而是一个倾听者与忠实的记录者。

曾在中央电视台教育三台作出镜记者的何东,一次在接受记者采访时说,"一个称职记者的绝对前提,就是要先摆正采访关系。否则,你甚至连正常采访气氛都无法建立。所以,无论是"VS"或是"PK"都根本不对。"VS"是比赛,对决,见输赢;"PK"是一方淘汰另一方,搁在采访里都极不合适。"人们常说记者是无冕之王,拥有第四权力,这是对记者这份职业的赞誉,作为记者本人要冷静对待这些说法,客观看待自己的身份地位。

以前曾有位新闻老前辈说过,记者采访王公、贵族、政客、名流,不卑微低下,采访乞丐、盲流,不高高在上,对待任何一位被采访者用心交流,平等对待,这是上策。即使做不到亦心向往之。

可以时刻提醒自己,记者只是一个上通下达如实收集呈现事实的人,没有任何特权可用,决不以任何政治、道德、法律等形式的做审判。

二、采访离不开突发的交流互动

记者在采访活动中的提问,一般情况下是有准备的,但是采访过程中经常会出现意外的话题、场景,记者要随时把握机会,进行提问。提问有时是在不经意间开始的,甚至对方并不知道你是记者。在采访中,记者与被采访者交流,是个互动的过程,提问也离不开人与人之间的交流,特别是情感的交流。

1999年3月8日,《中国国土资源报》第一版刊登了人物通讯《"水稻之父"土地情——袁隆平印象》,这是记者李军在两会采访时偶然得之,用心完成的。

政协会分组讨论期间,李军在离会议室大门不远处的楼梯口吸烟。这时,袁隆平走出会议室,边摸口袋边向记者走来,原来他没带打火机。李军边打燃火机边随口问了一句:"袁院士,亩产800公斤的水稻,稻田该是什么样子?"袁隆平两眼瞪着李军,马上谈起了水稻杂交技术,李军不时插问,对方不断作答,完全不理会闻讯赶来的其他记者的提问。

趁袁隆平点燃第二根烟的时候,李军随口说道:"既然水稻杂交技术能使传统水稻成倍增长,看来耕地少点也没多大关系。"袁隆平态度一懔,非常认真地对记者说:"提高水稻单产必须建立在两个基础上,一是控制人口增长速度,二是保证耕地不再减少。否则,仅靠单产的提高,谁也解决不了13亿人口的吃饭问题。"接着,他热情地为李军算了一笔账:按当时全国水稻平均单产计算,每减少一亩耕地,就有4亩超级杂交水稻的增产量打了水漂。

这时,袁隆平突然想起问李军是哪个单位的。李军如实回答:是《中国国土资源报》社的记者,谢谢您接受我采访。袁隆平笑着说:"保护耕地可是我国的一项基本国策啊!"之后,他不顾其他记者的追问,返回了会议室。整个采访持续15分钟,其他记者没能插进一个问题,只有旁听的份。这是一场即兴的互动式采访,记者和被采访者进行了一次愉快的交流。

让我们分析一下记者的提问。

记者李军的第一次提问看似漫不经心,闲话漫聊式的,其实这个问题是记者精心准备好的一个小悬念。因为记者知道,一个专业人士,即使在休息状态,听到旁人说到自己的专业方面的东西,出于职业的本能他是感兴趣的,更何况有些基本问题如果说的太离谱,作为专业人士会热心地纠正。李军边打燃火机边随口问:"袁院士,亩产800公斤的水稻,稻田该是什么样子?"这个问题像是一个小孩子在提问,但正问到袁院士的专业点上,他要热心地向记者解释在每亩田中800公斤的水稻样子是什么个规模。在某种程度上,记者掌握了采访过程的主动权,创造了一个良好的采访环境,进行了一次看似放松又不失机智的提问,让采访对象在休息状态调动起专业的敏感细胞,对所提的问题有话要说,不得不说,一吐为快,这为记者第二次发问打下基础,那是个独家提问的重型炸弹,涉及到了耕地与水稻增长的关系问题,袁隆平必须作出解释。

当然从这个采访中可以看到,选择在楼梯口吸烟处这个采访场所,是可遇不可求的。然而,机遇总是垂青有准备的头脑,天上掉下一个好机会时,还得要应机而动,心中有数才行。李军之所以抓住了这个好机会,除了天赐机会之外,也和他平时的积累有关,他对袁隆平的生平、专业和成果了如指掌。

这次采访是双向性的,一个漫提,一个愿答,他抓住了袁隆平院士热爱事业的心理状态,主动营造出了一个和谐的采访环境,让新颖的问题抓住袁隆平的思绪,不受其他同行的干扰,记者成功地运用了互动,对采访对象的反应作出了迅速的反馈,激发了对方活跃的思路。

《人民日报》社记者朱佩娴原来在理论部工作,后调到河南分社作记者。她到分社接到的第一个采访任务,是采访"最美基层干部"——兰考县东坝头法庭副庭长闫胜义。临出发前,河南分社龚金星社长递给她一包当地香烟。她当时一脸惊愕,不知所措。

"带上,保证有用。"社长把香烟塞到她的口袋里,神秘一笑。

事后,朱佩娴在采访心得中这样谈起这件事情——

"见到闫胜义时,他的第一句话就让我很尴尬:'报道我的文章挺多,你们在网上整个材料就行,还亲自下来一趟。'来到会议室的方桌前,他端坐一边,客气地说:'你问我答。'采访如约进行,但总觉得别扭。不一会儿,他开始摸裤兜,拿出一包香烟和打火机,给自己点上一支烟。两支烟的工夫,大体情况都已经了解得差不多了,确实和网上的材料大同小异,我心里很焦急,因为文章的硬菜还没有。过了一会儿,他又想抽烟,但这次烟盒是空的。

"我见势赶紧递上龚社长给我的那包香烟,顿时凝结的空气被点燃,并慢慢融化。他开始拉家常,主动邀请我到他的办公室和调解室一坐,讲述他和妻子之间的亲情寄语,这些也成为本报报道的'独家'。告别时,我已经叫他老闫了,他露出质朴的笑容说:'还以为人民日报记者高高在上、不食人间烟火呢。你递给我一支烟,我才明白,其实我们是吃一锅饭的。'

"感谢龚社长的第一堂'采访课',那包香烟告诉了我:采访必须先拉近人与人之间的距离,营造出宽松自由的采访氛围,才能聊出真人真事,聊出真情实感。"[①]

三、提问要注意语调和身体语言

美国斯坦福大学新闻学教授BILL·WOO在清华大学讲演时,曾这样说,"那么采访包不包括交谈、提问时所用的语调呢?在采访过程中出现的沉默又意味着什么呢?要时刻提醒自己,采访是一个记者与受访者互动的过程,这个过程包括对背景的把握,对事实的观察,对被访

[①] 朱佩娴,《两堂一线"采访课"》,2014年9月30日,《人民日报》社业务研讨。

者回答的倾听和对沉默的观察,等等。"①

当然要包括的。

记者提问时的语调就是另一种方式的提问。

上面提到的李军采访袁隆平采用的提问语调,看起来漫不经心,其实机锋隐避。

在日常记者采访中的提问时,记者与被采访者双方用陈述语调、疑问语调、感叹语调或是停顿、延长的语调,所表示的情感、内容是各不相同的,得到的呼应也是各不相同的,采访的现场氛围也是各不相同的。

另外,双方的身体语言也非常重要。

记者既要观察被采访者的脸色、眼神、身体动作、姿势变化等等,注意对方是否对自己的提问感兴趣,还是感觉枯燥烦恼,比如,有的被访者会有意无意识多次看手表、手机,以示自己想早点结束采访等等;也要提醒自己眼神要配合对方有所回应,身体器官比如手别玩钢笔或是其它东西,腿脚漫不经心地散开,无意中透露出身体语言对被采访者的不重视和轻慢,等等。

希望能在大家的采访实践中有所实验和体会。

四、注意打消对方心理的紧张

一些被访者,特别是初次接受记者采访时,不由自主会有一些紧张不安的心绪和举止。记者要关照到对方的感觉,及时打消对方的紧张。一般说来,可以用以下八种方法:

(1)最好,选择对方熟悉的环境背景,让被采访者没有陌生感。如果采访来得突然,不妨放下问题,多聊天,让对方放松。

《人民日报》新疆分社女记者李亚楠在采访伊宁县胡地亚于孜乡盖买村党支部书记李元敏时,几次约好采访,两人都突然有事,两次都失之交臂。在约最后一次采访时,记者有事从阿克苏市飞回乌鲁木齐,已是凌晨1:20,怕太晚了打扰她不合适,就跟她说:要不电话采访吧。但是李元敏很坚持说:"没事,我等你!"

于是记者凌晨2:00赶到李元敏住的招待所,跟她聊了将近一个小时,然后就蹭住在了李元敏的房间,关灯后又躺着聊了一会儿,她跟我说了几个之前没有报道过的细节和故事。第二天早晨6点多,李元敏去机场飞北京,记者回单位写稿子。

正是这凌晨两点的拜访聊天,让记者了解她为了村子发展的付出从未后悔的心情,也生起对这位基层干部的敬佩之意。"我也深刻地体会到:实地采访和编材料是有如此大的区别,材料和人相比是死的,是不带感情的,编出来的稿子无法打动人。"②

(2)记者不急于马上进入话题,要先预热。比如先聊聊家常、天气等等,或者与被采访者一起参观参观现场,有一个熟悉的过程。

2000年8月15日,82岁的美国哥伦比亚广播公司(CBS)《60分钟》节目主播迈克·华莱士在被美国人称为"中国戴维营"的北戴河访问时年74岁的江泽民主席,采访从下午14时持续到17时57分,近四个小时时间,但是之前有近一个小时的寒暄、预热。

《人民日报》青海分社记者张志锋2015年4月20日,来到化隆县采访拉面经济。他想要

---

① 李希光.找故事的艺术:在长征路上体验清华新闻学[M].北京:清华大学出版社,2003:317.
② 李亚楠,《没有一次采访是没意义的》,2014年10月22日,《人民日报社》业务研讨。

一些背景资料,县里的同志翻了半天,找来两页纸,其实是几个统计数据。"零资料"逼出了零距离采访,记者必须去挖掘第一手材料。

化隆拉面30多年的前世今生,从哪里入手呢?拉面是人做的,就找人吧,找标志性人物。马贵福是最早的探路人,他在该县群科镇做餐饮。当天下午5点,记者找到他,他说从未接受过采访,不知说什么。记者就开始预热了,进入聊天状态,启发马贵福,没事的,就说说你最早是怎么出去做拉面?你有哪些难忘的经历啊?

老马点上烟,一下子放松起来,他打开话匣子说他挖过金子,倒过鞋子,逃荒一样到厦门开拉面馆,走印尼,闯澳门……一直到如今他把拉面馆开进飞机场,领班都是帅哥美女,英语至少六级。说着说着就到晚饭点了,记者与他简单吃过晚饭,又开始聊,一直聊天到夜里12点,他兴致很高,记者是丝毫不困。

"马贵福是化隆拉面的'教父',他的创业史就是树干,枝枝丫丫抖出了马黑买、冶沙拉等一批富有传奇色彩的拉面老板。采访完老马,我从不安转为兴奋。甚至有点'庆幸':这么漂亮的故事,居然埋在深山30多年。我背着空空的箩筐,不经意打开一个矿口,到处金光闪闪……那种曾经模糊的'当记者的感觉',一刹那在心里野蛮疯长,弥漫每一处毛细血管。"① 从此之后,记者的采访脚步从化隆、海东、西宁、武汉、厦门、北京,从县里到省会,从省内到省外,找有趣的人和事,进行了一个多月相对集中地采访,记不清多少次与被采访者聊到深夜。功夫不负有心人,2015年6月12日,《人民日报》在记者调查版刊发了他写的一整版稿件《一碗拉面"拉"活一个贫困县》。

(3)记者不立即摆出录音、录像设备,这些录音、录像设备会让对方不安、局促、言不由衷、语无伦次。记者要学会用脑子记重点,做适当的笔记,如果对方情绪稳定,二者熟悉了,再打开录音、录像设备采访。

(4)可以专门针对对方感兴趣的某一点沟通感情。

(5)记者在做人物访谈时,任何人都可以从童年谈起。无论你采访什么人,谈谈他的童年,这样既有话说,也可以从中探讨童年的某些经历对他长大成人后性格和爱好的形成有那些关系。

(6)切忌一开口就提出锋芒毕露毕露的问题,避免一问即死。对方不愿回答,同时,也没了情绪接受记者其它问题的采访。记者可把握时机分寸,从适当的对谈点中切入敏感话题。

(7)记者在采访时不要只顾考虑自己事先设计好的问题,而不认真听被采访者所讲的内容。

有些记者自顾自眼睛盯着采访本或提纲,急于按自己的思路发问却没有仔细听被采访者的话,或者没有与被采访者及时进行眼神的交流。一来,这样容易错过精彩的内容;二来,也会给对方造成压力,误认为自己讲的记者不感兴趣,打消继续讲下去的积极性。

(8)采访时记者的状态是积极的,不能有所懈怠,马虎不得。

近年来,电视节目主持人李静主持《超级访问》非常有影响,她在谈到自己的采访时,曾提到过一件令自己终生警惕的事情,那就是自己在采访时睡着了。

"1993年到1995年,我连播了三年的新闻,也边做记者,和徐滔、元元三人一组跑曝光,什么人都见。也就在那时,我遭遇了人生至今尴尬的事情——采访睡着了。我很清楚地记得,当

---

① 张志锋,《逼出来的"原生态"采写》,2015年8月14日,《人民日报》社业务研讨"深度报道采访突破"研讨之二。

时我采访大兴区的一个领导,他口音很重,而且北京的夏天人到中午就会非常困,我就这么边拿着话筒采访边睡着了。这件事情对我触动特别大,从那时起,我开始明白必须保持对被采访者的兴趣,可能他是精彩的,可能他是无趣的,可能他是讨厌的,我应该怎么去调动我的情绪呢?这是我在后来好多年中不断去了解的问题,直到现在做谈话节目的过程中,这件事让我受益匪浅。"[1]

李静提到的这个问题,是每一位新闻记者都应警惕关切的问题。特别是专业记者,面临的是财政、金融、税收、证券、卫生、科技、城建等专业极强的新闻事件及相关人物,尤其是接触到新的发展理念、发展状态和疑难问题时,会采访专家学者和前沿人士,都会遇到自己听不懂或提不起兴趣的谈话内容,自己的身体和精神往往会开小差,甚至也会打瞌睡。我们的脑子里要提前输入这样一个信息符咒,那就是,既然我是一位记者,而且是这方面的专业记者,再晦涩难懂的问题、再令自己逃跑不想听不愿听的谈话,都在记者两字面前消化了,都在专业两字面前融解了。我有责任和义务把采访坚持下来并完成得好,为此我要更好地做好采访准备案头工作,把不懂停止在自己的办公桌上。

五、要注意倾听与质疑

采访提问时,学会倾听和质疑非常重要。

世界上的水是相通的,人心也是相通的。采访活动,其实是一个人与人之间的一个身心交流的过程。

我国著名的新闻记者艾丰曾说,"理想的记者与采访对象之间的关系,决不是冷若冰霜的公事公办的关系,也决不是一个拼命挤,一个拼命吐的关系;而应该是双方互相影响、互相启示、互相感染的互激关系。"[2]

《冰点》记者董月玲曾经说过,只有"当人家忘了你是个记者,或不把你当个记者时,才可能听到倾诉,真实的层面才能被抖露开,才可能多的被抖露开。"

淡化采访与被采访关系,学会让采访对象倾诉,自己则学会倾听,让采访对象在倾诉中认同记者,记者在倾听中理解采访对象。《中国青年报》女记者王伟群采访雷锋的战友乔安山的过程,正说明了这一点。

乔安山一直都很回避记者,但是王伟群终于成功地采访了他。后来总结这一采访过程,王伟群回忆说,"他好像不需要说服。要的只是理解。一个心里结了33年的疤,一个背了33年十字架,凭什么要向你一个从北京来的不相干的记者揭开?我没有跟他聊33年前的事,我跟他聊部队,聊解放军,聊雷锋。我从小在部队大院长大,聊这种话题是我的长项,我没有本,没有笔,一个字也不记录,一点也不像是记者采访。乔叔没有拒绝我。乔婶是个开朗健谈的人,是她把话题引到了今天的生活状态上。她用埋怨的口吻说着老伴一桩桩一件件事。每说到一件事,乔安山就说,你想想,老班长会咋做?"

记者听到这样的话,深刻体会到他内心的沉重,"33年,每做一件事,都要想一想雷锋会咋做,然后再照着雷锋的样子去做,乔安山太难了!"用自己的心灵去体会乔安山的心灵,在这种深刻的理解中,记者自然而然地打开了乔安山紧锁33年的心扉。

---

[1] 李静.初入电视圈采访曾睡着[N].北京晚报,2004—11—25(20).
[2] 艾丰.新闻写作方法论[M].北京:人民日报出版社,1993:57.

《纽约时报》驻京首席记者 Elizabeth，曾因报道过中国河南艾滋病村而获普利策奖提名。

2002年6月28日，她应邀来到清华大学。在与清华新闻专业学生对话中，她提到了采访的一个重要技巧是耐心，而提问可以以聊天为基础，散漫开去——

"不是一上来就问，'你对两会有什么看法？'没有愿意回答这样的问题。"

"还有些人我第一次跟他们见面就是认识一下，不是采访。以后我再跟他们说，'你有什么样的想法，我可不可以比较正式地采访你？'所以，我平时就是聊天，多了解了解这个人，多了解了解当地情况。"①

与人聊天可以获得真实可信的素材，可以相对宽松自在，细节与故事自然得当，这不失为一个很好的提问基础。当然，这是在比较不急迫的状态下进行的采访。这位记者说的很对，好记者应首先是个好的倾听者。

Elizabeth 说："我觉得做记者应该有耐心，因为头五分钟他们可能不会说心里话。可是要是他们知道你对他们是真有兴趣，他们可能会越来越开放。有时候你问的问题不是他们提到的问题。我们以前的总编是个非常非常好的记者，但是他很内向，不怎么跟人聊天。我很奇怪他这样内向的人怎么能做记者，但我后来发现，原来他是个很好的倾听者。"②

《人民日报》记者杨彦在2014年"新春走基层"采访中，就当了一次好的倾听者。

她先通过一个在大学当老师的同学，联系上中国传媒大学学生陈建凤。当时，陈建凤已经回到老家江西吉安，跟父母暂时住在城里，准备过两天回村里。记者跟她简单讲了采访意图——想随她一起回农村过年，感受一下农村的变化情况。征得她的同意后，记者第二天即飞赴南昌。我们来看看记者事后写的采访心得——

"一见到陈建凤，我就以'师姐'自居（我硕士就读的中国传媒大学正是建凤上的大学）。继续聊天，得知她的妹妹建兰正在湖南师大上学。'哎呀，又一个师妹！太有缘了！'本科毕业于湖南师大的我马上大声感叹起来。这一下，与姐妹俩的关系立刻就近了。她们的神态变得轻松了，话也多了。

"为了保证建凤跟村民真实、自然的交流，在跟建凤一家回村之前，我就交待建凤：到了村里，不要介绍我们是记者，就说是朋友或师兄师姐之类的。

"回到村里，我们没有刻意安排建凤做任何事情，只是在一旁观察、倾听。当她带着我们在村里转时，我们还跟她一起在地里拔了萝卜，就着沟渠水简单洗洗吃了。

"当晚，我们就住在建凤家里。晚饭时间，本貌和建凤的爸爸大碗喝着他们自家酿的米酒，听建凤爸爸讲同时供三个孩子读书的不易；夜幕降临，与他们家人围坐火盆，听建凤爷爷和大伯讲村里的种种人和事；走上顶楼，看月亮星星，感受乡村的静谧。夜深了，我和建凤睡在一张床上，卧谈至次日凌晨。

"从前一天中午到第二天中午，整整24小时，我们跟陈建凤始终在一起。这个过程中，我们没有拿过笔和纸，只是在最后即将分别的时候，才细问、核实了几个人的姓名。这次采访可能是我记者生涯中比较特殊的一次。这次经历让我感悟：走基层，接地气，想办法拉近与采访对象的距离，可能的话，争取跟他成为朋友。"③

---

① 李希光，等.找故事的艺术[M].北京：清华大学出版社，2003：389.

② 同上.

③ 杨彦，《身到心也到》，2014年3月2日，人民日报社业务研讨"走基层的感与悟"之六.

请看杨彦记者依靠倾听、感受和体验生活写成的这篇报道——《这里，是我家》。

腊月十七，记者跟着大学生陈建凤从江西省吉安市回到了她在吉水县尚贤乡茶园村的家。

坐在灶台前，陈建凤一边低头看手机，一边照看灶孔里的柴火。大锅里烧着开水，灶房里弥漫着浓烟，不过，陈建凤并不在乎。

"多少年都是这么过来的。最不习惯的，是不能上网。"现在中国传媒大学读大四，已被保送清华大学硕士研究生的她，计划着过完春节去陕西调研，但调研前必需的资料查询、邮件往来，都因网络不通变得麻烦。尽管下午才刚刚到家，但她已经决定，明天跟着爸爸到吉安市区去。

在吉安市区，她和爸爸妈妈的家在一个工地的板房里。爸爸在这里当保安，妈妈给工人们做饭。每人每月1600元，包吃包住。一年3万多元的收入，在支付了建凤和妹妹建兰一年的学费和生活费后，剩不下几个钱。

女儿放假在城里跟自己住着，爸爸也有担心：爱人给工地做饭，要买菜买米，女儿的伙食是自己掏钱另外买。可是，时间长了，别人会不会认为自己占了公家的便宜？已经在城里打工10来年的爸爸，最大的心愿是在吉安市区拥有一套自己的房子。"城里头干净，买东西也方便。靠我们这代人肯定买不起，就看建凤和建兰了。"

建凤还有个哥哥，在广东东莞打工。过几天，才能回来。三个孩子中，爸爸感觉最为亏欠的是这个儿子。三个孩子上学，经济负担极重的爸爸对孩子们说过，不管哪个，如果考不上二本以上的学校，就别上了。最终，只考上专科的儿子真的去打工了。

下午，建凤在村子里转了转。大多数务工者还没回家，村巷里依然空荡荡的，多数房子的大门紧闭着。有的地方杂草长到了没膝的位置。一个转角处，几个老人聚在一起晒太阳。五婆听说建凤将在北京继续读书的消息后，感叹自己孙女小芳当年没考上大学，现在只能在外打工。"还是读书好！"五婆啧啧道。正聊着，一个穿着粉色上衣的年轻女子走过来，向建凤大声打着招呼。她是建凤儿时的玩伴娜娜，比建凤小一个月，却已是三个孩子的妈妈。娜娜和建凤聊了几分钟，似乎再没有更多可说的话。曾经一起捉过迷藏、放过河灯的伙伴，10年后的再一次相逢，就这样匆匆别过。

走过长长的田埂，建凤看到了修葺一新的水库，以及水库下方一片长满了芦苇和野草的稻田。"这片田是另一个村的，离他们村子远，加上田里的泥太深，村民们出去打工，懒得理，就荒了。"建凤听爷爷这么解释。

建凤家的田自己也没种，而是让给村里另一户人家种了，一分租金不收。"以后在城里找不着活儿干，还得回来种田。但是，如果田荒了多年的话，复垦起来很麻烦。"建凤爸爸说，村里很多人家也都这样把田交给了别的人家种。

建凤曾拍过家乡的一些照片，带给大学同学看。乡村的美景，引来了同学们的一致赞叹。可是，在建凤的心里，她却感觉自己和村子渐行渐远。

"亲切感正被疏离感所取代。以前邻里间透着浓浓的人情味儿，现在碰面不是说谁赚了钱，就是说谁在城里买了房。"建凤说，因为孩子上学，家里条件不太好，父母亲在村里还是有点让人瞧不起。

建凤忘不了刚上大学，和爸爸第一次到北京，坐地铁不会刷卡，最后抬腿翻过闸门时的尴尬；也忘不了，在宿舍里与同学们卧谈时，发觉见识不如人而悄悄生长的自卑感……她喜欢乡土文化，期盼家乡能有所变化，但又害怕家乡变得让她找不到回家的路。

"不管城市或乡村,都要让人有家的感觉。家在哪儿,心就在哪儿。"建凤轻轻地说。

倍受观众喜爱的《鲁豫有约》节目主持人鲁豫,曾这样评价自己的节目,"在长达十几个小时的访谈中,我是追问者,更是聆听者,而我的嘉宾们在一种尊重、平等、友善的气氛中,将积压多年的心声一吐为快。"①

在访谈中,她总是和对方坐得很近,注视着对方,眼神自然,进入二人真正聊天的状态,既不一味随和,也不咄咄逼人,提问总是自然而然,而且她的表情完全是随谈话的内容转移,很投入,同时往往在倾听中,轻轻地提问一下,她的提问总是很简短,如话家常似的。对方一见到她,就如同家里人一样,如同好朋友似的,掏心窝的话都汩汩而出,这就是鲁豫的提问魅力,倾听的艺术。

以善听、善解人意的感觉,来对被采访者的回答做出反映,并不失时机地轻轻抓住对方话头中的某一点,自然发问,不着痕迹,看似平淡又绝非漫不经心,这是鲁豫访谈的特点,这里的"提问"似乎不那么正规,不那么正襟危坐,却如涓涓流水,自然天成。

下面,摘录一部分《鲁豫有约》节目中鲁豫采访王小波夫人李银河的一段问答:

鲁豫:《绿毛水怪》(王小波的一个小说)你看了以后感觉是什么?

李银河:我马上就感觉到,跟这个人有相通的地方,觉得跟这个人早晚得有点什么关系。

鲁豫:你第一次见到他是在什么场合?

李银河:我有一个喜欢哲学的好朋友,因为王小波的爸爸是人民大学的哲学教授,他说咱们去请王教授吧。我当时就很留意想看看王小波。

鲁豫:第一印象怎么样?

李银河:第一面只觉得,这个人长得够难看。他们家三个兄弟,长得胖的胖,瘦的瘦。他有个邻居正好是我的同学,说王家这三兄弟怎么长得这么丑呀。

鲁豫:我没觉得他丑。他很瘦吧?

李银河:对,很瘦。他一直没有怎么胖过。那时候我在光明日报社,他来借书,然后还。这有点像庸俗小说的情节。有一次他突然问我,说你现在有朋友没有?我说没有。他就说,你看我怎么样?我当时大吃一惊。

鲁豫:是心里没有那种准备吧?

李银河:实际上是对他这种讲话的风格有点惊讶。刚跟他好不久,我确实觉得他长得太难看了,就跟他提出分手。他说为什么,我就说是因为这个。

鲁豫:你就这么跟他说的?

李银河:对,他特别悲愤。第二天就接到一封信,说你从这信纸上应该闻到竹叶青、二锅头什么的,列了一大堆酒名,说何以消愁,惟有杜康。还让我要到动力园的爬虫馆去比一比,看我是不是真的那么难看,还说你也并不那么好看嘛。他的反应我觉得挺逗的,后来就又接着谈了。

从上面的谈话中,我们可以看出鲁豫的访谈风格,她在认真地倾听对方,她的每一次发问都是平常而简短的,但每一问都是认真倾听后的自然反映。如当李银河讲到他与王小波的第一次见面之后,鲁豫随之马上追问,"第一印象怎么样?"就如同生活中两个女伴之间的聊天,从人的角度而不是从新闻人物的角度进行发问,这是鲁豫访谈的成功之处。

---

① 摘自凤凰卫视网络上的评论文章。

当李银河提到当初他认为王小波很丑时,鲁豫的反映是自我感觉型的,马上反馈给对方的一句:"我没觉得他很丑啊。他很瘦吧?"这种家常式的提问可以让对方很自然地解释下去,故事也进展下去。接下来李银河讲述面对王小波的求爱大吃一惊时,鲁豫的反应是:"是心里没有那种准备吧?"这时的鲁豫纯粹是从自己的心理感觉的角度出发,推及到对方,寻找一种语境的相同之处,情感的相同之处,她的提问是可爱的、自然亲切的,又加带上特别关心的、想知道谜底的疑问感。

最特别的一个发问是,鲁豫以一个女人的身份而不是采访者的身份的一个反映,即是当李银河说自己向王小波提出分手是因为他丑时,鲁豫说:"你就是这么跟他说的?"这一问带着鲁豫自己的感情,带着类似着急和不解又很关心他们的发展情况的情绪,很容易引起对方下谈的情绪,继续跟她聊下去。

给被采访者一个放松融洽的聊天环境,善解人意的倾听,跟进对方故事之中又不抢话头,同时又有不失时机地发问,使自己作为普通人来表现自己的欢喜、忧虑、迷惑、感叹,基本上是鲁豫访谈的特点,也是观众喜爱她的节目的关键所在,加之,鲁豫访谈节目的主题是让嘉宾"说出你的故事"来,她的这种倾听式采访是恰到好处的。

这种倾听式的采访提问应当被提倡。

《人民日报》广西分社记者王云娜体会到了采访倾听的重要性。她说:"在新闻采访实践中,我慢慢领悟到:最好采访的是人,最难采访的也是人。'好采',在于人物身上往往有着丰富的素材,不愁没料;'难采',是因为需要下功夫才能发掘出人物最宝贵的特征。而要解决这一'难',首先要学会做采访对象的最佳听众,'听'出最真实的人物形象。"

2014年农历小年,报社安排王云娜到南宁市环卫公寓进行"新春走基层"采访。在做了16年环卫工的林大姐家,她跟记者聊起了自己的生活。林大姐一家目前居住在单位为环卫工建造的专属公寓,两房一厅共50平方米,月租220元。她爱人身体不好,平时只能做点零工,儿子靠打工,收入很低。为了省钱,他们的晚餐经常是白粥加青菜。采访当天气温骤降,微弱的阳光无法驱散室内的寒冷。坐在林大姐家的老式沙发上,王云娜冻得瑟瑟发抖,眼前是简陋的摆设和陈旧的家具,一种"苦涩"的味道扑鼻而来。

"'您觉得日子过得怎么样?'记者本以为她会抱怨不公、会悲伤叹息,没想到林大姐笑呵呵地说:'生活是越来越甜了,住在公寓里,感觉过上了城里人的生活。'林大姐眉眼里发自内心的笑容打动了记者,原来,我眼里的苦,在她看来却是甜。我将她的故事写成了稿件,写出了她对'甜日子'的理解,在除夕当天见报。

"此前的我,习惯以己度人地思考问题,这不仅可能会屏蔽重要信息,甚至会伤害新闻的真实性。在此后的人物采访中,我基本做到了通过受访者的表达去了解最真实的人物情感,通过聆听获得人物特征中最立体、最鲜活、最具有感染力和生命力的元素。"[①]

央视前主持人崔永元认为,好采访不是凭记者说出来的,而是要用心"听"出来的。他还总结出来"听"的三个境界,即:听到画龙点睛、听到入木三分、听到振聋发聩。

试想想,如果每一位记者在采访提问时,有了这三个境界,何愁没有好报道出来?

[①] 王云娜《采访:做受访者的最佳听众——我离好稿有多远?》2014年7月15日,《人民日报》社业务研讨"我在分社这一年"之三。

六、质疑必不可少

除此之外,在采访提问时,记者也要有质疑意识,不能偏听偏信,轻易信服一家之言。有位新闻界的老前辈,曾说过这样一句话,即使对方说他热爱他的妈妈,也要向他质疑,请拿出证据出来。对方说什么就信什么的记者,不是有主见的好记者。

"告诉我吧,我不相信。"这是中央电视台《面对面》栏目主持人王志在采访中最爱说的一句口头禅。他的提问也被称之为"外科手术式"的质疑式提问。在采访过程中,王志不仅会认真倾听对方的谈话,也随时抓住稍纵即逝的话题苗头,提出自己的质疑。

王志的提问具有张力,环环相扣,有时会有步步相逼之势,让对方不得不正面他提出的问题。他这样谈到自己的提问方式,"表面上看,是您的语气,语调,其实背后是一种思维方式,是一种态度。它的前提应当是怀疑,是无,进而再一步步去证明,去消除观众的疑虑。"

他认为,在交谈中,有些问题不是对方好不好回答,而是愿不愿回答。有些问题是观众想知道的,被采访者却不愿回答,但是记者要提出来,有时候也还要刨根问底。无论对方答案如何,记者要不断质疑,哪怕有时会用自己的肢体语言传递这个疑问。

"在节目做到动情时,我内心在翻江倒海,我的脑子在高度运转,我想了三五个问题,但说出来可能就是一个问题,有时就是一个眼神:'是这样吗?''你相信吗?'我要让观众看出我的意思来。"

面对众人评论自己提问尖锐的问题,王志这样认为,"如果说尖锐,我专挑你不好回答的问题问,其实那不叫尖锐,那叫尖刻。你提的问题很可能在意料之外,但一定要在情理之中。这有一个底线、法律的、首先的,作为新闻访谈的底线就是真实。"[①]

思考题

一、记者在提问时如何打消被访者的紧张心理?
二、提问有哪些类型?其含义是什么?
三、开放式提问和闭合式提问的特点是什么?
四、提问的基本要求是什么?
五、提问时应注意哪些问题?试举例。
六、如何把握采访对象的心理,成为采访活动的主动者?
七、准备一次采访,设计采访提问。

---

① 艾宁. 质疑,不断地质疑:记"金话筒奖"获得者王志[J]. 新闻与写作,2004,2.

第八章

采访类型

第一节 采访类型概述

一、采访的类型

在新闻实践中,记者常用的采访方式,可以按以下四种分类方法进行分类。

(一)按工作状态分,可以分为常规采访和突发事件采访

1. 常规采访

常规采访即在正常工作日中,记者按照常规的报道节奏,选新闻线索,报新闻选题,核查新闻线索,落实采访对象,展开具体的采访。一般来说,这样的记者采访大多数是主动的。

2. 突发事件采访

这样的采访是超越日常的,或者即使在正常工作日下,也没在记者的选题报道范围之中,是突然发生的新闻采访。记者常是被动地获得信息,突发事件的采访最能体现记者的工作能力。详细内容请见本章的第三节《突发事件的采访》。

(二)按记者身份的表现形式分,可以分为显性采访和隐性采访

1. 显性采访

这种采访,就是记者亮明自己的记者身份,公开进行的报道活动。在一般情况下,记者进行的采访大多数就是显性采访。显性采访可以获得有关部门的认可和支持,在我国公众之中,对这样的显性采访一般都有一种职业认可的心理。显性采访中的被采访者对记者的身份十分清楚明白。

2. 隐性采访

这种采访,就是记者不公开自己的记者身份所进行的采访。

一般而言,在记者日常采访中或者是突发事件的采访中,常有一些敏感问题,或是热点、难点的采访,若是公开自己的记者身份,记者常常不容易得到真实可靠的信息,因而记者会将自

己的记者身份隐藏,作为普通人员进行暗地体验或采访,这就是隐性采访。详细内容将在本章第二节《隐性采访与体验采访》中详细讲述。

(三)按记者采访次数分,可分为一次性采访和返回式采访

1. 一次性采访

这种采访指的是,记者一次性完成采访任务,获取报道素材,无须再次进行的采访。

2. 返回式采访

这种采访与一次性采访正好相反,记者在一次采访中,完成不了对采访对象的全面了解,或者对事实的调查不充分,记者还须再次甚至多次,到同样的采访地点,或和同样的采访对象,或者是就同一主题对不同的人,进行补充采访。

返回式采访也称补充性采访。

这种情况在实践中很常见。新闻记者选题之后,开始正常采访,一次不深入,再返回至新闻事件或新闻人物,进行弥补采访,有时两次,有时多次,直至采访材料详实,完成采访任务为止。

意大利著名女记者法拉奇谈到自己的采访经验时,说到了返回式采访。

她说:"我的人物采访大多连续进行两次。第一次主要是互相熟悉,当然我事先做了大量准备。例如访问邓小平以前,我看了好几公斤的材料。不过,得见了面才真正熟悉对方的性格,掌握对方的特点。第一次采访以后,我不是去游山玩水,而是关在小屋里,把录音记录下来,加以整理,看看哪些问题没弄清楚,或者遗漏了,没有问。第二次访问效果要好得多,因为我跟采访对象互相熟悉了,精神上放松得多,问答也更得要领。"

返回式采访,一方面让记者的采访任务圆满完成,另一方面也在这二次、三次或多次的采访中,增加了记者与采访对象的联系和情感,有助于双方建立良好的合作关系,建立良好的人情关系,对下一次新闻线索的获得和下一次采访的顺利进行,打下了良好基础。

在进行返回式采访时,记者要注意以下两点内容:

第一,及时整理第一次采访的东西。

如录音、文字记录、照片、相关的背影资料等等。记者不仅要详细地整理出原文,还要从中提炼出几个重要的部分。如访问中最精华的部分;记者印象最深的部分;记者最有疑问的部分;采访记录中有模糊不清,还需要进一步深入访问的部分;采访对象有感觉时露出的新鲜话题,而记者当时未能及时追踪的部分;对方在某个问题避而不答,但这个问题记者又必须要再次提问的部分;采访对象在接受记者采访时突出的语言表达部分,等等。

经过这样的整理分析,记者对第一次采访的成果做到了心中有数,下一次的采访也就会胸有成竹了。

第二,认真做好二次、三次采访的准备工作。

尽管第一次采访之后,记者做了详细的整理归纳工作,但在正式开始第二次或三次等采访的工作之前,记者要更加有目地对归纳整理出来的问题进行详细的准备,包括进一步地了解采访对象,如他的人生背景,他的专业特色,他的某个故事,他提出的某个观点具体的内容、背景和其他人对他这一观点的有关看法意见等等,采访的准备是具体而详实的。这样,在第二次或第三次等的采访过程中,记者与采访对象能够达到互动谈话,能够有的放矢。

(四)按记者获取新闻事实的凭借形式,分为以下六种采访类型

1. 会议采访

这种采访,包括各行业各部门举行的种种会议,政府的新闻发布会,各机关单位、企业、事业单位兴办的记者招待会等等。参加各种会议,成为我国新闻记者不可缺少的一项工作活动。会议也是记者获取新闻线索,报道各种有价值新闻的不可缺少的场所。有关会议采访的详细情况,详见第四章第三节《获取新闻线索的渠道(下)》里的会议采访部分。

2. 实地采访(现场采访)

实地采访是指记者进入新闻事件所在地进行的采访,这是比较宽泛的一种提法,几乎包含所有的采访,现在多称为现场采访。有关现场采访的主要情况,详见第六章《采访场所》第二节《做好现场采访和现场报道》。

3. 易地采访

这种采访是指记者到平常工作范围之外的地方所进行的采访。

易地采访的好处是,由于进入新的地方,记者不受以往报道思想的限制,新闻敏感性较强,易抓到当地记者可能熟视无睹的新闻线索或事实,找到新鲜的报道点或报道内容;其缺点是,在易地采访时,记者人生地不熟,相对本地采访困难较多,消息来源较少。

4. 体验式采访

详细内容在本章第二节《隐性采访与体验式采访》将专门讲述。

5. 电话采访

详细内容见本节下面部分。

6. 电子邮件采访

详细内容本节见下面部分。

二、电话采访

(一)电话采访

电话采访是指记者通过电话这个载体,与被采访对象进行交流沟通、获取信息的采访。

早在1912年,泰坦尼克号撞冰山的报道中,《纽约时报》编辑部主任范安达,就架通了四条直通编辑部的电话线,成功地报道了泰坦尼克号失事的独家新闻。

在国外,较早地运用电话这种载体进行日常采访的,是美国全国广播公司的记者谢克特。1932年,美国几家广播公司都在总统竞选活动中表现出色,使大批广告商投向广播。1933年春天,美联社、合众社和国际新闻社一致决定,不向广播公司提供新闻稿件,美国的各大报社也拒绝向广播供稿。在这种情况下,广播公司被迫组织自己的力量采集新闻。

美国全国广播公司NBC的新闻部记者谢克特,开始率先利用电话进行访问,先于报纸获得了很多独家新闻。他发现,除了美国总统之外,当时的任何人都没有拒绝电话采访。于是,他在警察局长、医院主任、法官、州长、律师等的办公处和住宅,都安装了直通NBC的电话。他的这种便利条件,不久就在依阿华州农民罢工的采访中取得收获。当其他记者都围在州长办公室外,等待州长做出决定的消息时,他打通了州长的电话,第一个知道了有关情况。由于他

的努力,当时他的新闻来源相当丰富,甚至有州长和法官形成了习惯,主动向他打电话通报新闻。从此,电话采访被记者们广泛运用在不同事件的采访中,一直延续至今。

1882年,我国上海开办了第一个磁石电话交换所。1909年,北京有了一台容量为100门的磁石电话交换机。从此,我国各大城市相继有了市内电话。电话也成了我国媒体记者采访的重要工具之一。

现在,记者用电话联系采访对象,用电话核实新闻线索,用电话追踪热点新闻,已成家常便饭,甚至几乎每家媒体的新闻部,都有一部或者多部热线电话,随时接收受众提供的新闻线索,反映有关情况。

(二)注意事项

在进行电话采访时,记者要注意的问题有以下六点:

1. 提前拟好电话采访的提纲

记者千万不能在电话采访中,漫无边际地提问,这样既浪费双方的时间,也浪费双方的电话费用。在信息时代,人们的时间观念越来越强,如果不事先拟好明确的采访提纲,被采访者既会对这次采访不感兴趣,也会对记者职业性产生不好的印象。记者利用电话采访时,如果方便,在征得对方同意,得知对方有可用的座机电话号码后,再打给这个座机,让对方接听,一来是防止对方受手机辐射的伤害,二是以防对方手机电池没电影响采访。

2. 简捷扼要地提问

记者在向对方交代自己的采访意图之后,应直奔主题,简明扼要地发问或咨询,了解相关的东西。

3. 当对方跑题时,记者要及时把问题拉回来

有时候,被采访者会跑题,漫无边际地谈起其他方面的东西,这时,记者要有意识地迅速回归原来要采访的重要问题,不能听任对方漫谈开去,从而让一些其他的谈话把这一关键问题给绕没有了。

4. 尽量做到在采访对象同意的情况下,同步录音

一般而言,编辑部里的电话都有录音功能,在征得对方同意的情况下,要开通录音功能,以防记者听漏、听错,有所闪失。如果记者所用采访的电话,没有录音功能,也可以用录音机进行同步录音。

5. 不忘当场进行核实

一般情况下,汉字存在着同音不同字,或是一字一词有着多种含义的情况。记者在电话采访时经常会遇到这种情况,因此,记者不要太相信自己的耳朵和凭听力而记下的东西。要进行当时当刻的核对,这既是对对方的尊重,也是为确保采访真实无误。

在电话采访时,记者对于不明确的问题,或是音、字、意,要多追问一句"是这个字吗?""是这个地方,这个部门吗?"或者是"你说的意思是这个样子吗?"等等,做到清楚,准确,明白。

6. 有时,必要地重复是应该的

尽管说,电话采访不宜时间太长,但也因人而宜,因采访不同而不同,在电话采访中,记者可以进行必要的重复提问,或者是对对方提供的新闻要素重复。

三、电子邮件采访

(一)电子邮件采访

电子邮件采访是指记者通过电子邮件和被采访对象,就有关新闻事实进行的不见面、不闻声的采访。

随着信息时代的发展,这种采访方式越来越多地被记者所采用。现在,由于工作节奏加快,工作时间紧张,记者有时候联系的被采访对象,或许抽不出时间来接受记者当面访问,或是约定不了采访见面的时间和地点,但对他(她)的采访是拖不得的。这时,记者可以利用电子邮件,事先沟通选题,提出采访的问题,方便快捷地进行采访,获得第一手的资料。

十多年前,上海社科院分院向社会公开招聘院长。德国的一位专家应聘这个职位。这在上海是个新闻。新华社的记者获取这个新闻线索后,立即着手进行采访。由于一下子找不到这位德国专家的电话号码和联系方式,记者就通过电子邮件与他取得联系,并附上了自己的采访问题,很快得到了对方的答复,并采访出第一篇报道。

之后,上海方面要举办应聘者就职仪式,记者要发一篇现场报道,选择的采访地点在虹桥机场。这位德国专家乘飞机来沪。可是由于发稿时间限制,编辑部急需一张德国专家的照片。而此时的专家,正在飞往上海的飞机上。记者也是通过电子邮件,与她在德国的女儿联系上,传回了一张照片,并通过电子邮件采访了专家的家人对此事的看法。这篇报道成了独家新闻。

新闻调查《"做不了金砖,当一枚金币也不错""金币四国"可能带给世界惊喜》2013年11月21日在《人民日报》上发表,国内外媒体纷纷转载。

这篇稿件是《人民日报》社拉美、北美中心分社记者吴成良成功地运用电子邮件采访"金币四国"概念的提出者——前高盛首席经济学家吉姆奥尼尔。

曾提出"金砖四国"概念之父吉姆·奥尼尔,在其专栏中提出"金币四国"("MINT")的概念,这四个国家分别是墨西哥、印度尼西亚、尼日利亚和土耳其。奥尼尔是媒体追逐的名人,他是一位有思想的经济学家,也是坚定看好中国的华尔街人士之一。

"接受我邮件采访时,奥尼尔在尼日利亚,他不仅爽快地做了回复,而且告诉我,正与BBC合作,制作系列专题片,主题就是'金币四国'。看来,追"金币"概念的,不仅我们,还有像BBC这样的国际巨头。我也感受到,我们的报道跟别人同步了。有'金砖四国'概念的成功作为铺垫,奥尼尔提出的'金币四国'概念,总是能吸引读者关注。"[①]

奥尼尔所说的BBC的专题,在2014年年1月6日到9日分四期在BBC电台四频道播出的节目,标题是《MINT:下一代经济巨人》。记者吴成良从电子邮件中得知奥尼尔告诉他的这个消息后,立即找到这四期节目研究。

他发现——"奥尼尔亲自上阵,充当记者和节目主持人。想象一下,BBC请这样一位明星经济学家来做节目,在报道方式上是一种怎样的创新。对于读者来说,这样的报道的吸引力和传播效果也是大不一样的。更重要的是,奥尼尔的节目相当生动、精彩。"

---

① 吴成良、庄雪雅、张梦旭、李凉《概念·观点·人与事——从《"金币四国"可能带给世界惊喜》说起》,2014年3月14日,《人民日报》社业务研讨"国际部好新闻交流之二"。

"我仔细收听了最后一期对土耳其的报道,里面有机场、新工厂的场景,有大桥上、市场和摩天写字楼里的采访,人物对话感性、生动。不难看出,相比我们的文章,他的节目,更像是'调查采访'。"[1]

特将这篇稿件录入本书,供大家学习参考。请看报道——

"做不了金砖,当一枚金币也不错"
"金币四国"可能带给世界惊喜

"金砖四国"概念之父、前高盛首席经济学家吉姆·奥尼尔日前在其专栏中提出"金币四国"("MINT")的概念,这四个国家分别是墨西哥、印度尼西亚、尼日利亚和土耳其。奥尼尔接受本报记者专访时表示,"金币四国"是继金砖四国之后,又一组具有经济活力、人口众多的国家。他表示,"金币四国"都拥有庞大的年轻人口,在未来20年内,它们的经济增长可能会很强劲。

这一概念的提出是否具有合理性?"金币四国"经济现状与发展潜力如何?本报记者就此进行了调查采访。

近年经济有不俗表现

"金币四国"对印尼来说还是一个陌生概念。当本报记者提及"金币四国"时,许多人都露出自豪的笑容说:"与巴西、俄罗斯、南非这些国家不能比,但我们经济增长的势头不弱。做不了金砖,当一枚金币也不错。"

在世界经济复苏乏力时,印尼作为东南亚最大经济体,保持了强劲增长。2010年起,连续3年经济增长超过6%。活跃的经济、相对宽松的投资政策、廉价的劳动力,吸引了大量外资进入印尼,2012年印尼得到的国外投资总额跃居全球第十七位,在发展中国家排名第八。

印尼科学院经济研究中心研究员斯瓦格对本报记者表示,年轻化的人口、不断增长的消费阶层将是印尼未来发展的最大红利。印尼2.4亿人口中,29岁以下青年占一半以上,国内中产阶级为数可观,内需消费占国内生产总值近七成。

墨西哥近年来经济稳定增长,这得益于靠近美国的地缘优势、充足的廉价劳动力以及与多个国家和地区签署的自贸协定。以汽车工业为代表的制造业迅速崛起。目前,墨西哥已成为世界第四大轻型汽车出口国,汽车出口超过石油业和旅游业等传统支柱产业。受此带动,墨西哥近两年保持了近4%的增长速度。

尼日利亚是非洲人口第一大国和第二大经济体,现有人口1.68亿,经济总量达2600多亿美元。庞大的人口基数,使尼日利亚未来消费市场具有较大潜力。目前,尼是非洲第一大产油国,已探明石油储量位居全球第十,是世界第八大原油出口国,也是非洲天然气储量最大国家。联合国、非洲开发银行和经合组织日前发布的数据显示,近十年来尼日利亚GDP实际增长率保持在6.5%以上。增长动力主要来自建筑、通讯和批发零售等非石油行业。国际知名会计事务所毕马威今年5月发布市场调查报告预测,未来20年,尼日利亚将成为世界四个主要投资目的地和经济增长地区之一。

土耳其过去10年中经济保持了年均增长5%的速度,人均GDP增长了两倍。2012年人均GDP达10673美元,第三产业约占经济总量的六成,旅游业是重要外汇来源。不少欧美投资者纷纷将目光转向土耳其。随着外来资本的持续流入,土耳其已成为全球第十六大经济体。

---

[1] 吴成良、庄雪雅、张梦旭、李凉《概念·观点·人与事——从〈"金币四国"可能带给世界惊喜〉说起》,2014年3月14日,《人民日报》社业务研讨"国际部好新闻交流之二"。

土耳其经济部长恰拉扬日前自豪地说:"土耳其的失业率只有9.8%,低于欧洲和欧元区的平均水平,这显示出土耳其的经济活力。"

靓丽的外表难掩面临的问题

印尼发展过程中面临种种问题。"困扰这个国家的痼疾,有很多。"斯瓦格说。除基础设施落后外,政治腐败是外国投资者诟病的主要问题,裙带关系、政令不畅都对投资造成障碍。经历连续3年高增长,印尼经济结构性失调的一面逐渐暴露——通货膨胀加剧、经常账户赤字扩大、本币大幅贬值,有经济学家已发出"中等收入陷阱"的警告。此外,资本外流风险,也对印尼经济造成极大压力。今年8月,由于美元加速回流而出现的"股汇双杀"便是明证。

墨西哥经济也存在诸多问题。例如,对美国依赖过多,墨西哥经济在2009年出现6.5%的衰退,就是受到了美国经济危机的波及。此外,墨西哥生产效率低下,劳动者素质也有待提高。

尼日利亚《今日报》副总编、经济学家埃迪莫拉在接受本报记者采访时表示,该国目前也面临很多困难,如政局不稳,伊斯兰极端势力在尼北部地区活动猖獗;一些政府机构腐败盛行,难以得到有效遏制。此外,电信、电力、交通和机场等基础设施建设滞后,石油工业体系也不健全。这些因素在较大程度上制约了尼社会经济的快速发展。

欧盟最近一份关于土耳其经济的报告指出,"世界经济现状、土耳其国内的政治不稳定,以及邻国叙利亚局势,都使土耳其经济面临着严峻的下行压力,""土耳其过分依赖外国资本和进口,使其经常项目账户一直处于赤字状态,极易受国际资本流动的冲击"。据统计,过去10年间土耳其积累的外债总额已达3500亿美元,其中超过一半需要在未来一年内偿还,这使得土耳其的短期偿债额占到GDP的1/4。

希望这一概念能够在未来变成现实

"金币四国"国家经济规模都还比较小。奥尼尔对本报记者表示,预计到2050年,这四个国家都不会达到"金砖四国"的经济规模,更可能的结果是,到时"金币四国"将成为世界第五至第九大经济体(在美国和金砖四国之后)。

印尼普通民众并不为亮丽的经济数据所陶醉,相比被提名入围"金币四国",他们更在意一路高企的生活成本和日渐扩大的贫富差距;而印尼官员、学者大多相信,印尼经济"真金不怕火炼",虽然面临一时压力,前景尚属光明。

墨西哥国立自治大学经济系教授马丁内斯在接受本报记者采访时表示,"金币四国"的提法是一种合理的预测,这几个国家未来的经济表现可能会像此前的金砖四国一样给世界带来惊喜。

埃迪莫拉认为,"金币四国"是个很好的创意,但在尼日利亚金融和经济学界尚未得到广泛的认同。他说,尼在西非国家经济共同体中承担的责任最多,更希望在与西共体国家的合作与交流中提升本国的发展实力。"金币四国"的概念是具有前瞻性的,但目前这些国家都存在自身发展的问题,希望这一概念能够在未来变成现实。

(本报华盛顿、雅加达、阿布贾、墨西哥城、开罗11月20日电 记者吴成良、庄雪雅、李凉、姜波、张梦旭)

(二)注意事项

记者在运用电子邮件进行采访时,也会遇到一些问题,要注意以下三点:

1. 对方不打开你的电子邮件,不看你所提出的问题

一般来说,是因为和你不很熟悉,不立即回复记者的提问,或者是对记者的采访请示自己的上级或有关人员。在这样的情况,记者还要坚持继续发回对方电子邮件。同时,想方设法取得与对方的电话联系,增强对方对新闻记者的了解和认识。

2. 在电子邮件进行采访时,记者一定要注意把自己的新闻单位写清楚,把自己的联系方式写清楚,同时,将自己的采访意图和采访的主要问题写清楚

记者在发给采访对象的电子邮件中,还要适当地介绍一下,稿件将在什么时间内,必须报道出去,将在什么媒体上发表,自己编辑部对此采访的重视和期待,等等。这样,记者越信息透明,对方越是打消对记者的怀疑和不信任感,采访也就会顺利进行。

3. 利用电子邮件进行采访之后,记者写成稿件,要及时用电子邮件发给被采访者,一方面可以让他进行核实;另一方面,在稿件刊用之后,别忘记给对方发个邮件通知一下,告之详细的出版日期、版面或者是播出时间等

这也是个礼节问题。记者要给每一位采访对象,留下有信用的好印象,以后再联系起来就会方便亲切多了。

四、问题新闻采访

问题新闻即抓问题的报道,一般包括新出现的问题和已存在的老大难问题两种,前者一般报道新现象、新情况,动态较强,突出一个"新"字;后者重点体现一个"析"字,剖析得当,以事实说话,以理服人。

《经济日报》记者詹国枢曾把新闻分成五大类,也就是五个"新",一是新政策,二是新信息,三是新经验,四是新现象,五是新问题。由"新"问题说到问题新闻,问题新闻者,现实生活中出现新问题而产生的新闻也。[1]

(一)问题新闻的报道方式

记者采访这些问题新闻,常常采用连续报道和系列报道的方式,及时报道新闻事件的新情况、新发展、新动向,从而把问题的解决与否,存在的矛盾等展示给读者,让读者对此有一个立体全面的认识。

2000年10月,新华社播发了长篇问题报道《假典型巨额亏空的背后》,详细报道并分析了郑州百文股份有限公司(简称"郑百文"),从辉煌一时到濒临破产的过程和原因,引起社会的反响。

在随后两年多的时间里,记者抓住这条线索不放,放长线追踪"郑百文"事件的方方面面,连续采访报道了它的最新最近发情况及存在的问题,如《各界评说"郑百文"现象》《国家有关部门开始调查"郑百文"巨额亏损问题》《奇怪的"郑百文"重组现象》《中国证监会处罚"郑百文"公司及有关中介机构》《"郑百文"公司案件开庭审理》等等。直到2003年的两会还有代表提到"郑百文"事件。可见连续报道的冲击波多么持久强力。

2002年初,《经济日报》在一版显著位置,推出系列报道《39条浮法玻璃生产线是咋冒出

---

[1] 詹国枢. "问题新闻"的采编艺术[J]. 新闻战线,2004(3).

来的》。

第一组是一则消息,题目是《玻璃行业吞咽重复建设苦果》,编辑加上一篇评论,题目是《好好解剖这只麻雀》;

第二组是一篇通讯,题目是《这些重复建设项目是如何上马的》;

第三组是一篇消息,题目是《让"违规者"亮亮相》,刊出了未经国家批准而擅自上马平板玻璃项目的20多家企业名单;

第四组是一篇消息,题目是《消息"浮法玻璃"重复建设报道引起反响 读者纷纷来电来函建议深入剖析此顽症》;

第五组是一篇通讯,题目是《政府官员评说"浮法玻璃"》;

第六组是一篇通讯,题目是《银行信贷如何防止重复建设》;

第七组是一篇通讯,题目是《专家学者评说"浮法玻璃"》;

第八组是一篇通讯,题目是《企业家评说"浮法玻璃"》;

第九组是一篇述评,题目是《"浮法玻璃"告诉我们——写在〈39条浮法玻璃生产线是咋冒出来的〉报道告一段落时》。

让我们分析一下这九组系列报道,记者是如何行动的?

首先,记者首先抓住了来自玻璃行业的一条新闻,自1999年以来,我国新建设的浮法玻璃39条生产线,使全国玻璃行业供需发生严重失衡,价格连续下跌,到2001年底,玻璃库存比上年增加67%,企业净盈得同比下降52%,近三分之一的国有及国有控股企业出现亏损。这种同行业重复建设的行为造成本行业的苦果。

接下来,记者详细采访了玻璃行业的这种重复建设的情况,以及相关的企业,重点调查了解39条浮法玻璃生产线的上马情况,查出通过立项履行国家批准手续的企业是多少,采访那些没有经过国家批准手续而违规操作的企业,是通过什么方式进行生产的。

随后,记者采访了政府及主管部门、玻璃行业的专家学者,了解他们对这39条浮法玻璃生产线的重复建设问题的看法、意见、建议。

我们还从系列报道中看到,记者把读者的反馈也及时报道出来,甚至采访到其它部门,像银行信贷。采访的触角是广泛而深入的。

(二)采访问题新闻注意事项

采访问题新闻,要注意问题的新意和典型意义,同时注意把问题剖析清楚,助于问题的解决。记者在采访问题新闻时,要先多问自己几个问题:

(1)这是不是新出现的问题?
(2)这个问题具有典型意义吗?
(3)可不可以像解剖麻雀一样分析出这一类的问题?
(4)这类问题为什么会出现?
(5)这个问题的表现方式有哪些?分别是什么?
(6)如何解决这个问题?
(7)这是不是新形式新背景下出现的老问题?
(8)为什么出现这个问题?原来的解决方式为什么行不通了?
(9)在实践中有没有新出现的应对方法?

(10)应该如何解决这些老中有新的问题?

等等。

如果记者自问的这些问题能一一调查清楚的话,报道就可以条理明晰,告诉读者这问题"是什么""为什么""怎么办"这三大要害。

(三)问题新闻中的批评报道

全球化大势所趋,政治、经济、文化等生活中的问题,层出不穷,各种体制的交替更迭,带来的各种问题在我国日益增多。对老大难问题或新问题的报道,就涉及到人们常说的负面问题的报道或叫批评报道。

这些批评报道,主要报道的是社会生活和工作中存在的缺点、错误和问题,批评和揭露社会生活中的不良现象和腐败行为。记者在采访这样的问题新闻时,其主要目的是通过报道此事,引起全社会的关注,让政府、机关、团体和个人对类似的问题有所认识,对自己存在的问题有所警示,有所改进,有则改之,无则加勉。

在这样的报道采访中,记者要注意以下五点内容:

第一,报道一定要真实准确,绝对不能失实,力求公正、全面地展现事实。

毛泽东同志在1958年10月26日与吴冷西、田家英的一番谈话中,曾这样说:"特别是当记者的,不能道听途说,人云亦云,要深入实际,调查研究,实事求是,心中有数,头脑清醒,做冷静的促进派。"这句话在今天对记者仍有极大的借鉴意义。

真实准确是新闻的生命,这对批评报道尤其重要。真实不仅包括新闻要素真实准确,而且包括每个细节,每次概括。否则就会被人抓住小辫,引起纠纷甚至是新闻官司。

有位记者写了篇《农村花架子》的问题报道,批评一个地方的浮夸现象。稿子中有这样一句话,"养猪大户是把全村的猪都赶到他家的",实际上是"一些农户的猪",报道发表后,尽管基本事实是准确的,但还是被报道对象抓住了"全村的猪"这个小辫子,兴师动众,险些对簿公堂。这好比是一粒老鼠屎坏了一锅粥。这样的例子屡见不鲜,千万小心为上。

《人民日报》社总编辑李宝善,在国内分社加强自身建设培训班上讲话时强调:"开展舆论监督有两点特别重要:政治立场和思想方法。关键要有建设性,出以公心、带着善意。《人民日报》搞批评报道,有两点要充分考虑,一是值不值,二是准不准。"

"值不值、准不准"应成为记者开展批评报道时的标尺,时刻警醒记者真实全面的报道事实。

第二,主要运用的报道手段是用事实说话,披露事实的真相,同时深挖相关的背景资料,在此基础上追究问题形成的原因,并试图探讨解决的方法。

第三,在采访中,一定要核实清楚,到现场多方调查,一句话一句话地过,一个细节一个细节地查,人名、地名、时间、地点、数字、事件的前因后果、问题的总体和局部、某个细节,在问题新闻报道中更是要加倍小心,真实为准。

第四,记者不得抱有先入为主的成见,从自己的主观态度出发有所褒贬,应成为冷静客观的旁观者;同时,也不能轻易对一时还不能说清道白的事实速下结论,作媒体审判。在采访中,一些当事人对自身存在的问题常常是避重就轻,甚至闭口不谈,而对另一方的问题却肆意夸大。因此在采访中记者一定要保持头脑清醒,力排干扰,成为冷静客观的旁观者。

2014年7月,辽宁省发生严重干旱,《人民日报》辽宁分社记者刘洪超获知,在阜新县的一些乡镇,虽然政府给老百姓打了井,却没有发挥作用,当地百姓说政府打了400多口井,且配套水泵也都被官员变卖了。

得到这一线索后,记者就在村中住下,白天冒酷暑,晚上打手电,拿着米尺和竹竿,转进玉米地里,将隐藏其中的水井逐一测量,并记录其深度和水量,七天时间记者走遍了三个村子,实际测量水井148口,与镇政府文件中提到的153口井相差不大,而且确认了32户村民领到了配套水泵。

刘洪超记者提出,"记者采访要做到见人、见物、见证据,最忌偏听偏信,盲目夸大,以偏概全,甚至想当然;撰写文章时,没有消息来源的话不用,未经核实的细节不用,语言应多用探讨性话语,少用判断性语气,不要轻易表态,要对党对人民负责,为百姓服务。"①

批评报道的目的是帮助解决问题,而不是扩大矛盾、渲染情绪。刘洪超记者就是这样做的。

在沈阳的塔湾地区,存在着大量报废车、盗抢车改装的二手车行,经过记者一周调查形成的《沈阳塔湾二手车市场倒卖报废车渐成产业链》一文,最终促进政府在此地建起了沈阳最大的二手车正规交易市场;《强光扰民,影响行车,沈阳大型LED广告屏存隐患》这篇批评报道则促使政府对户外广告牌的声音、亮度、开关时间有了严格规范;他采访的《韩国二三流整容医生为练手来中国行医》也促使辽宁省对美容行业的整顿,严格管理来华韩国整容医生的行为。

获得2014年度中国新闻奖的《驻村三日》,是《人民日报》记者赵鹏跟随福建省宁德市主要领导下乡驻村时采写的。他回忆这次的采访经过,这样说,"宁德是福建省最早推行各级干部下乡驻村工作制度的地市,驻村过程中,群众反映的各种问题非常多,但归根到底就一个:农民如何增收?这也是中国在推进小康社会建设中具备普遍意义的难题。宁德市提出的思考与举措,是否对其他地区具有借鉴意义呢?沿着这样的思路,这篇报道如实反映了当地群众致富过程中的所思所怨、干部在帮扶过程中的所做所难、市委决策层面在设计政策时的所依所愿。虽是报道几个村的故事,折射的却是全国性带普遍意义的问题。"②

特将这篇稿件摘录如下,供大家学习参考,请看报道——

驻村三日

记者随福建省宁德市委书记廖小军深入福安市,驻村三天开展基层调查:当下农村是个啥状态?未来农村建设、农业发展、农民增收的希望在哪里?

13村农民

最发愁的是人走光、村很穷、钱难挣

这三天,我们一共走访了13个村,分别住过溪潭镇的蹯溪村、穆云乡的燕坑村和社口镇的坦洋村,都是山区村,经济不算富裕。村里人最发愁三个问题:人走光、村很穷、钱难挣。

蹯溪村人口2300多,其中700多人外出打工。村里没什么企业,村集体收入就靠两个小店铺,一年2000元。耕地有1000来亩,山地9000多亩,一直以种茶为主。这几年又先后种了太子参、脐橙、杨梅等。

燕坑村是个纯畲族村,位于闽东第一高峰白山麓,海拔近600米。全村640多人,外出打工最多时只剩下100多人。耕地500多亩,林地3800多亩。同样一直以种茶为主,另外发展

---

① 刘洪超,《记者应做冷静的促进派——浅谈对舆论监督报道的几点认识》,《人民日报》社业务研讨。
② 赵鹏,《深度报道的选题思考》,2014年10月23日,《人民日报社》业务研讨。

了些太子参、水蜜桃、葡萄产业，村集体几乎无收入。

比较起来，这些山区村很多地方相似："土里刨食"村难富，都没什么企业。

"土里刨食"，并且大多跟风种、缺技术，面临市场与自然双重风险：茶叶种的普遍是福云6号、7号等传统品种，种植已久，价格虽平稳，但收入不高。今年气候不错，行情还算好，每斤约三四十元；太子参是近年引入，由于数量大增，行情也如"过山车"般波动很大。去年一担（100斤）还能达800多元，今年就一下子跌到300多元。由于太子参更适于海拔500~800米左右，像溪潭镇的地理环境种植并不太理想，病害较重，打药、上肥频繁，成本上升。一年仅药、肥投入就高达每亩7000多元，利润几无。政府引导推广一个新品种不易，同样，政府引导不搞同一品种也不易。

村里无财，万事都难：地里挣不到钱，青壮劳力就都外出打工。而村集体没钱，别说引导农民搞设施农业，就是村里的公益事业都难以开展。路灯、自来水、道路甚至垃圾桶等，也是刚刚才有。

两位村干部
最主要工作是讨到钱、保稳定、做任务

蹯溪和燕坑两个村还有个共同特点：村干部老化。前者支书叫王绍璋，64岁，去年第二次被选上。后者支书叫雷六弟，54岁，支书也做了几任。两人其实都不想再做，但没人愿干，只好硬撑着。为什么呢？

事太多，钱太少。村里每年必须完成的任务非常杂，计生、征兵、殡改、综治等一样不能少。以前一个月只有840元工资，现在每月1000零几块。村里穷，做啥事都得去求人。

王绍璋说他上任后最得意的是为村里完成了"一个半"项目："一个"是自来水，花了30多万，靠的是福安市"一事一议"项目。但这种项目，每年最多一村一个。福安在福建算是比较发达的县级市，年自有财政能达20亿左右，可村多（480个村）人也多，财政也无力全盘包下。"半个"是盖了一座三层的村卫生所，封顶了，但没钱装修。2004年时，他们还做过村里的公路，因为刚好是省道，从省里还讨到每公里19万元补贴。

近年来，随着中央、省里对农村各项工作扶持力度加大，各类水、电、路、桥、基本农田等建设内容，均有各种扶持补贴政策。在基层村、镇、县，但凡想建什么，就看谁能比对政策，谁更有办法讨到相关补助。

兴村关键要"造血"。这正是福建省"下派干部，挂村扶贫"工作的最终目的，可也是下派干部最头痛的地方。张恒华2011年时被下派至燕坑村担当第一村支书。想推广复种小花生，可没地，只好借农民的地里套种；想推广刺葡萄，又没地，就干脆在从村口到村部的路上搭建了500米棚架，棚架上栽葡萄。也正靠此，到2012年底，燕坑村村容村貌脱胎换骨，村集体和村民收入分别达到2.2万元和7000元，比扶贫开发前分别增长79.5%和214%！而如何能长期保持发展势头，还是一道难题。

俩回乡大学生
带新观念，有新技术，欲在乡土展身手

"初生牛犊、朝气蓬勃"，这是记者见到林恩辉、谢思惠时的第一印象。

林恩辉25岁，2008年毕业于福建省农业大学。2011年春，拿着父亲借给她的50万元，小林只身来到海拔700多米的晓阳镇，成立恩辉农博园，准备在这片高山上发展生态、观光等新型农业。但现实却泼了她一瓢冷水。先是租地难。十几亩平地就会涉及几十户甚至上百户农民;再是人心难齐。租下的地,种下桃树不到半年,反悔的村民偷偷洒下除草剂毁了桃园。

但小林是个很坚强的女孩子。大哭了一场、父母又劝她别干,她不仅没放弃反倒干脆又拖着老爸,俩人一起上山自己动手盖了座二层板房,板子自己锯、水电自己拉,又当办公室又做宿舍楼,算是彻底扎下根儿来。

小林的诚意最终让农民接纳了她,同意与她合作栽种新品种,收益对半分。一季下来,成效立见——以往当地栽种的葡萄一斤收购价最多不超3元,亩均毛收益6000元;而用她的办法下来的,当季一斤就卖到7.8元,亩收益达到1.5万元!

另一位大学生谢思惠,主动放弃保研机会,从山东农大带着七八万元资金回乡创业。同样是种生姜,他种的一亩收益是农民的3倍;同样是种土豆,他发展了全套产业链,收益则是别人的10倍!

记者手记

"当今中国城市、工业早已发生翻天覆地的变化,数以亿计的普通农民所从事的农业却仍多停留于传统方式。要用工业化理念发展农业时,实地调查、规模生产、科技含量、推广新品、市场导向、绿色生产……最终需要体现在生产者身上的诸多新观念、新方法、新模式,返乡创业大学生式的新型农民堪此担当。"调研结束时,记者和廖小军攀谈起此行收获时,他这么说。

驻村前一周,宁德市委正式出台《关于进一步扶持高校毕业生自主创业暂行办法》新策,内含从生活到生产各环节相当含金量的扶持返乡大学生的内容。"知晓率、落实率,建立返乡学生情况调查台账统计率,这'三率'须在下月前达到三个100%!制定了好政策,就不能让政策睡大觉!"结束调查前,市委书记专门叮嘱随行市委办主任马上回去落实。

7月福建,酷暑依旧。驻村3日,笔记记得心头沉甸甸,在炎热中感受到不少凉意……

《人民日报》(2013年07月23日06版)

第五,要注意交待明确的信息来源,不能含糊其词,不能让记者一言堂,也不能让问题中所涉及的某一个方面的声音,压倒甚至消灭另一个方面的声音。记者交待清楚信息的来源,既增加了事实的可靠性,同时也是本人责任心的体现,也减少了记者身处纠纷的可能。

为防止新闻官司,确保采访的真实准确,记者在采访批评报道时,除上述方法外,还要注意以下六个方面内容:

(1)注意收集和保存关于批评性的证据。收集书面材料时,应标明其来源,并尽可能保留原件,或者是复印件。

记者采访批评性报道,养成这种收集证据式的习惯很好,一方面保证了采访事实的真实准确,另一方面,做到报道的每一事实和细节都有证可查,既增加了可信度,也减少或省却了如果产生新闻官司的难度,保证记者和媒体在新闻侵害名誉权诉讼之中的安全和胜利。

另外,在采访批评性报道时,要时刻注意收集和报道有关的各方面的证据,即事实材料,包括声音资料,图象资料和文字资料,如采访录音,照片,被访者提供的原始文字等。如是复印件,应与原件核对无误,并由提供单位盖公章或是由提供人亲笔签名,这也是将新闻来源交待清楚的一个方法。

(2)记者自己的采访笔记,要标明时间、地点、人物,有他们的真实准确的姓名、地址和联系方式,以及采访时的见证人。

(3)如果收集到被采访者的单位有关批评报道的文件,不能原件拿走或复印,只能摘要自己记录时,应同时记录下文件号、发文单位、保存单位等,以便日后核查。

(4)如果新闻线索是由通讯员提供,要首先看是否加盖公章,如没有,要先追查核实此线索来源的准确性。

(5)问题新闻中无论反映新情况,还是对存在的问题进行批评性报道,不妨参照艾丰《新闻采访方法论》中总结的一个方法,叫"勾推法"。

"勾推法"原本是唐朝官员审案时用的一个方法,即不先问原告和被告,而先问他们身边的其他人,这样有助于了解案情的真相。

新闻采访中的"勾推法"就是取这个意思,不先采访事件中的主要人物,而是从外围入手,采访这件事情的相关的人、事,做好铺垫,掌握基本情况之后,再去采访新闻当事人。这样,可以保持记者的平和心态,力求从客观的角度,立体报道这些问题,而不是局限在事实的当事人之中,跳不出来。

(6)问题新闻的报道也要适度。

哲学上说的度,是指决定事物质量的数量的界限。新闻采访上讲的度,是指记者在问题新闻采访时,既要讲究分寸、角度、时机,又要把握火候和报道时机。同时,记者不能感情用事,盲目行事,把问题简单化、片面化,如清华大学刘海洋伤熊事件,有些媒体记者报道武断,把这一事件原因归为"忽视人文教育的恶果",有些媒体记者还在法律机构没有下定论的情况下,认定伤熊事件主角刘海洋是"严重犯罪嫌疑人",作媒体审判了。

第二节 隐性采访和体验采访

一、隐性采访

(一)定义

隐性采访也称秘密采访或暗访。隐性采访,是近年来记者比较常用的一种采访方式。即新闻记者在采访时,不公开记者的真实身份,在被采访对象不知情的情况下采取新闻。

隐性采访常常有一定的危险性,获得的信息也较真实可靠。隐性采访的最大特点是记者不公开记者身份。一般来说,记者进行隐性采访活动的好处是,可以在事物原发状态下,获取真实的第一手材料。

隐性采访的最大缺点,是由于没有表白记者身份,得不到有关单位和个人的协助,有时无法保证人身安全,甚至引发法律官司。记者进行隐性采访只是在迫不得已,必须采用之时才运用。

1998年春天,浙江《钱江晚报》记者熊晓燕,获得了一条重要线索,几位工人投拆中法合资杭州"特维达"皮件有限公司严重侵犯工人权益。为了解事实真相,记者打扮成打工妹去该公司应聘,交上200元押金后,公司答应试用她三天。

就在这三天试用期里,记者获得了难得的真实材料——

"一位男工一天只'赚'了5分钱";

"这里近百个女工共用一个厕所,而且每天只冲洗一次";

"这里的工人吃的是榨菜拌饭";

"这里最喜欢用的字眼是'罚款'";

"这里 14 岁的童工瘦弱无比";

等等。

最后,记者辞工离开了这个公司。

(二)隐性采访注意事项

1. 隐性采访有一定的范围所限

并不是所有的新闻事实,都需记者进行隐性采访。进行隐性采访的前提条件是,在记者的正常采访无法进入、新闻价值大、不涉及国家机密和个人隐私等诸多情况下,记者通过不暴露自己的身份,或假借某种身份的方式,来获取这一事实的信息。

很多人不太主张记者依赖此方式获取新闻,认为,只有在极特殊情况下,记者才可进行隐性采访。

"只有在无法或不能公开采访,或者在正常采访无法实现预期目标的特定情况下,才能不得已而为之。新闻工作者只有在用尽了一切合法的、毫无争议的手段之后,才可考虑是否用相对来说值得研究的手段来采访新闻。"①

学者陈力丹认为,鉴于许多历史上的经验和教训,这种方式可尝试在特殊情况下采用,但不宜普遍倡导。在不得不使用隐性采访的方式时,记者要有较强的法律意识,并使自己的行动符合社会的一般道德,并尽可能避开法律禁止的领域。

不论我国现行的法律,还是国外大多数国家的法律,都没有明确规定,记者可以假冒身份以偷拍、偷录等行为进行采访的权利。倒是有很多国家的一些法律、法规和案例,在这一方面进行了很多限制。比如,"在美国的大部分州,未经许可非法'偷拍'都被认为是犯罪","公民包括新闻工作者拥有窃听设备都是非法的,被认为是触犯刑律的"。②

1992 年,美国 ABC 广播公司的两名记者,持假身份证,到狮子食品公司的超市工作,用藏在假发里的微型摄像机和带在身上的小麦克风,摄录下该公司出售过期食品,把腐肉清洗后改包装等情况,在电视《黄金时间实况》节目播出后引起轰动。

狮子公司以欺诈公司雇员和违反进入私人场所,违法获取公司工作现场之罪名,起诉了美国 ABC 广播公司,法院最终在 1996 年,判美国 ABC 广播公司侵犯狮子公司隐私权的罪名成立,赔偿 550 万美元。

一般来说,法律禁止的方面,国家安全、高科技部门、行业机密部门、公民个人隐私等等,都不应当倡导记者进行隐性采访。

具体说来,依据我国《保密法》第三条规定,有七种类型是国家机密,新闻记者应不得侵犯,不得进行隐性采访。

它们分别是:

第一,国家事务的重大决策中的秘密事项;

第二,国防建设和武装力量活动中的秘密事项;

---

① 江宇,郭赫男.关于隐性采访的几点思考:兼谈《海口色情交易大曝光》[J].新闻记者,2002(7).
② 张西明.隐性采访中的道德与法律问题[J].中国记者,1997(7).

第三,外交和外事活动中的秘密事项以及对外承担保密事项;

第四,国民经济和社会发展中的秘密事项;

第五,科学技术中的秘密事项;

第六,维护国家安全活动和追查刑事犯罪中的秘密事项;

第七,其他经国家保密工作部门确定应当保守的国家秘密事项。

另外,一些商业机密,例如企业的设计方案、技术诀窍、产品配方、销售渠道等等,记者也应注意,不得以隐性采访的方式获得。

2006年3月1日,我国新的《治安管理处罚法》中,首次明确将"偷窥、偷拍、散布他人隐私"定性为违法行为,并明确了处罚责任。这对记者以隐性采访方式,获得有关公民个人隐私提出了警戒。

著名法学家张新宝先生提出了公民日常隐私的十大内容,值得记者关注。它们分别是:

第一,自然人的姓名、肖像、住址、住宅电视、身体肌肤形态(尤其是性器官)的秘密,未经本人许可,不得加以刺探、公开或传播;

第二,自然人的个人活动,尤其是在住宅内的活动不受监视、监听、摄影、录像,但依法监视居住者除外;

第三,自然人的住宅不受非法侵入、窥视或者骚扰;

第四,自然人的性生活不受他人干扰、干预、窥视、调查或公开;

第五,自然人的储蓄、财产状况不受非法调查或公布,但是依法需要公布财产状况者除外;

第六,自然人的通信、日记和其他私人文件(包括储存于计算机内的私人信息)不刺探或非法公开,自然人的个人数据不受非法搜集、传输、处理、利用;

第七,自然人的社会关系,包括亲属关系、朋友关系等,不受非法调查或公开;

第八,自然人的档案材料、个人数据,不得非法公开或扩大知晓范围,用于不当用途;

第九,自然人不向社会公开的过去或现在的纯属个人的情况(如多次失恋、被罪犯强奸、患有某种疾病或者曾经患有某种疾病等),不得进行收集或公开;

第十,自然人的任何其他纯属私人内容的个人资料、数据,不得非法加以搜集、传输、处理和利用。①

2. 记者不能随意假扮身份

记者进行隐性采访时一般说来,不但隐瞒自己的真实身份,而且有时还要假扮身份。但是,应该注意的是,记者不能随意假扮身份。其中,以下三个方面尤其应该关注:

第一,记者不能装扮成国家公务人员,以行使公务的名义获取新闻。

因为,公务人员代表国家行使公共权力,其身份和职务具有特定性和法定性。具体说来,记者不能随意装扮成政府工作人员,借处理政事获取政府新闻;不能装扮成司法工作人员,借审理案件获取法律新闻;不能装扮成军事机关人员,获得军事资料、取得军事新闻。

《羊城晚报》1998年8月25日,发表了一篇新闻报道,题目是《本报记者在上海街头报警》。原来,记者阮巍,冒充被抢的外地旅客向110报警,2分零10秒后四辆警车呼啸而至。先不论上海警车接警的能力是否值得记者去采访,冒充被抢的外地旅客向当地警察机构报警,这一行动本身就不符合法律规定。有常识的人都知道,乱打报警电话,欺骗性报警是要受到处

---

① 张新宝.隐私权的法律保护[M].北京:群众出版社,2004:7—8.

罚的。报社记者也不例外。记者的隐性采访干涉了、妨碍了警方的正常工作。

同样,山西阳泉的新闻媒体,也曾策划了测试急救中心电话服务的采访,冒称有危重病人求救,不明真相的几家医院救护车先后赶到。假如,当日真有危重病人等待救援,记者的假冒行为是不是就威胁到他人的生命安危? 耽搁了急救中心的救援工作? 记者应受到什么样的处理? 不可小视这样的隐性采访带来的负面影响。

2001年8月17日,中央电视台《经济半小时》播出一期节目题为《亲历盗墓》。两名记者为了弄清西安市面上非法倒卖文物情况,乔装成文物贩子,跟随盗墓贼偷拍到一座西汉古墓被盗掘的全过程。与此同时,记者以文物贩子的身份以1.4万元买下全部13件文物,并上交陕西文物局。采访结束后记者及时报案,并帮助执法人员破了案。虽然该报道取到了生动的效果,但记者为了获得新闻素材所采用的手段,受到了人们的非议。

解放军电视宣传中心记者盛巍认为,"少数记者在没有得到特定机关授权之下介入违法犯罪现场,直接参与某些犯罪行为,充当卧底警察这一角色。这种举动人治色彩较浓,与法治精神背道而驰。因为记者角色行为不同于警察,他应是报道新近发生的事实。'记者不享有任何特权,采访证不是违法的特权证,新闻媒体应成为遵纪守法的表率。'如果法律认可记者随便去卧底侦查,便会出现普通公民行使国家执法机关专有侦查权的情形,这就意味着国家强制侦查权的滥用,这是法治社会的大忌。"①

此外,还有浙江某报记者假冒应聘者,考上杭州市副处级干部,这是否打乱了正常的招考安排?

还有,某报记者冒充工程人员,进入三峡工地龙口地段禁区,竟一度被认为是指挥长。如果这个假冒的指挥长真的说了什么指挥的口令,工人们真的执行起来,后果不堪设想。

第二,记者不应装扮成违法犯罪人员,以身试法。

曾有记者,为了了解公民道德素质,在公交车上假冒小偷和被盗者。也有一些记者假冒嫖客、发廊妹等,在色情场上进行体验式隐性采访报道,以获得新闻内幕。

这些行为是绝对不能去做的。违背正常的社会道德、社会公德的行为,和违法、犯罪活动,记者都不能借隐性采访以身试之。特别是违法犯罪行为的尝试,是要受到法律惩治的,不可当儿戏对待。

另外,以假冒小偷、嫖客、妓女等身份获取新闻,在采访的过程中,记者的人身安全既无法得到保证,同时,记者在公开自己的身份后,其记者形象也会受到玷污。

第三,记者不能改变性别角色,进入另一性别世界进行采访。

这是社会道德和风俗传统不允许的,涉及到公民的个人生活受到侵犯,隐私权保护等诸多问题。

3. 采访中禁止诱导式采访

在隐性暗访中,记者的身份是隐蔽的,他的语言举止应自然而然,使新闻的原始自然状态不加任何诱导地呈现,记者的提问最好不要主动。

有的记者一入现场就直接发问:"有假发票吗?""假文凭多少钱?""有三陪小姐吗?"等等,这是记者主动。但如果对方问:"要假发票吗?""文凭吗?""需要小姐服务吗?"等,这是对方主动,记者被动。被动是一种自然的状态,也是揭露报道的最佳状态。

---

① 盛巍.介入式隐性采访记者角色换位探析[OL].新闻天地网,2009-8-25.

诱导式采访常涉及法律问题。比如，我国法律规定，交易毒品在50克就可以处死刑。记者冒充购买者，诱问贩毒者有无海洛因。如果实施了购买行为，该不该定记者的罪呢？

当然，在新闻实践中，大多数的记者采用了一种自然聊天的方法进行暗访，在不知不觉中获得了真相。这里多少也存在着套话的诱导式采访问题。这个度应把握好。

前些年的《焦点访谈》播出了一期节目《呼唤行车文明》，记者曝光了一些司机，不文明驾驶甚至野蛮驾驶的现象，呼吁广大驾驶人员提高自身素质，文明行车。这本是一个不错的节目，但其中播出的一组镜头发人深省。

请看，记者坐上了广州的一辆出租车，和司机侃侃而谈，连连提问：

"你知道这一路段违章现象严重吗？"

"你知道这里有市民在拿相机抓拍吗？"

"你有没有在这里违章过？"

司机连驾驶边回答，越谈越有劲，正是在记者的追问下，司机没注意情况，才违章了。

这明显是记者的不当。

我国的道路交通法规中明文规定，司机在驾驶过程中不得与人闲谈，否则将受到相应的处罚。不能因为是记者要做这样的一期节目，就可以公开挑衅法规，造成人为的违章。而且，在这期节目中，记者为了向交警了解繁忙路口的车辆违章情况，就站在路口与交警攀谈起来，而此时正值交通高峰，来往车辆川流不息。

根据交通规则，这时在路口除了交通管理人员外，是不容许他人停留的。在这期节目的采访中，记者完全可以等司机停车后与他交流，等交警收岗后再进行采访。他的上述行为，可能是因为自己缺乏交通法规知识，也可能是特权思想在作怪，认为自己是记者，是无冕之王，即使违章了也不会受到处罚。

这种思想坚决要不得！

4. 要注意保护未成年人

我国《未成年保护法》第30条规定："任何组织和个人，不得披露未成年人的个人隐私。"第42条规定："对未成年人犯罪案件在判决前，新闻报道、影视节目、公司出版物不得披露该未成年人的姓名、住所、照片及可能推断出该未成年人的资料。"

我国《刑事诉讼法》第152条明确规定："十四岁以上不满十六岁未成年人犯罪的案件，一律不公开审理。十六岁以上不满十八岁未成年人犯罪的案件，一般也不公开审理。"

这些规定，新闻记者要严格遵守，不仅了然于心，而且在新闻报道时，一旦实行了隐性采访，其中涉及的未成年人，记者在文字中，要坚决不能提到他（她）的真实姓名和身份及相关的个人资料，不可过多地描述他们的长相。或者改用别名代替。在进行电视等图像报道时，要注意在眼睛或是整个脸部打上马赛克。

5. 记者要保护自己的生命安全，如遇追打、阻挠等危害身心情况时，要及时脱身

中央人民广播电台特别报道部主要做舆论监督和突发事件。特报部吴喆华长期工作在基层一线，在舆论监督报道和深度报道方面表现突出，以犀利和敏锐的风格，采写出很多好新闻。2013年，他的作品《烟台富士康雇佣大量未满16岁学生军》获第二十三届中国新闻奖三等奖；《神舟九号航天员成功访问天宫一号》获2013年第二十三届中国新闻奖一等奖。

吴喆华的很多调查采访是暗访，即不能公开自己的记者身份而进行的隐性采访。为此，他不仅"演"过学生，还"演"过老板，报道揭露了赣南脐橙用苏丹红染色的真相；他"演"过死者家属,曝光了河南眼花法官判错案的真相,促使河南省第一次启动错案终身追责制度;他"演"过工人,两次进入沈阳张福安村千亩土豪大院,调查了"土豪"违规占地、违法建设的真相,引起了中纪委的关注……

但是有一次吴喆华在河北采访时,不小心被对方发现了他的真实身份。当时他手里拿着企业违法的证据跑出来,但那个企业派车一直跟着追他。吴喆华机敏地跑进一个小区,可是发现小区没有其他门可以逃出去,这可咋办呢?这回,他"演"的是建筑垃圾——他就躺上一个装修的平板车,用建筑垃圾盖住自己,被工人拉了出来,借此机会逃身成功。

二、体验采访

在显性采访和隐性采访中,都含有体验采访。上述中央广播电台特别报道部记者吴喆华的大量采访都是体验采访。

(一)体验采访

体验采访,也称参与式或介入式采访,它是记者公开身份或隐蔽身份,转换成与被采访对象相同身份,记者进入采访对象生存状态,亲身体验的一种采访方式。它可以真实自然地揭示事物的本来面目。

在体验采访中,记者不是以局外人身份进入采访,而是和当事人一起参与某事;但与参与性观察不同的是,记者不是"记者"了,不是旁观的采集人,而是当事人(此工作状态下的工作人员),他与所有从事此工作的工作人员一起工作、生活,亲自体验现场的气氛和感受。还要提醒大家注意的是,虽是记者体验采访,记者又不仅仅是当事人的角色,仍然时时要站在记者的旁观角度来观察事物。这两个身份要巧妙地融合在一起,这个度要把握恰当。

美国密苏里新闻学院写作组指出:"首先,在你观察的事物当中,你不能陷得太深,以至于改变了事情的本来进程。你可以登台表演,但绝不能充当主角。第二,不要认为被你观察的人在认识上和你一致。即使你卖力地演配角的时候,你的真正身份仍是局外人、旁观者。"

在体验采访过程中,记者变"我看我采访"为"我做我体验",角色发生变化,心理感受也发生变化,观察理解事物的角度,也相应改变,会得到不同往常的事实及对此事实的主观感应。

一般来说,体验式采访相对显性采访而言,会较方便得到第一手的资料,在第一现场观察到较原始状态的生活、工作场景和人物风貌,真实性强,冲击力大。在体验式采访中,由于很多记者是隐性式体验采访,记者的身份是不公开的,调查事情相对来说,是隐藏的、片面的,有时,会不利于立体全面地了解有关事实;有时,在体验式采访结束后,记者也会公开自己的身份进行补充采访,个别时候,也要求其他记者的配合采访。

近几年来,体验采访在我国媒体上大量出现,许多记者以自己的亲身体验来告诉人们事实的真相。

在《中国青年报》著名栏目《冰点》的一些调查式报道中,也大量采用了体验采访。《北京最后的粪桶》这篇通讯,刊登在《中国青年报》"冰点"的创刊号上。文章发表后,社会反映强烈。掏粪工的工作是十分辛苦的,但到底辛苦到什么程度,《中国青年报》的女记者王伟群,为了写好掏粪工,决定在寒冷的冬天和他们一起摸爬滚打,当一天掏粪工,并在现场工作体验中,捕捉到了大量的情节和细节。

她这样报道：

化粪池的盖子冻上了，樊用石头砸了半天，再用铁杆把井盖挑开，上面一层是黑色的硬块，用铁杆捅了半天，把硬块捣碎，然后用粪杓把它们舀到粪桶里，背桶的人下蹲，把背带背上肩，右脚一使劲站起来，桶就上肩了。粪杓有点长，难免把粪泼到桶的外面，他们的衣服头发上就都溅上了一些黄的黑的污点，鞋子上就更免不了。他们穿着一种已经不多见的大头棉鞋。樊说，就这还是争取了半天才争取到的，我们的工作服一年就一身。我问为什么没有口罩，他说原来有，后来就不发了，不戴口罩还喘粗气，戴上就别呼吸了。

记者亲身体验了一天作掏粪工的工作，才体会到寒冬之时，掏粪工费力又辛苦的掏粪过程，体会到为什么掏粪工人没有戴口罩，掏粪工为什么还穿着一种不常见大头棉鞋。

记者体验了一天掏粪工的工作，看到的是"背桶的人下蹲，把背带背上肩，右脚一使劲站起来，桶就上肩了。粪杓有点长，难免把粪泼到桶的外面，他们的衣服头发上就都溅上了一些黄的黑的污点。"这些细节和现场的描述，是不经过体验的记者难以想象出来的。

为调查北京下岗职工再就业的情况，《中国青年报》记者刘元以下岗女工的身份，到职介市场亲历求职、打工，体验了下岗职工找工作的酸甜苦辣，写出《亲历求职好个难》《亲历打工好个难》。在跟踪采访打假的王海之后，刘元萌生了购假索赔的念头，亲身体会了一个普通消费者，在依法索赔的过程中，遭受到来自不法商家和假货贩子的敌视、恐吓甚至追打，写出《不敢当王海》一文。

记者亲历亲闻得来的事实，大大增强了报道真实的冲击力。记者体验式采访，以其生动鲜活的面容受到受众的欢迎。对于记者来说，经历一次或几次深入的体验采访也受益非浅。

一件劳资纠纷使得《钱江晚报》记者熊晓燕假扮打工妹到中法合资的特维达皮件有限公司，真的做了七天工人，掌握了大量触目惊心的事实。

她深有感触地说："在'特维达'公司做工七日，如果不是亲历，不敢相信在这个号称是合资企业的地方，工人受到的是如此不堪的待遇。"在体验采访中，她亲身感受到这家企业工人们的生活窘境：

"这里近百个女工共用一个厕所，而且每天只冲洗一次"；

"这里工人吃的是榨菜拌饭"；

"这里14岁的童工瘦弱无比"。

这位记者把自己的所见、所闻、所遇诉诸文字，成功地报道出该公司虐待工人及使用童工现象，报道反响强烈。

2012年9月初，中央电台《中国之声》报道过江苏等地强迫大量大中专院校学生前往富士康实习，富士康就此作过回应称，旗下工厂的实习生可以随时结束实习并离开工厂。而时隔不到一个月，中央电台新闻热线又接到多位来自山东烟台的大学生打来的电话反映，从今年9月起，烟台市乃至山东省多所高职高专院校的学生，被学校安排进当地的富士康（烟台）科技园实习，其中部分学生还不满16周岁。

中央人民广播电台特别报道部的记者吴喆华决定乔装打扮实地探访神秘的富士康工厂。记者先是借到学生的工牌，混进了富士康的宿舍区。但当记者来到工厂车间的安检台时，发现这里的安检比机场还严格，不但有手检，还有机器检，安检棒要在脖子以下的部位仔细测一遍，任何电子设备都不可能带进去。

眼看就要轮到记者进入了，他的采访设备——录音笔怎么通过安检？进退两难之际，突然记者急中生智,张大了嘴把录音笔吞进了嘴里!就这样,记者含着录音笔,过了5道安检,进入富士康的流水线,看到学生们正在赶工的产品是日本任天堂的一款游戏机。

记者在这次体验性采访现场发现,说是实习,其实这些学生在工厂里做的是普通工人同样的工作,经常需要加班和上夜班。许多学生说,他们想回学校,老师却威胁"不实习就没有学分,没有毕业证,甚至要被开除"。而当初富士康所谓的"可随时结束实习并离开工厂"的承诺并没有得到兑现。

记者还震惊地发现,有的学生工牌上竟然有两行编号!为什么呢?原来是不满16周岁的学生——也就是法律意义上的童工——被富士康进行了特殊编号。

真相找到了!富士康山东烟台工厂的确违法使用童工,而且达500名之多!

"我记得台湾富士康总部的一位行政主管飞到烟台,他向我鞠了一躬,说记者同志,稿子能不能别播了!我平静地和这位主管说了声抱歉,然后用一句《中国之声》最常用的稿件结尾语告诉他,'中国之声将持续关注'"①。

2015年新春走基层报道中,《人民日报》浙江分社记者王慧敏扮作游客走进了浙西淳安县枫树岭镇的下姜村。记者在"枫林农家乐",一间间客房察看,摸进灶间饶有兴致地打量房梁上挂的一串串腊味,并和店主姜海根及几位住店游客天南地北聊起了家常。有了这番实地的勘察,结论出来了:"'农家乐'富农家",果真不虚!

"观光农业"到底有没有吸引力?为了找到答案,记者爬上山梁逐一查看水蜜桃园、紫葡萄园、草莓园……用脚步在田埂上丈量,那山那水便有了质感。

记者发回的报道《农民日子好红火 下姜村里过除夕》,2013年大年初一2月20日在《人民日报》头版报眼刊登,文风清新质朴。特将此体验采访佳作摘录如下,供大家学习参考。

请看报道——

图十一(下姜村一角 本报记者王慧敏摄)

乡村的除夕,年味浓得似乎要溢出来:太阳这才刚刚偏西,吃年夜饭的鞭炮声便此起彼伏。

---

① 吴喆华.没有爱情,但是不能没有真相[OL/N].光明网,2014—12—25,16:29.

踏着鞭炮碎屑,迎着满街的红灯笼,记者走进了下姜村。

下姜,隶属浙江省淳安县枫树岭镇。在浙西,下姜一直很有名。过去出名,是因为"穷"——有这样一句民谣:"土墙房、半年粮,有女不嫁下姜郎。"下姜"穷",与交通环境有关。山里的货物卖不出,山外的货物进不来,村民的日子能不枯焦?

不过,这早成老黄历了!现在的下姜依然有名:村名前常被人们冠以"最美""最富"这样的形容词。在这次探访中,一条平展展的水泥路把记者从淳安径直送到了村口。再看眼前的村容:一栋栋崭新的三层楼房依山势而建,街巷一律由平展展的青石铺就,路两旁的行道树或红梅怒放、或玉兰乍绽……

村支书杨红马黧黑精瘦,介绍起村里的情况,如数家珍:"下姜村能有今天,得益于我们营造出了绿水青山,而绿水青山,又变成了金山银山。"

杨支书带记者登上了村里的观景台。夕阳下,远山近水尽收眼底。杨红马说,以前村里的山几乎全是癞痢头,树还没长成材,就被砍来卖掉或被砍去烧饭。后来,在政府引导下,村里进行了种植业结构调整,种上了经济林木和各种果树。

"溪边那片是150亩水蜜桃园;远处山坳里那片是500亩中药材黄栀花;山坡上那片是220亩紫葡萄园;脚底下那片带塑料棚的是60亩草莓园。从春天到深秋,山坡上的花一茬接一茬开,水果一茬接一茬摘,整个村子就是一个大花园、大果园。"杨红马自豪地指着前方介绍。

没等记者提出问题,他接着介绍:"当然,光有生态还不够,大家兜里还得有钱。有了好风景,有了花果山,其实就等于栽下了'摇钱树'。你瞧,来村里旅游的人越来越多,上海、南京、苏州、杭州,甚至东北、内蒙古的游客都慕名跑来了。村里许多人家靠办农家乐发了财。这都过年了,游客还不断档。大年初一,光'凤林农家乐'一家就要接待50多个上海游客。"

"目前,村民的日子到底怎样?"记者问。"2001年以前,村里224户人家,221户是土坯房。现在,家家都是一砖到顶的楼房,村上有一多半人家买了小汽车呢。"杨红马回答。

在村头的"望溪农家乐",主人姜祖海正在收拾一桌子的鸡鸭鱼肉。谈起这些年的变化,这位村里有名的"文化人"分析起来有条有理:"贫困村脱贫,离不开上级的帮扶。不过,帮扶要讲科学,'授人以鱼不如授人以渔'。关键是要帮农民找对致富的路子。政府在帮扶我们村时,每一个动作都抓住了'牛鼻子'。譬如保护生态,先给家家建起沼气池。这样做,一举三得:消除了污染,解决烧的问题,植被自然而然就保护了下来。再譬如,这些年,有了钱之后,有些人不安耽了。政府又引导大家'由里往外美',争取每个人都能'物质富裕、精神富有'。你去看看,我们村的文化礼堂红火得很。多一个广场,少一个赌场;多看名角,少些口角。"

不知不觉,夜幕已经降临。横跨溪涧的廊桥桥头响起了欢快的音乐声,一群农家妇女正随着乐声跳排舞。而村文化礼堂前的广场上,一群年轻人正在练习舞龙,个个额头上都挂着汗珠。一位虎背熊腰的小伙子揩去额角的汗水告诉记者:"一会儿就要看'春晚'了,得抓紧再练一下。明天就是村里的春晚了,我们是主角。记者,你要来看噢!"

记者的这次采访是显性采访隐性采访混合。在隐性采访中,记者假扮游客的身份,体验日常生活中真正的游客在农家乐的待遇,现场观察农家乐的营业状况、服务质量。在显性采访中,记者表明记者身份,采访村支书,与村民一起体验农村过除夕的感觉。这次体验采访让王慧敏记者印象深刻。

首先是采访时间选择在除夕夜下基层。

她回忆说,"入夜,为了拍一张除夕夜的下姜村全景,顾不上吃饭,我和村支书杨红马又深一脚浅一脚爬上了村里的制高点。夜幕四合,又没有带三脚架,为了拍到一张满意的照片,我采用慢曝光的方式趴在地上将机子架在土块上等待。效果不行,就删掉接着来。如是者再三。那张见报的照片,整整用去了一个半小时。到农户姜祖海家吃年夜饭时,我看看墙上的钟,已20点40分。匆匆扒了几口饭,便回到村招待所赶稿子。"①

其次是这次体验采访方式,让记者走走遍了村子,聊遍了农户,吃透了村里角角落落的情况,写起稿子来事例丰富,现场感强,用记者的话说是"下姜村这些年的发展变化如放电影般在脑海里一幕幕跃动起来。是那样的清晰可触!'脚上沾多少泥土,心中便有多少真情。'我对这句话有了更深刻的理解。下姜村采访回来后,我对自己提出了这样的要求:把'走基层'作为常态,只要当一天记者,就要坚持一天!"②

(二)注意事项

(1)慎选体验的地点,并不是所有的职业和部门,允许记者去进行体验式采访的。

在我国,有一些职业和工作的场所,是禁止记者进行体验式采访的,比如国家高科技部门的前沿阵地,比如保密机关、国防军队等等。

(2)慎选体验的角色。并不是所有的角色,都允许记者去尝试生活。其中,比如体验犯罪嫌疑人的犯罪经过、体验性别变异、体验吸毒、色情服务等等。

(3)记者在体验采访过程之中,不能影响体验部门或职业正常的工作状态。同时,记者本人不得违反该行业部门或职业的职业规定,要遵守纪律。

1995年,福州市在全国率先取缔赌博电子游戏机,引起社会关注。但在高额利润的诱惑之下,从1997年下半年起,福州有些娱乐场所又开始经营此项活动。从11月中旬起,《福州晚报》记者对游戏机市场进行了明察暗访。1997年,获得中国新闻奖二等奖的消息《"老虎机"害人不浅》,就是福州晚报记者顾伟体验式采访而来。

请看其中的一段内容:

22:00,记者来到海山宾馆地下游戏机厅,看到一些有奖机上贴着"本机纯属娱乐,每台机每小时收费15元"的字条。记者假装天真,拿出15元请服务小姐开机。小姐直言道:"15元想玩一小时?想得美!我们这儿为客人免费送茶水和快餐,假使每小时15元,我们吃啥?这字条是为了应付那些不懂行情的人的检查。"

记者在这次采访中,就顺应了正常的游戏厅运营状态,以15元探得服务小姐的真实表达。

(4)体验式采访多是以记者的体验角度来采访报道,常是主观感受式的,不要过分渲染自己体验的行业之苦,应适当增加场景、相关情况的客观报道。

(5)记者除了确定选题后决定用体验方式来采集原生态新闻,了解新闻事实或新闻人物的真实生活、工作情况之外,体验采访还涉及到记者日常生活中的体验意识,由体验生活而采访到新闻。

《人民日报》安徽分社记者钱伟,讲了自己体验生活采访来的一个小故事。

"操春光是我住的小区一个普通瓜农。一天清晨,我睡不着站到阳台上,看到楼下操春光的卖瓜车还停着。那天下着大雨,拖拉机上盖着塑料薄膜。当时我想,这瓜农心真大,东西就

---

① 王慧敏《近些,就会活些——"下姜村里过除夕"》采写体会》2015年3月11日,人民日报社业务研讨。
② 同上。

这么放着也不怕被偷了。闲着没事,索性下楼,走到车边才发现,操春光和他丈夫躲在薄膜里面,正从角落里往外舀水,他们就在拖拉机上睡了一晚上。于是我帮他们干活、卖瓜,饭点和他们一起吃馍,直到傍晚。后来,给版面报了题,有了那篇大半个版的《瓜农的酸甜苦辣》。

"这样的人还有不少,保安、保洁、出租车司机,当然也有专家学者、政府官员。社会由千千万万的平凡人组成,记者要写出暖心的稿子,只有"深入"这许许多多普通人的生活,才能有暖心的收获,才能有暖心的作品。自己先被打动,才能打动读者,温暖的作品,总会有种特别的力量。"①

人生百态,记者何其有幸,能通过采访体验其中不同的形态,给广大受众报道身在其中采集而来的新闻事实,又何其有幸能通过自己的体验生活,获取身边人等百态人生之冰山一角,抓取新闻线索,报道他们的酸甜苦辣。

第三节 突发事件的采访

一、什么是突发事件?

突发事件是指在采访选题之外,突然发生的具有新闻价值的事件,一般指战争、政治事件、自然灾害等重大事件,也包含正常新闻报道过程中的意外事态,但必须具备新闻价值。

突发事件一般是出人意料、突然发生或发现的新闻事实如火山爆发、山崩地震、水灾、空难、政治、战争风云、社会案情等,影响力极大,受众对此具有强烈的求知欲,新闻信息量大。其实,新闻界上所说的突发事件,与政府多次提到的突发公共事件有相似之处。

突发事件是个大概念,突发公共事件是其中的一个最重要也是最突出最主要的组成部分。对于此类事件的采访应该是一致的。

2006年1月8日,国务院发布了《国家突发公共事件总体应急预案》,其中,对突发公共事件进行了定义。它是这样的:

突发公共事件是指突然发生,造成或者可能造成重大人员伤亡、财产损失、生态环境破坏和严重社会危害,危及公共安全的紧急事件。

突发公共事件主要分自然灾害、事故灾难、公共卫生事件、社会安全事件等四类;按照其性质、严重程度、可控性和影响范围等因素分成四级,特别重大的是Ⅰ级,重大的是Ⅱ级,较大的是Ⅲ级,一般的是Ⅳ级。具体来看,自然灾害主要包括水旱灾害、气象灾害、地震灾害、地质灾害、海洋灾害、生物灾害和森林草原火灾;事故灾难主要包括工矿商贸等企业的各类安全事故、交通运输事故、公共设施和设备事故、环境污染和生态破坏事件等;公共卫生事件主要包括传染病疫情、群体性不明原因疾病、食品安全和职业危害、动物疫情以及其他严重影响公众健康和生命安全的事件;社会安全事件主要包括恐怖袭击事件、经济安全事件、涉外突发事件等。

一般来说,突发事件有以下四个特点:

---

① 钱伟,《做个暖心的记者》,2015年3月25日,《人民日报》社业务研讨"把新闻当作事业来做·讲好故事,写好内参"研讨之二。

(1) 突然性；
(2) 灾害性；
(3) 社会关注性；
(4) 重大影响性。

二、我国媒体对突发事件采访报道的态度

以前，我国媒体从政治大局的角度出发，沿袭前苏联报喜不报忧的做法，对突发事件里的绝大多数的处理态度大多是以下三种：

(1) 不报。就是根本不允许记者采访此事，不允许媒体报道此事。
(2) 缓报。就是推迟一段时间之后再报道。
(3) 有选择地报，即记者或媒体报道此事，是有选择地报道，常是从抢救的角度来报道，即常把突发事件这桩坏事变好事，变歌颂在突发的事件中涌现出来的好人好事。

1987年，大兴安岭火灾是我国新闻界对突发事件的一次突破。

随着信息时代的到来，网络技术的发展，全球化的节奏加快，大众传媒与新兴的网络媒体、手机媒体等之间的竞争也有所加强，对于突发事件的报道越来越透明和公开起来。正规的大众传媒不参与采访报道，正式的记者跟不上去，对新闻的传播并不形成阻碍，总有知情人和传播人来在第一时间通过互联网、手机短信或人际交流，详细公布内情。2003年发生的"非典"，就是如此。

如果媒体对突发事件的报道还是不报、缓报或只是报喜不报忧的话，媒体的公信力就会减低。前国务院新闻办公室主任赵启正同志曾这样说，"突发事件的新闻处置做得不好，往往是对我们伤害最重的。"

目前，我国大众传媒对突发事件的报道是极其重视的。报道态度也从过去的不报、缓报或瞒报、报喜不报忧，发展到现在的抢报，千方百计派出记者到达突发事件的现场，要求记者千方百计地采访报道出第一手的新闻。

这里要提一下，2006年1月8日国务院发布的《国家突发公共事件总体应急预案》。这个预案第一次明确了政府对待这样事件的态度是：特大重大突发公共事件4小时内须报告国务院，迟报、谎报、瞒报、漏报及有其它失职、渎职行为的，要依法对有关负责人经予行政处分；构成犯罪的，依法追究刑事责任。

这无疑是为新闻记者开了绿灯。在总体应急预案中，也特别提到了，我国政府对待突发公共事件的信息处理态度，即在第一时间向社会发布。

"总体预案要求，突发公共事件的信息发布应当及时、准确、客观、全面。要在事件发生的第一时间向社会发布简要信息，随后发布初步核实情况、政府应对措施和公众防范措施等，并根据事件处置情况做好后续发布工作。

"信息发布要积极主动，准确把握，避免猜测性、歪曲性的报道。政策规定可以公布的，要在第一时间内向社会公布。诸如授权发布、散发新闻稿、组织报道、接受记者采访、举行新闻发布会等发布形式都可以视具体情况灵活采用。保证在整个事件处置过程中，始终有权威、准

确、正面的舆论引导公众。"①

可以说,这个预案有利于记者对突发事件采访的顺利完成,至少从政策理论上获得了强大的政府支持。至于在采访过程中会遇到哪些问题,就得记者发挥聪明才智,八仙过海了。

2006年6月26日,我国首次审议的《突发事件应对法(草案)》明确规定:新闻媒体违反规定擅自发布有关突发事件处置工作的情况和事态发展的信息或者报道虚假情况的,由所在地人民政府处5万元以上10万元以下的罚款。这对记者在突发事件时的采访,既开了绿灯又亮了红灯,每位记者不得不慎之又慎。

2016年8月12日,国务院办公厅印发了《关于在政务公开工作中进一步做好政务舆情回应的通知》,要求政府相关部门对涉及特别重大、重大突发事件的政务舆情,最迟应在24小时内举行新闻发布会,对其他政务舆情应在48小时内予以回应,并根据工作进展持续发布权威信息。

在此次通知中,特别规定了"回应内容应围绕舆论关注的焦点、热点和关键问题,实事求是、言之有据、有的放矢,避免自说自话,力求表达准确、亲切、自然。"同时规定,对于回应的政府工作人员,要给予一定的空间,宽容失误。

三、突发事件对记者的要求

(1)要求记者有迅速地把原始状态报道出去的新闻意识。

在突发事件中,人们迫切需要现场的一切资料,有饕餮的心情,对此方面新闻的需要是处于饥渴状态,如果记者当时不报,事后再作总结式的马后炮式报道,就会小道消息漫天飞,读者怨声载道。

1994年3月31日,三名罪犯在浙江千岛湖上纵火烧毁"海瑞"号游船,船上32人全部遇难,其中包括24名台湾同胞。事发当天,《浙江日报》记者就赶到现场,但因当时限于规定不能及时报道。结果,海内外小道消息不断,两岸关系也碰到麻烦。两个多月后浙江媒体才公布了事实真相,但局面已不可挽回。

因此,突发事件的报道不可捂。没有不透风的墙,纸里包不住火。尤其在第四媒体网络和第五媒体智能手机兴起的现在,信息流通不可阻挡。传统媒体如果不改变原来对待突发事件报道的保守态度,终将被受众抛弃。

在"9·11"事件中发回唯一一篇现场报道的《华盛顿邮报》记者巴顿·格尔曼这样形容记者在突发事件时的反应与常人的不同,"不是逃避灾难,而是追寻过去",他对采访他的记者说,"你大概听说过'大新闻就是坏消息'吧?也许灾难确实刺激了记者的肾上腺素——就像足球或冰球比赛的守门员,他们也知道扑上去会有危险,本能反应应该是躲开,但他们就可以做到扑上去,而不是后退,那是后天的训练,变成一种职业的反应。"②

(2)要求记者在第一时间赶到现场,尽快进入采访,尽最大可能获得第一手珍贵资料,在新闻时效性上获得主动。

突发事件是突然发生的自然灾害、政治风波、战争、社会事件等,由于大多无准备,临时发

---

① 国务院昨日发布《国家突发公共事件总体应急预案》.北京青年报,2006-1-9(A2).
② 王尔山.仍然活着:一个记者的回忆[N].21世纪经济报道,2002-9-9(33).

生,新闻的信息度大,受众对它的期望也大,对记者的挑战也大。它要求记者在第一时间内抢先进入现场,排除万难,采访到第一手的资料后,以最快的速度传回编辑部。

记者对突发事件的采访,首先突出一个快字。这是新闻记者的职业本能。获取线索反应要快,行动意识要快,采访动作要快,报道要快,更新要快。

1991年3月6日上午9时30分,《常州日报》记者王哲正在武进县公安局采访,忽听到警铃大作,刑警队员全副武装集合起来,他马上反映出来有重大案件发生了。

如何进入现场?请听王哲的说法:

"我喊上该局政治处协调员朱曙光同志(当时他负责武进县公安局宣传报道工作),我俩一口气从三楼跑到院子里跨上了警车。"①

为什么要喊上政治处协调员朱曙光同志?这里面就有奥妙可说。

一是他是负责武进县公安局宣传报道工作,采访工作时是记者与通讯员的合作关系;二是正因为他是公安局的内部工作人员,记者与他一道进入现场,可以得到很多方便。

在很多突发事件报道中,记者就是凭借平时与通讯员打下的良好的关系,通顺了采访通道。同时,记者本人日常与突发事件所涉及的单位人员十分熟悉,也是获得采访机会的不可忽略的原因之一。

写出好新闻《枪战,即将发生》的王哲,这样回顾这次突发事件的采访:"自从我负责警方报道后,就一直'驻扎'在刑警大队,一些大要案件,从案发起我就盯着,参与勘查现场,调查走访,案情分析,抓捕取证,疑犯审查的全过程,与刑警们打成一片,体验了刑警的苦与乐,取得了刑警大队领导和刑警们的信任,刑警们亲切地称我为'名誉教导员',因此我有了许多采访独家新闻、重大新闻的机会,也有了作为一名记者冒着生命危险,多次深入抓捕现场采访的不寻常采访。"②

当然,突发事件还有很多时候,是来不及与这些平时打下的通讯员或朋友们有联系的,或者说,记者也有可能在突发事件发生地,与有关部门、人员不熟悉,同时受到各种阻拦。这种可能是最大的,最常见的。

(3)要求记者有突破各种阻拦的应急采访能力。

一般而言,突发事件的现场由警方和地方政府有关部门布控,同时,由于大多是灾难或无法确定的重大事件,指挥者大多不愿立刻允许记者进入。这时记者的应变能力非常关键。记者的任务就是要千方百计进入现场,即使受到各种各样的阻碍,也得想方设法找到突破口。

2002年5月7日大连海上空难,发生于五一黄金周的最后一天的晚上九点二十四分,北方航空公司CJ6136麦道客机在大连湾坠机爆炸,机上103名乘客和9名机组人员无一生还。

《人民日报》当时驻大连站记者王科接到总编室相关信息之后,立刻与司机出发。到哪里寻找坠机现场?让我们仔细看看记者王科事后写的采访札记——

现场在机场东20海里,现场附近肯定有很多警车——我们凭着这两点线索还真把现场找到了,拿出记者证,费了一番口舌,总算进入救援现场大连港码头。我看了看手表:凌晨1:20。现场很多人,谁也不认识,司机还受到警察盘问,我们只能尾随在看起来像负责人的同志后面,用眼睛看,用耳朵听,就这样在凌晨2时为人民网发回《搜救工作紧张进行》的消息。

---

① 王哲.一篇冒着生命危险"抢"出来的报道[J].新闻战线,2004(3).
② 同上。

浓雾笼罩下的大海高深莫测,就在记者拼命想看清它的时候,大连市委常委、宣传部长魏小鹏不知何时站到我身旁,也不知何时站到我身旁,也在焦急眺望。正愁找不到负责人,赶紧采访。据他说,他刚开完市长李永金主持的紧急会议,会上成立了海上搜救领导小组。于是,我发回了《大连市全力以赴展开搜救》的消息。

凌晨3时,发完《国务院调查组飞抵大连》一稿后,我听旁边记者说家属已到。当时我已知道不会有生还的飞机乘客,再打捞上零星的遇难者尸体,也只是数字的叠加。于是我决定去乘客家属那边看看,但又不知在哪。只好再次碰运气了。机场附近,民航宾馆的可能性大,于是直奔机场。路上看到一家民航宾馆门前站有很多人,停车一看全是民航的人,这些人不但不告诉在哪接待家属,还很粗暴地把记者赶走。我被赶走后,又去了机场。那一夜,机场无眠。许多出租车司机在议论,他们告诉我,乘客家属住在市内的大禹酒店。毫无经验的我想写个特写:家属怎么盼望亲人归来,有关部门怎么热情接待。然而,到那一看,家属哭天抢地,撕心裂肺,显然,采访家属不合时宜,渲染悲惨气氛更不应该。于是,我给人民网发了一条《北航失事客机乘客家属陆续抵大连》的消息就离开了。

凌晨4时,我又回到打捞现场。这次警察说什么也不让我讲去了。我在警戒线站了许久,心里很难受:指挥部开会不让进,打捞现场不让进,某些人怎么这么怕记者?记者是重大事件的见证人啊!

凌晨5时多,大连市分管宣传的王副部长打电话告知:向国务院空难小组汇报的会议已开完,会上决定一切以随国务院空难处理小组来的记者通稿为准。事实上,国内各大网站的信息来源大多是人民网。网络信息时代,也不可能让一家媒体垄断新闻。天一放亮,国内外100多名记者云集大连,仅辽宁日报就有10多个。正式渠道不通,记者就四处"乱抓"。

《辽沈晚报》记者李军8日上午要求和我一起去海上,我含糊地答应了,但此后再没联系,后来在网上看他写了不少稿子,想必他找到了更好的信息渠道。还有一位认识的女记者,打电话说:报社压力太大,让她一定上打捞搜救船写现场特写。我告诉她,我也上不去,但如果她上去了,一定要及时给我通报情况。后来她果然上去了,也确实给我通报了一些情况。整个空难报道,是一次各媒体的大比拼,同时又不乏同行间的真诚合作。《中国日报》记者站站长和我始终资源共享。

6时,太阳照常升起,我回到自己客居的人寿大厦。一进门,只见大堂大屏幕上打出了"向遇难者家属表示沉痛哀悼"的字样,我意识到,"5.7"空难的消息和惨痛已在这座城市中蔓延。果然,我的一位朋友来电话告知:他同学的母亲、哥哥、侄子三代都在飞机上,我无言。但听说他也陪同学去接待处的消息后,疲惫的神经又活跃起来。我说,"接待处有一份乘客名单,记者连看都不让看,你能不能以家属的身份复制一份。"对方答应试一试。

早上7时多,人民网总编室主任要求我多拍点照片。

"说实话,没有数码相机是我此次采访的最大遗憾。"

8时许,我赶到《大连日报》摄影部,我呼来了我认识的一个摄影记者,和他一起去了大连港码头、指挥部和大禹酒店,拍了许多照片。后来《大连日报》另外两名摄影记者也从现场回来了,他们很乐意为人民网供稿,但同时很多网站和媒体也向他们约稿。我盯在那里,让他们一定先给人民网发。那天网络太拥挤,试了很多方法,折腾了一上午,只陆续发出了一部分,很多是下午人民网才收到的。因为是三个记者的图片,又没附说明,结果就张冠李戴了。我不断地给人民网打电话一一纠正,并为他们的图片配上说明。通过此次合作,我和《大连日报》摄影部记者成了好朋友。

9时许,朋友来电话说,乘客名单拿到了。我当时正在和《大连日报》摄影记者拍照片,掉转车头就去取名单。后来了解,朋友软磨硬泡才把名单拿到手。回到记者站,连忙让干事打出来,一遍遍校对。

这时,《大连日报》许多人都围拢来"先睹",看有没有自己认识的。10时,人民网发出了失事客机乘客名单,立即受到国内外网民的关注。许多网站转载时,把我名字署到后面。因为挨乘客名单太近,让人误以为我也是遇难乘客——该名单新华网是下午一时多才发的,此前他们也是转载了人民网。抢发此稿,既没有风险,(名单是民航提供的),又体现了媒体对死难者及其家属的人文关怀。

下午1时许,有同行告知领导车队要去打捞现场。我们把车停在车队必经之路。等他们路过时就插了进去。"混进"领导一行里,我很快乘舰艇来到出事海域——

4时整,国务院空难处理小组召开第一次情况通风会,出席会议的中外记者达120人。由于随行记者被指定权威发布,我们时常和他们"对表"。没想到,国务院空难处理小组发言人闪淳昌对我说,通稿的已打捞尸体数字有误,79具应为70具。于是,我又为人民网发了一条独家新闻,值得欣慰的是,我虽然不是随行记者,发稿又很多,但通过努力没出现任何政治性差错和大的技术性差错,受到市委领导的表扬和同行的肯定。晚11时30分,我回到驻地。此时,我已30多小时没有合眼了。①

从记者本人的这篇札记中,我们可以清楚地看到,在突发的空难事件中他采访的全过程,他如何突破各种阻拦,进入现场。这和记者的采访经验有关,也和记者本人的灵活性思维方式有关。

"现场在机场东20海里,现场附近肯定有很多警车——我们凭着这两点线索还真把现场找到了,拿出记者证,费了一番口舌,总算进入救援现场大连港码头。我看了看手表:凌晨1:20。"

"下午1时许,有同行告知领导车队要去打捞现场。我们把车停在车队必经之路。等他们路过时就插了进去。"混进"领导一行里,我很快乘舰艇来到出事海域。"

可以看到,在这次采访中,记者的两个判断是正确的,一是"警车多的地方很可能是现场,"二是"把车停在车队必经之路",这让记者得以完成采访。

"混进领导的车队",看得出记者的现场突破能力,胆大心细。

(4)在突发事件的采访中,一定要记住,不要忘记带记者证,这是最基本的保证记者进入现场的合法证件。如果忘记携带记者证,更会给采访带来困难和麻烦。

(5)要求记者在进入现场之后,开放自己的器官,所谓耳听八方,眼观六路,做详细的现场观察。同时,也要用常识和经验性的判断,找准信息源,迅速获得准确的信息。

如上述《人民日报》记者王科在飞机失事突发事件中的表现:"现场很多人,谁也不认识,司机还受到警察盘问,我们只能尾随在看起来像负责人的同志后面,用眼睛看,用耳朵听,就这样在凌晨2时为人民网发回《搜救工作紧张进行》的消息。"

"跟随在看起来像负责人的同志后面,用眼睛看,用耳朵听,"这是王科的做法,不无道理。负责人的四周,是信息的汇总地,又是处理现场事件的指挥中心,记者在这四周活动,既可以减

---

① 王科.难忘的二十四小时空验证采访[M]//感悟与探索:新闻采编笔谈.北京:人民日报出版社,2004.

少不必要的时间、精力和体力的浪费,又可以获得第一手的材料。再加上记者最初进到现场的观察分析,可以抓到时效性很强的第一篇报道。

(6)确定好负责人后的专访,也是关键所在。

当然,在突发事件的现场,负责人有记者认识的,也有不熟识的,找那些与自己关系不错或混个脸熟的领导进行突破,这是记者们常干的事情,也是经验之谈。但有时候他们也不给这个面子,不接受记者的采访。但也有时候他们正需要记者的采访,公布现场信息。总之,这样的事情一半天命,一半人为,记者要敢于挤到领导面前,敢于问话。机会是青睐于有思想准备和行动能力的记者的。

(7)要求记者依靠各方朋友,协助自己完成这次突发性事件的采访。

在上述的采访中,王科的私人关系也起到了重要作用,朋友的帮忙助他一臂之力,拿到遇难者名单,发回独家新闻。这自然是人和之力,但记者的采访意识是可贵的,他能迅速从朋友的话中,意识到新闻线索和采访的机会,这也是值得我们学习借鉴的地方。

2015年6月1日21点半,一艘名叫"东方之星"的客轮突遇龙卷风,在长江湖北石首段倾覆。当时船上共载有456人,包括游客405人、船员46人、旅行社工作人员5人。6月2日凌晨,交通运输部启动一级应急响应——全力搜救"东方之星"客轮。

事故发生之后,有200多家媒体的记者来到监利,包括64名外媒记者,大家都面临着如何到达现场的问题。大部分记者待在监利县城的宾馆里,靠看央视直播编写救援动态,或者在街头漫无目的地游荡,采写外围消息。《人民日报》湖北分社记者程远州在这次长江沉船事件报道中曾三次尝试着到达采访现场,接近采访对象,但都没有成功。

他第一次在距离沉船点3公里的码头,被拦了下来。

6月3号晚上,他采访了驻扎在码头趸船上的广州军区武汉总医院的医疗队,晚上9点半写完稿后戴着他们给的"十"字袖章,试图混过趸船上的看守,乘海事船到现场救援船上去。但计谋被识破,他第二次被拦了下来。他不甘心,尝试与把守的武警攀谈,失败;尝试与海事局和长江航道局的宣传部门联系,被以时间太晚为由拒绝,失败;尝试登上参加志愿打捞的渔船,船主因风雨太大不敢开船,还是失败。

无奈之下,他和几位记者决定接受一位消防兵的建议,从江边徒步前往沉船近岸。一路淤泥,终于走到近前时,岸边把守的武警把他们赶了回来。第三次接近现场的努力又失败了。

"灾难现场是记者成长最好的训练场,这话说来残酷,却是实情。在那种特殊的环境和情势下采写新闻报道,往往需要记者动用全部能力、尝试各种办法突破重重关卡。其中,最重要的一关,便是抵达现场。我的经验是:要尽可能与事件所有相关方建立联系,不要忽视任何'小角色'或者'野路子',因为你不知道关键时刻谁能帮助你。

"凌晨两点,我认识了一名中石化水上加油船的加油工,当晚便借宿在加油船的会计室里。后来,在船体扳正、所有记者都被带出现场后,这名加油工帮我拍了几张现场照片,发在了本报客户端上。第二天一早,我混在医疗队里,到了现场救援船上。"[①]

注意!这是记者应急采访能力的展现,值得我们赞叹学习!6月4日7时,沉船扶正作业正式启动,《人民日报》客户端全网首发。当时,负责报道的另一位《人民日报》记者刘志强并不在打捞船上,也没有交通部工作人员给他发通稿,能第一时间获知此信息,靠的就是线人——

---

① 程远州,《必须抵达现场:我的三次尝试》,2015年6月26日,《人民日报》社内部业务研讨。

前一夜在船上长聊许久的打捞船工作人员。"当天早上 5:30 我在被'带离'打捞船后,特意给这位朋友发去短信,请他在扶正启动时、不忙的情况下,第一时间告诉我这个消息,并保证绝不对外透露他的信息。感谢他支持我的工作,我们首发的时间点与几小时后交通部提供通稿中所讲时间相差无几。"①

(8)要求记者通过各种方法取得遇难者的名单,尽快公之于众。

大家都清楚,在一次突发的灾难之后,作为身在其中的受难者的亲人是最焦心费神的,他们盼望自己的亲人平安无事。

据萧乾的回忆,1945 年他作为《大公报》的战地记者在二战中到柏林采访,想到国内在柏林有亲人的读者们最关心亲人的安危,他给报社发了一则满是人名的电讯,最后只写了句"以上各位都见到了,安好无恙。"电讯在重庆刊发后,不少读者致函《大公报》表示赞扬或感谢。萧乾本人也因此受到报馆的通电嘉奖。

2003 年初韩国发生的地铁大火报道中,我国媒体记者在这一方面就做得很好。报道最后加上了我国驻韩领事馆的电话、联系人、电子信箱,以便有关人员的查寻。这是记者报道思想中人文关怀的体现。

(9)要求记者同行之间资料共享,从同行身上也可抓出新闻线索。

现在是网络信息时代,众多媒体记者聚集突发事件的现场,也要考虑媒体同行之间的资料共享。一个人的能力总是有限的,如果事件的各个场所同时需要采访,记者要权衡利弊,舍弃一部分。如果正好有其它单位的记者去那里采访,不妨事先约好,互通有无。

另外,同行们的交流中无意会透露出一些消息,有心的记者会顺藤摸瓜,采到新闻。东方之星客轮沉船事件中,对幸存者的采访难度非常大。我们来学习一下程远州记者的采访心得:

"在监利的头几天,我们一直想采访一位幸存者,详细讲述沉船的经过。然而收治幸存者的医院"重兵把守",而且从伦理道德的角度此时也不宜采访。直到 6 月 5 日,漂流到岳阳的一位幸存者接受了当地媒体采访,公开报道中关于沉船的经过并不详细。

"6 月 5 日下午,上海东方国际旅行社负责人在监利一家酒店接受采访,只有少数几家媒体接到了通知。我赶到现场后,与在座的记者逐一交换信息。国际广播电台的一位记者提到,她打听到一位幸存者所住的酒店,但觉得采访了没有多大用处。我随即决定,采访完旅行社负责人之后,立即赶去酒店采访这位幸存者。到了酒店之后发现,警察和十几位工作人员把守大门。在与多家管理部门联系,并与在场的医护人员详细沟通之后,对方同意我们进去采访半小时。

"后来,新华社的记者也到了。采访时间一再拉长,近两个小时才结束,内容详细。为了赶在新华社之前发稿,我在酒店旁边的网吧写完了稿子,发在了客户端和微博。文中有大量目击事实。"②

在灾难事件报道中,媒体信息同质化严重,如果记者们都盯着同样的信息渠道,很难有所突破。上述这位记者用自己的经历告诉我们,新闻线索往往藏在不经意的聊天中,多跟同行以及普通工作人员接触,十分重要。

(10)要求记者对于突发事件的采访不能玩深沉,要越朴素越老实越好,要把最基本的新闻

---

① 刘志强,《"东方之星"沉船事件报道体会 速度 高度 温度》,2015 年 6 月 24 日,《人民日报》社业务研讨。
② 程远州,《必须抵达现场:我的三次尝试》,2015 年 6 月 26 日,《人民日报社》内部业务研讨。

要素说清楚，弄明白。

有一些基本的常识需要记住。

一般在最初的两三天内，突出在突发事件中遇难生命的抢救上，最初的报道是数字和概况，救命是第一位的。新闻也要为此服务。

曾在2008年汶川地震中担任央视新闻报道主播的赵普这样说，"我只是在各种惨烈严峻的数字中告诉你一个生还的好信息，让你松一口气，那个时候讲故事就太不要脸了。前段时间一个电台的做直播连线时候，让困在底下的人说一句话，当时我就很不高兴，这是违反常识的做法。你做记者，传递信息是你的职责，但你让废墟里面的人喊话，是在消耗他的生命。"①

汶川地震直播前三天，央视主持人白岩松的主题就是"救命"，"我在直播节目中说，与其抗震救灾，不如说抗震救命"，一切服从于救命，就要关注损失的情况，救援开展的能力保障、道路、信息、电——主持人跟各地连线的时候，都是问线路打通到哪，救护的方式怎么开展。但凡白岩松认为特别重要的信息，他都会高频率地去说，不怕重复，比如，通往汶川的西线通道打通的时候，半小时内他就重复了四次。这是常识。

有一次，白岩松在节目休息中遇到中国神经外科专家凌锋，告诉他在节目中最缺的是通俗易懂能印在传单一样的常识。这位专家编了十条救人的顺口溜："发现生命先送水，未能饮水先补液；清理口鼻头偏侧，呼吸通畅是原则；臀部肩膀往外拖，不可硬抻伤关节；伤口出血靠压迫，夹板木棍定骨折。"——白岩松在直播中至少把这个顺口溜念了不下两遍，编辑还把它打成了字幕。这是常识。

一般说，三天即黄金抢救72小时之后，记者会把幸存者的名字和故事定为一个报道重点，这也是一个常识。另外，表现在电视采访上，就是现场画面要给得及时，给得足，远景、近景、细节、特写等不同方面都给采访到位。但是切忌太刺激的画面出现。

汶川地震中有个孩子被救的时候，需要锯四肢，这个镜头和另外一所学校50位遇难的孩子全体躺在操场上，老师在鞠躬的画面，当时中央电视台没有播。虽然太感人了，但坚决不播。白岩松说，"有些东西播出之后，给人的打击确实太大了，我跟你说实话，真不是领导决定的，是我们自己决定的。"②这也是一个常识。

如果记者拍的画面过于直露死亡的悲惨会给观众带来负面的身心压力。一是对死者缺少起码的人格尊重，二是会对遇难者家的情感造成伤害，三是隐私侵犯，四是从心理学的角度来说，这样的画面也缺乏对受众的情感尊重，给人以厌恶、恐怖的心理感觉。白岩松说，在他直播中，一位专家提醒观众，大人跟孩子一起看电视的时候要解释，地震是小比例事件，地震不会总发生。这让白岩松心有戚戚，他现在还记得32年前的唐山大地震，自己处于怎样的恐惧中，半夜睡觉要抱一个啤酒瓶子放在地上。

白岩松说，"当时大家哪有意识对一个7岁的孩子解释什么，社会的进步就体现在细节上。"③

因此，拍下真实的死亡画面固然不违背新闻人道的伦理要求，但选取这样的画面放到新闻中播出，则理应首先考虑对死难者及其家人的尊重，以及是否存在过度渲染死亡的滥用危险。

---

① 《那天的中国只有一个频道》，2012年5月24日，岳麓湘水的日志，网易博客。
② 传播之道：如果，每个灾区都有一台摄像机[N]. 南方周末，2008-5-23.
③ 同上。

这些常识不仅电视记者要掌握,所有的记者也应铭记在心。还有一个常识是:记者要保护自己的生命安全,服从救援总指挥。

2015年8月14日,一篇题为《走多远,作多久》的文章在网上疯传。在天津爆炸事件中有一名年轻记者,冒着生命危险,独自走向火场,拍下大量照片。读者评价不一,有赞其勇气,称其为新闻业良心的,也有为其担忧,质疑其干扰救援的。在灾难中,如此做法并不值得提倡:一是与其拍摄到的照片相比,他冒着生命危险去做的事并不值当(那些照片完全可以用其他的途径获得,比如航拍);二是在消防队明确要求所有人撤出核心区域的情况下,滞留其中,很可能为救援带来麻烦。

从媒体的社会责任上说,突发事件报道应以服务救援为宗旨,报道救援进展、回应公众关切、安抚遇难者家属等,都是为了让救援在有序的舆论环境中开展。灾难中,记者不能充当英雄,报道也不允许追逐噱头。

(11)要求记者在及时发出突发事件的第一篇报道之后,还要继续深入采访,进一步弄清楚事件的起因、性质、教训和处理结果,进一步采访有关人员的态度、事态的发展变化、人们的心理、社会的反映等,形成对这一突发事件的连续报道。

一般说来,在突发性事件采访中,记者要注意搜集采访到以下六个方面的具体内容:

①突发事件中人员的情况,伤亡的人数、姓名、身份等。

②突发事件产生的时间、地点、原因,包括主观原因和客观原因及有无历史上的类似情况及相关背景。

③记者现场目击的情况。

包括对场面的描绘,对目击者和政府有关部门的采访等;在突发事件的采访报道中,记者要对现场环境和人物情态进行细致的描写,尽可能多使用特写手法,多引用目击者和当事人的话,适当穿插背景。

当记者成为现场目击者时,更要尽可能多地把所见所闻所感直接向读者报道,突出其中的细节,报道中可以多用一些诸如,"记者看到——""记者听到——""记者发现——""记者注意到——"等句式,尽可能使用具体详细的语言如"在现场的最前方大约50米的距离,""在记者左边的马路上,——""出事矿山井下600米的某处还有20个工人——"等等,使读者看到后如在现场、如入其境、如闻其声,报道真实可信。

④关于救援工作的情况,进展,结果,感人的事迹等。

⑤突发事件引起的后果,对生命,财产和政治及社会心理等诸方面的影响。

⑥最新的调查结果。

(12)要求记者,不该拍的照片不拍,不宜采访的时机就放下,对受访者会遭到心理创伤的提问不要提,一句话,谨记记者的人文关怀。

在突发事件中,如果记者在采访中忽略到人文关怀,不合时机地在悲伤情绪下强行进行采访,一味追求快速报道,对当事人及其家属或相关人员会造成伤害。

就在这次大连空难的报道中,新华社发的一幅《黑匣子出水》的照片,引起了新闻界内外的激烈反响。照片是要打捞船上拍摄的,画面正中是一个潜水员面带笑容手捧刚从海中捞起的黑匣子,左右两边的人在欢呼。据悉,全国有500多家报刊转发了这张照片。

5月17日《中国青年报》周欣宇发表题为《媒体的成就感与人性的光芒》一文,文中提出:"记者的这张照片拍得相当成功,现场感强,但是,记者在取得拍摄成功的背后,缺乏悲天悯人的情怀,是记者感情麻木的表现。记者根本没有考虑:打捞黑匣子出水成功的后面,是100个冤魂的哭泣。"

一位名叫李夏的作者也撰文指出,"在空难抢救现场,一群完成工作任务的人们在鼓掌微笑,为什么这张完全看不出灾难悲痛气氛的照片会见诸报端?为什么记者要将这样的画面记录下来?灾难发生一周后打捞的第一个黑匣子,的确是新闻,记者按下快门也恰到好处,或许不少读者也会和编辑、记者一样,只是通过照片了解新闻事件,但更多有良知的、善于思考的读者,以及因此影响心情的死难者家属,肯定会把它当作挥之不去的痛苦。这张照片拍摄成功只能说明,记者过硬的自身素质和敏锐的新闻感,但敬业精神并不是以任何思考的麻木作为代价的。"①

上面两位同志的看法非常正确。

无论什么情况,(有人说这张照片是摆拍,若摆拍是事实的话,更不应该。)在当时的环境下,记者的主观选择应该首先撤掉这张照片,打捞上黑匣子的拍摄有千万种角度和场面,为什么单单选择这么喜笑颜开的鼓掌欢庆的场面?记者在灾难面前的心情可见是冷漠的。另外,编辑收到这样的照片,也没有很好地起到把关的作用。全国500多家报纸进行转载,说明对待灾难事件的新闻处理下,有不少的新闻工作者没有人情味,缺少人文关怀。

并不是大连空难这一件事情如此。

2003年3月某报发表一篇报道,讲述广州有一位七岁的儿童九个月前因在机动车道上未靠边走而被汽车撞倒,酿成悲剧,其父与司机及所属单位打官司,法院做出不予赔偿的判决。记者采写的新闻标题是《七龄童走路违章被撞死——法院判决"白撞"》。任何一人有同情心的人都会觉得这标题像一把尖刀直扎人的心窝,里面烫手的却是毫无人情味的"白撞"二字,亵渎了人类的爱心和人性。

事实上,法院的判词里并没有"白撞"这类的字眼,这不由让人想到是记者的主观意识既曲解了法律行为又反映出对人生命的漠视。这里不管是编辑起的标题,还是记者采访直接留下的痕迹,都是和新闻工作者的人文关怀有关。人性在最脆弱和最伟大的一点上都是相通的。在灾难和死亡面前人人自危,人人应该严肃对待,这也是记者人品的体现。

"东方之星"沉船事件"头七"现场悼念活动结束后,交通运输部部长杨传堂走到现场的每个救援队伍中,与大家一一握手,并发表讲话,感谢他们付出辛劳、激励他们再接再励。《人民日报》刘志强记者选择了不报道。这是他人文关怀的体现。

他在日后的采访心得中说:

"从人性上来讲,前线救援者辛苦那么多天,首长致谢、大家鼓掌,是再正常不过、在情理之中的事情。然而,在众声喧嚣的时代,在家属仍处深深沉痛的时刻,若将此情此景公开报道,总有心怀叵测的人说三道四,妄加指责。与其这样,不如不作公开报道。

"两年前,我还在重庆分社时,到前线参加了四川芦山地震报道。'头七'悼念活动后,一位志愿者情不自禁大声哭了起来,正在现场的摄影记者立马冲了过去,咔嚓咔嚓拍了一通。我采立一旁,什么都没做。事后,这个场景反复出现在我心头:如果再发生一次,我一定会拦住那位摄影记者,拜托他不要拍。

"我想,再生动的现场画面、再高的新闻价值也应让位于新闻伦理。有温度、有人性、有良

---

① 陈远忠.一幅空难照片引发的争议[J].新闻知识,2002(9).

知,避免对卷入灾难的新闻人物造成'二次伤害',是一个党报记者的必备素质。要对参与事件的各方给予人文关怀。拒绝煽情。"①

记者刘志强在监利采访遇难者家属时,得知了这样一则动人的故事:一对遇难老夫妇的外孙今年高考。这次出游,还是外孙劝他们来的,"外公外婆出去看看三峡,等你们回到南京,我正好刚考完。"这对老夫妇临行前,还给外孙留了一张纸条,大意是"加油学习,等外公外婆给你带好玩的好吃的回来。"听完这个故事,"那两天很有微博创作冲动的我很想把这个故事编一条微博,发在高考结束之时,开头便是:此刻的他,应该刚刚走出考场……我想,如果这条微博发了,肯定会有很多人转发评论,也会引发很多人'点蜡烛'祈福,但转念一想,万一这个故事的主人公看到了这个微博,他心里会是怎样一阵绞痛?!发微博?作罢也无妨!"②刘志强记者放弃报新闻,这是他对遇难者的尊重,也是对其家人的安慰。

四、突发事件采访的准备工作

突发事件常其出人意料地突然发生,事先无法进行稳妥细致地心理准备和资料,它要求记者的第一反应,就是快速进入新闻现场,快速了解掌握事实情况,快速报道出第一手的现场信息。因此,这里的采访准备,指的是记者在获悉突发事件之后,在到达新闻现场之前的短暂时刻内进行的大致准备。一般而言,记者对于突发事件的采访的准备,大致有以下五个方面内容:

(1)要以最快时间联系、准备好交通工具和通讯工具。

保证采访交通、通讯、录音(像)、摄影、文字材料的安全正常运行,采访设备、手机、电脑等的电池要充满,充电设备要正常,并多带一些备用电池、磁带,汽车的备胎要检查正常,等等。

请记住,要让手机处于长期开机状态,要让手机随时就能使用,其充电设备要随时带在身边,同时要考虑多带一些充好电的备用电池,以防不时之需。假设一下,如果正在长江决堤口进行手机电话报道的记者贺延光的手机突然没电了,在洪水决堤的当口,上哪儿去找电话亭?如何赶得上报道转瞬即逝的新闻?怎么能跟后方编辑部联系?

但愿每一个记者在去采访前,都要仔细检查自己的通信通讯设备是否正常,电池是否备足,磁带、纸张、笔等最好多多准备。

(2)联系好编辑部。随时交换报道思路,随时与后方保持联系,保持发稿渠道通畅。尽快找到与事件有关的背景资料。个人的力量有限,要及时与后方编辑部联系,多方收集有关的资料。现在的条件比过去要方便快捷许多,也可以上网查阅更多的资料。

(3)争取获得有关部门的支持,协助采访任务的完成。

香港记者协会在2009年曾出版过一份《第一时间到现场——灾难新闻安全采访手册》,其中提到去现场之前,记者应做万全准备,"万全"之一"全",便是熟知灾难地的社会现状,能够随时联络上灾难相关方。前面曾提到过的《人民日报》湖北分社记者程远州,在2015年东方之星沉船事件中三次试图进入现场,三次被阻失败。鉴于前面的教训,记者决定获得武警部队的支持。他提前做了准备跟武警总队的宣传干事打了电话,告知近日将去队里采访。

---

① 刘志强,《"东方之星"沉船事件报道体会速度 高度 温度》,2015年6月24日,《人民日报》社业务研讨。
② 同上。

2015年6月6日，沉船打捞出大量遗体，他想到现场看看是否还有新闻可做，便搭上了广州军区武汉总医院的送饭车。途中共有6道武警把守的关卡，前5道都顺利通过，最后被拦了下来。虽然记者已经换了军装，但过长的头发出卖了他。所以他临时决定，先采访武警部队，再进入现场。那天的采访非常充分，包括武警官兵、武警总医院的心理专家以及舟桥部队在前线救援的战士等，而且还拿到了关于救援战士心理健康的一手材料，为后续的报道做了准备。

记者在事后的采访心得中写道："回想起来，很多采访时遇到的障碍都可以避免。由于事发突然，没有足够的时间准备，只能沿着临时闯出来的'野路子'往前走。若能提前联络好海事、武警等部门，前往现场的路上能走得更加顺利。"①

无独有偶。6月5日下午5时以后，"东方之星"逐渐浮出水面。这时，网上最清晰、角度最佳的现场图片并非来自允许进入现场的央视记者，而是在岸边蹲守了一天一夜的央广记者。这位记者之所以能冲破层层关卡抵达现场，靠的就是穿上"隐身衣"——救援部队官兵的军装。

其实，在突发事件中，参与救援各方也有自身的宣传需求，记者若能加入他们，也可一举两得——既能报道救援风采，也能获取现场一手信息。这也是我们今后在突发事件报道中可以借鉴的经验。

（4）准备好报道思路，在事件发生现场，尽最大可能，采访全面，取得事件涉及到的各个方面的有关情况。

采访的人员一般包括当事人、幸存者、目击者、知情人、群众、有关部门的负责人，有关问题的专家学者及权威人士等等。

（5）食品、药品、日常用品的准备，也是非常必要的。

记者要尽快带好食品、药品等日常所需，以备长期采访或困难采访中的自救。记者不能成为突发性事件中的添乱者和被施救者。很多时候，在突发事件的采访过程中，记者的工作很艰难，有的时候搭乘的汽车会陷在泥石流下，只好搭三轮车或者徒步赶回安全地发稿，路途漫漫，大部分记者风餐露宿，一天根本吃不上东西，如果记者自带一些干粮和水，会解燃眉之急。因此，记者可以适当地在办公室或家中的采访包里，装有一定的饼干和糖果，一瓶水，并备有一些常用的感冒、拉肚子、胃疼、头疼等常见病症的药品，如果突发事件发生，需要记者前往时，可以抵挡一阵。

唐山大地震发生后，新华社驻石家庄分社的记者意识到这是个突发重大新闻事件，在搭乘军机到达唐山后，才发现自己的采访环境非常恶劣，最初的几天，饮食无法保证，大家的准备不足，没有携带好食品和饮用水，只好利用雨水过滤的方法解决口渴问题，吃长了一些绿毛的大饼。这些采访经历给这位记者留下了深刻印象。

在2002年山西矿难的报道中，新华社的记者吸取了教训，在从北京赴山西采访之前，抓了一把饼干和糖果，带上两瓶矿泉水上路，结果在连续四十多个小时的赶往现场的路上，这些食品成为了救星。

身体是革命的本钱，也是采访的本钱。注意体贴照顾自己的身体，也是保证采访顺利进行的重要条件之一。

---

① 程远州，《必须抵达现场：我的三次尝试》，2015年6月26日，《人民日报》社内部业务研讨。

五、注意事项

(1)报道角度和内容。

一般来说,突发事件大多以灾难为主,记者要将新闻现场真实地展现给公众,告诉人们现场究竟发生了什么。多是先发布快讯,及时传递信息,随后展开跟踪报道,大多数情况下从这三个侧面来报道突发事件,包括突发性事件本身相关情况与救援进展、突发事件中的受害者情况、突发事件引发的政府或社会行为等等。这三个报道角度基本涵盖了突发事件发生后,记者应采访的基本角度,也是受众欲求的内容。

(2)在突发灾难报道中,第一位的是救援,其次是人文,再次是追责和反思。灾难中的舆论生态更需要的是为救援服务的新闻报道。

(3)突发事件特别是突发灾难事件报道,记者既要及时回应受众的关切点,又要善于去伪存真,现场多方采访核实,呈现更深层次的真实真相,把握正确舆论导向。

天津港爆炸之后,由于官方发布渠道的不畅通,造谣、传谣的声音四起,"剧毒气体扩散至市区""CNN 记者被官方阻止并殴打""距爆心最近一居民小区全灭,上千人死亡",等等。8月15日中午,坊间盛传由于发现氰化物泄露,距离爆炸核心区两公里范围内戒严,进入现场的部队及周边安置点居民全部撤离的消息。BBC 客户端将这一消息挂在头条等显著位置。

《人民日报》记者马上深入现场采访一探真伪。结果发现部队并非撤离,而是根据现场风向的变化重新调度,以便更好地开展搜救工作。记者又前往传言中戒严了的泰达第二小学居民安置点一探究竟,发现现场秩序一片井然,门口虽有武警、公安人员值守,但说明来意后,很快便放行记者进入安置点内采访。在向多位安置点居民、志愿者和工作人员求证后,事实终于澄清——所谓的大规模撤离,不过是安置点安排部分非津籍居民集中返乡,为了维持秩序,在几个路口安排警力实施了临时交通管控。第二天,《人民日报》头版刊发了记者拍摄的安置点现场照片,第 4 版内发表了记者的相关报道。记者通过在多个现场寻找证据、多方信源互证,这一条引起不小恐慌的谣言终于被证伪,疏导了受众情绪。

(4)在突发事件采访中,记者一定要提醒自己不要妄下结论。尤其在原因不明的情况下,要保持采访的客观公正性,多采用不同信源的不同说法,交待来源。防止只听一面之辞,盲下结论。

天津爆炸事件后,一段时间内各种黑幕和内幕消息满天飞。越是这种时候,记者越要辨别真伪,心中有谱才不会跟风炒作、损害媒体公信力。央视新闻调查报道爆炸现场发现神经毒气,记者联系军事医学科学院专家,证实这是误报,第一时间发出权威声音,消除不良影响。

(5)现在是网络时代,切忌报道只报喜不报忧,因此在对于救援工作的报道中,言语应当克制,避免过分拔高。

8月18日,天津港事故遇难者"头七",天津多地举行悼念活动,《人民日报》地方部记者郭舒然选取了"消防战士舒君忍着泪说:现在,他们站在墙上。几天前,他们还活生生地站在我的面前"等内容,客观呈现战友情感,没有过多铺陈,这些内容在当天的悼念活动消息与侧记中都使用了,在《人民日报》和人民网刊发后,取得了良好的传播效果。

(6)要有新媒体意识

以前可能是上午参加新闻发布会,下午去现场采访,晚上八九点把稿子传给编辑部,是一种线性的传统平面媒体思维,现在的媒体融合要求记者打破供稿的时间、地点、流程的限制,进入一种准直播状态,24小时随时随地都可以给传统媒体和新媒体微博、微信、新闻客户端供稿。

(7) 另外,在保护受害者个人隐私和公众对事件享有知情权之间,要掌握好分寸,有时不报道新闻也是种合理的选择。

2015年6月4日夜至5日凌晨,《人民日报》记者刘志强幸运地成为"东方之星"打捞船上唯一的一名记者,近距离地跟在交通运输部副部长何建中身旁。作为救援一线的总指挥,何部长脑子里装着整个搜救方案、全部的一手信息。但是,当晚在何部长身边,刘志强选择了沉默——

"我并未像发现新大陆一样逮住他问个不停,而是尽量安静地呆在一旁——他已经连续作战两天两夜,几乎没有睡觉,精神极度匮乏,作为记者,我不希望我的存在消耗他本就不多的精力,更不能打扰到前线救援的正常指挥。"①

西方记者有句名言:灾难是记者的节日。从某种意义上说,不无道理。准确、立体、客观地报道这些突发事件是记者的天职。

第四节 "多媒体融合"的采访

自从有了网络第四媒体以来,"多媒体融合"的采访日益成为新闻记者的新式采访方式。

一、多媒体融合

"多媒体融合"(media convergence),最早由美国马萨诸塞州理工大学教授浦尔提出,原意是指各种媒介呈现多功能一体化的趋势。其概念应该包括狭义和广义两种:

狭义的概念是指将不同的媒体形态"融合"在一起,产生"质变",形成一种新的媒介形态,如电子杂志、博客新闻等等;

广义的概念包括一切媒体及其有关要素的结合、汇聚甚至融合,不仅包括媒体形态的融合,还包括媒介功能、传播手段、所有权、组织结构等要素的融合。

也就是说,"多媒体融合"是信息传输通道多元化下的新作业模式,它把报纸、电视台、电台等传统媒体与互联网、手机、手持智能终端等新兴媒体传播通道有效结合起来,实行资源共享,集中处理,衍生出不同形式的信息产品,然后通过不同的平台传播给受众。

业内也有将"多媒体融合"简称融媒体或全媒体的。

比如,凤凰卫视老板刘长乐认为,全媒体的"全"不仅包括报纸、杂志、广播、电视、音像、电影、出版、网络、电信、卫星通信在内的各类传播工具,涵盖视、听、形象、触觉等人们接受资讯的全部感官,而且针对受众的不同需求,选择最适合的媒体形式和渠道,深度融合,提供超细分的服务,实现对受众的全面覆盖及最佳传播效果。

欧阳霞2014年7月在《青年记者》中发表论文提出,"全媒体在传媒业发达的国家并非新

---

① 刘志强,《"东方之星"沉船事件报道体会 速度 高度 温度》,2015年6月24日,《人民日报》社业务研讨。

概念,维亚康姆、新闻集团、时代华纳无不是集各类媒体业务于一身的传媒集团。特别是美国媒介综合集团,2000年便在佛罗里达州坦帕市建立了多媒体编辑部'坦帕新闻中心',试验'媒体融合'。报纸、广电、网络三种媒体形态的采编人员互相配合、协调,合作采访新闻,甚至同一名记者同时采写报纸新闻、电视新闻以及电子版的即时新闻,同样的资讯通过不同的形式,被包装成适合不同媒体表达的产品,在各种媒介平台展示,进行多渠道传播。

另外一个层面的全媒体新闻是运用多媒体报道方式完成一项报道。《纽约时报》在2012年推出了全媒体报道《雪崩》,这是一个较完美地融合了多媒体交互技术的新闻报道。

《雪崩》是《纽约时报》记者大卫·布兰奇(David Branch)采写的专题报道《雪崩:特纳尔溪事故》(Snow Fall:The Avalancheat Tunnel Creek)的简称,报道生动展示了发生在华盛顿州喀斯喀特山脉一次惊心动魄的大灾难,全面记叙滑雪者的罹难过程、讲解雪崩的科学原理。《雪崩》报道制作精良,展示方式多元化,它通过交互式图片、采访视频以及知名滑雪者的传记等多元化的方式呈现。受众打开《纽约时报》的Snow Fall(雪崩)专题网址,可以看到宏大的滑雪圣地的3D版地图、追踪知名滑雪者的第一手图片、幻灯片式的滑雪运动历史,还有知名滑雪者的视频访谈等。《雪崩》报道通过创新式的多媒体报道方式大获成功,发表之后的六天之内就收获了290万次访问和350万次页面浏览,而采写这一专题的记者John Branch也因出色的报道获得了2013年的普利策特稿写作奖(Feature Writing)。《雪崩》报道成功之后,至少在报道自然灾害(以及人员伤亡)时,《纽约时报》更多地借助新媒体技术,在其数字平台上大量使用图片、互动式地图、音频、视频,弥补报纸的缺陷。"①

据中国互联网信息中心发布的第38次《中国互联网络发展状况统计报告》显示,截至2016年6月,中国网民规模达7.1亿,其中,网络新闻用户规模已高达5.79亿。

目前,传统大众传统媒体报纸、电视、电台、通讯社、新闻杂志等的忠实读者年龄一般都在50岁以上,伴随网络媒体及各种新媒体产生和发展的70后、80后、90后等等,获取资讯的主要渠道大部分来自于网络(包括PC和智能手机)。大众传媒的新闻记者们应用最新技术进行"多媒体融合"的采访,无论在数量、质量还是影响力等方方面面,都有大幅度提升。

可以说,传统大众媒体的新闻记者们不仅要保证原来传统媒体的采访报道活动,而且更要积极主动进行"多媒体融合"采访,使其新闻作品在报、台、网和"两微一端"等新媒体中相继出现。

不管新闻记者供职于什么媒体,在互联网的时代背景下,文字、图片、语音、视频这四种表现符号,记者一定要学会融合而灵活使用,根据受众需要、根据采访内容而量体裁衣,变单打一为多面手。

二、"多媒体融合"的采访呼唤全媒体记者

全媒体记者是从国外传媒界流行过来的一个新概念,目前还没有明确的定义。

"国内传媒界较为通行的定义认为,全媒体记者集采、写、摄、录、编、网络技能运用及现代设备操作等多种能力于一身,文字、图片、视频、音频全面报道,传播渠道涵盖报刊、电视、广播、

---

① 欧阳霞.媒体融合环境下全媒体记者的素养[J].青年记者,2014(18):35—37.

网络、手机等多种媒体,全媒体记者是多媒体融合时代对记者的要求。"[1]

由于各种新闻报道形式有各自的特点和专业要求,进行"多媒体融合"采访的记者专业综合素质要强。

"文字报道要求掌握翔实材料,展示内容的深度和逻辑性;摄影报道要求抓取瞬间,展示事件的冲突性和现场感;视频报道则画面先行,叙事直接、生动、故事化、口语化;网络报道要求快速、及时、海量、多媒体;手机报道要体现出移动性、个性化"。[2]

"多媒体融合"的采访要求记者随身携带多种采访装备,包括相机、摄像机、录音笔、智能手机、无线 WIFI 等等。

也就是说,全媒体记者要"全拿"——要既会写文字稿件,又会拍新闻照片,还要会制作音频产品、小视频产品。

澳大利亚迪肯大学新闻学院副教授史蒂芬·奎恩博士认为现在的时代需要全能记者。他把全能记者分三个层次:第一个层次是能够用手机对突发事件进行报道;第二个层次是一个记者能够在一天内为网站写稿,又能提供视频和博客新闻,还能为报纸写稿;第三个层次是能够为报纸写深度报道,又能够为电台电视台做纪录片。"最理想状态就是,传媒集团能拥有所有这三个层次的记者。"[3]

全媒体记者或者全能记者只是说法不同,意思一样,这是"多媒体融合"时代对新闻记者提出的崭新要求。机遇与挑战总是双胞胎。不可否认,全媒体记者或者全能记者也存在着自身的缺陷和难题,比如这样的记者工作量加大,体力透支加大,也会因为求"全"而不能"专、精"等等。

对于从事新闻工作的单个记者来说,一定要协调处理好这个问题,既要掌握全面而专业的采写制作手段,又要照顾好自己的身心健康,这个度的把握只能因人而异。

可以肯定的是,如果传统的大众媒体新闻记者还是保持原来的采写理念不思融合前进,势必会被大时代所淘汰。

三、"多媒体融合"的采访已是遍地开花

随着融合话音、数据和视频信息的网络技术的兴起以及互联网应用的基本普及,特别是智能手机的广泛使用,使多媒体信息交流获得了前所未有的发展。信息数字化交流正在逐渐进入新闻多媒体信息数字化交流。新闻记者树立"多媒体融合"的采访理念早已是势如破竹,"多媒体融合"的采访更是遍地开花。

2016 年 7 月 16 日上午,人民日报社陕西分社记者姜峰在陕西师范大学采访该校离退休老教授用毛笔为新生手写录取通知书的活动现场。

姜峰记者在新闻现场拍摄的照片,分别在《人民日报》要闻六版和人民网总网以图片报道形式刊发;同时,记者用单反相机拍摄并制作的 1 分 20 秒的微视频,当晚以《4500 份! 老教授坚持 10 年手写录取通知书》为题发在人民日报社法人微博上,内容如下:

---

[1] 欧阳霞.媒体融合环境下全媒体记者的素养[J].青年记者,2014(18):35—37.
[2] 陈国权.气喘吁吁的全媒体记者[J].中国报业,2011(23):52—54.
[3] 程忠良,梅玉明.全媒体时代新闻职业的变化[J].青年记者,2010(18):21—23.

【4500份！老教授坚持10年♯手写录取通知书♯💗】16日,陕西师范大学文占绅、上官养志等12位离退休老教授,连续10年用毛笔为新生手书录取通知书。4500份,平均年龄70多岁的老教授们,需要手写5到7天。戳视频↓吕九如教授也为人民日报微博网友题字:仰望星空,脚踏实地。HTTP://URL.CN/27EF9NE(姜峰)2016年7月16日18:50

这条微博和微视频迅速引发网友广泛关注,视频播放量在4小时内即突破100万次,登上微博十大热搜榜;人民日报社微博当晚还通过《微议录:你想对老教授们说……》和《人民微评:文化薪火　传之久远》两次对该视频进行了再传播,人民日报社客户端也予以转发。据统计,12小时内视频播放接近240万次,即平均每分钟点击超过3000人次。

后来姜峰记者又应版面编辑约稿,于2016年8月22日在《人民日报》要闻九版刊发《录取通知书　不仅看颜值》的通讯,并配发了上述视频的二维码。

请大家注意:

人民日报社姜峰记者的这次采访就是典型的"多媒体融合"采访,视频、照片、文字"三管齐下",一条新闻在"报、网、微、端"数次落地、如滚雪球般呈几何级传播,这就是记者"多媒体融合"采访的优势所在。

姜峰记者"多媒体融合"的采访并不是这一次的一枝独秀。

2012年11月,贵州毕节流浪儿童意外死亡事件发生后,姜峰记者主动联系西安市救助站流浪未成年人保护中心,就救助保护工作现状及问题进行深度调研。记者意外发现了一名长期滞留女童"心月"的身世线索,经与总编室和本报微博编辑老师积极沟通,率先在人民日报法人微博中刊登了帮助心月回家的启事,得到广大网友和陕西、四川两地媒体的广泛转发,也提供了大量宝贵线索,并推进两地民政、公安部门迅速反应,"爱心接力"中成功寻访到女童家人。随后,记者一路护送心月返回四川,人民日报法人微博进行了全程图文直播,四川当地报纸、电视台、网络媒体也纷纷赶到现场进行报道,促成当地民政、教育等部门妥善安置了女童,返乡第二天即回归校园。姜峰记者在这次采访中先后在《人民日报》要闻版刊发了调研报道、追踪报道等系列通讯三篇,其在人民日报法人微博中的报道更是引发网友热烈关注。

四、如何进行"多媒体融合"的采访

(一)记者首先要有多媒体融合的采访理念和"一次采访,多形式发布"的采访思路

记者要善于借力所在新闻媒体的多媒体平台优势,比如报纸、电台、电视台、通讯社的记者在抓住原有的媒体采访形式的同时,争取做到一次采访,作品多样,向网络、微博、新闻客户端、微信公众号等新媒体主动衔接,多方联动,打造出融合新闻产品的全面开花。

新华社前任社长李从军曾在"推动传统媒体与新媒体整合发展"论坛中讲话指出,新闻媒体要打造"天上一片云,地下数张网,中有交互台,集成服务场"的格局。在"多媒体融合"方面新华社独具特色。比如,在2009年两会报道中,新华社就充分发挥通讯社拥有多种媒体报道能力的综合优势,增强多维报道理念和立体报道意识,在提升多媒体采编发能力和增强多媒体业态内在融合方面迈出重要一步。文字、图片、图表、音视频、网络、手机短信和信息、报刊等各种形式报道统筹兼顾,相互融合,相得益彰。

在这次两会报道中,新华社实现了从采访到发布各环节的"多媒体融合"。以"新华视点"的中英文和电视版同步运作为突出的融合范例,我们来看新华社的领导、记者、编辑们是如何进行"多媒体融合"采访的——

新华社总编辑何平同志明确提出"新华视点"报道要中英文联动、文图视联动。

在讨论大会报道主题时,国内部、对外部、音视频部同志听取参与《政府工作报告》起草的记者赵承的介绍,都感到政府工作报告对民生问题的关注分量重、笔墨多,敲定下这个具有普适性的好主题。

按照分工,国内部承担采写《让人民群众得到更多实惠——政府工作报告的"民生亮点"》的任务,对外部则围绕加强民生投入,采写了同主题英文报道。

在大量采访、消化的基础上,音视频部同步制作一期"新华视点"电视版《政府工作报告中的民生新看点》,十一届全国人大二次会议开幕当晚完成制作,传输至黑龙江卫视后第二天顺利播出。

节目在制作上打破以往专题一贯采用的分+总+总的方式(将编辑汇总前采内容进行全片初编后进行统一包装,临时改为融入消息报道的运作模式),调整为分+分+总(将整版内容分解,按前采来稿时间、内容篇幅统筹细化,然后进行单块初编、单块后期包装,最后再结合演播室评论部分的内容进行整合)。

这种是在前端的有意融合。还有一种模式是在播发处理的后端上以综合利用方式实现融合。

新华社拥有文字、图片、图表、音频、视频、网络、报刊多种发布渠道,发布环节的综合展示方式,使人们可以从多个角度、多种层次,全方位地了解所要传递的内容主题。

2009年3月10日,国内部通稿线路中开设了"新华社视频报道文字版·民主的细节"栏目,将新华社音视频节目的文字脚本编辑成文字通稿播发,以共享报道资源,拓宽报道视野,丰富报道内容。

视频记者通过采访代表委员,用摄像机采撷到大量生动具体的细节以反映大会上的民主之风,这本身就是一种创新的报道角度;同时,国内部从稿库中将视频节目的内容"平面化",转化为文字通稿。这批稿件被50多家报纸用户采用。

(二)记者要尝试多媒体、新技术直播采访

记者集文字、摄影、录音、摄像于一身,要抓住机会,尝试用最新的数字化工具做多媒体、新技术现场直播采访。

在2014年两会上,中央电视台记者就通过移动视频进行独家采访,并在网络上与网友互动。其他媒体的很多记者用自拍杆来拍照、摄录下新闻现场。

2016年两会前,人民日报新媒体中心给参会记者发了一套三脚架、一个移动WIFI、一个手机移动充电电源和一个麦克风,并现场为记者的手机安装了现场直播视频的软件。

参加两会采访的姜洁记者回忆道:"在江苏团开放日和卫计委主任李斌的记者发布会现场,我先后两次通过手机在现场进行了视频直播。尽管在一群长枪短炮中,我的苹果6显得很迷你,但是也引来了其他同行和代表们的围观,他们纷纷表示,人民日报太潮了!由于视频直播对时间有要求,每次尽量不超过三分钟,这对记者把握直播的节奏和重点提出了较高的挑战。我感觉,由于是初次尝试,自己在这些方面还需要继续努力。另外,由于以前上镜较少,在

出镜介绍记者会情况时,还显得比较紧张、镜头感不足。"①

人民日报体育部记者在 2016 年里约奥运会的采访中体会到多媒体融合的采访滋味。

"对于奔波在前方的记者来说,工作量成倍增长。此次前方报道组人数基本与上届奥运会持平。除去完成每日两个版的文字和图片稿件之外,还要承担起大量的新媒体采访任务。在新形势下,前方记者每天在两三个赛场之间奔波,还必须一专多能,文字记者拿起了相机和摄像机,用图片捕捉赛场内外的精彩,用视频评说选手表现的成败。奥运报道很多新媒体形式的'开山试水',都留在了里约。摄影记者史家民超负荷工作,一天平均要跑三四个赛场,拍摄了大量图片,相伴多年的电脑都因为不堪重负而彻底瘫痪。"②

(三)同一新闻事件要避免同质化竞争

当众多新闻媒体同时关注一个新闻事件时,一定要在采访选题、背景运用和采访上创新报道手段和传播语言,避免同质化竞争。

以前面提到的手写录取通知书报道为例,《人民日报》姜峰记者的采写体会是:

"前期策划时,新媒体中心苗苗老师就提出,微博上文字配图的方式可能会遭遇同质化竞争,能否创新报道手段做一做直播?经过沟通,鉴于新闻现场缺乏吊网友胃口的燃点,直播起来节奏可能不够拿人,于是决定改为推送视频短片。

"果不其然,7 月 16 日上午笔者到达陕师大时,由于正赶上手写录取通知书十周年,活动现场已云集 30 余家媒体,其中有省市各级报纸、广播、电视台,更多的是新华网、凤凰网、西部网等网络媒体和新浪微博陕西等新媒体。毫无疑问,正是通过规避同质化竞争,丰富报道手段、做好原创内容,在这次'新闻大战'中,本报精心策划制作的微视频才得以脱颖而出,以数百万级的传播影响力拔得头筹。这也证明了随着 4G 和 WiFi 的普及,影像的力量日益凸显。"③

《人民日报》2016 年里约奥运报道中女排报道也是突破同质化浓墨重彩的一笔,上至报社总编,下至记者、夜班编辑,通力合作,"钩陈"出新,很值得我们学习借鉴。

在里约奥运后期,女排成为国人最高关注点。

前方记者从 1/4 决赛开始,利用记者身处新闻一线的优势,多做独家新闻、原创内容,用大篇幅进行全景式报道,通讯《那支熟悉的中国女排,回来了》《为女排,掌声响起来》以及言论《致敬,大写的女排》,均获得极高的转载率和阅读量。

女排夺冠当天,前后方通力合作,辟出两个特刊专版展现了这一超越金牌的胜利。通讯《五星红旗,我为你拼搏》《郎平:唯有中国女排不可辜负》,言论《爱拼才会赢》以及《〈人民日报〉上的中国女排》等文章,见感情见深度,视角独特、内容独家,在铺天盖地的同质化报道中实现了一次成功的逆袭与突围。

谢国明副总编辑点题,写一篇郎平此次执教女排的回顾,同时将 12 位女排队员的照片全部刊登,介绍她们的名字、年龄、场上位置,同时每人附一句夺冠感言,让读者对这支英雄队伍的每一位球员都有更真切具体的印象。

受此启发,夜班编辑认为可以以"《人民日报》上的中国女排"为线索,梳理从女排首次夺得

---

① 姜洁,《在新的尝试中进步》,《人民日报》2016 年业务研讨 36.
② 人民日报体育部,《打开全媒视野 彰显主流价值——里约奥运报道总结》,2016 年,《人民日报》业务研讨。
③ 姜峰,《来了!热乎乎的一点融合新闻报道心得!》,《人民日报》2016 年业务研讨。

世界冠军开始《人民日报》的相关报道,并搜集本报有关郎平的报道,让"女排精神"的诞生与演进有更强烈的时代感。

夜班编辑随即开始查找资料库,确定了1981年中国女排首次夺冠的《人民日报》头版、2004年中国女排再夺奥运会冠军的奥运特刊头版,以及2005年《人民日报》对郎平的一次专访,以"《人民日报》上的中国女排"为主题,纵览女排35年风雨路。

独辟蹊径的钩沉,构成了奥运特刊二版的主要内容,头条是"回首艰难执教路(肩题)郎平:唯有中国女排不可辜负(主题)",右肩以"排球十二女将各抒夺冠心路"为题,登出12位女排队员的照片及感言,另外两篇报道《奋斗精神永不过时》《〈人民日报〉》上的中国女排》,都以《人民日报》上的中国女排报道为主线,钩沉出了历史纵深感。

"此次女排夺冠报道,成为一个富有意义的典型案例。在新兴媒体、自媒体竞起的今天,面对突发事件、热点新闻、舆论焦点,党报如何成功突围、从容应对?《人民日报》在'慢三拍'的媒介生态下,敢于挑战勇于创新,不但做出了不同凡响的独家报道,还做出了新闻背后的新闻,将'慢三拍'的劣势反转为报纸独特的优势。这样一些独家报道、权威发声,将热点深化、焦点延伸,获得高点击量与转载率,形成新的关注度和影响力。"①

(四)记者要注重与编辑部沟通

记者要注重与编辑部后方大本营的随时沟通,从报选题、抓线索到采访过程遇到各种情况,随时要与编辑联系,交换思路,听取智囊团的意见,充分利用编辑部脑力资源及后方强大的查找各种背景资料的能力。

《太原晚报》的王君曾撰文推荐了西方媒体"小记者+大编辑"的工作模式。"很多西方媒体,编辑比记者厉害得多,出思路、出作品。而且,前方的记者往往要忙于突破消息,很难有工夫写出一篇完整的稿件。那么,记者在现场专注于获得信息,编辑在后方整合素材,综合分析、深入思考,写出有深度的新闻。这样也能优化时间。"②

同时,编辑也要重视编辑部微信群中的即时约稿。

现在微信朋友圈非常流行,每个记者都会有所在媒体编辑部的微信群,或是参加报道某一选题而特别组建的微信群。微信群里打招呼约稿成为记者抓新闻线索进行多媒体融合采访的一个重要方法。

人民日报社政文部记者姜洁是参加两会的老记者,她回忆说,在2016年两会牵头的两篇头条稿件《"老虎"该打,"苍蝇"要拍》和《从严治党挺起"中国脊梁"》,就是通过微信群进行约稿,收到奇效。她说,群里的记者们非常踊跃,有时候约稿题目刚放出来没几秒钟就被抢完了,大家纷纷疾呼"报名约稿比抢微信红包还难!"

"第一篇稿件约稿的信息发出不到十分钟,就有八位记者在群里报名参加;第二篇稿件约稿的信息发出仅三分钟就被七位同事抢完。通过这种高效的约稿方式,我也报名参加了几篇稿件的组稿,《简政放权怎样更有感》《农业如何现代化》等稿件就是在群里'抢红包'的成果。

"微信约稿组稿,看似只是信息传播方式的转变,却对提高工作效率、加快信息沟通起到非

---

① 《人民日报》总编室、体育部、评论部,《从"慢三拍"到"高一筹"——以人民日报女排夺冠报道为案例》,2016年,《人民日报》业务研讨。
② 王君,《传统媒体记者在媒体融合时代如何转型?》,山西新闻网。

常重要的作用。很多微信约稿都是急活,有的要求一个小时内就要交稿,这对记者来说本身就是一个挑战。如果光'抢红包',到时不能交稿,则会伤及自己的信用,因此大家都非常守时,一般都会在约定的时间之前交稿;此外,及时通过微信群讨论组合稿件的分工合作,可以使得团队合作更加分工明确,避免撞车。作为微信约稿组稿的受益者,我真心认为这种方式值得点赞。"①

(五)记者要重视与同一媒体的各个平台全方位合作

以前的记者基本是单打一,专跑一条线。同一个新闻部或是采访中心的记者之间进行合作采访的时候多,记者与其他平行部门如专题部、评论部等之间的合作偶尔也会有,但并不频繁,记者与同一媒体的各个媒体平台合作则很少。

多媒体融合的采访则打破这种隔断,打通各个平台壁垒,记者真正成为了全媒体记者。

以2016年人民日报采访里约奥运会为例。

人民日报体育部记者与人民网合作,前方记者为"奥运深V"提供言论稿件共计21篇,其中《中文观潮:这枚金牌来得正是时候》最高访问量超过五万。前方记者与人民网编辑合作"奥运双城记"共10期,包括《带你看走心的开幕式》《中国剑客之路》《体操有憾 青春无悔》等,形式令人耳目一新,颇受欢迎。

体育部记者还与人民日报中央厨房合作,推出奥运主题的H5动画《里约大猜想》《谁是百米之王》《谁是你的奥运守护神》,以及3期图解《里约奥运会开幕式"七宗最"》《奥运记者的一天》《孤独而荣耀:一个人的奥运》,丰富了奥运报道的形式,增加了阅读体验的趣味性。

体育部记者与人民日报新媒体中心合作,前方记者为两微一端供应文字稿件68篇,图片6组,视频13个,音频1个,VR3个,各种媒体形式一起上阵,丰富了奥运报道的原创内容。

体育部微信公众号"人民日报社体育部"自2016年8月2日起开始推送里约奥运会相关内容,至8月23日推送20期,共计72篇图文报道。前后方记者与编辑通力合作,除摘取少量见报稿件之外,大多数为抓实效、带有新媒体特色的原创稿件。其中,《有一种情谊,叫做刘国梁与孔令辉》《体操赛场需要公平竞赛环境》《丁宁与恩师任国强一起洒泪,直到登顶》等报道,不断创造阅读量新高。

(六)记者要重视媒体公众号、新闻客户端的公众反馈

在多媒体融合的采访中,记者要有意识让用户加入到新闻的制作流程中,重视所在媒体的微信公众号、新闻客户端的公众反馈。

传统的大众媒体新闻记者新闻生产是单向的、线性的,记者完成新闻选题、线索抓取和具体一次的采访、写作任务之后,把新闻稿件递交编辑部之后基本结束,编辑会有一定的修改意见,记者可能会依意见而修改稿件或补充采访;但是,多媒体融合的采访是记者从单向、线性的采写流程转变为多元、互动的采写发布流程。

"记者不仅是新闻的生产者,也成为新闻的发布者、沟通者、协调者。新闻生成的第一时间,记者要在微信、微博等社交平台发布,并与广播、电视、电脑网络和手机等媒体的编辑沟通协调。在媒体融合时代,受众从被动的接受者变成主动的生产者,所以记者还要善于利用电脑

---

① 姜洁,《在新的尝试中进步》,《人民日报》2016年业务研讨36.

网络、手机等多渠道获取受众的反馈意见,与受众互动,发挥受众的积极性和创造性。"①

如太原晚报公众号下方的评论版块不仅是对文章的评论,也是采访新线索,调查用户体验感受的渠道,记者要重视这块富矿的开采,抓取新闻线索,了解用户需求。

太原晚报的王君认为,将用户拉进新闻制作流程,这就是新闻众筹模式。

思考题

一、什么是返回式采访?记者在进行返回式采访时的注意事项是什么?

二、什么是电话采访?记者在进行电话采访时的注意事项是什么?

三、什么是电子邮件采访?记者在进行电子邮件采访时的注意事项是什么?

四、记者在进行问题新闻的批评报道时要注意哪些内容?

五、什么是隐性采访?记者在进行隐性采访时的注意事项是什么?

六、什么是体验采访?记者在进行体验采访时的注意事项是什么?

七、什么是突发事件采访?记者在进行突发事件采访时的注意事项是什么?

八、什么是多媒体整合的采访?如何进行多媒体融合的采访?

---

① 欧阳霞.媒体融合环境下全媒体记者的素养[J].青年记者,2014(18):35—37.

主要参考书目

[1] 刘明华. 西方新闻采访与写作[M]. 北京:中国人民大学出版社,1993.
[2] 杜荣进. 中外新闻采写借鉴集成[M]. 杭州:浙江教育出版社,1990.
[3] [美]约翰·布雷迪. 采访技巧[M]. 北京:新华出版社,1986.
[4] 梅尔文·门彻. 新闻报道与写作[M]. 北京:新华出版社,1995.
[5] 张默. 新闻采访写作[M]. 武汉:武汉大学出版社,2000.
[6] [美]布赖恩·布鲁克斯等著《新闻写作教程》,新华出版社,1986.
[7] [日]武市英雄. 日美新闻史话[M]. 冈山:福武书店,1984.
[8] 吴满意. 网络媒体导论[M]. 北京:国防工业出版社,2008.
[9] 李东生. 记录流逝的岁月[M]. 北京:中国广播电视出版社,1996.
[10] 杨澜. 我问故我在[M]. 上海:学林出版社,1999.
[11] 杨澜. 为何执着[M]. 北京:现代出版社,2001.
[12] 李希光,等. 找故事的艺术[M]. 北京:清华大学出版社,2003.
[13] 方芳,乔申颖主编《名记者清华演讲录》,人民日报出版社,2003.
[14] 约翰·V·帕夫利克. 新闻业与新媒介[M]. 北京:新华出版社,2005.
[15] 喻国明. 传媒变革力:传媒转型的行动路线图[M]. 广州:南方日报出版社,2009.
[16] 沃尔特·李普曼. 舆论学[M]. 北京:华夏出版社,1989.
[17] 李良荣. 新闻学导论[M]. 北京:高等教育出版社,1999.
[18] 李宁勤. 经济新闻采分探析[M]. 北京:新华出版社,2000.
[19] [美]杰克·海敦. 怎样当好新闻记者[M]. 伍任,译. 北京:新华出版社,1981.
[20] 苑立新. 现代经济新闻教程[M]. 北京:中国广播电视出版社,2001.
[21] [英]尼尔·丁·加文. 经济媒体与公共知识[M]. 南昌:江西教育出版社,1998.
[22] 方汉奇. 中国新闻事业简史[M]. 北京:中国人民大学出版社,1995.
[23] 张颂甲. 经济新闻写作浅说[M]. 北京:经济日报出版社,1991.
[24] 陆小华. 整合传媒:传媒竞争趋势与对策[M]. 北京:中信出版社,2002.
[25] 邵培仁. 经济传播学[M]. 南京:江苏人民出版社,1996.
[26] 《人民日报》社业务研讨2003年、2004年、2014年、2015年相关文章。
[27] 《中国记者》2002年至2014年期刊。
[28] 《新闻记者》2002年至2014年期刊。
[29] 《新闻知识》2002年至2006年期刊。
[30] 《新闻与写作》2002年至2006年期刊。